U0828850

新时代司法职业教育“双高”建设精品教材

司法部信息安全与智能装备重点实验室丛书

监所信息化建设标准

（活页式）

陈雪松 ◎ 主编

華中科技大学出版社
http://press.hust.edu.cn
中国 · 武汉

内 容 提 要

本书以习近平新时代中国特色社会主义思想为指导，深入贯彻习近平法治思想，践行党的二十大精神，落实“坚持全面依法治国，推进法治中国建设”的战略任务。以指导监所信息化建设实践为目标，从智慧监狱体系架构、监狱信息化硬件建设规范、监狱信息化软件建设规范、智慧监狱评分标准等方面进行编写。本书是基于教育部、司法部面向司法信息技术、司法信息安全、刑事执行、行政执行专业建设标准要求，指导司法警官院校和司法行政系统各级监狱、戒毒所进行信息化建设具体实施的功能型用书。

图书在版编目（CIP）数据

监所信息化建设标准/陈雪松主编．—武汉：华中科技大学出版社，2024.5
ISBN 978-7-5680-9994-3

Ⅰ.①监…　Ⅱ.①陈…　Ⅲ.①看守所-信息化建设-中国-职业教育-教材　Ⅳ.①D631.7

中国国家版本馆 CIP 数据核字（2023）第 240757 号

监所信息化建设标准　　陈雪松　主编
Jiansuo Xinxihua Jianshe Biaozhun

策划编辑：张馨芳
责任编辑：苏克超
封面设计：孙雅丽
版式设计：赵慧萍
责任监印：周治超
出版发行：华中科技大学出版社（中国·武汉）　电话：（027）81321913
武汉市东湖新技术开发区华工科技园　邮编：430223
录　　排：华中科技大学出版社美编室
印　　刷：武汉市洪林印务有限公司
开　　本：787mm×1092mm　1/16
印　　张：25.75　插页：2
字　　数：583 千字
版　　次：2024 年 5 月第 1 版第 1 次印刷
定　　价：78.00 元

华中出版

编写人员

主　编： 陈雪松

副主编： 谭庆芳　刘　念　明慧芳

参　编： 谈洪磊　陈　昊　金导航　程　静

余莉琪　李　莎　蔡　薇　陈　竞

主编简介

陈雪松 博士，武汉警官职业学院副教授，司法部信息安全与智能装备重点实验室副主任学术委员。司法部“十三五”信息化建设意见书评审专家，司法部“十三五”司法行政科技创新规划编制工作组成员。研究方向涉及系统分析与集成、司法行政信息化、电子政务，主持省级项目、课题10余项，发表论文30余篇，申报专利、软著6项，撰写专著3部，主编、参编教材14部。常年参与和指导智慧法治、智慧监狱、智慧戒毒、智慧矫正、智慧司法局（所）建设工作。主持建设的“湖北省司法行政系统远程会见系统”“湖北省司法行政系统应急指挥中心项目”“湖北省司法厅‘司法云’大数据慧治中心”“‘五位一体’智慧运维体系”连续四年（2018—2021年）被评为“全国智慧司法十大创新案例”。撰写的《司法行政大数据助力精准普法模式创新》等四篇论文，连续四年（2020—2023年）被评为“全国智慧司法创新论文奖”。

PREFACE

前言

本书是国内专项论述监所信息化建设标准的著作，内容以司法部信息化建设标准为依据，填补了全国监狱戒毒系统没有专门信息化建设标准指导用书的空白。可用于全国司法警官院校面向司法信息技术、司法信息安全、刑事执行、行政执行等专业开设监所信息化建设相关课程使用。

全书除对关键知识用规范术语进行描述外，结合具体项目实施经验、智能应用实现场景，建设标准和运维规范、项目组织与管理进行了阐述，在监所信息化整体架构下提出了技术创新和应用创新。读者按书中所述方案进行监所信息化建设，可全面提升监所系统工作效能。

监所信息化建设标准课程是司法警官院校相关专业的核心课程。通过对监所信息化建设各类网络、硬件、软件、系统集成、安全、运维等标准规范的学习，促进读者对专业知识的进一步认知，掌握岗位技能中标准规范的应用，深刻理解监所保障安全职能的重要意义，能够运用信息化建设标准对监所信息化建设从设计、实施到运维进行规范管理，对信息化系统与传统管理不一致的流程和操作进行标准化改造。另外，通过基于政法系统忠诚、干净、担当的政治要求融入课程学习各环节，培养学生求真务实、遵纪守法、严格标准、精益求精、团结协作的职业能力和职业素养，为保障监所信息化建设的规范化、标准化、科学化打下扎实的基础。

本书适合全国政法系统各监狱、戒毒所、看守所工作人员，警察院校师生，服务监所领域公司技术人员使用。本书可作为各级司法行政机构信息化建设的指导手册，也可作为司法行政系统高等院校及各地监狱、戒毒所、看守所在职培训和晋衔培训时的信息化培训教材。

本书主要作者参与了司法部“全国司法行政系统‘十三五’信息化发展战略研究”课题，担任过司法部“十三五”信息化建设意见书评审专家、司法部信息化支撑全面推进依法治国方案制定小组成员、司法部“十三五”司法行政科技规划编制工作组成员。

全书由十个任务组成，任务一 监所信息化建设标准导论（陈雪松编写）、任务二 智慧监狱网络中心建设标准（谈洪磊编写）、任务三 智慧监狱数据中心建设标准（陈昊编写）、任务四 应急联动指挥中心建设标准（全导航编写）、任务五 物联网与智能安防平台建设标准（程静、余莉琪编写）、任务六 刑事执行业务平台建设标准（李莎、蔡薇编写）、任务七 行政管理业务平台建设标准（陈竞编写）、任务八 安全与运维支撑体系建设标准（刘念编写）、任务九 智慧监狱项目建设与管理规范（谭庆芳编写）、任务十 智慧监狱验收标准与要求（陈雪松编写）。陈雪松对全书进行了统稿和审阅。

感谢司法部信息安全与智能装备重点实验室明慧芳教授对教材编写提供相关资料和建议。

本书的编写参考了大量的文献资料和司法行政系统行业标准，在此对相关作者一并表示衷心的感谢！

由于作者水平有限，书中难免有不足之处，敬请读者提出宝贵意见。

CONTENTS 目录

任务一

监所信息化建设标准导论

模块一　监所信息化概述

司法行政系统肩负司法体系中最后一个环节——刑罚执行。刑罚执行主要由监狱和社区矫正机构承接，监狱需要在特定区域、时间段对服刑人员进行监管，这种监管涉及场地、周界、门禁、劳动、教育、生活、卫生等各环节。强制隔离戒毒属行政执行范畴，但其在特定区域、时间段对戒毒人员的强制戒毒措施与监狱监管措施有共通之处，因此将戒毒所的信息化建设与监狱信息化一并阐述，戒毒所信息化参照监狱信息化进行设计和建设（后续文中出现“监所”一般指监狱、戒毒所，监狱、戒毒单位一并称为监管单位）。智慧化的监管平台可以在日常监管中保障对在押人员（监狱在押人员称为罪犯，强制隔离戒毒人员称为学员，为便于文中表述，一般用“在押人员”）的精细化管理、科学化管理，也可保障民警的执法规范性，为民警的正当权益提供保护。

智慧监所是指运用信息通信技术和其他手段实现态势感知，从而对监所工作作出智慧判断与响应的新型监所。

智慧监所平台是一种基于信息化技术的监所管理系统，旨在提高监所的管理效率和安全性。平台通常包括网络、安全、安防、周界、门禁、报警、狱政管理、刑罚执行、狱内侦查、劳动改造、教育改造、服刑指导、会见管理、亲情电话等功能，可以帮助监所民警更好地管理监所内的人员和设备，提高监所的安全性和管理效率。

模块二　智慧监所体系架构

一、总体要求

智慧监所建设应着眼于监所工作实际，将物联网、云计算、大数据、人工智能等新一代信息技术与监狱各项业务深度融合，形成标准规范、科学统一、数据信息全面准确、业务应用灵活普及、研判预警智慧高效的应用体系。

智慧监所应符合国家和司法部信息化标准规范体系，具有信息化安全保障体系和信息化运行维护体系，拥有完整的安防、业务、指挥和数据分析研判功能。

二、总体架构

智慧监所体系架构由用户层（统一门户）、业务应用层、应用支撑层、基础资源层及信息化标准规范体系、信息化安全保障体系、信息化运行维护体系组成。智慧监所总体架构如图 1-1 所示。

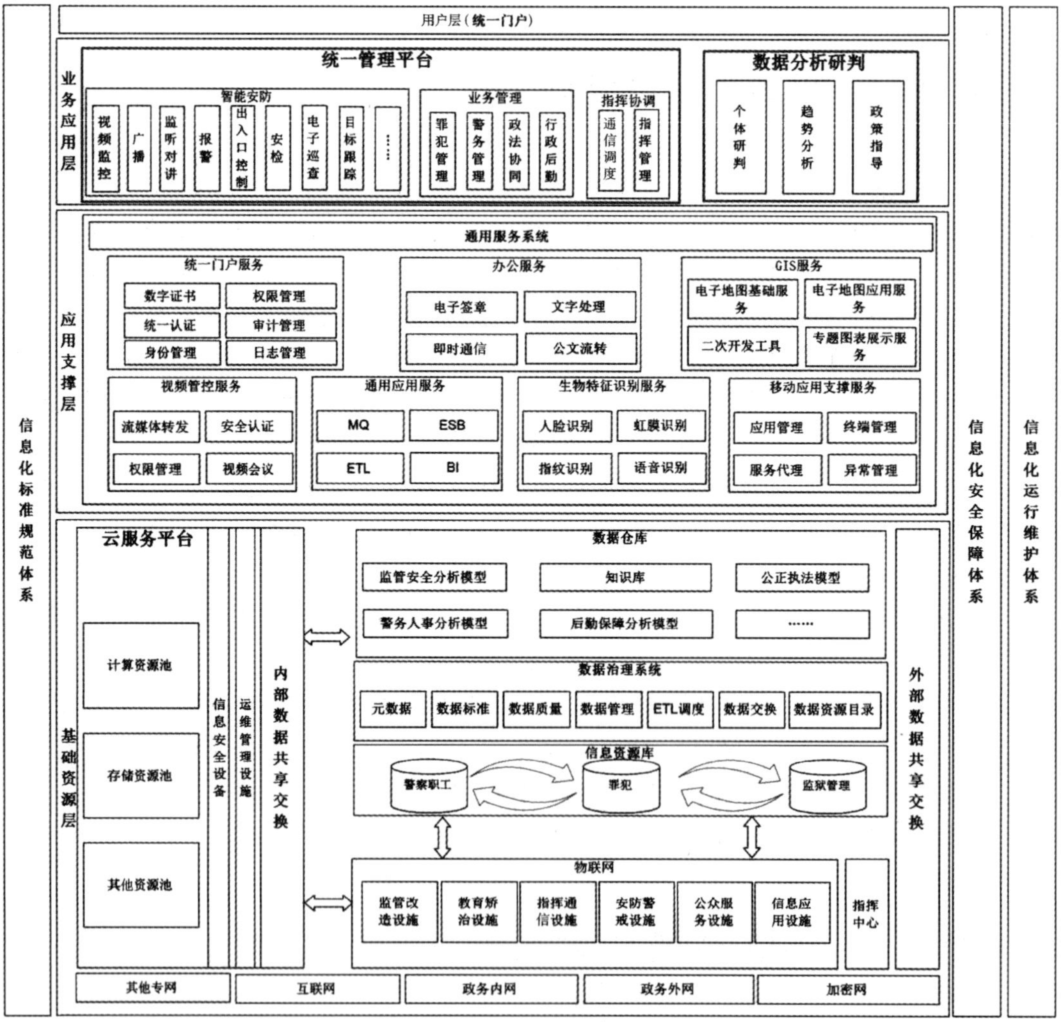

图 1-1　智慧监所总体架构

（一）基础资源层

基础资源层是基础设施层和数据资源层的融合，应由省级监狱管理局或省级戒毒管理局统筹建设。

1. 基本要求

（1）监所应基于云计算、大数据和物联网的融合应用建设统一的基础资源层，基础资源层包括基础设施层和数据资源层。

（2）基础设施层即加密网、政务外网、政务内网、互联网和其他专网（政府部门专网/自建专网）等网络设施及云服务平台、物联网设施、指挥中心、信息安全设备和运维管理设施等；数据资源层即监狱信息资源库、数据治理、数据仓库和数据共享交换服务。

（3）基础资源层中的物联网设施、指挥中心、数据中心、信息安全设备和运维管理设施应由监狱建设，其他应由省级监狱管理局统一建设。

（4）数据资源层应建立“监狱级—省级—部级”三级数据中心。监狱级数据中心除了存储非结构化数据外，还应定期备份自己的结构化业务数据；省级监狱管理局基于省级统一建设的云服务平台建立省级数据中心；部级监狱管理局基于司法部大数据中心建立部级数据中心。

（5）数据资源层宜采用私有云、司法公有云或政务云统一提供的服务资源，自行采购的产品应是开源或具有自主知识产权。

（6）数据资源层宜与公安、检察院和法院等政法机关对接，采集外部业务数据，形成更全面的数据资源。

2. 基础网络

（1）基础网络建设应符合 SF/T 0012 的规定。

（2）监狱网络架构应遵循模块化分区设计原则，按功能配置进行区域划分建设，应分为多个相对独立的功能区，包括核心交换区、联网区、数据中心区、安防设施区、普通用户区、特别用户区、运维管理区和外网办公区等。数据中心区服务器采用云计算模式，网络采用虚拟化技术。网络架构如图 1-2 所示。

① 核心交换区：负责监狱网络核心架构与安全核心业务。

② 联网区：负责接入政务部门专网/自建专网的边界连接，以及专有云平台服务，并负责安全交换外网办公区数据。

③ 数据中心区：负责提供全网各类计算、存储、数据、网络架构、安全体系和系统与业务应用等资源的私有云服务。

④ 安防设施区：负责接入监管安防前端基础设施及提供安全防范终端采集和管控服务。

⑤ 安全运维管理区：负责监狱全网基础设施、信息系统和数据中心的监管运维和服务管理。

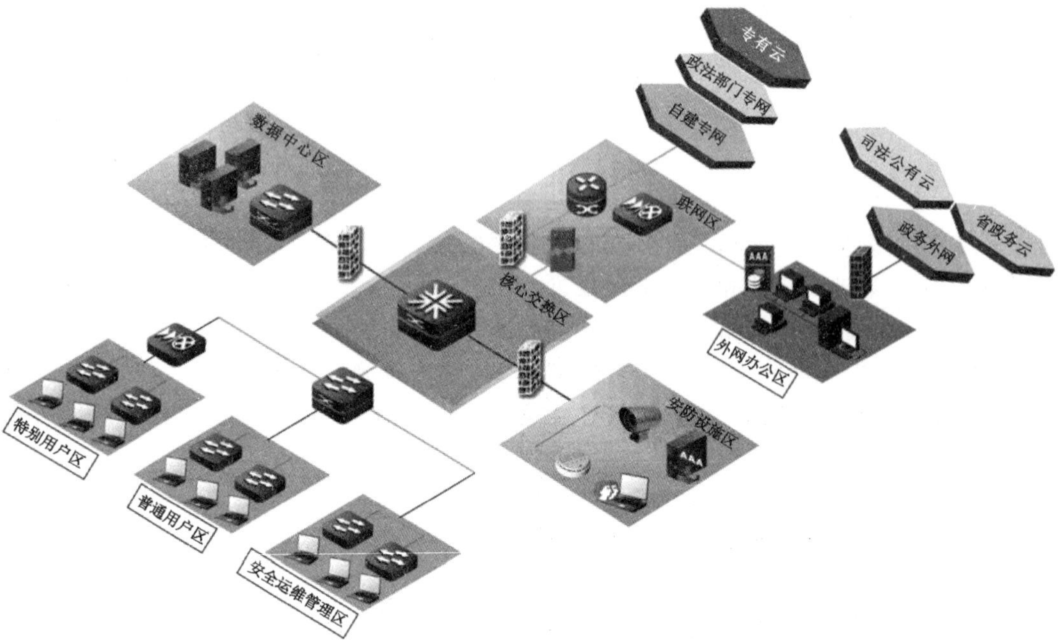

图 1-2　网络架构

⑥ 普通用户区：负责接入监狱警察职工等所有认证用户使用的各类智能终端。

⑦ 特别用户区：独立组网且具有安全隔离与信息交换边界，负责接入罪犯使用的各类智能终端。

⑧ 外网办公区：独立组网且具有安全隔离与信息交换边界，负责接入监狱外网中所有用户的智能终端，并通过政务外网连接司法公有云和政务云服务。

3. 云服务平台

省级监狱管理局应基于私有云、司法公有云或政务云提供的操作系统资源和支撑组件服务实现业务系统的开发和设计。应以全平台兼容和使用具有自主知识产权的产品为原则，实现统一管理平台、数据分析研判的部署和应用。

监狱宜建设数据中心基础设施，包含私有云、安全备份等，实现安全防范等系统的部署、应用和存储，私有云应实现计算、存储、网络、安全等虚拟化。

4. 物联网

物联网应基于监狱基础网络进行建设，整合已有智能安防设备，实现感知、传输和控制服务。

物联网采集终端应具备多元化通信接入能力，包括但不限于 TCP/IP（Transmission Control Protocol/Internet Protocol，传输控制协议/因特网协议）、RS 485（Recommended Standard 485，推荐标准 485）、ZigBee（Narrowband Internet of Things，窄带物联网）、蓝牙、射频、超宽带、NB-IoT 等。

物联网设备的数据采集、控制服务应根据业务属性归集至对应的信息资源库和系统，数据采集、传输和控制实时交互。

物联网感知服务体系以智能设备为核心，包括但不限于摄像头、入侵报警、电子手环、生命探测、智能门禁、智能锁具、报警传感、电子巡更和目标跟踪等终端，实时采集各终端动态信息并提供交互控制服务。

物联网可使用移动执法终端、无人机及卫星定位终端等设备，实现实时处突和指挥协调等控制服务。

5. 指挥中心

指挥中心建设应符合 GB 50348 和 SF/T 0008、SF/T 0009 的规定，上联省级监狱管理局指挥中心，形成指挥中心、分控中心和管控点的分级架构体系。

指挥中心应建设成为监狱的指挥、通信调度、应急处突中枢和决策支持中心。

指挥中心应配备大屏幕显示墙、通信设备、混合扩音、空调新风、声光报警装置、门禁设施、操作台、操作终端等。

指挥中心部署安防智能集成平台、集中通信系统、指挥管理系统等，实现日常值班、监控、督查、信息发布、接警处置、信息研判、决策会商、指挥调度、安全复核、应急处突等功能。

多监管区应设分控中心，分控中心应配备显示墙、通信设备、广播、声光报警装置、门禁设施、操作台、操作终端等，分控中心实现对管理区域内的监控、督查、信息采集、接警处置、安全复核等管理职能。

管控点应配备执勤台、操作终端、通信设备、广播和报警装置等设备，负责对所辖区域的监控监听、信息采集、接警处置、证据固定及现场管理等。

指挥中心、分控中心和管控点，应通过对安防智能集成平台、通讯调度和指挥管理的整合、联动，发挥职能。

6. 移动执法终端

移动执法终端设备应选择安全、自主、可控的产品，应通过国家相关认证和许可要求，满足工业和信息化部设备入网要求。

移动执法终端在监管区内的使用应在自主管控运营商网络的环境下进行。

移动执法终端设备可通过 OTA 进行升级，ROM 版本应为专用版本，禁止升级或者刷机成普通消费版。

移动执法终端应具有执法模式和非执法模式，并能按需定制两种模式之间的切换策略。

移动执法终端在执法模式下应具有应用和权限管控功能。

移动执法终端在执法模式下应具备语音电话白名单功能。

移动执法终端应满足但不限于移动安防、移动执法、指挥调度、一键报警等功能。

移动执法终端应预装司法行政安全监控组件，不可被卸载和删除。

7. 信息资源库

省级监狱管理局应建设融合罪犯信息、警察职工信息和监狱管理信息三大基础库的信息资源库。

罪犯信息资源元数据和数据标准应符合 SF 03001、执法管理平台项目数据采集方案（监狱部分）和数据编码说明（监狱部分）的规定。警察职工信息资源元数据和数据标准应符合 SF 03016 的规定。

8. 数据治理

数据治理应满足数据正确性、完整性、一致性、完备性、有效性、时效性和可获取性等特性。

数据治理应根据统一的数据标准、元数据和统一的数据资源目录体系对数据进行 ETL 调度和交换，确保数据仓库是唯一、真实、可靠的综合数据平台。

数据治理应建立一套完整的数据标准体系，解决数据资源混乱、信息分散、数据不全和更新不及时等问题。应符合以下要求：

（1）应以数据表为监控对象，进行数据校验，避免脏数据产出和数据污染；

（2）应有完备的数据质量度量标准。

数据治理应根据数据等级，规范数据使用权限，通过严格的数据安全监控措施，实现对大数据全生命周期的管控，为上层应用提供数据保障。应符合以下要求：

（1）应通过数据安全等级，发现和定位敏感数据，明确其在数据资源平台上的分布情况，根据定义的敏感数据类型自动发现敏感数据，并为其分级分类；

（2）对于数据的访问都应当受到监控，确保敏感数据访问的合法性、合理性、安全性，并加以记录及控制；

（3）特权用户的特殊操作应有严格的审查流程，记录、审核特权用户的访问记录，保证数据系统的安全；

（4）应根据用户等级对敏感信息进行动态遮蔽。

9. 数据仓库

应由省级监狱管理局统一建设基于信息资源库的数据仓库，为大数据应用和服务提供数据支撑。数据仓库是监狱所有类型数据的战略集合。

应基于数据仓库的数据集构建数据分析模型，数据分析模型应符合以下要求：

（1）应基于监管安全、教育改造、刑罚执行、公正执法、警务人事、后勤保障等职能构建主题库，一个主题库可包含多个数据集，可与 BI 进行绑定，实现基于主题的数据智能分析和数据挖掘应用；

（2）应基于不同算法实现基于个体、群体、整体的数据可视化趋势分析；

（3）宜基于监管安全等核心职能开展数据挖掘服务，通过不同算法实现个体、群体、整体的研判，实时呈现监狱的管理状态，对人员进行全方位、立体式的管控；

(4) 宜整合物联网技术实现人与物、人与人关联的业务智能化应用，通过深度学习和强化学习实现安全防范和业务系统的智能化应用；

(5) 宜基于人工智能技术和数据仓库的有机结合建设符合监狱工作的知识库。

10. 数据共享与交互服务

数据仓库应提供API服务，更充分地使用已有数据资源，减少资料收集、数据采集等工作，将分散建设的若干应用系统进行整合，使若干个应用子系统进行信息/数据的传输及共享，提高信息资源的利用率，保证分布异构系统之间互联互通，完成数据的抽取、集中、加载、展现，构造统一的数据共享与交互，实现内部、外部数据共享和交换服务。

内部数据的共享和交换应符合 SF 03002 和 SF 03016 的规定。

外部数据的共享和交换应符合 SF/T 0011 的规定。

（二）应用支撑层

应用支撑层是业务应用的基础服务平台和中间件平台，应由省级监狱管理局统一建设。

1. 基本要求

应用支撑层应由省级监狱管理局统一建设基于安全、自主、可控的软、硬件产品。

应用支撑层应包含统一门户、通用应用、办公、生物特征识别、移动应用支撑、视频管控和 GIS 等服务。

应用支撑层软、硬件产品应提供规范的 SDK 和 API，供第三方业务系统开发调用。

应用支撑层软件产品应全平台兼容，所有业务系统的开发应遵循支撑组件给出的系统集成、开发、业务协同和数据交换等规范。

2. 统一门户服务

应建设统一的数字证书服务体系实现个人身份认证，数字证书系统应符合 GB /T 21053 的规定，具有电子认证服务资质、电子认证服务使用密码许可证。

应在数字证书服务体系上构建统一身份认证平台，实现统一认证（单点登录）、统一授权、统一权限、统一审计、统一日志等应用。

应基于统一身份认证平台，建设基于信息资源库和数据仓库的安全身份认证、组织用户集中、权限和审计规范、日志管控统一的业务应用。

3. 办公服务

应建设符合 GB /T 33481 规定的电子签章服务，集成统一数字证书服务，实现所有业务系统电子签名和签章的统一应用。

应建设即时通信服务，提供 SDK、API 与消息中间件进行集成。

应建设工作流引擎，实现所有业务系统的统一标准、规范流程发布和应用。

4. 视频管控服务

视频管控服务组件应具备集流媒体转发、设备控制、安全认证、权限管理、日志管理、设备资源及状态管理于一体的功能，应符合 GB/T 28181 的规定。

视频分发、转发应具备网络自适应能力，可根据网络状态自适应帧率和码流，当视频分发、转发请求超过系统能力时，系统应对权限较低的用户暂停服务，并及时通知被暂停用户。

视频会议建设应符合 SF/T 0010 的规定，实现与通信调度联动。

5. 通用应用服务

通用应用服务宜根据业务系统和大数据建设需要构建相应的应用支撑组件。

通用应用服务应建设 ESB（Enterprise Service Bus，企业服务总线）、MQ（Message Queue，消息队列）等业务中间件以及 ETL（Extract，Transform，Load，抽取、转换、加载）、BI（Business Intelligence，商业智能）等大数据服务产品。

6. 生物特征识别服务

应建设符合 GA/T 1344 规定的人脸识别服务，人脸识别库应包括罪犯、警察职工和外来人员。

宜建设遵循 GA/T 1046 规定的指纹识别服务，指纹识别库宜包括罪犯和民警。

宜建设符合 GB /T 20979 规定的虹膜识别服务，虹膜识别库宜包括罪犯和民警。

宜建设符合 GB /T 32903 规定的静脉识别服务，静脉识别库宜包括罪犯和民警。

宜建设符合 GB /T 21023 规定的语音识别服务，以语音的文字转换为主，拓展语音特征（情绪、声纹）识别。

可逐步建设基于动作、步态、心跳及呼吸等活体生物特征的识别服务，识别对象宜包括罪犯和民警。

7. 移动应用支撑服务

移动应用支撑服务应建设应用管理平台，实现对所有移动 App 从申报、设计、开发到审核、发布、下载的全流程管控。

移动应用支撑服务应面向用户岗位和工作目标提供各种信息，具有个性化组织功能，协助用户访问海量信息与应用功能。

移动应用支撑服务基于组织机构、岗位、角色和警务信息库，为用户提供基于口令或生物特征识别的一站式登录功能。

移动应用支撑服务应提供可定制的个人首页，实现直观、快捷、个性化的应用体验。

8. GIS 服务

应建设统一的 GIS 服务，真实还原与呈现整个监狱的现实场景，支持场景上叠加安防设施、警力、罪犯、监控点以及人员动态位置。

省级电子地图比例应不低于 1∶50000，监狱所在市区地图比例应不低于 1∶10000，地图内容包含行政区划、山川、河流、主要交通线路、城镇、地标建筑的标识。

GIS 应提供 SDK 和 API 服务。

SDK 是软件开发工具包的缩写，它是一组用于开发软件应用程序的工具、库和文档的集合。SDK 通常由软件开发公司或平台提供，旨在简化开发者在特定平台或框架上构建应用程序的过程。SDK 包含开发应用所需的各种工具，如编译器、调试器、示例代码、API 文档等。通过使用 SDK，开发者可以更高效地开发应用程序，减少重复工作，提高开发速度和质量。

API 是应用程序编程接口的缩写，它定义了软件组件之间的通信协议和交互方式。API 提供了一组预定义的函数、类、方法或协议，允许开发者在自己的应用程序中使用这些接口来访问特定的功能或服务。通过 API，开发者可以将不同的软件组件、库或服务集成到自己的应用程序中，实现各种功能和增强应用的能力。

API 服务是指通过 API 提供的服务。公司或平台可以提供一系列 API，供开发者使用。这些 API 可以用于访问各种功能，如数据存储、身份验证、支付处理、地理位置服务等。开发者可以通过调用 API 来使用这些功能，而无须了解底层实现细节。API 服务的好处是可以提供标准化和可靠的功能，同时降低了开发者的工作量和复杂性。

开发者可以使用 SDK 和 API 服务来简化应用程序开发过程，并集成各种功能和服务到自己的应用程序中。

（三）业务应用层

业务应用层主要包括统一管理平台和数据分析研判。统一管理平台宜由省级监狱管理局统一建设，数据分析研判应由省级监狱管理局和监狱分级建设。

1. 统一管理平台

应当基于信息资源库、统一门户服务支撑组件和办公服务组件建设统一管理平台，实现高度集成的全流程监狱业务应用服务入口。

统一管理平台应包括智能安防、业务管理和指挥协调等功能。智能安防应对现有安全防范设备和技术进行全面升级，形成安防高度智能、数据充分融合、各子系统相互集成联动的完整体系；业务管理应实现全流程的罪犯管理、警务管理、政法协同、行政办公管理和后勤服务保障；指挥协调应配合指挥中心建设可视化指挥调度、监督管理和应急处置体系。

1）智能安防

智能安防由安防智能集成平台和若干个相关子系统组成。各相关子系统的基本配置，包括前端、传输、信息处理/控制/管理、显示/记录四大单元。不同功能的子系统，其各单元的具体内容有所不同。智能安防的设施命名和编码规范应符合司法部的要求。

安防智能集成平台和各子系统应具备开放式 SDK 和 API，便于第三方系统集成和调用。应集成视频监控、广播、监听对讲、报警、出入口控制、安检、电子巡查、目标跟踪、智能押解等子系统。应通过统一的通信平台和管理软件将指挥中心设备与各子系统设备联网，实现由指挥中心对各子系统的自动化管理与监控。安防智能集成平台的故障应不影响各子系统的运行；某一子系统的故障应不影响其他子系统的运行。

安防智能集成平台应能对各子系统的设施设备和运行状态进行智能监测和控制，应能对系统运行状况和报警信息数据等进行记录和显示。应通过物联网技术对覆盖范围内的人、车、物实现定位、轨迹跟踪等智能管控的目标。安防智能集成平台应对各子系统的信息进行整合，实现数据融合，建立起智能联动体系。各子系统联动信息应根据管理职能实现分级分层推送。

安防智能集成平台应具备日志查询、统计和图表分析等功能。

（1）视频监控。

视频监控系统内的 IP 网络服务器设备应支持 NTP 协议的网络统一校时服务。视频监控应确保各罪犯监管区和监狱周边重点部位无盲区，应采用网络摄像机，分辨率应不低于 720P，网络高清摄像机覆盖率应不低于 80%。

视频监控宜在周界、大门、禁闭室等重点部位及监舍、劳动场所等重点区域配备智能视频分析摄像机或智能视频分析设备，实现入侵检测、罪犯行为检测、越界检测等报警联动功能。

视频监控可在大门、禁闭室、监舍、劳动场所等重点区域通过人脸识别技术实现人员清点和轨迹跟踪等应用，并可在禁闭室、监舍通过语音识别实现重点罪犯的情绪分析和关键词甄别。

视频监控宜对接公安视频专网系统，实现监狱周边干道、重要交通枢纽、医疗机构等的视频监控接入指挥中心。

视频监控应向省监狱管理局、省司法厅和司法部推送实时视频流。

视频监控存储时间应不少于 30 天，重点部位监控视频存储时间应不少于 90 天。

（2）广播。

广播的设计应符合 GB/T 50526 的规定。系统宜安装在周界、大门、禁闭室、监舍、劳动场所等区域。

系统应具有全区广播、分区广播、定时广播、喊话广播等功能，应具有分区管理、紧急强插、分区寻呼等管理功能，可接入消防广播。

（3）监听对讲。

监听对讲的设计应符合 GB /T 32659 的规定。监听对讲分机宜安装在监舍小组、大厅、走廊、重点出入口等位置；监听对讲主机宜安装在指挥中心、分控中心、管控点。在设备选型上宜采用数字可视对讲系统，并具有监听、对讲、广播、报警、录音等功能，录音保存时间不少于 6 个月。监听对讲应实现分级管理，可分配呼叫优先等级，实现上级权限强插、切断等功能，并提供日志管理、查询、统计等功能。

（4）报警。

报警应包括应急报警、入侵探测和周界防范高压电网。报警宜联动声光报警设备，应实现与视频监控的联动和数据对接，并向指挥中心安防智能集成平台和武警作战勤务室实时推送信息。应急报警设备宜安装在岗楼、禁闭室、监舍、劳动场所等区域。

入侵探测的设计应符合 GB 50394 的规定，可采用视频智能分析、相控阵雷达探测、红外报警、微振动传感器等技术实现，系统宜实现分区段管理。周界防范高压电网应符合 GB 25287 的规定，系统宜实现分区段管理。

（5）出入口控制。

出入口控制的设计应符合 GB 50348、GB 50396 的规定。系统宜根据出入口安全级别由低到高采用刷卡、刷卡加密码、刷卡加生物识别、技术识别加人工验证后手动开启等四个识别等级。

出入口控制应具有多级管理权限功能，应具有通道门开关状态实时显示、进出记录、数据统计等功能。

出入口控制应具有外来车辆、人员图像比对、自动拍摄、押证换证、应急开启关闭等功能。

出入口控制宜对接公安车辆管理系统、人口信息系统，在线获取准确的车辆和驾驶人信息。

出入口控制应实现与视频监控系统联动，宜通过与视频监控系统联动实现人车跟踪、定位。

出入口控制应实现与报警的互联互通。

（6）安检。

安检宜包括手持式金属探测器、X 射线安全检查设备、通过式金属探测门、车底成像和生命探测，其中生命探测可选择微震、雷达、超声波、红外等技术。

安检的手持式金属探测器应符合 GB 12899 的规定，X 射线安全检查设备应符合 GB 15208.1 的规定；通过式金属探测门应符合 GB 15210 的规定；雷达探测技术应符合 GJB 74A 的规定。安检宜外接声光报警，以便于识别。

（7）电子巡查。

电子巡查应具备巡查线路规划、自动提醒、巡查异常提醒、漏巡晚巡报警、巡视记录统计分析等功能，宜采用电子地图显示巡视轨迹。电子巡查可结合指挥管理系统的视频轮播、拼接和无人机巡航等，实现虚拟巡查。

（8）目标跟踪。

目标跟踪的设计应符合 SF 03007 的规定。定位服务包括室外及室内定位，宜采用 BDS（BeiDou Navigation Satellite System，北斗卫星导航系统）、GPS（Global

Positioning System，全球定位系统）、无线通信系统、生物识别、射频识别技术、条码和电子腕带等物联网技术，但不限于对狱内警察、罪犯、工具、外来人车的实时定位、跟踪，对外出罪犯的定位、追踪和轨迹显示、回放。

目标跟踪应结合GIS服务，实时显示人员、物品、车辆的位置分布关系。目标跟踪可实现对监管区上空非授权无人机进行跟踪、监测、干扰和拦截。

（9）智能押解。

智能押解系统宜包括智能锁具、戒具，移动或固定式控制终端，智能押解平台。智能锁具、戒具应具备主动发送信息至移动或固定式控制终端、智能押解平台等功能。移动或固定式控制终端应具备状态监测以及向指挥中心集成的智能押解平台推送数据等功能。智能押解平台应对押解全过程进行跟踪、状态显示，可远程集中控制，实现与视频监控的联动和数据对接，对开关锁具、戒具的操作进行实时视频监控。

2）业务管理

监狱业务管理应充分融合罪犯、警察职工和监狱管理三类信息资源，在信息资源库的基础上，实现业务管理的“统一标准、统一平台”，将与监狱管理业务相关的应用集成在统一平台上，实现面向服务、规模应用、信息共享的平台化应用模式。

监狱业务管理包含罪犯管理、警务管理、政法协同和行政后勤等业务应用，应通过执法协同、综合治理协同等实现跨部门的业务协同和数据资源共享交互。

监狱业务管理应在统一平台上实现与数字签名、电子签章、CA（Certificate Authority，证书颁发机构）认证、电子档案、执法过程证据文件等体系相融合，在确保应用安全性的基础上，实现监狱管理业务全过程化应用，实现执法与管理业务全留痕。

监狱业务管理应在统一平台上实现业务数据结构化，融入图像识别、语音识别技术，实现文字自动转化、语音搜索、语音人机交互等，以提高整体应用的实用性。

（1）罪犯管理。

罪犯管理应实现狱政管理、刑罚执行、教育改造、生活卫生和劳动改造、狱务公开的统一标准设计与开发。

① 狱政管理应基于会见、亲情电话、远程视频会见、电子审讯、电子笔录、监听录音录像、视频监控、入侵报警、智能管控等子系统业务，建设罪犯索情锁证和证据保全系统，宜通过语音识别技术将会见、亲情电话、电子审讯、电子笔录、监听录音录像等的音频数据结构化。

② 刑罚执行宜横向通过专网实现与公安之间罪犯送押的业务协同；宜通过专网实现与社区矫正之间矫正人员送押的业务协同；宜通过专网实现与外部公安、内部司法局等机关之间罪犯刑满释放、监外执行业务的协同。

③ 教育改造宜通过引入互联网资源实现更契合时代发展和呈现五大改造成效的应用，实现教育改造门户、综合教育管理、心理危机预警、情绪预测、远程视频帮教、数据传输、智能谈话、智能点评等功能，利用信息技术建立教育改造案例库，可通过虚拟现实显示技术实现入监教育和出监教育等业务。

④ 生活卫生宜通过引入社会资源实现生活管理、疾病防控、医疗管理等的联网应

用；宜实现狱内在线购物等功能；宜通过与银行专线连接实现对罪犯账务的实时管控。

⑤ 劳动改造宜通过物联网技术和人工智能技术实现劳动项目管理、劳动组织管理、劳动岗位管理、劳动工具管理、劳动现场管理、劳动绩效考核等功能，可通过引入公共教育资源实现劳动技能培训、罪犯劳动保护、安全生产保障、刑释就业指导等业务。

⑥ 狱务公开宜运用网站、移动 App、社会公共服务平台、固定终端等多种方式，实现面向罪犯、家属和社会的狱务公开电子化和便民服务；应实现面向家属、面向社会的法律咨询和法律援助服务；宜实现各类人员来监办理业务的便民服务。

（2）警务管理。

警务管理宜实现与公务员管理及党务、警衔管理等各部委下发业务系统的数据共享集成。宜整合安全防范门禁、智能管控、电子政务平台统一日志等，实现实绩考评和执勤管理，实现由系统自动考核，减少日常考核中人工操作导致的各种漏洞问题，将管理与信息化有机结合。宜构建警察网络学院、知识库、案例库、问卷调查等业务，形成全方位的警察职工管理、教育、考核体系。宜构建值班备勤系统，并与门禁、考勤相融合，形成全方位实时的在岗、离岗人员监控体系。

（3）政法协同。

监狱应实现与公安、检察、法院之间关于罪犯收押、减刑假释监外执行的全程无纸化业务系统，减刑假释业务协同应符合 SF/T 0027 的规定。应通过专网或专线实现狱内案件相关业务与检察院、法院的协同。

综合治理协同应符合 SF 03012 的规定，宜由司法厅统一建设可与公安协同实现监狱出入口、会见室等外来人员密集区域的人员甄别，以及来监办案民警的身份甄别。

（4）行政后勤。

行政后勤宜实现办公自动化和后勤保障服务应用，后勤保障个性业务可由监狱自行建设。办公自动化应符合 SF 03015 的规定，构建监狱内网门户、公文管理、档案管理等业务模块；应通过公文交换系统实现全省监狱和省级监狱管理局之间的交换和协同；宜采用 PDF 或 CEB 等格式对文档进行存档和在线管理、归档；应实现与公文管理的实时对接、归档；监狱外网门户宜由省级监狱管理局统一建设。

监狱可根据信息化、无纸化需要建设固定资产、警察一卡通、项目管理等业务应用系统，宜由省级监狱管理局统一建设公务用车管理系统。固定资产宜基于财务结算实现资产从入账到报废的全流程、无纸化应用；警察一卡通应对接财务结算、智能安防出入口控制，实现一卡通行，可结合人脸识别、移动警务近场通信等替代刷卡应用；可建设项目管理系统，实现基建、信息化工程从预算到执行的全过程电子化管理和统计分析、预警研判等。宜在省级监狱管理局或省级政府机构统一规划下建设公务用车管理系统，统筹管理公务车辆及驾驶人员相关信息。

3）指挥协调

指挥协调应以指挥中心为核心，对监狱日常工作进行通信调度和指挥管理。应充分融合监狱业务管理信息资源和智能安防资源，发挥云计算、物联网、人工智能等技术，形成对监狱的警力、物力的指挥调度。应通过智慧安防功能实现对监狱的流程化、数据化监督管理。应通过通信调度和指挥管理实现对监狱突发事件的应急处置。

（1）通信调度宜整合监听对讲、数字对讲、广播、集中通信、智能押解、视频点名等子系统。应实现监狱全区域的实时音视频通信需求，宜通过省级监狱管理局集群实现全省监狱之间的实时通信，应保持与司法部的实时通信畅通。应与安防智能集成平台和指挥管理系统集成，各子系统应支持逃逸功能。

（2）指挥管理应支持信息汇聚、分析、研判，实现指挥中心接警处置、应急处突、决策支持等管理职能。应纵向与监狱管理局、司法厅、司法部，横向与公安、武警、综治等单位的指挥中心信息互通，协调多方力量，提升对突发事件的应急处置能力。应与预案管理系统、GIS、警察职工信息资源库、罪犯信息资源库等进行信息交换。应以监管安全为核心，以可视化为基础，以快速响应为主导，以分析研判为支撑，以协同指挥为保障，统筹运维、指挥调度，实现监狱管理智能高效、执法公正规范、安全协同可控、改造统筹科学的工作目标。应建设信息管理、指挥协调、视频督查、安全复核、证据固定和应急处突等功能应用。

2. 数据分析研判

数据分析研判应以数据为基础，从全局视角进行预测判断，实现态势感知，从而为决策与行动提供技术支撑。数据分析研判应构建“监狱-省级-部级”三级数据分析研判体系，实现对不同量级的数据进行不同侧重点分析。应将物联网、云计算、人工智能、大数据等技术充分融合，为全体警察提供实时的可视化工作支撑服务，为监狱核心工作提供预测研判服务，为监狱管理提供整体解决方案。

1）个体分析

个体分析应基于监管安全、教育改造、刑罚执行、公正执法、警务管理和后勤保障等分析模型，提供基于犯情、警情的数据挖掘和大数据智能检索应用。应基于对罪犯相关信息全集分析，实现对罪犯个体的精准把握，包括但不限于罪犯个体的改造难度评估、安全风险预测预警和教育矫正方案推荐等。应基于对警察工作的全流程数据分析，实现对警察执法的精准评估，推动监狱管理规范化和智能化。

2）趋势分析

趋势分析应基于监管安全、教育改造、刑罚执行、公正执法、警务管理和后勤保障等分析模型，提供基于狱情、警情的趋势性研判、预警服务和预案推送。应基于对罪犯特定群体或者全体的数据分析，实现趋势性评估分析，包括但不限于特定群体改造趋势评估、特定群体风险预警和改造手段发展趋势预测等。应基于对群体或者整体警务情况的分析判断，实现警察招录计划、警务调度分析和监狱管理效果立体研判等。

3）政策指导

政策指导应基于监管安全、教育改造、刑罚执行、公正执法、警务管理和后勤保障等分析模型，提供宏观政策制定指导服务。应通过大数据分析研判的应用，结合监狱业务实际，在国家层面建设具有全局性、实践性、规范性的监狱知识库。应以大数据为基础，通过数据挖掘等新技术实现宏观性、全局性的政策指导，包括但不限于罪犯调度、全国安全指导、重新犯罪率评估、警力结构配置、执法公正性评估、执法流程规范等。

（四）安全运维与辅助设施

1. 信息安全

非涉密信息系统信息安全应符合 GB /T 22239 等级保护第三级的规定，涉密信息系统应符合分级保护的要求。

信息安全应建立技术服务管理平台，实现对购买的社会化专业技术服务全流程监管和服务内容知识库管理。建立全域动态监测、分析和预警机制。建立应急响应技术服务保障专家库，定期演练。应实现各信息系统重要数据的备份功能，应充分考虑备份存储介质的使用、管理的安全性，宜跨省实现互建容灾备份。

2. 综合运维

综合运维应符合 SF/T 0008 的规定。包含全面的运维对象、建立有效的运维机制、组织周全的运维团队架构、保障充足的运维经费、提供高效的运维服务。应建设运维综合管理交互平台，实现用户在线报修、服务进程跟踪、检修反馈、数据化报表等简单、实用的 IT 故障报修与运营功能，轻松连接报障方和维保方。应建设 IT 综合运维系统，实现对云服务平台、大数据平台、智慧安防、业务软件、基础设施和安全防范设施的全方位监测、运维保障。实现对所有接入设施设备和服务信息系统的运行状态和故障描述、修复日志，并形成运维分析和研判服务应用。

综合运维宜实现对所有业务软件的实时监测及报警、维护、研判等管控机制。

3. 辅助设施

机房应按 C 级以上标准建设。

综合布线应符合综合布线的规定。

供配电应符合独立双路供电，满足一级负荷供电要求，应分区配备 UPS 供电。

消防及报警设施应符合建筑物内外的避雷保护装置要求。

模块三　监狱业务与信息化层级关系

监狱、戒毒系统信息化系统应由两级建设主体承担：一级是省级司法厅或监狱管理局或戒毒管理局，二级是监狱和戒毒所。可由省级统筹资金、整体设计，省级和基层单位分级承担建设任务。

总体逻辑架构，是在统一的网络基础设施支撑下，建立和整合监狱系统、戒毒系统分别集中统一的信息资源库，构建与监狱、戒毒业务紧密耦合、完全自主可控的统一信息安全防护体系，在智慧监狱、智慧戒毒信息化标准及规范体系支撑下，建立目录服务、信息安全服务和政务信息交换等系统，并通过内外网服务接入门户，建设覆盖全监狱系统、戒毒系统的应急联动指挥、智能安防管理、综合业务管理、罪犯（戒毒人员）教育改造、狱务（所务）公开等业务平台。五大业务平台架构如图 1-3 所示。

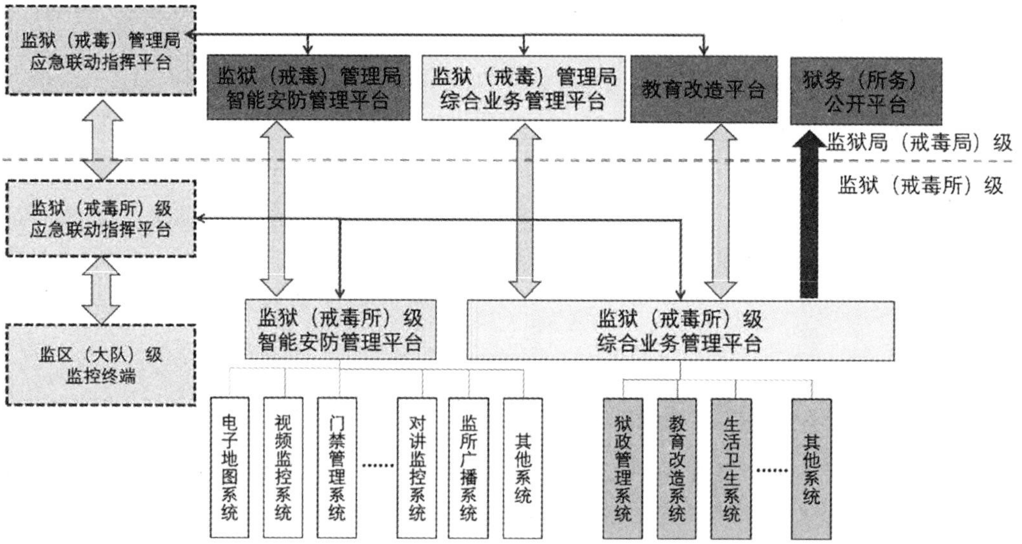

图 1-3　五大业务平台架构

一、展现交互层

展现交互层，对智慧监狱（戒毒）信息化系统资源进行严格的配置管理和权限管理，实现对全监狱（戒毒）系统信息资源和综合分析数据统一发布、收集和交换等管理，通过门户系统将经过整合处理或主题加工后的各种层次的成品数据或分析成果对外发布，在应急指挥中心大屏等终端设备上进行展示，为监狱（戒毒）系统内外不同类型的用户提供个性化的数据共享和信息服务。

二、服务平台层

服务平台层，在信息安全防护体系和标准及规范体系基础上，依托信息资源层及中间服务层，由应用支撑层合并运行分属于应急联动指挥、智慧安防管理、综合业务管理、罪犯（戒毒人员）教育改造、监狱狱务（戒毒所所务）公开等政务服务平台。同时，整合监狱（戒毒所）原有适用的可以整合的业务应用系统。

省级监狱（戒毒）管理局负责业务平台的开发和全省各监狱（戒毒所）的系统部

署，对各监狱（戒毒所）安防、应急指挥等基础设施进行集成；监狱（戒毒所）负责智能安防、应急指挥中心、数据机房等基础设施的建设。

三、应用支撑层

应用支撑层，抽取应急联动指挥、安防监测分析、监狱政务（戒毒所所务）公开、行政执法和内部管理等政务功能平台共性功能模块，支撑应急联动指挥、智慧安防管理、综合业务管理、罪犯（戒毒人员）教育改造、监狱狱务（戒毒所所务）公开等服务应用，通过对共性功能模块的组件化、规范化、装备化，利用模型化、可视化的应用构造工具体系，实现应用软件针对业务需求的快速定制与演化。

四、数据资源层

数据资源层，包含建设数据交换系统和信息资源系统。

数据交换系统，包括基础中间件、分布式数据交换处理中间件、数据智能中间件、信息管理中间件、应用协同中间件、元数据与模型交换中间件、资源目录交换中间件，这些中间件可以通过动态扩展形成一个整体集成的分布式中间服务平台体系，为上层的业务系统提供中间层服务。

信息资源系统，通过收集和整理政策法规类、管理制度类及全监狱（戒毒所）监管对象类、业务应用类等信息资源，完成全监狱（戒毒所）大数据中心信息资源和数据库体系的建设。

信息资源层利用中间服务层对外提供数据交换与共享接口，包括封装的数据访问服务，数据管理、数据交换和信息资源目录服务，以及基于 XML 的数据层交换管理，Web Service 的应用接口及交换管理。

省级监狱（戒毒）管理局、监狱（戒毒所）两级数据信息资源架构如图 1-4 所示。

五、基础设施层

基础设施层包括省级监狱（戒毒）管理局、全监狱（戒毒所）的信息化基础环境、网络系统、安防监控系统、物联网系统等智慧监狱（戒毒）信息化系统，是支撑全省智慧监狱（戒毒）信息化工程建设的基础。

监狱（戒毒所）的信息化基础建设，包括安防信息系统、应急指挥中心、数据机房等基础设施。

网络系统根据全监狱（戒毒）系统政务业务需求，依托国家电子政务内网、外网和综合信息网，连接全监狱（戒毒）各级机关部门，升级改造现有监狱（戒毒）专网，提供数据、文件、图像等多种数据类型的通信服务。

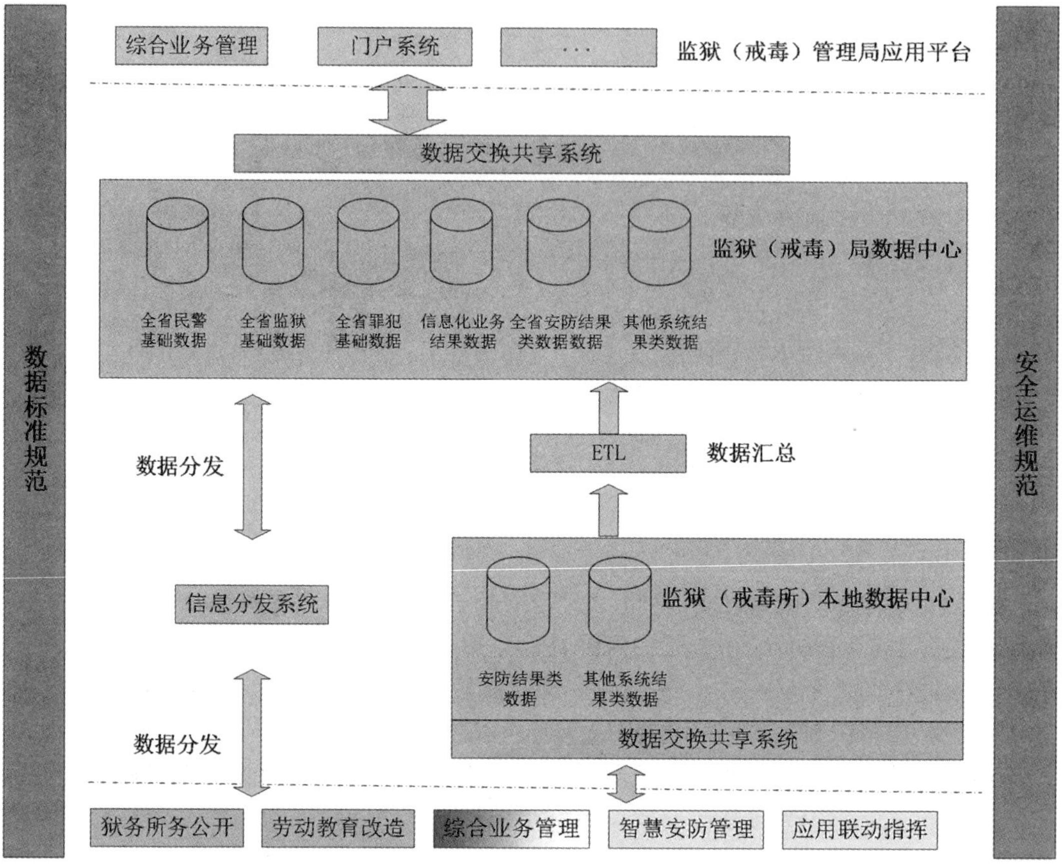

图 1-4　省级监狱（戒毒）管理局、监狱（戒毒所）两级数据信息资源架构

基础环境主要建设各级应急指挥中心、行政视频会议室、数据中心机房的基础设施，为各信息化系统的安全、稳定运行提供基础保障。

系统支撑主要包括各类计算资源、存储资源、操作系统和数据库管理系统等。

以上每一层，都通过信息安全保障体系进行可信的访问控制，并都有相应的运行管理标准及规范体系贯穿其中作为保障。为了实现自主可控的总体应用目标，基础设施层软硬件及网络主要依赖国产化的网络设备、服务器设备、客户端工作站设备和安全保密设备。

任务二

智慧监狱网络中心建设标准

模块一　监狱网络建设规范

智慧监狱建设规范包含网络整体架构、IP地址分配及编址规则、基础网络传输技术要求、网络设备命名规则、网络边界交互及连接技术要求、安全防范视频监控系统接入技术要求、视频会议接入系统技术要求、有线/无线通信系统接入技术要求、移动终端接入技术要求、网络平台安全技术要求、网络平台运行管理技术等内容。

智慧监狱建设规范适用于全国及地方监狱系统网络平台建设与应用，为各类业务系统组网，实现全国互联互通提供依据。

一、网络设计概述

监狱系统网络建设规划应满足现在和将来一段时间信息化建设总体规划和要求，充分考虑网络种类、云架构、数据共享交换、应用服务和网络安全等多种因素。整体规划中应考虑司法部要求的以电子政务外网为基础的司法行政网络要求，各省因政法工作需要建设的政法专网，重要文件传输的专网，公众使用的互联网。在各地新建“司法云”数据中心的基础上，网络系统如何设计可以充分利用数据中心资源，通过虚拟化平台和分布式数据中心管理平台，形成逻辑统一的资源池，并通过分布式云数据中心统一管理平台功能对各个业务系统、大数据平台提供统一的基础设施服务。

（一）建设目标

监狱业务、大数据中心、数据交换共享平台、数据灾备中心网络总体建设目标为：借鉴互联网思维及服务理念，建设顺应监狱发展趋势的动态私有云网络，实现网络可编程，建立功能模块化、规模可伸缩、资源可调配的网络架构，支持云主机以及对应的网络与安全策略在物理分散的数据中心之间动态迁移。

（二）需求分析

监狱网络平台建设需要考虑以下因素。

1. 用户范围

监狱系统各类软件和应用的用户包括：政务公开的公众用户；各级司法行政机构的公务人员；律师、法官、志愿者和帮教人员；监狱（戒毒）场所的人民警察、在押人员及在押人员家属；社区矫正管理人员和社区矫正对象；安置帮教的工作人员和企业联络人员。

2. 业务范围

业务范围包括：监狱对公众的业务如政务公开、行政审批、行政复议；监狱系统内警衔管理、指挥中心、OA 等；政法业务之间的审前调查、律师阅卷、执法督查等；对其他政府机构的协同办公、执法监督、普法宣传等；犯人家属的远程会见、可视亲情电话等。

3. 国家政策与本地规章

按国家相关部门要求，全国性的网络只允许建设互联网、电子政务外网、电子政务内网。政法系统各单位建设有各自各类内部专用业务网（专网）。

4. 安全要求

监狱系统主要职责和数据是用来为刑事执行提供服务，与外网隔离，但并不代表这些数据不需要在安全网络上传输，因为这些数据涉及个人隐私和未成年人保障。所以，监狱系统网络建设同样要考虑网络的边界安全、传输安全、应用安全等。

（三）网络基础架构

监狱系统需接入的网络系统一般包括政法专网、电子政务外网、金融专线和企业专线。不同网络应用于不同业务。政法专网、电子政务外网、金融专线和企业专线物理隔离。

为达到可靠性，需考虑以下要求。

核心交换区各部署两台数据中心核心交换机，网络采用接入加核心的扁平化设计，核心交换机采用大容量的框式交换机便于扩展。云防火墙、Web 应用防护网关、数据库审计网关等设备都旁挂在核心交换机上。

核心交换机作为数据中心的核心网元设备，其可靠性直接决定了数据中心的可靠性，它的硬件可靠性依靠各个模块自身可靠性以及冗余来保障。关键部件全部冗余，所有模块支持热插拔，主控板 1：1 备份、交换网板 N＋M 热备份、电源 N＋N 和 N＋1 备份、风扇框 1＋1 备份，保障模块故障切换业务无中断。

图 2-1 为网络拓扑图。

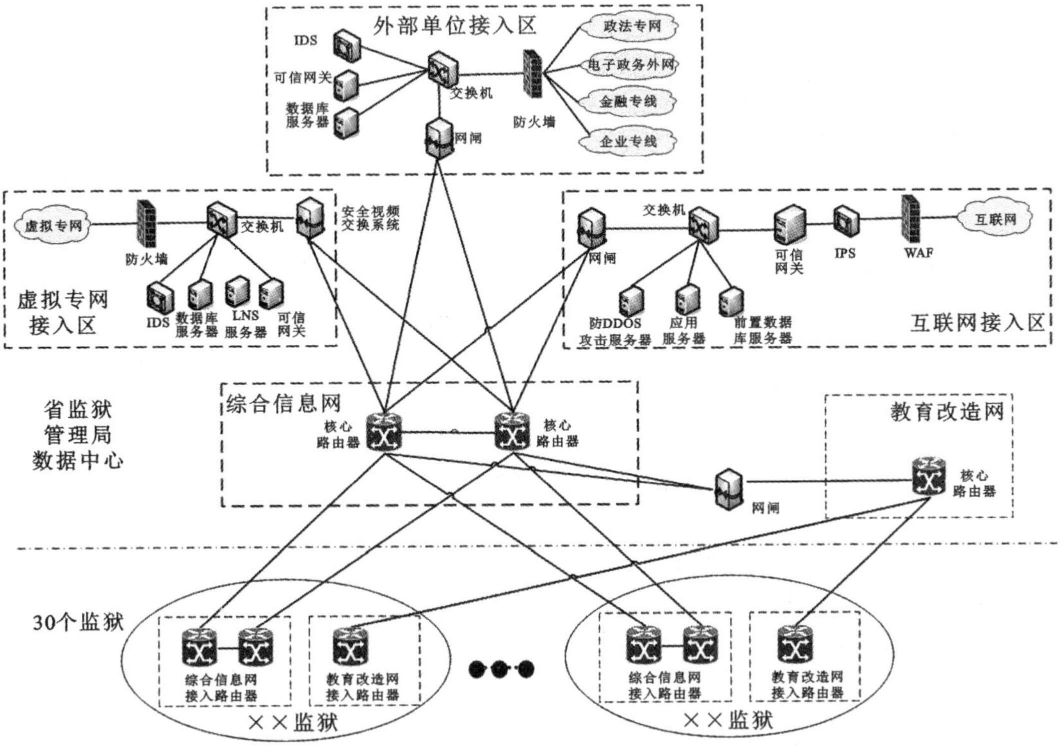

图 2-1　网络拓扑图

核心交换机软件可靠性依靠软件的可靠性设计来实现，需要支持 NSR（不间断路由），它是一种在具有主用主控板和备用主控板的设备上实现协议控制平面不感知系统控制平面故障的可靠性技术，优点在于它是一种自包含技术，不需要邻居协助，不存在互通性问题。NSR 的关键技术是实现控制平面倒换而邻居不感知。需要支持双向转发检测 BFD，它是一个通用的、标准化的、介质无关、协议无关的快速故障检测机制，用于快速检测、监控网络中链路或 IP 路由的转发连通状况。

系统可靠性依靠架构设计来保障，通常包含节点设备冗余与链路可靠性设计。两台核心交换机支持横向虚拟化从而使得网元节点变成一个，在有效实现节点设备冗余的同时简化了网络拓扑，消除了环路，而且易于管理。在整网方案中，交换机与交换机互联采用多个物理端口捆绑为一个链路聚合口，在增加链路带宽的同时任意一个端口的震荡均不会影响整网路由的震荡。同时，在单物理端口互联链路中，为了保证链路故障的快速收敛，设备通过端口自适应特性，自动感知链路故障。

监狱系统的总体网络架构采用扁平化方式组网。扁平化方式降低了网络结构复杂度，简化了网络拓扑，提高了转发效率。并且具备横、纵向的架构弹性。在数据中心发展扩容时，可以根据需要将合并的核心/汇聚层再分解开，演变到核心、汇聚、接入三层结构，具体来说二层扁平化的网络架构具备以下功能。

（1）简化网络管理，降低投资成本，降低维护管理成本。

（2）简化网络拓扑，降低网络复杂度，提高网络的性能，支撑高性能的服务器流量。

（3）提高网络利用率，支撑云计算技术的资源池动态调度。

（4）提高网络可靠性。二层网络结构，可以结合虚拟集群和堆叠技术，解决链路环路问题，减少网络的故障收敛时间，从而提高网络可靠性。

（5）绿色环保。简化二层网络还能降低电力和冷却需求，这对数据中心网络尤为重要。

（6）扁平化组网。将二层边缘延伸至数据中心核心交换机，通过统一部署高性能核心交换机及独立防火墙，提供二层范围内资源互访控制与安全策略控制。从而可将二层网络扩展至多个物理分区范围。大范围的二层网络与服务器虚拟化技术相结合，形成 IT 资源池，实现服务器资源灵活部署与调度。

二、智慧监狱（戒毒）网络规划

根据监狱的使用需求，整个监狱的网络系统共涉及 3 种网络——监狱综合信息网、教育改造网、互联网（见图 2-2），三网之间物理隔离。

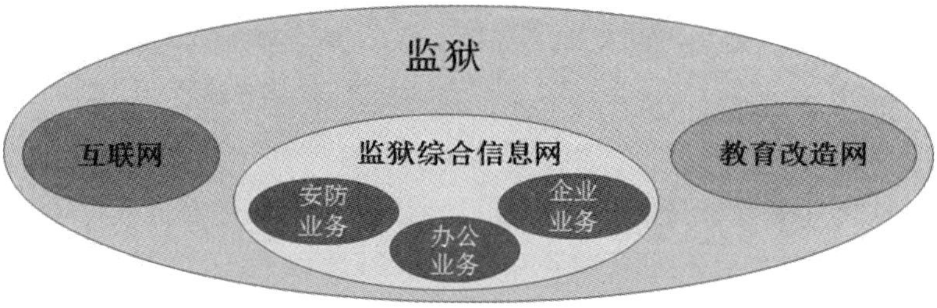

图 2-2　监狱网络系统逻辑关系图

（一）总体网络架构

智慧监狱（戒毒）信息化需要构建至少三种物理隔离的通信网络：监狱（戒毒）综合信息网、教育改造网、安防网。其中，综合信息网承载监狱（戒毒）综合管理、应急指挥、安防管理等业务，教育改造网承载面向罪犯（戒毒人员）使用的各项应用业务。

依托各省政法专网，实现监狱（戒毒）管理局、监狱（戒毒所）与公、检、法、司、安等单位信息交换传输，依托综合信息网、电子政务外网、教育改造网、互联网以及信息发布系统，提供面向民警、监狱（戒毒所）工作人员、企业、社会公众、罪犯家属的各项业务应用。

省级监狱（戒毒）管理局：监狱（戒毒）网络系统的核心，负责汇聚全监狱（戒毒）的综合信息网、教育改造网，两种网络间物理隔离，通过摆渡机进行连接，实现两种网络间的数据交互。

图 2-3 为网络总体架构图。

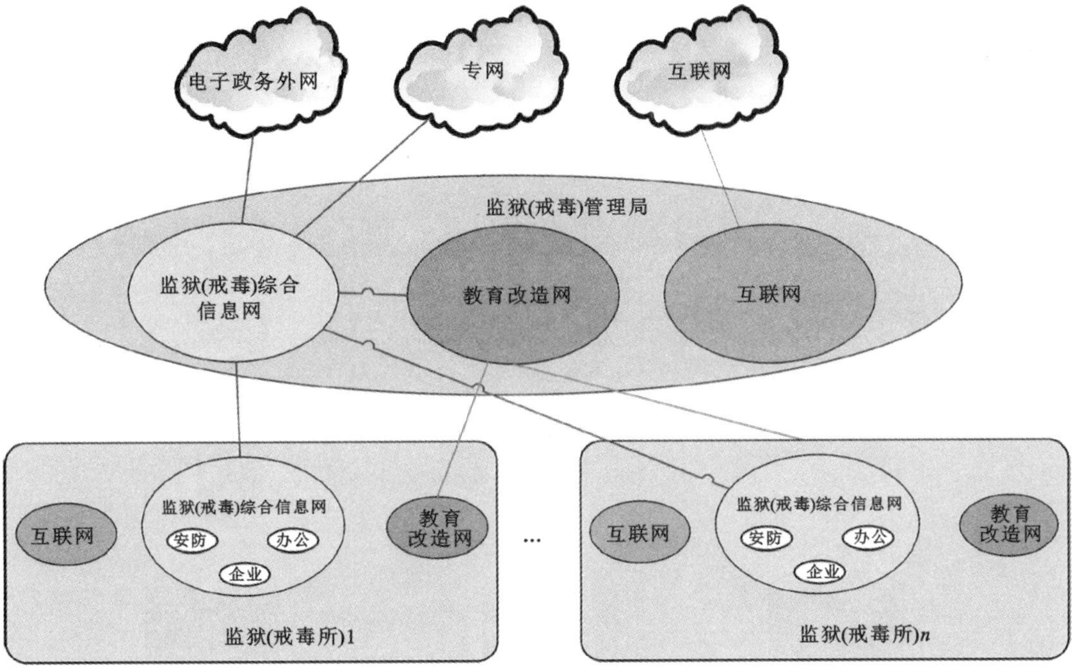

图 2-3　网络总体架构图

监狱（戒毒所）：综合信息网、教育改造网和互联网，三网之间物理隔离。

1. 监狱（戒毒）专网

承载场所办公、财务等业务，并且通过防火墙与省级监狱管理局互联。戒毒专网核心交换机与其他分所共用，核心交换机部署在网络中心机房，要求交换机预留足够的扩展槽，需要时增加接口板卡即可。

2. 安防网

接入视频监控系统、门禁系统、广播系统、对讲系统等安防设备。安防网核心交换机与监狱（戒毒所）二级单位共用，核心交换机部署在网络中心机房，要求交换机预留足够的扩展槽，需要时增加接口板卡即可。

3. 罪犯（戒毒人员）教育网

在办公楼、帮教楼、院区宿舍楼、教学楼等楼宇建设罪犯（戒毒人员）教育网。罪犯（戒毒人员）教育网核心交换机与其他监区（分所）共用，核心交换机部署在数据中心机房，要求交换机预留足够的扩展槽，需要时增加接口板卡即可。

网络根据场所建筑特点采用核心层-汇聚层-接入层三级结构，监狱（戒毒所）内各类业务终端就近接入到接入交换机。接入层到汇聚层采用千兆互联，汇聚层到核心层根据业务带宽流量需求及系统冗余设计需求采用单个千兆端口上行或两个千兆端口链路聚合的方式互联。

图 2-4 为拓扑图。

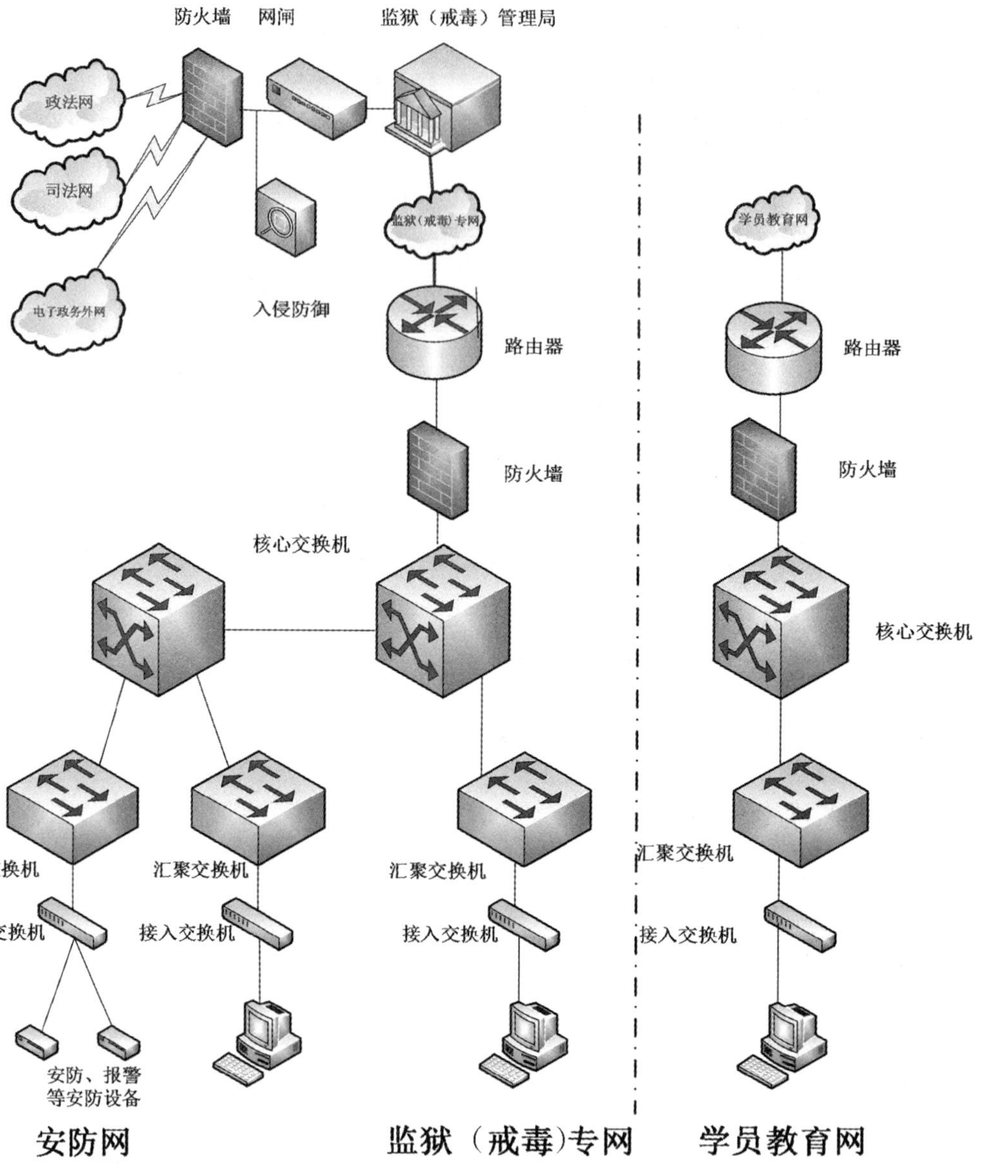

图 2-4　拓扑图

（二）监狱综合信息网

监狱综合信息网是监狱的核心应用承载网络，主要承载办公业务、安防业务和企业业务。

办公业务主要包括办公、财务及各项业务管理系统等业务；安防业务主要包括视频监控系统、门禁系统、广播系统、监仓对讲系统、报警系统等安防系统的数据流量。企业业务主要包括监所企业生产管理、资产管理、劳动工具管理、安全管理等业务。

在网络架构上，监狱综合信息网可分为核心层、汇聚层和接入层三个层级。核心层由 2 台核心交换机组成，负责将办公业务、安防业务和企业业务汇聚后，上联至出口路由器，与省级监狱（戒毒）管理局监管业务综合信息网核心路由器互联；汇聚层由安防业务汇聚交换机、办公业务汇聚交换机及企业业务汇聚交换机组成，安防业务汇聚交换机负责安防接入交换机及安防硬件设备的汇聚，办公业务汇聚交换机负责监管内网接入交换机及终端的汇聚，企业业务汇聚交换机负责监所企业内部接入交换机及终端的接入。

监狱综合信息网网络拓扑图如图 2-5 所示。

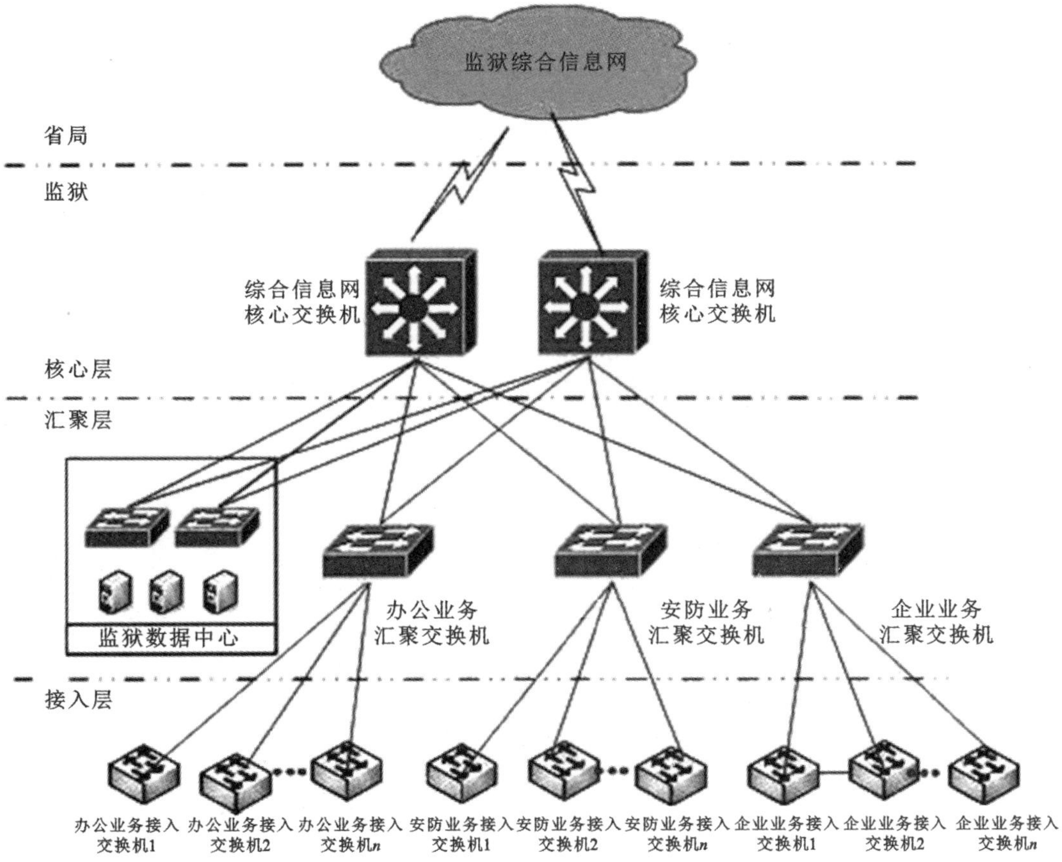

图 2-5　监狱综合信息网网络拓扑图

（三）教育改造网

教育改造网是面向罪犯服务的一张专用网络，是在原教育改造网的基础上改造而成，实现全省教育改造网的联网，并与监管业务综合信息网进行逻辑隔离。

教育改造网对罪犯开展心理咨询、云课堂、健康指导、网上图书馆等业务应用，为罪犯提供监所新闻、狱务公开、法律法规、规章制度等信息的浏览，教育改造、劳动改造、生活卫生等信息查询，情况反馈、意见箱、投诉举报的渠道。

教育改造网分为核心层、汇聚层和接入层三个层级（见图 2-6）。其中，核心层配置 1 台核心交换机，接入至出口路由器，上联至省级监狱（戒毒）管理局教育改造网核心路由器。汇聚交换机负责接入交换机及其他硬件设备的汇聚，并上联至核心交换机；接入交换机主要负责罪犯进行狱务公开查询的触摸屏及浏览罪犯教育网站的计算机、电视、电子白板等终端设备的接入。

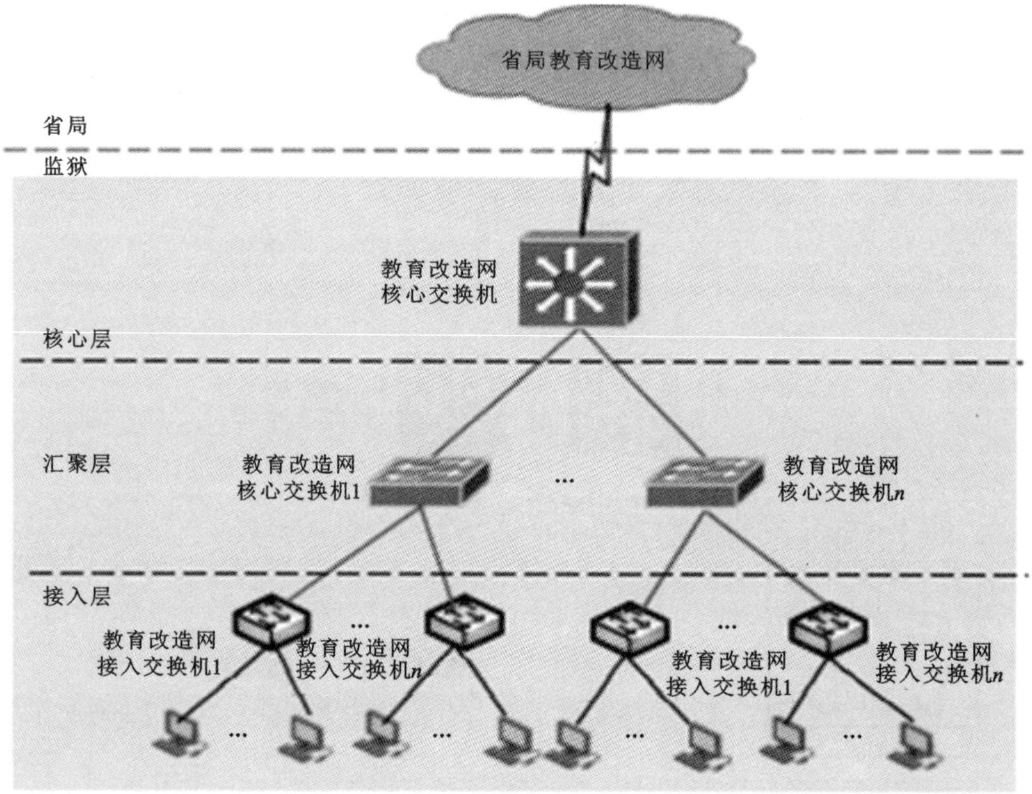

图 2-6　教育改造网网络拓扑图

（四）互联网

互联网主要用于监管警察职工接入互联网，解决互联网访问、信息查询等需求。互联网分为核心层、汇聚层和接入层三个层级（见图 2-7）。其中，核心层采用单星型，将互联网汇聚交换机汇聚后，与互联网相连。汇聚交换机负责接入交换机及其他硬件设备的汇聚，并上联至核心交换机。

（五）拓展网络

因监狱（戒毒）系统业务需要，为实现网上联动指挥和联合协同办案系统功能，应建设监狱（戒毒）系统与相关单位的网络对接，保障政法系统应急联动指挥和业务流程、电子卷宗的线上流转，需要进行接口对接工作。按照现行的行政管理体系，监

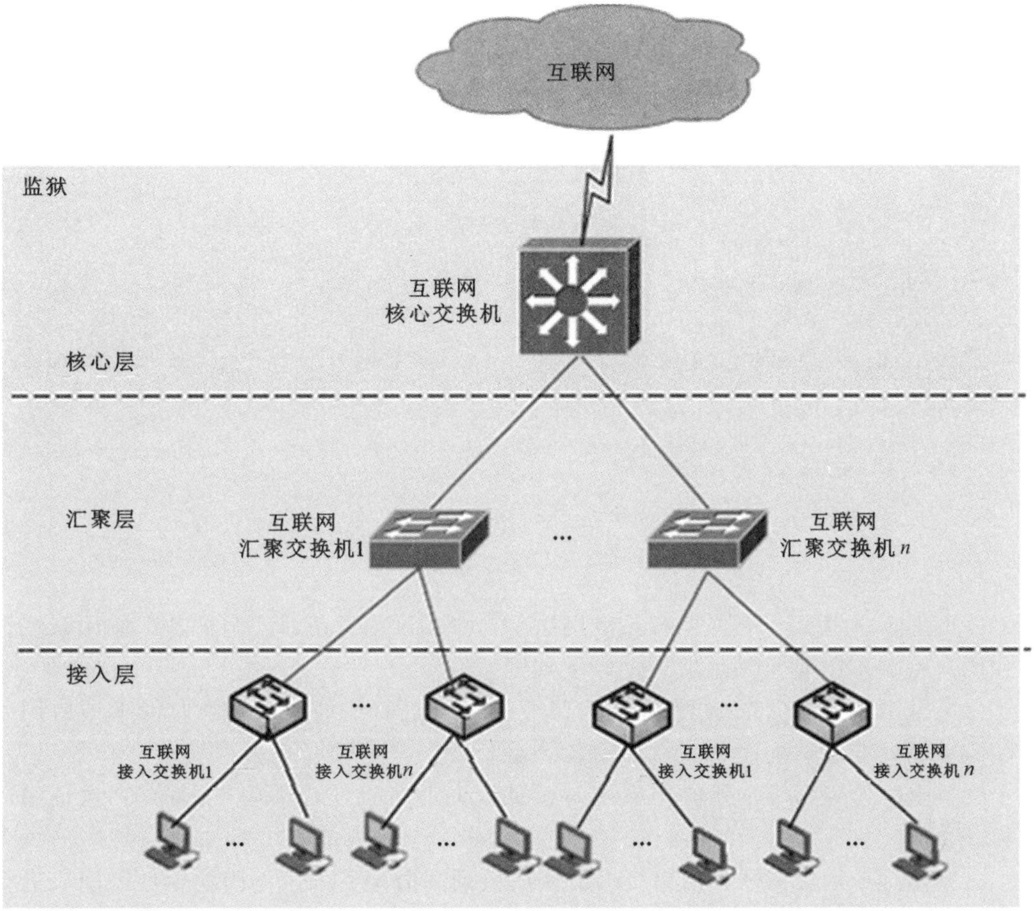

图 2-7　监所互联网网络拓扑图

狱（戒毒）系统网络与政法其他各单位网络对接有两种对接层级架构：一种是由省级监狱（戒毒）管理局与本省政法联合办案平台网络中心节点对接；另一种是由监狱（戒毒）管理局接入省级司法厅网络中心，由省司法厅与本省政法联合办案平台网络中心节点对接。最终实现监狱（戒毒）系统与相关单位的网络互通。

（1）监狱（戒毒）系统与驻监狱检察室、检察院指挥中心网络对接。

（2）监狱（戒毒）系统与驻监狱武警指挥中心网络对接。

（3）监狱（戒毒）系统与法院数字法庭对接。

（4）监狱（戒毒）系统与公安系统或属地公安局指挥中心对接。

三、IP 地址分配及编址规则

（一）IP 地址分配原则

IP 地址应按以下原则分配。

（1）连续性：按照行政层级、关键业务类型，分配一段连续的 IP 地址。

（2）可扩展性：地址分配要留有余量，便于后期扩展。

（3）层次性：按照连续比特分割法和 CIDR 标准，划分 IP 地址块。

（4）可管理性：对 IP 地址的申请、变更和注销按照行政层级分配权限进行统一管理。

（5）可识别性：通过 IP 地址可识别出行政单位和业务应用类型。

（二）IP 地址编址范围

智慧监狱系统网络平台使用 A 类 IP 地址。对于独立组网的应用使用 B 类 IP 地址，此类地址由各省（区、市）自行规划，可通过地址转换或安全交互方式接入智慧监狱系统网络。

（三）IP 地址编址规则

1. 概述

IP 地址编址适用于智慧监狱系统网络平台中的网络设备、安全设备、应用系统设备和用户终端。IP 地址编址应遵循以下规则。

（1）全国智慧监狱系统 IP 地址按照业务系统进行编址，规划为监狱本地应用系统和监狱纵向业务系统地址。

（2）全国监狱各级本地应用系统与监狱纵向业务系统，采用不同的 IP 地址编码结构。

（3）本地应用服务器和用户终端地址从低到高分配，采用不同的地址区间段进行区分。网关地址从高到低分配。

（4）同层级的设备互联地址，如同城监狱单位到省（区、市）、地（市、州）级汇聚点的互联，设备命名编号小的设备采用奇数地址，设备命名编号大的设备采用偶数地址。

（5）不同层级的设备互联地址，网络层级高的设备采用奇数地址，网络层级低的设备采用偶数地址。

2. 全国监狱本地应用系统及终端地址编码结构定义

全国监狱本地应用系统及终端地址编码结构见表 2-1。

表 2-1 全国监狱本地应用系统及终端地址编码结构

N	W	X	H
部监狱局指定号段	××××××××（8bit）	××××××××（8bit）	××××××××（8bit）
省（区、市）级标识	省（区、市）级单位/地（市、州）监狱标识	地（市、州）级监狱单位/县（市、区）标识	监区、大队等单位主机标识、设备标识

1）N 段代码定义

省（区、市）级标识：由司法部统一确定 33 个省（区、市）级标识，16～48 数字代表 33 个省（区、市）级标识，每个省（区、市）级单位划分 1 个 A 类地址段，从低到高分配，如 16. *. *. * 代表司法部。

2）W 段代码定义

0 作为省（区、市）级单位标识；1～63 作为地（市、州）单位标识；64～127 作为监狱单位标识。其中，监狱、戒毒单位标识段的第一个 B 类地址段由监狱管理局、戒毒管理局使用，其余 63 个 B 类地址段由监狱管理局、戒毒管理局根据所辖监狱、戒毒单位数量统一自主分配，剩余地址作为保留。

3）X 段代码定义

从 1 开始依次作为所属单位及县（市、区）标识。对于监狱、戒毒单位，由监狱管理局、戒毒管理局自主统一分配。

4）H 段代码定义。

0～255 作为监区、大队等单位主机标识使用，其中 0 为网络地址，255 为广播地址不使用。IP 地址使用单位对 H 段地址按照业务需求自行定义，并报上级管理部门备案。

3. 全国监狱纵向业务系统地址编码结构定义

全国监狱纵向业务系统编码结构见表 2-2。

表 2-2　全国监狱纵向业务系统编码结构

N	W	D	H
司法部 指定号段	×××××××× (8bit)	×××××××× (8bit)	×××××××× (8bit)
省（区、市）级标识	业务标识＋单位类别标识	地（市、州）＋县（市、区）标识/监狱、戒毒所标识	乡镇（街道）司法所、监区、大队等单位主机标识、设备标识

1）N 段代码定义

省（区、市）级标识：由司法部统一确定 33 个省（区、市）级标识，司法部指定号段数字代表 33 个省（区、市）级标识，每个省（区、市）级单位划分 1 个 A 类地址段，从低到高分配。

2）W 段代码定义

（1）业务标识：司法部暂确定 7 个关键纵向业务，由 192～212 数字标识，按此规则向后延续，每个纵向业务类型分配给每一个省（区、市）3 个连续的 B 类地址。

（2）单位类别标识：每个业务对应 3 个 B 类地址段，省（区、市）司法行政机关、监狱、戒毒 3 个单位各分配一个 B 类地址作为单位标识。

业务及单位标识分配表见表 2-3（根据全国情况暂定表中几类，后续逐步扩展）。

表 2-3　业务及单位标识分配表

业务类型	单位类别标识	业务标识
IP 通信系统	司法行政机关	N.192.D.H
	监狱	N.193.D.H
	戒毒	N.194.D.H
无线通信系统	司法行政机关	N.195.D.H
	监狱	N.196.D.H
	戒毒	N.197.D.H
视频会议系统	司法行政机关	N.198.D.H
	监狱	N.199.D.H
	戒毒	N.200.D.H
应急指挥系统	司法行政机关	N.201.D.H
	监狱	N.202.D.H
	戒毒	N.203.D.H
安全防范视频监控系统	司法行政机关	N.204.D.H
	监狱	N.205.D.H
	戒毒	N.206.D.H
位置定位系统	司法行政机关	N.207.D.H
	监狱	N.208.D.H
	戒毒	N.209.D.H
其他纵向业务系统	司法行政机关	N.210.D.H
	监狱	N.211.D.H
	戒毒	N.212.D.H

3）D 段代码定义

0～7 由各省（区、市）司法厅（局）、地（市、州）司法局、监狱管理局、戒毒管理局本部使用，8～255 数字由各省（区、市）司法行政机关、监狱、戒毒单位根据所辖单位数量自主统一分配给所辖地（市、州）及所辖县（市、区）。

4）H 段代码定义

H 段代码作为监区、大队等单位的主机标识、设备标识使用，IP 地址使用单位对 H 段地址自行定义，并报上级管理部门备案。

4. 独立组网类业务系统地址编码

教育矫治系统、物联系统、安全防范视频监控系统和带外管理系统等采用独立组网方式，地址段为 172.16.0.0/16，分配规则由各省（区、市）自行定义。

（四） IP 地址分配表

IP 地址分配表见《全国司法行政系统网络平台技术规范》。

四、基础网络传输技术要求

（一）传输类型要求

基础传输网络应使用专用线路通道，采用基于 SONET/SDH 平台的 MSTP 技术，同时实现 TDM、ATM、以太网等业务接入、处理和传送。对于高带宽业务，采用 PTN、STN 及 OTN 等适合大容量传输的技术方式，传输系统需提供统一网络管理。

（二）抖动要求

语音类型业务：流量随时间均匀分布，流量不大，对于抖动敏感。语音应用网络抖动标准应小于 10ms。

视频类型业务：突发流量大，长时间占用带宽，对于抖动敏感。视频应用网络抖动标准应小于 50ms。

（三）时延要求

语音类型业务：流量随时间均匀分布，流量不大，对时延敏感。语音应用网络延迟标准应小于 120ms。

视频类型业务：突发流量大，长时间占用带宽，对时延敏感。视频应用网络延迟标准应小于 150ms。

（四）丢包率要求

语音类型业务：流量随时间均匀分布，流量不大，对数据丢包敏感。语音应用网络丢包率标准应小于 1%。

视频类型业务：突发流量大，长时间占用带宽，对数据丢包敏感。视频应用网络丢包率标准应小于等于 0.05%。

（五）传输可靠性要求

监狱系统网络平台中承载的语音、视频、安全防范视频监控等重要业务，应采用线路和设备双重保护的方式保障传输可靠。相关要求如下。

(1) 线路保护方式：对于重要核心及汇聚节点，应采用双路接入，两条光路要求在不同物理线路上实现全程双路由。

(2) 设备保护方式：对于重要核心及汇聚节点，配置二纤双向复用段自愈环保护，应采用“双发、选收”的保护机制。正常情况下，工作路由和保护路由（主、备光路）同时传送业务信号，但接收端仅仅从工作路由选收业务信号。工作路由发生故障时，接收端将倒换到保护路由选收业务信号，且保护倒换时间要求小于50ms。

（六）网络通断要求

端口、设备以及线路故障率应满足以下要求：

（1）端口故障率≤5次/年；

（2）设备故障率≤5次/年；

（3）线路故障率≤5次/年。

五、网络设备命名规则

（一）命名、编码要求及范围

网络设备命名、编码要求：标识设备的空间地理位置、所属单位、网络层次、设备类型和设备编号。

命名、编码的网络设备范围：部、省（区、市）、地（市、州）（监狱、戒毒所）、县（市、区）各级网络设备及安全设备等。

（二）网络设备命名

1. 命名格式

设备的命名格式为：空间地理位置_单位标识_网络层次_设备类型及设备编号。设备的编码规则为：A（-B）（-C）DEFn。

空间地理位置包含部、省（区、市）、地（市、州）、县（市、区）行政区划信息，以如下形式表示。

A：省（区、市）级标识，用各省（区、市）名称的汉语拼音字母缩写来标识，见表2-4。

表2-4　省（区、市）级标识表

序号	地区单位名称	标识
1	司法部及部直属单位	SF
2	北京市	BJ
3	天津市	TJ
4	河北省	HE
5	山西省	SX

续表

序号	地区单位名称	标识
6	内蒙古自治区	NM
7	辽宁省	LN
8	吉林省	JL
9	黑龙江省	HL
10	上海市	SH
11	江苏省	JS
12	浙江省	ZJ
13	安徽省	AH
14	福建省	FJ
15	江西省	JX
16	山东省	SD
17	河南省	HA
18	湖北省	HB
19	湖南省	HN
20	广东省	GD
21	广西壮族自治区	GX
22	海南省	HI
23	重庆市	CQ
24	四川省	SC
25	贵州省	GZ
26	云南省	YN
27	西藏自治区	XZ
28	陕西省	SN
29	甘肃省	GS
30	青海省	QH
31	宁夏回族自治区	NX
32	新疆维吾尔自治区	XJ
33	新疆生产建设兵团	BT

B：地（市、州）级标识，由各省（区、市）保证标识的唯一性。

C：县（市、区）级标识，由各地（市、州）保证标识的唯一性。应满足以下要求：

(1) 单位标识，用拼音首字母组合来表示，各单位自行定义；
(2) 网络层次，用 2 位字母表示，参考编码格式章节；
(3) 设备类型，用 2 位字母表示，参考编码格式章节；
(4) 设备编号，用 2 位数字表示。

2. 编码格式与约定

1) 网络层级代码表

网络层级代码表见表 2-5。

表 2-5 网络层级代码表

网络层次	代码标识
主干层设备	CO
接入层设备	AC
汇聚层设备	AG

2) 设备类型代码表

设备类型代码表见表 2-6。

表 2-6 设备类型代码表

名称	代码标识
防火墙	FW
入侵防御系统	IPS
交换机	SW
路由器	RT
负载均衡	LB
VPN 设备	VN
数据交换	DS
视频会议服务器	MCU
视频会议终端	MG
语音设备	VG

六、网络边界交互及连接技术要求

（一）监狱系统网络与其他非涉密专网

监狱系统网络可通过建立符合国家相关规定的边界安全措施，实现与其他非涉密专网间的应用访问、数据交互、文件交互、流媒体传输等应用。

（二）监狱系统网络与互联网

监狱系统网络可通过建立符合国家相关规定的边界安全措施，实现与互联网间的应用访问、数据交互、文件交互、流媒体传输等应用。

（三）司法行政系统网络与涉密专网

司法行政系统网络可通过建立符合国家相关规定的边界安全措施，实现向涉密专网单向的数据传输、文件传输、流媒体传输等应用。边界安全实施方案需报保密部门和政务外网主管部门批准后，方可实施。

七、安全防范视频监控系统接入技术要求

（一）安全防范视频监控子网接入技术要求

1. 接入方式

安全防范视频监控系统应采用独立组网，通过平台接入司法行政系统网络。

2. 接入技术

应采用 TCP/IP（Transmission Control Protocol/Internet Protocol，传输控制协议/因特网协议）协议的以太网接入技术。

3. 接入地址要求

安全防范视频监控系统中的监控联网平台设备（如服务器、存储设备等）应按照相关要求统一分配司法行政系统网络 IP 地址。

安全防范视频监控系统中其他接入设备，应按照相关要求，采用独立组网 IP 地址 172.16.0.0/16。

（二）安全防范视频监控系统联网平台要求

1. 安全防范视频监控系统联网平台总体架构

在部、省（区、市）、地（市、州）监狱分别部署安全防范视频监控联网平台，通过安全防范视频监控联网平台级联实现安全防范视频监控资源自上而下调用和自下而上推送，安全防范视频监控联网平台采用信令流和媒体流相分离的结构，具体技术规范另行制定。部署架构见图 2-8。

2. 联网平台之间级联网络带宽要求

安全防范视频监控联网带宽估算方法如下：

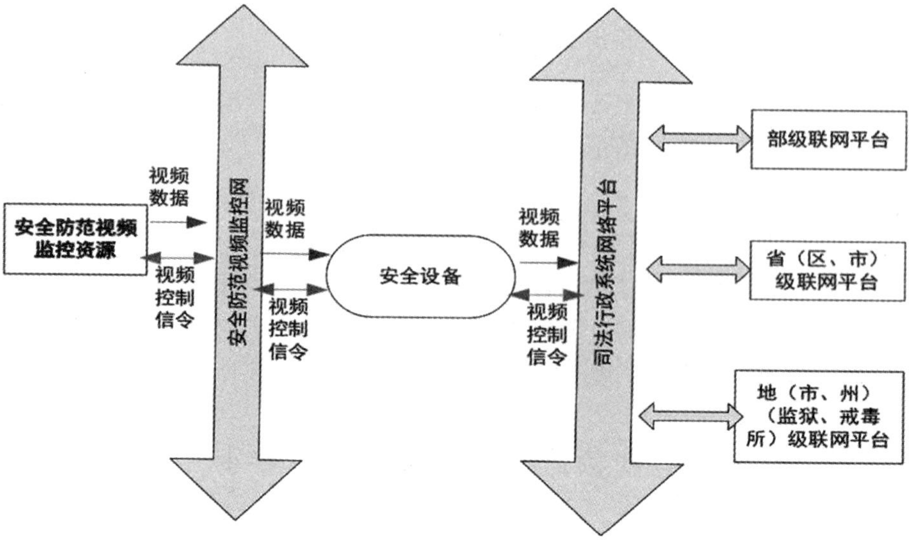

图 2-8　部署架构

安全防范视频监控联网所需的有效带宽≥并发连接的视频路数×单路视频码流。

部、省（区、市）、地（监狱、戒毒所）各级安全防范视频监控联网平台之间并发视频图像调用路数要求如下：

（1）部级与各省（区、市）级视频监控联网平台间不少于 5 路；

（2）省（区、市）级与各监狱、戒毒所级视频监控联网平台间不少于 5 路。

3. 安全防范视频监控联网平台之间级联网络传输质量要求

网络的传输质量应符合如下要求：

（1）网络时延应＜150ms；

（2）时延抖动应＜50ms；

（3）丢包率应＜0.1%；

（4）包误差率应＜0.01%。

八、视频会议系统接入技术要求

（一）网络承载基本要求

1. 网络承载带宽指标

网络承载带宽的基本需求应满足视频带宽×1.2。

2. 网络承载性能要求

网络的时延抖动＜50ms；网络的丢包率＜0.05%；端到端的时延建议＜150ms。

（二）组网技术

视频会议终端、多点控制单元 MCU 等设备，应采用 IP 网络接入，依托司法行政系统网络进行组网传输，构建部、省（区、市）、地（市、州）（监狱、戒毒所）、县（市、区）、乡镇（街道）五级视频会议系统。

（三）视频会议终端注册方式

视频会议终端应采用 IP 地址方式进行注册。

（四）接入地址

遵照 IP 地址分配及编制原则，应采用统一、规范的全国司法行政纵向业务系统 IP 地址，以保证视频会议系统全国互联互通。

（五）可靠性要求

在全国司法行政系统网络平台主干和接入设备上针对视频会议业务做 QoS 设置，以保障视频业务获得低时延和高带宽。

视频业务 QoS 队列调度及带宽分配见表 2-7。

表 2-7　视频会议业务 QoS 队列调度及带宽分配

业务类型	DSCP	IPPrecedence	队列类型	带宽比例
视频会议业务	EF（46）	5	LLQ	视频带宽×1.2

九、应急指挥系统接入技术要求

（一）网络承载基本要求

1. 网络承载带宽指标

网络承载带宽的基本需求应满足应急指挥业务带宽×1.2。

2. 网络承载性能要求

（1）网络的时延抖动范围＜50ms；

（2）网络的丢包率＜0.05%；

（3）端到端的时延建议＜150ms。

（二）组网技术

应急指挥系统利用监狱系统网络平台通道，应通过安全设备采用 VPN 技术组网，组建部、省（区、市）、地（市、州）（监狱、戒毒所）三级应急指挥中心联网平台，实现视频业务、语音业务和数据业务的加密传输。

（三）网络可靠性要求

应急指挥网络应做到有线通信和无线通信相结合，提供多重保障，若司法行政系统网络平台通道出现中断，可以通过卫星、短波等无线方式通信，形成通信应急保障，具体应急保障技术方案另行制定。

（四）接入地址

应急指挥系统 IP 地址采用统一、规范的全国监狱纵向业务系统 IP 地址。

十、有线/无线通信系统接入技术要求

（一）有线通信系统接入技术要求

1. 有线通信系统要求

基于全国监狱系统网络平台通道，利用 IP 网络承载语音的传输服务技术（VoIP），实现司法部到省（区、市）、地（市、州）（监狱、戒毒所）、县（市、区）、乡镇（街道）单位之间有线通信系统互联互通。

2. 有线通信系统接入方式

1）有线程控交换机通信系统的接入方式

有线程控交换机（PBX）通信系统通常与公网（PSTN）互联，有线程控交换机通过中继网关转换后接入监狱系统网络，中继网关具有数字中继接口以及 IP 中继接口，能够完成有线程控交换机通信系统到 IP 网络转换。

中继网关完成 SIP/H. 323 协议与 NO. 7/Pri 信令的转换，完成有线程控交换机通信系统与监狱有线通信网的融合。

2）VoIP 系统接入方式

已实现 VoIP 系统接入的监狱单位，需能够通过中继接口（SIP 协议）与全国监狱网络平台的有线通信平台系统互联，并按照全国统一要求编制的电话号码部署。

VoIP 系统接入的设备 IP 地址采用统一规范的全国监狱纵向业务系统 IP 地址。

3）有线通信网与公网的融合

有线通信网与公网的融合应满足以下要求：

（1）有线程控交换机通信系统通过数字中继接口（NO. 7/Pri 信令）与公网相连，实现与市话、手机互通；

（2）VoIP 系统接入方式通过数字中继接口（NO. 7/Pri 信令）与公网相连，实现与市话、手机互通。

4）有线通信系统对基础网络平台技术要求

（1）采用 G. 711 编码时，环回时延＜120ms，实际占用带宽每线 90. 4kbit/s；

（2）采用 G. 729a 编码时，环回时延＜150ms，实际占用带宽每线 34. 4kbit/s；

（3）采用 G. 723. 1 编码时，环回时延＜200ms，实际占用带宽每线 22. 9kbit/s。

具体技术要求另行制定。

3. 有线通信系统电话号码编制及拨打要求

全国司法行政电话号码编制采用统一规范、自行编制的原则，各省（区、市）有线通信系统中所涉及的编码规则见表 2-8。

表 2-8 各省（区、市）有线通信系统中所涉及的编码规则

字符格式	说明
6×××××××	4 位行政区划编码，由 6＋省（区、市）行政区划编码＋市（地、州、盟）行政区划编码＋县（市、区、旗）行政区划编码＋4 位顺序码构成，共 8 位。 顺序码从 0001 开始，直到 9999 止。 注：行政区号首位“0”替换为“6”，如安徽合肥区号 0551 变换为 6551； 原行政区号不足四位的补“0”，如四川 028 变换为 6280。 4 位顺序码各省自行划分
	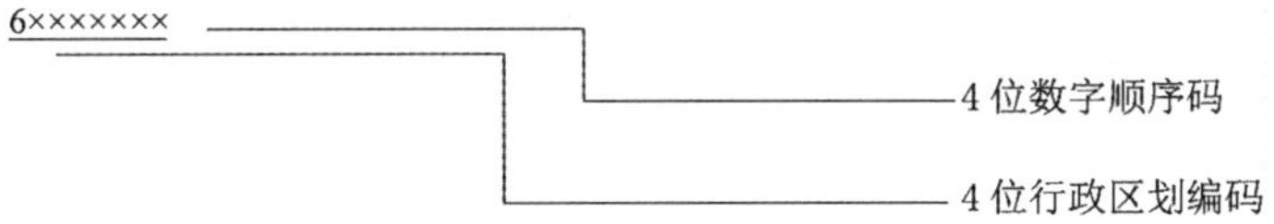 4 位行政区划编码 拨打规范： 跨区域，拨打全号（8 位），本区域的直拨小号（4 位） 拨打市话，0＋市话号码（限制长途）

（二）无线通信系统接入技术要求

1. 无线通信系统要求

基于全国监狱网络，建立异地间无线通信数据传输通道，实现部、省（区、市）、地（市、州）（监狱、戒毒所）无线通信系统的互联互通、自动漫游。

2. 无线通信系统接入方式

无线通信系统通过 MSO（无线通信网络交换控制中心）接入司法行政系统网络。通过 MSO 的互联，实现部、省（区、市）、地（市、州）（戒毒所、监狱）联网。MSO 的 IP 地址采用统一规范的全国监狱纵向业务系统 IP 地址。

3. 无线通信系统对司法行政系统网络的承载要求

（1）无线通信系统以司法行政系统网络为承载，窄带无线每路带宽≥32Kbps，网络延时≤50ms，网络抖动≤10ms；

（2）跨系统组呼叫时建立时间<500ms，系统丢包率<0.1%；

（3）宽带无线每路带宽≥2Mbps，网络延时≤50ms，网络抖动≤10ms。

（三）有线通信系统与无线通信系统对接

无线通信系统是有线通信系统的无线延伸，通过有线与无线系统的互通，实现司法行政应急指挥和管理的通信保障。

无线通信系统通过数字中继接口（NO.7/Pri 信令）与有线程控交换机通信系统和公网相连，实现与内线电话、市话、手机互通。

具体技术规范另行制定。

十一、移动终端接入技术要求

（一）公网移动终端接入技术要求

1. 移动终端接入设备

移动终端接入设备采用符合公网接入标准的设备。

2. 移动终端接入技术

支持公用移动通信网络接入。

3. 移动终端网络安全

对所有接入终端应进行用户鉴权，使用无线 VPN 方式接入监狱系统网络安全边界。

（二）移动终端无线局域网接入技术要求

可采用符合国家相关技术标准的无线局域网设备及无线终端，组建本单位无线局域网。具体技术及安全要求各省（区、市）另行规定。

十二、网络平台运行管理技术要求

（一）网络平台运行管理范围

网络平台运行管理应建立完善的制度，包括机房管理、人员管理、设备管理、配置变更流程、故障处理操作规程、应急响应管理等，结合现有相关管理制度，逐步形成全国司法行政系统网络平台运维管理制度体系。

按照分权分域管理原则，网络平台运行管理系统进行三级部署。司法部部署一级网络平台运行管理系统，负责本级网络管理和部至各省级联网设备管理；各省（区、市）部署二级网络平台运行管理系统，负责本级网络管理和省（区、市）级至各地（市、州）（监狱、戒毒所）级联网设备管理；各地（市、州）（监狱、戒毒所）部署三级网络平台运行管理系统，负责本级及所属单位网络管理。各级网络平台运行管理系统需具备IP地址管理、拓扑管理、设备管理、配置管理、性能管理和告警管理六项基础功能。

（二）网络运行管理系统功能要求

1. IP地址管理

IP地址管理应具有IP地址使用情况备案登记管理功能。接入全国司法行政系统网络平台的用户，应向IP地址区间管理部门申请核准。由于网络结构变化，网络IP地址发生大的变动而产生的空闲IP地址，由相应IP地址区间管理部门收回并做备案。

司法行政系统用户所使用的网络互联地址、相关主机地址、相关设备地址必须符合司法部IP地址规划统一要求。

2. 拓扑管理

拓扑管理应具有支持拓扑自动发现和手工修改拓扑功能，能够显示二层物理拓扑信息以及三层拓扑图，支持拓扑图导出功能；可在拓扑图上显示设备运行状态、链路状态、流量信息等。

3. 设备管理

设备管理应具有通过SNMP、Telnet协议获取设备信息的功能，可以将设备分组管理，导入、导出设备分组信息。支持设备资产的生命周期管理，支持设备分权分级管理。

4. 配置管理

配置管理应具有支持自动或手动的设备配置信息备份功能，可以对配置信息进行比对，配置变更告警，配置文件恢复，并可以对配置信息操作的日志做详细记录。支持同厂商设备软件版本统一升级和命令集批量下发。

5. 性能管理

性能管理应具有对设备的相关指标进行监控的功能，包括内存、CPU、接口速率、发包速率、丢包率、单播包速率等信息，并可对指标设置分等级的监控阈值。

6. 告警管理

告警管理应具有收集设备告警信息的功能，并可对告警信息进行自定义，可通过邮件、短信、声音等方式对设备告警信息进行发送和提示。

（三）通信网络管理

通信网络管理应支持公网电话、专网 IP 电话、无线通信网络及手台的统一管理与集中监控。

（四）安全防范视频监控系统运行管理

安全防范视频监控系统运行管理应在省（区、市）、地（市、州）（监狱、戒毒所）级实现。监狱、戒毒所对安全防范视频监控系统运行管理主要实现系统的设备、网络等的运行状态检测及维护管理，实现对监控视频图像质量的诊断分析；省（区、市）、地（市、州）级对安全防范视频监控系统的运行管理主要实现对所属监所情况的统计汇总、监督。

十三、其他

（一）域名解析系统

1. 域名的规划与管理

监狱系统网络平台采用独立的域名系统，域名由根域和若干个子域名用“.”连接而成，采用 sf 作为根域名。

2. 域名过渡原则

监狱系统网络平台中原有网络，可以暂时采用现有域名，逐步过渡到统一的域名规范中。

3. 域名字符组成

监狱系统网络平台的子域名由英文字母（大小写等价）、数字（0～9）和连接符(-)组合而成。

4. 域名命名要求

域名命名应符合下列要求。

(1) 域名应以 4～5 段为宜，总长度不应超过 25 个字符。

（2）域名命名示例："主机名．单位名．二级域名．sf"或"主机名．单位名．三级域名．二级域名．sf"。

5. 域名体系管理

域名体系管理应符合下列要求。

（1）司法部信息中心负责一级域名及一级 DNS 的管理，所有单位的二级域名及二级 DNS 均在部信息中心 DNS 中注册。

（2）各省（区、市）信息中心负责建设二级子域名（二级域名．sf），二级域名为省（区、市）名称首字母缩写，例如安徽省（ah. sf）。各省（区、市）二级域名缩写参照前文中的省（区、市）级标识表。

（3）地（市、州）（监狱、戒毒所）内三级域名分配方案采用地（市、州）名称首字母缩写规则自行定义，例如合肥市（hf. ah. sf），所有单位的三级域名均在省（区、市）信息中心 DNS 中注册。

6. 域名注册顺序

各单位在申请域名时按优先申请顺序申请域名，后申请的若有重复，可用增加汉语拼音字母的方式解决。

7. 域名的注册、变更、撤销

各级监狱单位应规范使用监狱系统网络平台域名，并向上一级司法行政科技信息化部门提出域名注册、变更、撤销等要求。

8. 域名服务要求

各级司法行政单位应同步采用部、省（区、市）两级域名服务器，完成整个监狱系统网络平台中的域名解析工作。

9. 逆向域名解析

监狱系统网络平台不设置逆向域名解析。

（二）服务器设置方式

部、省（区、市）两级分别部署两台域名服务器，两级服务器互为主备共同提供域名解析服务，地（市、州）（监狱、戒毒所）、县（市、区）、乡镇（街道）不部署域名服务器。

十四、网络时钟系统

网络时钟系统应满足以下要求：

（1）监狱系统网络平台采用高精度服务器提供 NTP 服务，应在部、省（区、市）

两级网络管理中心分别部署 2 台 NTP 服务器（双机冗余热备），实现部、省（区、市）两级 NTP 服务器时钟同步；

（2）采用 GPS/北斗卫星为 NTP 服务器提供统一标准的时间源；

（3）监狱系统网络平台 NTP 服务器采用客户/服务器（C/S）模式，客户机采用环回接口和 NTP 服务器通信；

（4）各级监狱系统网络平台中计算机网络、应用系统、通信系统等设备应与本省（区、市）NTP 服务器进行时间信号同步。

模块二　监狱机房建设规范

一、范围

监狱机房建设规范规定了监狱机房的设计，确保监狱机房系统安全、稳定、可靠地运行，做到技术先进、经济合理、安全适用、节能环保，同时也适用于新建、改建和扩建的监狱机房的设计。

监狱机房的设计应遵循近期建设规模与远期发展规划协调一致的原则，应符合国家现行有关机房建设标准的规定。

（一）机房建设概述

机房工程是指为确保信息集成系统的计算、交换、存储、控制等核心设备能安全、稳定和可靠运行，而设计配置的基础工程，机房基础设施的建设不仅要为机房中的系统设备运营管理和数据信息安全提供保障环境，还要为机房工作人员创造健康适宜的工作环境，必须满足计算机等各种微机电子设备和工作人员对温湿度、洁净度、电磁强度、噪声干扰、电源质量、防雷接地等的要求。

机房的设计需通过建设位置的实地勘察，依据国家有关标准和规范，结合所建各种系统的运行特点进行总体设计，建设一个布局合理、有现代感、功能完备、安全可靠、设施先进、绿色环保、投资合理的现代化计算机中心机房，切实为主机服务器等设备提供一个安全、可靠、温湿度及洁净度均符合要求的运行环境，同时为相关工作人员提供可服务于网络系统的管理、软件开发、硬件维修等方便、快捷、舒适的工作环境。各级司法行政机构指挥中心、网络中心和数据中心机房按照《电子信息系统机房设计规范》（GB 50174）中 B 级机房（冗余型）相关要求进行建设，其余分控中心按 C 级机房（基本型）相关要求进行建设。

机房设计主要包括以下几个方面：机房装饰装修系统、机房空调和新风系统、机房供配电和照明系统、UPS 不间断电源系统、机房防雷接地系统、机房环境监控系统、机房气体消防系统等，如图 2-9 所示。

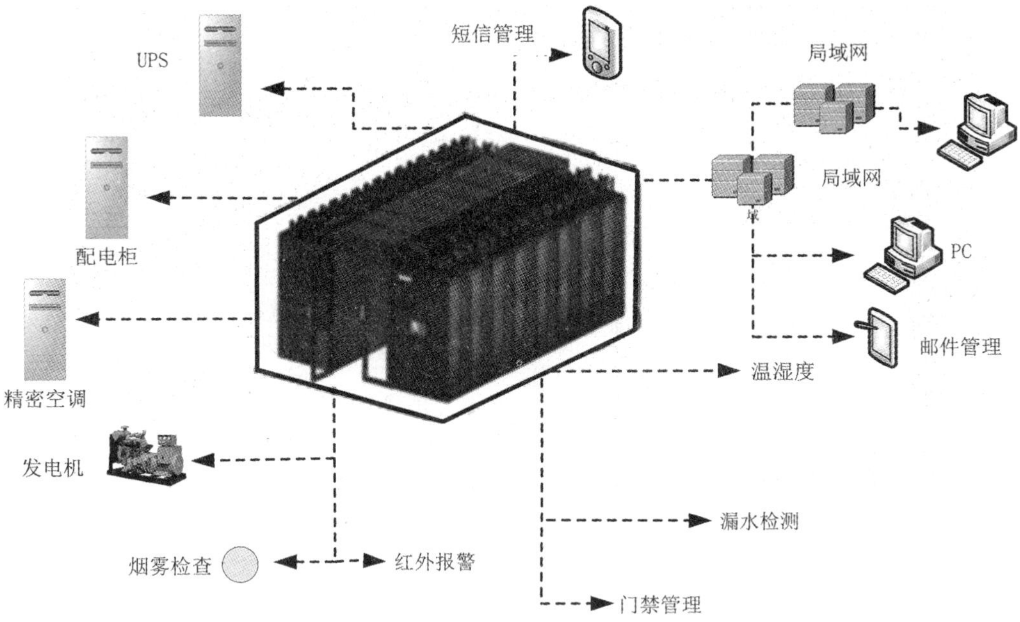

图 2-9 机房设计图

（二）机房功能分区

机房按照功能可划分为运维操作台及控制区域、机房区域、值班室区域、备品备件区、电池区、备用供电动力区等。

1. 运维操作台及控制区域

运维操作台可设计多个席位，兼具日常操作管理、值守和应急处置功能。在日常值守场景下，运维操作台部署于机房旁边的独立区域，可以透过玻璃隔断或监控视频观察到机房的基本情况，运维操作台需部署 24 小时监控的显示屏，用于监测机房的物理环境、人员出入、环境和设备参数变化等。可通过音视频与指挥中心联系，也可作为指挥中心的一部分功能融入到指挥中心建设中。

2. 机房区域

机房区域（见图 2-10）应远离水源、尘土、磁场，主要部署网络设备、计算设备、存储设备、安全设备，确保电子设备满足动环技术需求，以便对硬件设备进行统一安全管理。

3. 值班室区域

为实现数据中心（网络中心）机房的 24 小时值守，在机房旁设计独立值班室。值班室主要配备值班电脑、报警设备、备勤装备，以实现对机房的夜间值守，对机房及各类设备的管理。

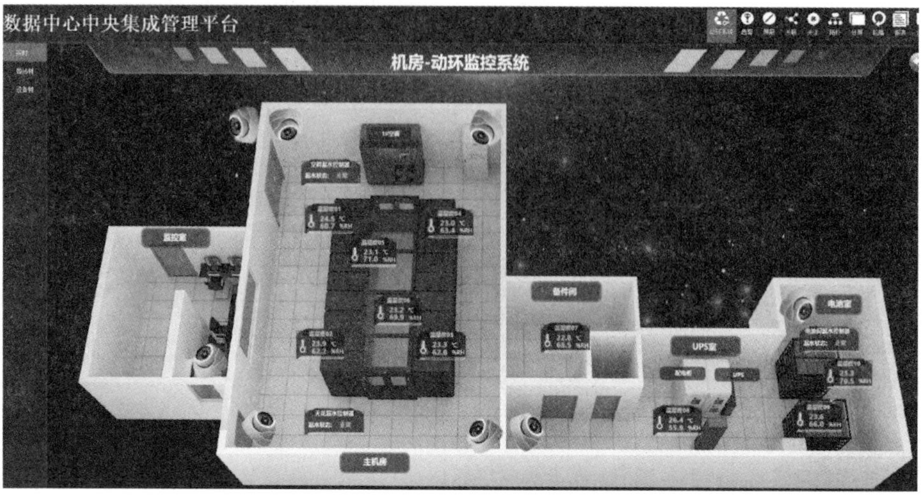

图 2-10　机房区域

4. 备品备件区

备品备件区主要实现对所有信息化设备和设施的备品备件存放，可以与机房建设同步实施，也可以单独建设。备品备件区要保证备品备件的存放安全，防止盗窃，防止水、电、磁、尘对备品备件的影响，同时也要保障自带电源（电池）的备品备件的安全，要建立台账管理制度，纳入进销存管理系统统一管理。

5. 电池区（略）

6. 备用电源动力区

柴油发电机系统，按照发电机组要求进行场地设计和施工。

在柴油发电机组功耗计算方面，根据机房终期配置考虑油机需求，考虑机房内设备机柜供电、空调设备供电、开关电源设备供电及辅助用电。

市电、油机电转换方式采用集中人工转换方式。根据实际需求测算，在油机室内新增 1 台 160kW 柴油发电机组设备。

二、选址及设备布置

（一）选址

监狱机房选址应符合下列要求：

（1）电力供给应充足可靠，通信应快速畅通，交通应便捷；

（2）采用水蒸发冷却方式制冷的监狱机房，水源应充足；

（3）自然环境应清洁，环境温度应有利于节约能源；

（4）应远离产生粉尘、油烟、有害气体以及生产或贮存腐蚀性、易燃、易爆物品的场所；

（5）应远离水灾、地震等自然灾害隐患区域；

（6）应远离强振源和强噪声源；

（7）应避开强电磁场干扰；

（8）监狱机房不宜建在公共停车库的正上方。

设置在建筑物内局部区域的监狱机房，在确定主机房的位置时，应对安全、设备运输、管线敷设、雷电感应、结构荷载、水患及空调系统室外设备的安装位置等进行综合分析和经济比较。

（二）组成

（1）监狱机房的组成应根据系统运行特点及设备具体要求确定，宜由主机房、辅助区、支持区、行政管理区等功能区组成。

（2）主机房的使用面积应根据电子信息设备的数量、外形尺寸和布置方式确定，并应预留今后业务发展需要的使用面积。主机房的使用面积可按下式确定：

$$A = SN$$

式中，A——主机房的使用面积（m^2）；

S——单台机柜（架）、大型电子信息设备和列头柜等设备占用面积，可取 2.0～4.0（m^2/台）；

N——主机房内所有机柜（架）、大型电子信息设备和列头柜等设备的总台数。

（3）辅助区和支持区的面积之和可为主机房面积的 1.5～2.5 倍。

（4）用户工作室的使用面积可按 $4m^2$/人至 $5m^2$/人计算；硬件及软件人员办公室等有人长期工作的房间，使用面积可按 $5m^2$/人至 $7m^2$/人计算。

（5）在灾难发生时，仍需保证电子信息业务连续性的单位，应建立灾备监狱机房。灾备监狱机房的组成应根据安全需求、使用功能和人员类别划分为限制区、普通区和专用区。

（三）设备布置

（1）监狱机房内的各类设备应根据工艺设计进行布置，应满足系统运行、运行管理、人员操作和安全、设备和物料运输、设备散热、安装和维护的要求。

（2）容错系统中相互备用的设备应布置在不同的物理隔间内，相互备用的管线宜沿不同路径敷设。

（3）当机柜（架）内的设备为前进风/后出风冷却方式，且机柜自身结构未采用封闭冷风通道或封闭热风通道方式时，机柜（架）的布置宜采用面对面、背对背方式。

（4）主机房内通道与设备间的距离应符合下列规定：

① 用于搬运设备的通道净宽不应小于 1.5m；

② 面对面布置的机柜（架）正面之间的距离不宜小于1.2m；

③ 背对背布置的机柜（架）背面之间的距离不宜小于0.8m；

④ 当需要在机柜（架）侧面和后面维修测试时，机柜（架）与机柜（架）、机柜（架）与墙之间的距离不宜小于1.0m；

⑤ 成行排列的机柜（架），其长度超过6m时，两端应设有通道；当两个通道之间的距离超过15m时，在两个通道之间还应增加通道。通道的宽度不宜小于1m，局部可为0.8m。

三、环境要求

（一）温度、露点温度及空气粒子浓度

（1）主机房和辅助区内的温度、露点温度和相对湿度应满足电子信息设备的使用要求。

（2）主机房的空气含尘浓度，在静态或动态条件下测试，每立方米空气中粒径大于或等于0.5μm的悬浮粒子数应少于17600000粒。

（3）监狱机房装修后的室内空气质量应符合现行国家标准《室内空气质量标准》（GB /T 18883）的有关规定。

（二）噪声、电磁干扰、振动及静电

（1）总控中心内，在长期固定工作位置测量的噪声值应小于60dB（A）。

（2）主机房和辅助区内的无线电骚扰环境场强在80MHz～1000MHz和1400MHz～2000MHz频段范围内不应大于130dB（μv/m）；工频磁场场强不应大于30A/m。

（3）在电子信息设备停机条件下，主机房地板表面垂直及水平向的振动加速度不应大于500mm/s^2。

（4）主机房和辅助区内绝缘体的静电电压绝对值不应大于1kV。

四、建筑与结构

（一）一般规定

（1）建筑平面和空间布局应具有灵活性，并应满足监狱机房的工艺要求。

（2）主机房净高应根据机柜高度、管线安装及通风要求确定。新建监狱机房时，主机房净高不宜小于3.0m。

（3）变形缝不宜穿过主机房。

（4）主机房和辅助区不应布置在用水区域的直接下方，不应与振动和电磁干扰源为邻。

（5）设有技术夹层和技术夹道的监狱机房，建筑设计应满足各种设备和管线的安装和维护要求。当管线需穿越楼层时，宜设置技术竖井。

（6）改建的监狱机房应根据荷载要求，按照《建筑抗震鉴定标准》（GB 50023）的规定进行抗震鉴定。经抗震鉴定后需要进行抗震加固的建筑应根据现行国家标准《混凝土结构加固规范》（GB 50367）、《建筑抗震加固技术规程》（JGJ 116）和《混凝土结构后锚固技术规程》（JGJ 145）的规定进行加固。当抗震设防类别为丙类的建筑改建为A级监狱机房时，在使用荷载满足要求的条件下，建筑可不做加固处理。

（7）新建监狱机房首层建筑完成面应高出当地洪水百年重现期水位线1.0m以上，并应高出室外地坪最少0.6m。

（二）人流、物流及出入口

（1）监狱机房宜单独设置人员出入口和货物出入口。

（2）有人操作区域和无人操作区域宜分开布置。

（3）监狱机房内通道的宽度及门的尺寸应满足设备和材料的运输要求，建筑入口至主机房的通道净宽不应小于1.5m。

（4）监狱机房可设置门厅、休息室、值班室和更衣间。更衣间使用面积可按最大班人数的$1m^2$/人至$3m^2$/人计算。

（三）围护结构热工设计和节能措施

（1）监狱机房的建筑气候分区和围护结构热工设计应符合现行国家标准《公共建筑节能设计标准》（GB 50189）的规定。当主机房与外围护结构相邻时，对应部分外围护结构的热工性能应根据全年动态能耗分析情况确定最优值。

（2）监狱机房围护结构的材料选型应满足保温、隔热、防火、防潮、少产尘等要求。外墙、屋面热桥部位的内表面温度不应低于室内空气露点温度。

（3）主机房不宜设置外窗。当主机房设有外窗时，外窗的气密性不应低于《建筑外门窗气密、水密、抗风压性能分级及检测方法》（GB /T 7106）规定的8级要求或采用双层固定式玻璃窗，外窗应设置外部遮阳，遮阳系数按《公共建筑节能设计标准》（GB 50189）确定。不间断电源系统的电池室设有外窗时，应避免阳光直射。

（四）室内装修

（1）室内装修设计选用材料的燃烧性能应符合现行国家标准《建筑内部装修设计防火规范》（GB 50222）的有关规定。

（2）主机房室内装修，应选用气密性好、不起尘、易清洁、符合环保要求、在温度和湿度变化作用下变形小、具有表面静电耗散性能的材料，不得使用强吸湿性材料及未经表面改性处理的高分子绝缘材料作为面层。

（3）主机房内墙壁和顶棚的装修应满足使用功能要求，表面应平整、光滑、不起尘、避免眩光，并应减少凹凸面。

(4) 主机房地面设计应满足使用功能要求，当铺设防静电活动地板时，活动地板的高度应根据电缆布线和空调送风要求确定，并应符合下列规定。

① 活动地板下的空间只作为电缆布线使用时，地板高度不宜小于250mm。活动地板下的地面和四壁装饰，可采用水泥砂浆抹灰。地面材料应平整、耐磨。

② 活动地板下的空间既作为电缆布线，又作为空调静压箱时，地板高度不宜小于500mm。活动地板下的地面和四壁装饰应采用不起尘、不易积灰、易于清洁的材料。楼板或地面应采取保温、防潮措施，一层地面垫层宜配筋，围护结构宜采取防结露措施。

(5) 技术夹层的墙壁和顶棚表面应平整、光滑。当采用轻质构造顶棚做技术夹层时，宜设置检修通道或检修口。

(6) 当主机房内设有用水设备时，应采取防止水漫溢和渗漏措施。

(7) 门窗、墙壁、地（楼）面的构造和施工缝隙，均应采取密闭措施。

(8) 当主机房顶板采用碳纤维加固时，应采用聚合物砂浆内衬钢丝网对碳纤维进行保护。

五、空气调节

（一）一般规定

(1) 监狱机房的空气调节系统设计根据监狱机房的等级应符合现行国家标准《民用建筑供暖通风与空气调节设计规范》(GB 50736) 的有关规定。

(2) 与其他功能用房共建于同一建筑内的监狱机房，宜设置独立的空调系统。

(3) 主机房与其他房间宜分别设置空调系统。

（二）负荷计算

(1) 电子信息设备和其他设备的散热量应根据设备实际用电量进行计算。

(2) 空调系统夏季冷负荷应包括下列内容：

① 监狱机房内设备的散热；

② 建筑围护结构得热；

③ 通过外窗进入的太阳辐射热；

④ 人体散热；

⑤ 照明装置散热；

⑥ 新风负荷；

⑦ 伴随各种散湿过程产生的潜热。

(3) 空调系统湿负荷应包括下列内容：

① 人体散湿；

② 新风湿负荷；

③ 渗漏空气湿负荷；
④ 围护结构散湿。

（三）气流组织

（1）主机房空调系统的气流组织形式，应根据电子信息设备本身的冷却方式、设备布置方式、设备散热量、室内风速、防尘和建筑条件综合确定，并宜采用计算流体动力学对主机房气流组织进行模拟和验证。当电子信息设备对气流组织形式未提出特殊要求时，主机房气流组织形式、风口及送回风温差可按表 2-9 选用。

表 2-9　主机房气流组织形式、风口及送回风温差

气流组织形式	下送上回	上送上回（或侧回）	侧送侧回
送风口	1. 活动地板风口（可带调节阀） 2. 带可调多叶阀的格栅风口 3. 其他风口	1. 散流器 2. 带扩散板风口 3. 百叶风口 4. 格栅风口 5. 其他风口	1. 百叶风口 2. 格栅风口 3. 其他风口
回风口	1. 格栅风口 2. 百叶风口 3. 网板风口 4. 其他风口		
送回风温差	8℃～15℃送风温度应高于室内空气露点温度		

（2）对单台机柜发热量大于 4kW 的主机房，宜采用活动地板下送风/上回风、行间制冷空调前送风/后回风等方式，并宜采取冷热通道隔离措施。

（3）在有人操作的机房内，送风气流不宜直对工作人员。

（四）系统设计

（1）采用冷冻水空调系统的监狱机房宜设置蓄冷设施，蓄冷时间应满足电子信息设备的运行要求；控制系统、末端冷冻水泵、空调末端风机应由不间断电源系统供电；冷冻水供回水管路宜采用环形管网或双供双回方式。当水源不能可靠保证监狱机房运行需要时，监狱机房也可采用两种冷源供应方式。

（2）监狱机房的风管及管道的保温、消声材料和黏结剂，应选用非燃烧材料或难燃 B1 级材料。冷表面应作隔气、保温处理。

（3）采用活动地板下送风时，地板的高度应根据送风量确定。

（4）主机房应维持正压。主机房与其他房间、走廊的压差不宜小于 5Pa，与室外静压差不宜小于 10Pa。

（5）空调系统的新风量应取下列二项中的最大值：

① 按工作人员计算，每人 $40m^3/h$；

② 维持室内正压所需风量。

（6）主机房内空调系统用循环机组宜设置初效过滤器或中效过滤器。新风系统或全空气系统应设置初效和中效空气过滤器，也可设置亚高效空气过滤器和化学过滤装置。末级过滤装置宜设置在正压端。

（7）设有新风系统的主机房，在保证室内外一定压差的情况下，送排风应保持平衡。

（8）打印室、电池室等易对空气造成二次污染的房间，对空调系统应采取防止污染物随气流进入其他房间的措施。

（9）监狱机房专用空调机可安装在靠近主机房的专用空调机房内，也可安装在主机房内。

（10）空调系统设计应采用下列节能措施。

① 空调系统应根据当地气候条件，充分利用自然冷源。

② 大型监狱机房宜采用水冷冷水机组空调系统，也可采用风冷冷水机组空调系统。采用水冷冷水机组的空调系统，冬季可利用室外冷却塔作为冷源；采用风冷冷水机组的空调系统，设计时应采用自然冷却技术。

③ 空调系统可采用电制冷与自然冷却相结合的方式。

④ 监狱机房空调系统设计时，应分别计算自然冷却和余热回收的经济效益，应采用经济效益最大的节能设计方案。

⑤ 空气质量优良地区，可采用全新风空调系统。

⑥ 根据负荷变化情况，空调系统宜采用变频、自动控制等技术进行负荷调节。

（11）采用全新风空调系统时，应对新风的温度、相对湿度、空气含尘浓度等参数进行检测和控制。寒冷地区采用水冷冷水机组空调系统时，冬季应对冷却水系统采取防冻措施。

（五）设备选择

（1）空调和制冷设备的选用应符合运行可靠、经济适用、节能环保的要求。

（2）空调系统和设备应根据监狱机房的等级、气候条件、建筑条件、设备的发热量等进行选择。

（3）空调系统无备份设备时，单台空调制冷设备的制冷能力应留有15％～20％的余量。

（4）机房专用空调、行间制冷空调宜采用出风温度控制。空调机应带有通信接口，通信协议应满足监狱机房监控系统的要求，监控的主要参数应接入监狱机房监控系统，并应记录、显示和报警。主机房内的湿度可由机房专用空调、行间制冷空调进行控制，也可由其他加湿器进行调节。

（5）空调设备的空气过滤器和加湿器应便于清洗和更换，设计时应为空调设备预留维修空间。

六、电气

（一）供配电

（1）监狱机房用电负荷等级及供电要求应根据监狱机房的等级，按现行国家标准《供配电系统设计规范》（GB 50052）的要求执行。

（2）电子信息设备供电电源质量应根据监狱机房的等级的要求执行。当电子信息设备采用直流电源供电时，供电电压应符合电子信息设备的要求。

（3）供配电系统应为电子信息系统的可扩展性预留备用容量。

（4）户外供电线路不宜采用架空方式敷设。

（5）监狱机房应由专用配电变压器或专用回路供电，变压器宜采用干式变压器，变压器宜靠近负荷布置。

（6）监狱机房低压配电系统的接地形式宜采用 TN 系统。采用交流电源的电子信息设备，其配电系统应采用 TN-S 系统。

（7）电子信息设备宜由不间断电源系统供电。不间断电源系统应有自动和手动旁路装置。确定不间断电源系统的基本容量时应留有余量。不间断电源系统的基本容量可按下式计算：

$$E \geqslant 1.2P$$

式中，E——不间断电源系统的基本容量（不包含备份不间断电源系统设备）；

P——电子信息设备的计算负荷。

（8）监狱机房内采用不间断电源系统供电的空调设备和电子信息设备不应由同一组不间断电源系统供电；测试电子信息设备的电源和电子信息设备的正常工作电源应采用不同的不间断电源系统。

（9）电子信息设备的配电宜采用配电列头柜或专用配电母线。采用配电列头柜时，配电列头柜应靠近用电设备安装；采用专用配电母线时，专用配电母线应具有灵活性。

（10）交流配电列头柜和交流专用配电母线宜配备瞬态电压浪涌保护器和电源监测装置，并应提供远程通信接口。当输出端中性线与 PE 线之间的电位差不能满足电子信息设备使用要求时，配电系统可装设隔离变压器。

（11）电子信息设备的电源连接点应与其他设备的电源连接点严格区别，并应有明显标识。

（12）监狱机房应由双重电源供电，并应设置备用电源。备用电源宜采用独立于正常电源的柴油发电机组，也可采用供电网络中独立于正常电源的专用馈电线路。当正常电源发生故障时，备用电源应能承担监狱机房正常运行所需要的用电负荷。

（13）后备柴油发电机组的性能等级不应低于 G3 级；A 级监狱机房发电机组应连续和不限时运行，发电机组的输出功率应满足监狱机房最大平均负荷的需要。B 级监狱机房发电机组的输出功率可按限时 500h 运行功率选择。

（14）柴油发电机应设置现场储油装置，储存柴油的供应时间应符合现行国家标准。当外部供油时间有保障时，储存柴油的供应时间宜大于外部供油时间。柴油在储存期间内，应对柴油品质进行检测，当柴油品质不能满足使用要求时，应对柴油进行更换和补充。

（15）柴油发电机周围应设置检修用照明和维修电源，电源宜由不间断电源系统供电。

（16）正常电源与备用电源之间的切换采用自动转换开关电器时，自动转换开关电器宜具有旁路功能，或采取其他措施，在自动转换开关电器检修或发生故障时，不应影响电源的切换。

（17）敷设在隐蔽通风空间的配电线路宜采用低烟无卤阻燃铜芯电缆，也可采用配电母线。电缆应沿线槽、桥架或局部穿管敷设；活动地板下作为空调静压箱时，电缆线槽（桥架）或配电母线的布置不应阻断气流通路。

（18）配电线路的中性线截面积不应小于相线截面积；单相负荷应均匀地分配在三相线路上。

（二）照明

（1）主机房和辅助区一般照明的照度标准值应按照300lx～500lx设计，一般显色指数不宜小于80。支持区和行政管理区的照度标准值应按现行国家标准《建筑照明设计标准》（GB 50034）的有关规定执行。

（2）主机房和辅助区内的主要照明光源宜采用高效节能荧光灯，也可采用LED灯。荧光灯镇流器的谐波限值应符合现行国家标准《电磁兼容　限值　第1部分：谐波电流发射限值（设备每相输入电流≤16A）》（GB 17625.1）的有关规定，灯具应采取分区、分组的控制措施。

（3）辅助区的视觉作业宜采取下列保护措施：

① 视觉作业不宜处在照明光源与眼睛形成的镜面反射角上；

② 辅助区宜采用发光表面积大、亮度低、光扩散性能好的灯具；

③ 视觉作业环境内宜采用低光泽的表面材料。

（4）照明灯具不宜布置在设备的正上方，工作区域内一般照明均匀度不应小于0.7，非工作区域内的一般照明照度值不宜低于工作区域内一般照明照度值的1/3。

（5）主机房和辅助区应设置备用照明，备用照明照度值不应低于一般照明照度值的10%；有人值守的房间，备用照明照度值不应低于一般照明照度值的50%；备用照明可为一般照明的一部分。

（6）监狱机房应设置通道疏散照明及疏散指示标志灯，主机房通道疏散照明的照度值不应低于5lx，其他区域通道疏散照明的照度值不应低于1lx。

（7）监狱机房内的照明线路宜穿钢管暗敷或在吊顶内穿钢管明敷。

（8）技术夹层内宜设置照明和检修插座，并应采用单独支路或专用配电箱（柜）供电。

（三）静电防护

（1）监狱机房防静电设计应符合现行国家标准《电子工程防静电设计规范》（GB 50611）的有关规定。

（2）主机房和安装有电子信息设备的辅助区，地板或地面应有静电泄放措施和接地构造，防静电地板、地面的表面电阻或体积电阻值应为 2.5×104 至 1.0×109Ω，且应具有防火、环保、耐污耐磨性能。

（3）主机房和辅助区中不使用防静电活动地板的房间，可铺设防静电地面，其静电耗散性能应长期稳定，且不应起尘。

（4）辅助区内的工作台面宜采用导静电或静电耗散材料，其静电性能指标应符合《电子工程防静电设计规范》（GB 50611）的有关规定。

（5）静电接地的连接线应有足够的机械强度和化学稳定性，宜采用焊接或压接。当采用导电胶与接地导体粘接时，其接触面积不宜小于 $20cm^2$。

（四）防雷与接地

（1）监狱机房的防雷和接地设计，应满足人身安全及电子信息系统正常运行的要求，并应符合现行国家标准《建筑物防雷设计规范》（GB 50057）和《建筑物电子信息系统防雷技术规范》（GB 50343）的有关规定。

（2）保护性接地和功能性接地宜共用一组接地装置，其接地电阻应按其中最小值确定。

（3）对功能性接地有特殊要求需单独设置接地线的电子信息设备，接地线应与其他接地线绝缘；供电线路与接地线宜同路径敷设。

（4）监狱机房内所有设备的金属外壳、各类金属管道、金属线槽、建筑物金属结构等必须进行等电位联结并接地。

（5）电子信息设备等电位联结方式应根据电子信息设备易受干扰的频率及监狱机房的等级和规模确定，可采用 S 型、M 型或 SM 混合型。

（6）采用 M 型或 SM 混合型等电位联结方式时，主机房应设置等电位联结网格，网格四周应设置等电位联结带，并应通过等电位联结导体将等电位联结带就近与接地汇流排、各类金属管道、金属线槽、建筑物金属结构等进行连接。每台电子信息设备（机柜）应采用两根不同长度的等电位联结导体就近与等电位联结网格连接。

（7）等电位联结网格应采用截面积不小于 $25mm^2$ 的铜带或裸铜线，并应在防静电活动地板下构成边长为 0.6m～3m 的矩形网格。

（8）等电位联结带、接地线和等电位联结导体的材料和最小截面积，应符合表 2-10 的要求。

表 2-10　等电位联结带、接地线和等电位联结导体的材料和最小截面积

名称	材料	截面积（mm^2）
等电位联结带	铜	50
利用建筑内的钢筋做接地线	铁	50
单独设置的接地线	铜	25
等电位联结导体（从等电位联结带至接地汇集排或至其他等电位联结带；各接地汇集排之间）	铜	16
等电位联结导体（从机房内各金属装置至等电位联结带或接地汇集排；从机柜至等电位联结网格）	铜	6

（9）3kV～10kV 备用柴油发电机系统中性点接地方式应根据常用电源接地方式及线路的单相接地电容电流数值确定。当常用电源采用非有效接地系统时，柴油发电机系统中性点接地宜采用不接地系统。当常用电源采用有效接地系统时，柴油发电机系统中性点接地可采用不接地系统，也可采用低电阻接地系统。当柴油发电机系统中性点接地采用不接地系统时，应设置接地故障报警。当多台柴油发电机组并列运行，且采用低电阻接地系统时，可采用其中一台机组接地方式。

（10）1kV 及以下备用柴油发电机系统中性点接地方式宜与低压配电系统接地方式一致。多台柴油发电机组并列运行，且低压配电系统中性点直接接地时，多台机组的中性点可经电抗器接地，也可采用其中一台机组接地方式。

七、电磁屏蔽

（一）一般规定

（1）对涉及国家秘密或监所企业对商业信息有保密要求的监狱机房，应设置电磁屏蔽室或采取其他电磁泄漏防护措施，电磁屏蔽室的性能指标应按国家现行有关标准执行。

（2）对于环境达不到要求的监狱机房，应采取电磁屏蔽措施。

（3）电磁屏蔽室的结构形式和相关的屏蔽件应根据电磁屏蔽室的性能指标和规模选择。

（4）设有电磁屏蔽室的监狱机房，建筑结构应满足屏蔽结构对荷载的要求。

（5）电磁屏蔽室与建筑（结构）墙之间宜预留维修通道或维修口。

（6）电磁屏蔽室的壳体应对地绝缘，接地宜采用共用接地装置和单独接地线的形式。

（二）结构形式

（1）用于保密目的的电磁屏蔽室，其结构形式可分为可拆卸式和焊接式。焊接式可分为自撑式和直贴式。

（2）建筑面积小于 $50m^2$、日后需搬迁的电磁屏蔽室，结构形式宜采用可拆卸式。

（3）电场屏蔽衰减指标大于 120dB、建筑面积大于 $50m^2$ 的屏蔽室，结构形式宜采用自撑式。

（4）电场屏蔽衰减指标大于 60dB 的屏蔽室，结构形式宜采用直贴式，屏蔽材料可选择镀锌钢板，钢板的厚度应根据屏蔽性能指标确定。

（5）电场屏蔽衰减指标大于 25dB 的屏蔽室，结构形式宜采用直贴式，屏蔽材料可选择金属丝网，金属丝网的目数应根据被屏蔽信号的波长确定。

（三）屏蔽件

（1）屏蔽门、滤波器、波导管、截止波导通风窗等屏蔽件，其性能指标不应低于电磁屏蔽室的性能要求，安装位置应便于检修。

（2）屏蔽门可分为旋转式和移动式。一般情况下，宜采用旋转式屏蔽门。当场地条件受到限制时，可采用移动式屏蔽门。

（3）所有进入电磁屏蔽室的电源线缆应通过电源滤波器进行处理。电源滤波器的规格、供电方式和数量应根据电磁屏蔽室内设备的用电情况确定。

（4）所有进入电磁屏蔽室的信号电缆应通过信号滤波器或进行其他屏蔽处理。

（5）进出电磁屏蔽室的网络线宜采用光缆或屏蔽缆线，光缆不应带有金属加强芯。

（6）截止波导通风窗内的波导管宜采用等边六角型，通风窗的截面积应根据室内换气次数进行计算。

（7）非金属材料穿过屏蔽层时应采用波导管，波导管的截面尺寸和长度应满足电磁屏蔽的性能要求。

八、网络与布线系统

（一）网络系统

（1）监狱机房网络系统应根据用户需求和技术发展状况进行规划和设计。

（2）监狱机房网络系统应包括互联网络、前端网络、后端网络和运管网络。前端网络可采用三层架构、二层架构和一层架构。

（3）A 级监狱机房的核心网络设备应采用容错系统，并应具有可扩展性，相互备用的核心网络设备宜布置在不同的物理隔间内。

（二）布线系统

（1）监狱机房布线系统设计应符合辅助区、支持区和行政管理区布线系统的设计要求，且符合现行国家标准《综合布线系统工程设计规范》（GB 50311）的有关规定。

（2）监狱机房布线系统应支持数据和语音信号的传输。

（3）监狱机房布线系统应根据网络架构进行设计。设计范围应包括主机房、辅助区、支持区和行政管理区。主机房宜设置主配线区、中间配线区、水平配线区和设备配线区，也可设置区域配线区。主配线区可设置在主机房的一个专属区域内；占据多个房间或多个楼层的监狱机房可在每个房间或每个楼层设置中间配线区；水平配线区可设置在一列或几列机柜的端头或中间位置。

（4）承担数据业务的主干和水平子系统应采用 OM3/OM4 多模光缆、单模光缆或 6A 类及以上对绞电缆，传输介质各组成部分的等级应保持一致，并应采用冗余配置。

（5）主机房布线系统中，所有屏蔽和非屏蔽对绞线缆宜两端各终接在一个信息模块上，并固定至配线架。所有光缆应连接到单芯或多芯光纤耦合器上，并固定至光纤配线箱。

（6）主机房布线系统中 12 芯及以上的光缆主干或水平布线系统宜采用多芯 MPO/MTP 预连接系统。存储网络的布线系统宜采用多芯 MPO/MTP 预连接系统。

（7）A 级监狱机房宜采用智能布线管理系统对布线系统进行实时智能管理。

（8）监狱机房布线系统所有线缆的两端、配线架和信息插座应有清晰耐磨的标签。

（9）监狱机房存在下列情况之一时，应采用屏蔽布线系统、光缆布线系统或采取其他相应的防护措施：

① 环境要求未达到规范中关于环境的要求时；

② 未达到网络安全保密要求时；

③ 安装场地不能满足非屏蔽布线系统与其他系统管线或设备的间距要求时。

（10）敷设在隐蔽通风空间的缆线应根据监狱机房的等级，按要求执行。

（11）监狱机房布线系统与公用电信业务网络互联时，接口配线设备的端口数量和缆线的敷设路由应根据监狱机房的等级，并在保证网络出口安全的前提下确定。

（12）缆线采用线槽或桥架敷设时，线槽或桥架的高度不宜大于 150mm，线槽或桥架的安装位置应与建筑装饰、电气、空调、消防等协调一致。当线槽或桥架敷设在主机房天花板下方时，线槽或桥架的顶部距离天花板或其他障碍物不宜小于 300mm。

（13）主机房布线系统中的铜缆与电力电缆或配电母线槽的最小间距应根据机柜的容量和线缆保护方式确定，并应符合表 2-11 中的规定。

表 2-11　铜缆与电力电缆或配电母线槽的间距

机柜容量（kVA）	铜缆与电力电缆的敷设关系	铜缆与配电母线槽的敷设关系	最小间距（mm）
≤5	铜缆与电力电缆平行敷设	—	300
	有一方在金属线槽或钢管中敷设，或使用屏蔽铜缆	铜缆与配电母线槽平行敷设	150
	双方各自在金属线槽或钢管中敷设，或使用屏蔽铜缆	铜缆在金属线槽或钢管中敷设，或使用屏蔽铜缆	80
＞5	铜缆与电力电缆平行敷设	—	600
	有一方在金属线槽或钢管中敷设，或使用屏蔽铜缆	铜缆与配电母线槽平行敷设	300
	双方各自在金属线槽或钢管中敷设，或使用屏蔽铜缆	铜缆在金属线槽或钢管中敷设，或使用屏蔽铜缆	150

九、智能化控制系统

（一）一般规定

（1）监狱机房应设置总控中心、环境和设备监控系统、安全防范系统、火灾自动报警系统、监狱机房基础设施管理系统等智能化控制系统，各系统的设计应根据机房的等级，按现行国家标准《智能建筑设计标准》（GB 50314）、《安全防范工程技术规范》（GB 50348）、《火灾自动报警系统设计规范》（GB 50116）、《视频显示系统工程技术规范》（GB 50464）的要求执行。

（2）智能化控制各系统可集中设置在总控中心内，各系统设备应集中布置，供电电源应可靠，宜采用独立不间断电源系统供电，当采用集中不间断电源系统供电时，各系统应采用单独回路配电。

（3）智能化控制系统宜采用统一系统平台，系统宜采用集散或分布式网络结构及现场总线控制技术，支持各种传输网络和多级管理。系统平台应具有集成性、开放性、可扩展性及可对外互联等功能。系统采用的操作系统、数据库管理系统、网络通信协议等应采用国际上通用的系统或协议。

（4）智能化控制系统应具备显示、记录、控制、报警、提示及趋势和能耗分析功能。

（二）环境和设备监控系统

（1）环境和设备监控系统宜符合下列要求。

① 监测和控制主机房和辅助区的温度、露点温度或相对湿度等环境参数，当环境参数超出设定值时，应报警并记录。核心设备区及高密设备区宜设置机柜微环境监控系统。

② 主机房内有可能发生水患的部位应设置漏水检测和报警装置；强制排水设备的运行状态应纳入监控系统。

③ 环境检测设备的安装数量及安装位置应根据运行和控制要求确定，主机房的环境温度、露点温度或相对湿度应以冷通道或以送风区域的测量参数为准。

(2) 设备监控系统宜对机电设备的运行状态、能耗进行监视、报警并记录。机房专用空调设备、冷水机组、柴油发电机组、不间断电源系统等设备自身应配置监控系统，监控的主要参数应纳入设备监控系统，通信协议应满足设备监控系统的要求。

（三）安全防范系统

(1) 安全防范系统宜由视频安防监控系统、入侵报警系统和出入口控制系统组成，各系统之间应具备联动控制功能。A 级监狱机房主机房的视频监控应无盲区。

(2) 出现紧急情况时，出入口控制系统应能接受相关系统的联动控制信号，自动打开疏散通道上的门禁系统。

(3) 室外安装的安全防范系统设备应采取防雷电保护措施，电源线、信号线应采用屏蔽电缆，避雷装置和电缆屏蔽层应接地，且接地电阻不应大于 10Ω。

(4) 安全防范系统宜采用数字式系统，支持远程监视功能。

（四）总控中心

(1) 总控中心宜设置单独房间，系统宜接入基础设施运行信息、业务运行信息、办公及管理信息等信号。

(2) 总控中心宜设置总控中心机房、大屏显示系统、信号调度系统、话务调度系统、扩声系统、会议系统、对讲系统、中控系统、网络布线系统、出入口控制系统、视频监控系统、灯光控制系统、操作控制台和座席等。

十、给水排水

（一）一般规定

(1) 给水排水系统应根据监狱机房的等级按要求执行。

(2) 监狱机房内安装有自动喷水灭火设施、空调机和加湿器的房间，地面应设置挡水和排水设施。

(3) 监狱机房不应有与主机房内设备无关的给排水管道穿过主机房，相关给排水管道不应布置在电子信息设备的上方。进入主机房的给水管应加装阀门。

(4) 采用水冷冷水机组的冷源系统应设置冷却水补水储存装置，储存时间不应低于当地应急水车抵达现场的时间。当不能确定应急水车抵达现场的时间时，A 级监狱机房可按 12 小时储水。

（二）管道敷设

(1) 监狱机房内的给水排水管道应采取防渗漏和防结露措施。

(2) 穿过主机房的给水排水管道应暗敷或采用防漏保护的套管。管道穿过主机房墙壁和楼板处应设置套管，管道与套管之间应采取密封措施。

(3) 主机房和辅助区设有地漏时，应采用洁净室专用地漏或自闭式地漏，地漏下应加设水封装置，并应采取防止水封损坏和反溢措施。

(4) 监狱机房内的给排水管道及其保温材料应采用不低于 B1 级的材料。

十一、消防与安全

（一）一般规定

(1) 监狱机房防火和灭火系统设计应符合现行国家标准《建筑设计防火规范》(GB 50016)、《气体灭火系统设计规范》(GB 50370)、《细水雾灭火系统技术规范》(GB 50898) 和《自动喷水灭火系统设计规范》(GB 50084)，并应按要求执行。

(2) A 级监狱机房的主机房宜设置气体灭火系统，也可设置细水雾灭火系统。当 A 级监狱机房内的电子信息系统在其他监狱机房内安装有承担相同功能的备份系统时，也可设置自动喷水灭火系统。

(3) B 级和 C 级监狱机房的主机房宜设置气体灭火系统，也可设置细水雾灭火系统或自动喷水灭火系统。

(4) 总控中心等长期有人工作的区域应设置自动喷水灭火系统。

(5) 监狱机房应设置火灾自动报警系统，并应符合现行国家标准《火灾自动报警系统设计规范》(GB 50116) 的有关规定。

(6) 监狱机房应设置室内消火栓系统和建筑灭火器，室内消火栓系统宜配置消防软管卷盘。

（二）防火与疏散

(1) 监狱机房的耐火等级不应低于二级。

(2) 当监狱机房按照厂房进行设计时，监狱机房的火灾危险性分类应为丙类。监狱机房内任一点到最近安全出口的直线距离不应大于表 2-12 中的规定距离。当主机房设有高灵敏度的吸气式烟雾探测火灾报警系统时，主机房内任一点到最近安全出口的直线距离可增加 50%。

表 2-12 监狱机房内任一点到最近安全出口的直线距离（单位：m）

单层	多层	高层	地下室 半地下室
80	60	40	30

（3）当监狱机房按照民用建筑设计时，直通疏散走道的房间疏散门至最近安全出口的直线距离不应大于表 2-13 中的规定距离。房间内任一点至房间直通疏散走道的疏散门的直线距离不应大于表 2-14 中的规定距离。建筑内全部采用自动灭火系统时，采用自动喷水灭火系统的区域，安全疏散距离可增加 25%。

表 2-13 直通疏散走道的房间疏散门至最近安全出口的直线距离（单位：m）

疏散门的位置	单层、多层	高层
位于两个安全出口之间的疏散门	40	40
位于袋形走道两侧或尽端的疏散门	22	20

表 2-14 房间内任一点至房间直通疏散走道的疏散门的直线距离（单位：m）

单层、多层	高层
22	20

（4）当监狱机房位于其他建筑物内时，监狱机房与建筑内其他功能用房之间应采用耐火极限不低于 2.0h 的防火隔墙和不低于 1.5h 的楼板隔开，隔墙上开门应采用甲级防火门。

（5）建筑面积大于 $120m^2$ 的主机房，疏散门不应少于两个，且应分散布置。建筑面积不大于 $120m^2$ 的主机房，或位于袋形走道尽端、建筑面积不大于 $200m^2$ 的主机房，且机房内任一点至疏散门的直线距离不大于 15m，可设置一个疏散门，疏散门的净宽度不小于 1.4m。主机房的疏散门应向疏散方向开启，且应自动关闭，并应保证在任何情况下均能从机房内开启。走廊、楼梯间应畅通，并应有明显的疏散指示标志。

（6）主机房的顶棚、壁板（包括夹芯材料）和隔断应为不燃烧体，且不得采用有机复合材料。地面及其他装修应采用不低于 B1 级的装修材料。

（7）当单罐柴油容量不大于 $50m^3$，总柴油储量不大于 $200m^3$ 时，直埋地下的卧式柴油储罐与建筑物和园区道路之间的最小防火间距除应符合现行国家标准《建筑设计防火规范》（GB 50016）、《汽车加油加气站设计与施工规范》（GB 50156）和《石油化工企业设计防火规范》（GB 50160）的有关规定。

（三）消防设施

（1）采用管网式气体灭火系统或细水雾灭火系统的主机房，应同时设置两组独立的火灾探测器，且火灾报警系统应与灭火系统和视频监控系统联动。

（2）采用全淹没方式灭火的区域，灭火系统控制器应在灭火设备动作之前，联动控制关闭房间内的风门、风阀，并应停止空调机、排风机，切断非消防电源等。

（3）采用全淹没方式灭火的区域应设置火灾警报装置，防护区外门口上方应设置灭火显示灯。灭火系统的控制箱（柜）应设置在房间外便于操作的地方，且应有保护装置防止误操作。

（4）当监狱机房与其他功能用房合建时，监狱机房内的自动喷水灭火系统，应设置单独的报警阀组。

（5）监狱机房内，建筑灭火器的设置应符合现行国家标准《建筑灭火器配置设计规范》（GB 50140）的有关规定。灭火剂不应对电子信息设备造成污渍损害。

（四）安全措施

（1）凡设置气体灭火系统的主机房，应配置专用空气呼吸器或氧气呼吸器。

（2）监狱机房应采取防鼠害和防虫害措施。

任务三

智慧监狱数据中心建设标准

模块一 数据中心硬件规范

智慧监狱数据中心架构设计遵循面向业务需求的设计思路，基于业务场景化、模块化的设计方法，实现数据中心 IT 基础架构模块与业务模块松耦合，保证智慧监狱数据业务动态扩展和新业务快速上线。

智慧监狱数据中心解决方案逻辑架构如图 3-1 所示。

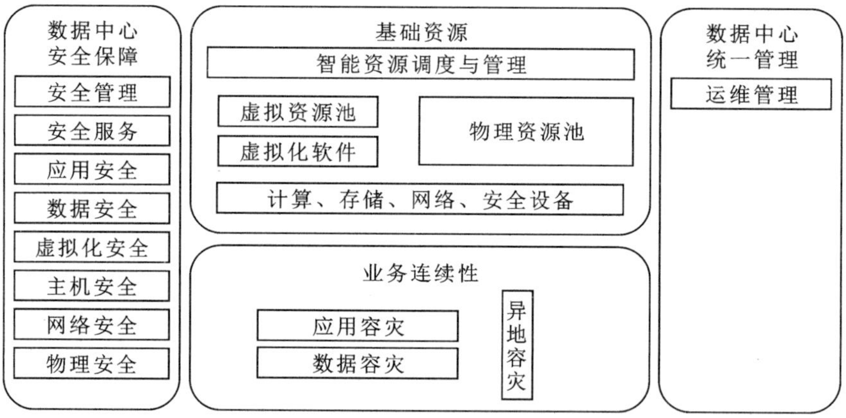

图 3-1 智慧监狱数据中心解决方案逻辑架构

在智慧监狱数据中心项目中，主要针对基础资源层进行建设，包含采用虚拟化软件搭建而成的虚拟资源池、物理资源池、存储资源、网络资源、安全资源以及智能资源调度与管理系统，并且通过异地的数据级容灾保障数据层面的可靠性。

除了基础资源建设以外，还针对数据中心安全采取相应的保障措施，包含数据安全、虚拟化安全、主机安全、网络安全和物理安全。这一整套安全保障措施能够最大限度地保证数据中心的安全性。

另外，为了实现统一的运营和维护，应及时响应和满足监狱系统对云数据中心的各类要求，通过数据中心统一管理系统对整个监狱系统云数据中心进行统一管理。

一、系统整体部署规范

智慧监狱数据中心总体上分为监狱综合信息网服务区、监狱系统教育网服务区和异地容灾备份中心三部分。其中，监狱综合信息网服务区与监狱系统教育网服务区通过安全数据边界进行隔离，异地容灾备份中心与监狱综合信息网服务区通过传输网络进行连接。

监狱综合信息网服务区，分为虚拟资源池区和物理资源区，其中虚拟资源区主要用于业务系统应用/数据库的部署、应用支撑服务、基础支撑服务以及前置节点的部署，物理资源区用于数据中心管理平台、大数据支撑平台、共享交换平台、大数据应用平台的部署。

在监狱系统教育网服务区，分别部署应用服务器和管理服务器，均采用物理服务器进行部署。具体如图 3-2 所示。

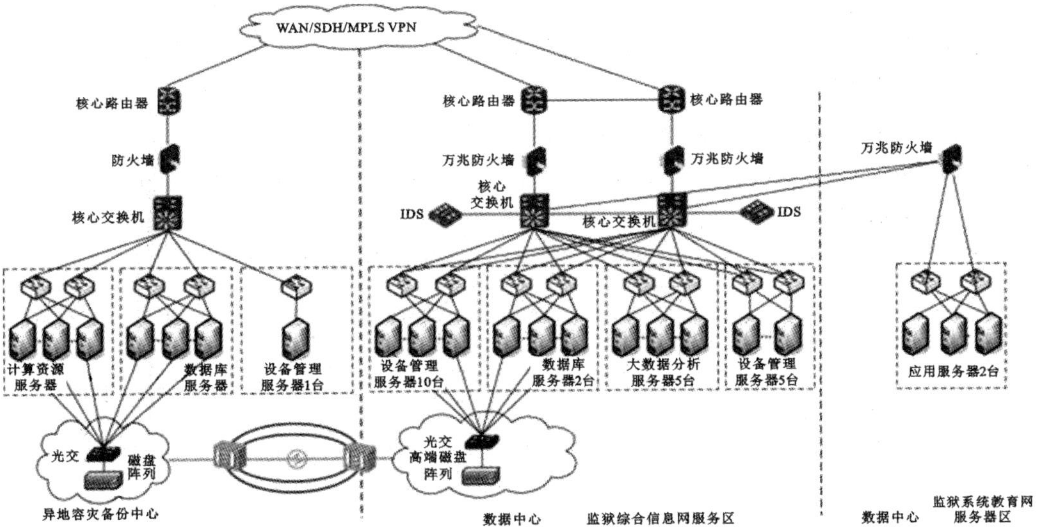

图 3-2　数据中心服务器部署图

（一）监狱综合信息网服务区部署规范及标准

虚拟化计算资源规划如下。

虚拟化资源池容量估算，从工程方法上来看，要做好容量规划则需要进行如下一系列完整的工作。虚拟 CPU 个数计算公式：服务器台数×CPU 数×单个 CPU 核数×超线程 2。例如配置 10 台服务器来提供虚拟化资源池的计算能力，配置 4 颗 8 核 V4CPU，按照虚拟化技术原理，可以提供 2 路超线程能力，也就是每台服务器可以提供 64 个虚拟 CPU 的计算能力，10 台计算服务器总共可以提供 640 个虚拟 CPU 的计算能力。为了预留一定的计算能力预防 CPU 冲高，取 CPU 性能拐点系数 0.7，当服务器 CPU 占用率超过该系数，系统性能就会明显下降。因此总共可以提供 448

(640 * 0.7)个虚拟 CPU 的计算能力。例如，拟建应用系统对 CPU 核数需求为 408 核，同时考虑未来一段时间的冗余，10 台服务器可以满足项目虚拟资源的需求。

虚拟核计算资源配置要求如下：四路机架式服务器，2 * 8 核 4809V4CPU，256G 内存，2 块 300G SAS 盘，Raid0、1、5、6 等，2G 缓存，2 * 10GE 光口网卡，2 个万兆多模光模块，2 * 16GFC 光口（含光模块），4 * GE 电口网卡，冗余电源。

非虚拟化计算资源（数据库）：配置 2 台 4 路 8 核 V4CPU 的物理服务器供非云化业务以及高性能数据库使用。

高性能数据库计算资源配置要求如下：机架式服务器，4 * 8 核 4809V4CPU，256G 内存，2 块 300G SAS 盘，Raid0、1、5、6 等，2G 缓存，2 * 10GE 光口网卡，2 个万兆多模光模块，2 * 16GFC 光口（含光模块），4 * GE 电口网卡，冗余电源。

管理计算资源，为了提升管理节点的可靠性，云资源管理平台按照集群方式部署，规划 5 台 2 路服务器进行云资源管理平台软件部署。

管理计算资源配置要求如下：机架式服务器，2 * 8 核 2609V4CPU，32G 内存，2 块 300G SAS 盘，Raid0、1、5、6 等，2G 缓存，双电源，4 * GE 电口网卡。

其他应用资源：配置 4 台 2 路 V4CPU 物理服务器供监狱系统教育网、公众平台、安全管理软件使用。

其他应用资源配置要求如下：机架式服务器，2 * 8 核 2630V4CPU，32G 内存，2 块 300G SAS 盘，Raid0、1、5、6 等，2G 缓存，双电源，4 * GE 电口网卡。

表 3-1 为监狱综合信息网服务区服务器部署方案案例表。

表 3-1　监狱综合信息网服务区服务器部署方案案例表

序号	设备名称	基本配置	单位	数量
1	监狱综合信息网服务区计算服务器	4 颗 E7-4809V4CPU，256G 内存，2GB Raid 卡，2 * 300G10KSAS 硬盘，千兆电口≥4，万兆光口≥2（含模块），16GBFC 端口≥2（含模块）	台	10
2	监狱综合信息网服务区数据库服务器	4 颗 E7-4830V4CPU，256G 内存，2GB Raid 卡，2 * 300G10KSAS 硬盘，千兆电口≥4，万兆光口≥2（含模块），16GBFC 端口≥2（含模块）	台	2
3	监狱综合信息网大数据分析服务器	2 颗 E5-2609V4CPU，32G 内存，2GB Raid 卡，2 * 300G10KSAS 硬盘，千兆电口≥4	台	5
4	监狱综合信息网服务区管理服务器	2 颗 E5-2609V4CPU，32G 内存，2GB Raid 卡，2 * 300G10KSAS 硬盘，千兆电口≥4	台	5

续表

序号	设备名称	基本配置	单位	数量
5	虚拟化软件与云平台	OpenStack 云平台，含 100 个对象管理授权，26 颗虚拟化 CPU 授权	台	1

（二）监狱系统教育网服务区部署方案

监狱系统教育网服务区的业务服务器采用物理服务器的方式进行部署，部署方案见表 3-2。

表 3-2 监狱系统教育网服务区服务器部署方案案例表

序号	设备名称	基本配置	单位	数量
1	监狱系统教育网服务区服务器	2 颗 E5-2630V4CPU，128G 内存，2GB Raid 卡，2＊300G10KSAS 硬盘，千兆电口≥4，16GB FC 端口≥2（含模块）	台	2

（三）互联网接入区部署方案

互联网接入区的公众平台服务器采用物理服务器的方式进行部署，部署方案见表 3-3。

表 3-3 互联网接入区服务器部署方案案例表

序号	设备名称	基本配置	单位	数量
1	互联网接入区公众平台服务器	2 颗 E5-2630V4CPU，128G 内存，2GB Raid 卡，2＊300G10KSAS 硬盘，千兆电口≥4，16GBFC 端口≥2（含模块）	台	2

（四）安全运维区部署方案

安全运维区的管理软件服务器采用物理服务器的方式进行部署，部署方案见表 3-4。

表 3-4 安全运维区服务器部署方案案例表

序号	设备名称	基本配置	单位	数量
1	安全运维区管理软件服务器	2 颗 E5-2630V4CPU，128G 内存，2GB Raid 卡，2＊300G10KSAS 硬盘，千兆电口≥4，16GBFC 端口≥2（含模块）	台	1

（五）存储部署方案

根据前期分析及实际业务场景需要，结合实际部署需要，工程存储系统配置方案主要包括 FC-SAN 架构和物理机热插拔存储盘两种方式。

FC-SAN 存储方式配置方案：虚拟机资源池涉及全部存储、数据库资源池涉及数据存储、缓冲库涉及数据存储、元数据涉及数据存储、共享数据库涉及数据存储，均采用 FC-SAN 存储架构。

FC-SAN 存储系统设计采用 16GbFC-SAN 组网，全网采用冗余链路设计；配置 1 台 16Gb24 端口激活光纤交换机构建本地云数据中心 FC-SAN 网络、虚拟化应用服务器及虚拟化存储设备。

按 5 年规划，估算 FC-SAN 存储量大致如表 3-5 所示。

表 3-5　存储资源区存储量部署案例表

序号	平台	应用系统名称	存储（TB）
1	安防应急平台	安防管控子系统	6
2		三维可视化子系统	4
3		融合通信子系统	2
4		应急指挥子系统	4
5		视频会议子系统	6
6	综合业务平台	办公自动化系统	6
7		警察档案管理系统	2
8		监狱系统管理系统	6
9		排班管理系统	2
10		计分考核管理系统	2
11		监狱系统诊断评估系统	2
12		监狱系统心理矫治系统	2
13		监狱系统教育矫治管理系统	4
14		监狱系统教育矫治网站	4
15		监狱系统在线考试管理系统	2
16		监狱系统多媒体教育管理系统	4
17		监狱系统个人资金管理系统	2
18		监狱系统超市购物管理系统	2
19		监狱系统被服管理系统	2
20		监狱系统生卫医疗管理系统	2
21		监狱系统伙房管理系统	2

续表

序号	平台	应用系统名称	存储（TB）
22	综合业务平台	监狱系统卫生管理系统	2
23		劳动生产管理系统	2
24		劳动工具管理系统	2
25		警察绩效考核管理系统	2
26		警察教育培训管理系统	2
27		行政后勤管理系统	2
28		政工管理系统	2
29		财务管理系统	2
30		警务通移动终端平台	2
31	公众服务平台	统一门户	6
32		所务公开	4
33		远程可视通信系统	6
34		合计	102

表 3-6 为存储资源区服务器部署案例表。

表 3-6　存储资源区服务器部署案例表

序号	设备名称	基本配置	单位	数量
1	监狱综合信息网服务区存储	PCIE 对等互联架构，缓存≥64GB，配置冗余控制器，配置 18 * 1.8TSAS 硬盘，16 * 4TNLSAS 硬盘	台	1
2	监狱综合信息网服务区光交	24 端口 16GB 光交，端口全激活	台	1
3	监狱综合信息网服务区容灾备份	容灾备份，提供 56TB 备份容量	台	1

二、相关要求

（一）标准规范体系

在国家标准化工作体制下，遵循国家颁布的电子政务相关标准规范，结合省级监狱系统电子政务标准化的实际需求，制定支撑本期项目的标准规范，满足监狱系统信息化工程的科学管理和安全保密管理工作的需求，从而最大限度地实现信息资源的共建与共享，保证各项业务流程的协同和信息共享。

标准规范体系建设内容包括信息资源标准建设、数据交换格式标准建设、应用系统标准建设、中间层标准建设、网络及通信标准建设、工程管理标准建设、信息安全标准建设等。

（二）安全及运维保障体系

智慧监狱信息系统安全方案的设计思想是以等级保护的“一个中心、三重防护”为核心指导思想，构建集防护、检测、响应、恢复于一体的全面安全保障体系。具体体现为：以全面贯彻落实等级保护制度为核心，打造科学实用的信息安全防护能力、安全风险监测能力、应急响应能力和灾难恢复能力，从安全技术、安全管理、安全运维三个角度构建安全防护体系，切实保障信息安全。

安全及运维保障体系建设内容包括安全域划分、监狱综合信息网安全体系建设、电子政务外网安全体系建设、网络安全管理体系建设、运维保障平台建设等。

（三）应用支撑系统建设

应用支撑系统为业务系统提供系统基础支撑服务，实现业务系统的正常运行、应用和管理等支撑功能。

应用支撑系统建设内容包括平台支撑服务（工作流引擎、报表引擎、规则引擎等）、数据资源规划及数据库设计、中间件服务、CA（Certificate Authority，证书颁发机构）认证服务、电子签章系统和地理信息系统等。应用支撑系统由监狱系统信息化工程综合业务管理平台项目负责建设。

（四）大数据平台建设

大数据中心部署足够数量的大数据服务器，部署在数据中心作为大数据存储计算平台。

大数据平台建设内容包括大数据支撑平台、大数据采集平台、大数据共享交换平台、大数据决策分析平台、大数据可视化展现平台等。

模块二　数据中心软件平台规范

一、范围

本部分描述了监狱数据资源平台和监狱共享服务平台的总体架构、监狱数据资源平台、监狱信息资源目录、监狱共享服务平台以及通用服务的内容与要求。适用于各级监狱数据资源平台和监狱共享服务平台的建设、运行和管理以及信息资源目录的编制。

二、术语、定义和缩略语

（一）监狱信息资源

监狱信息资源是指监狱行政部门在履行职责过程中制作或获取的，以一定形式记录和保存的文件、资料、图表和数据等。监狱信息资源包括监狱行政部门直接或通过第三方采集的、依法授权管理的和因履行职责通过监狱信息系统形成的信息资源。

（二）监狱信息资源元数据

监狱信息资源元数据是指描述监狱信息资源特征的数据。

（三）监狱信息资源目录

监狱信息资源目录是指依据监狱信息资源元数据描述方法，按照一定的分类方法对监狱信息资源进行排序和编码的一组信息。

监狱信息资源目录用以描述各个监狱信息资源的特征，以便对监狱信息资源进行检索、定位与获取。

（四）监狱公有云

监狱公有云是指基于互联网，对计算、存储和网络资源进行虚拟化，统一部署的监狱云管理平台。

三、总体架构

监狱数据资源平台和监狱共享服务平台应基于监狱公有云进行建设，总体架构如图 3-3 所示。

（一）监狱公有云

基于安全自主可控云操作系统，应提供基础计算、数据库、存储、安全、加密和备份等基础服务，并应提供爬虫服务、实人认证、图片识别、流媒体、全文检索、智能语音、消息服务、可视化开发及云邮箱和云盘等云服务。

（二）监狱数据资源平台

监狱数据资源平台应包括数据资源、数据管理和数据应用三部分。其中，数据资源应包括业务主题库、基础数据库、分析专题库、知识图谱库和共享交换库；数据管理应包括数据汇聚、数据治理和数据共享；数据应用应包括信息资源门户和信息资源大屏展示。

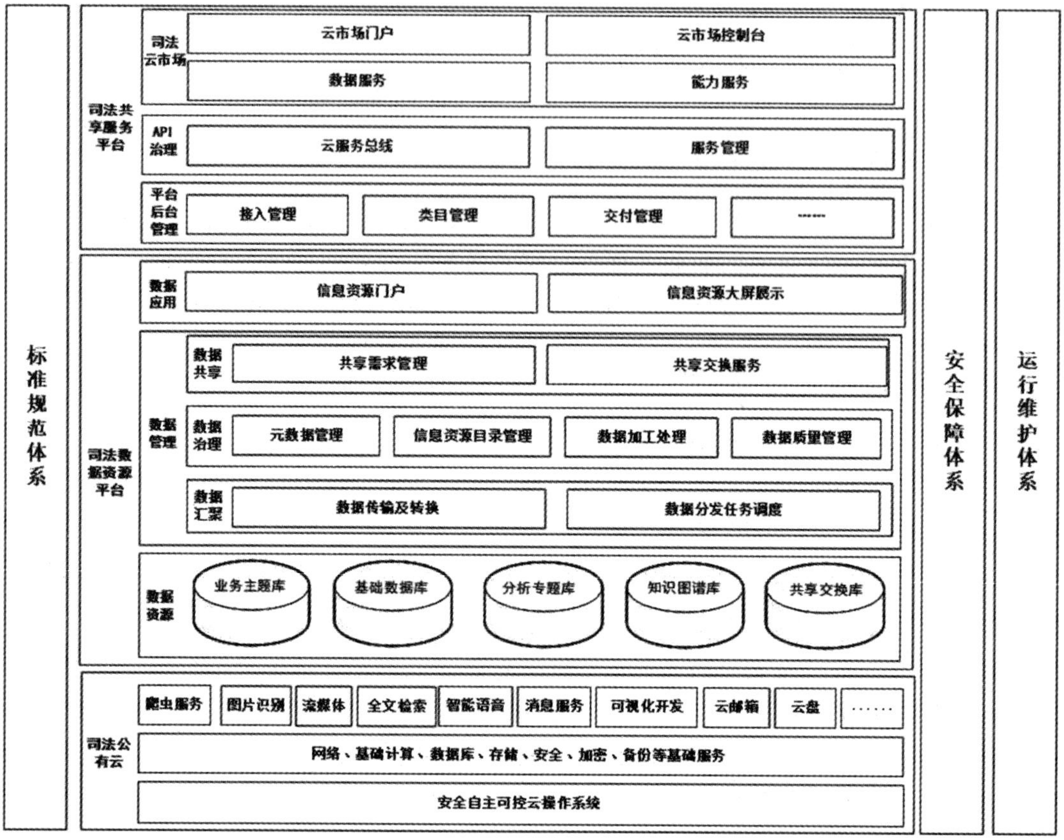

图 3-3　总体架构

（三）监狱共享服务平台

监狱共享服务平台应包括平台后台管理、API 治理和监狱云市场三部分。其中，平台后台管理应包括接入管理、类目管理和交付管理等；API 治理应包括云服务总线和服务管理；监狱云市场应包括云市场门户、云市场控制台、数据服务和能力服务。

（四）标准规范体系提供各层面所需的标准和规范

安全保障体系应按照公安部信息系统安全等级保护三级要求进行安全保障体系建设。运行维护体系提供平台运行维护的管理与服务支撑。

四、监狱数据资源平台

（一）监狱数据资源平台架构

监狱数据资源平台架构如图 3-4 所示。

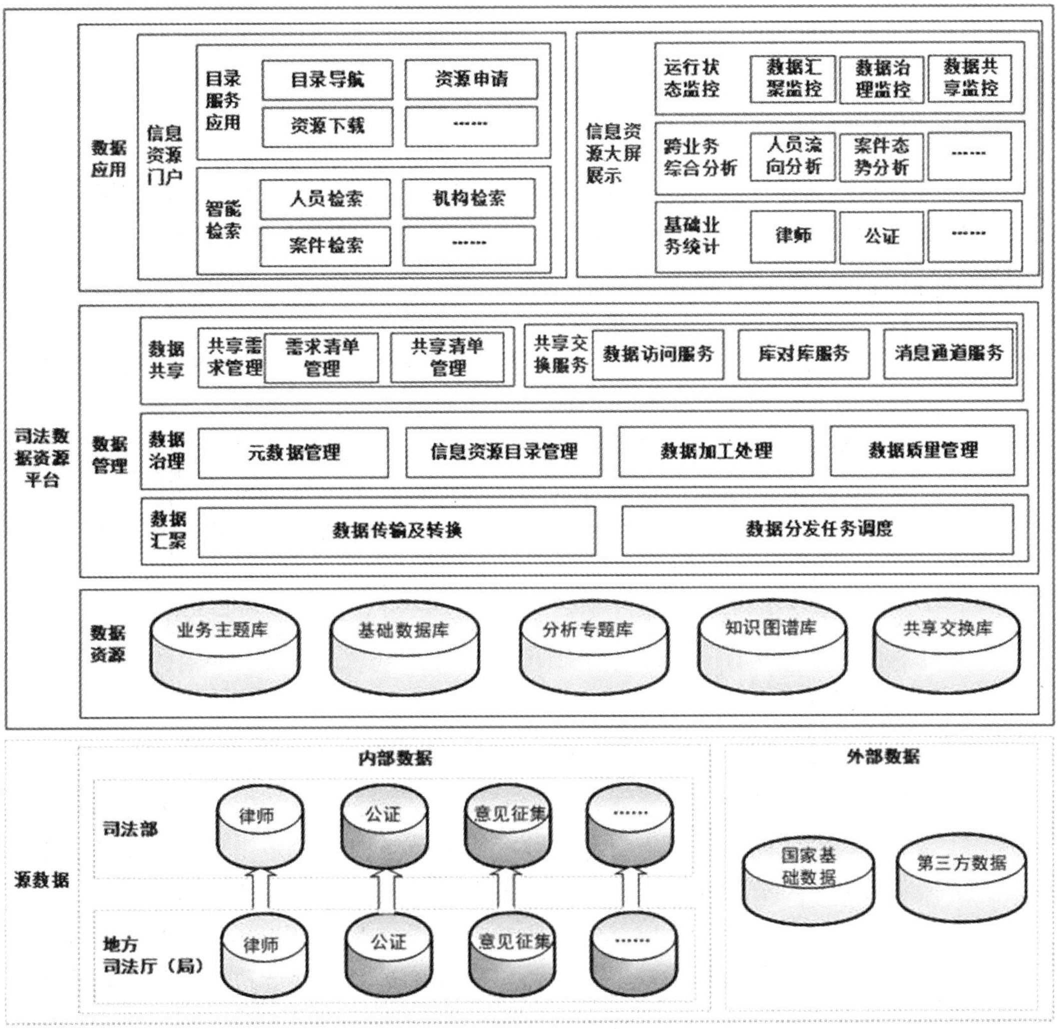

图 3-4 监狱数据资源平台架构

具体要求如下：

（1）源数据是监狱数据资源平台的数据输入来源，不作为监狱数据资源平台的组成部分，包括内部数据和外部数据；

（2）数据资源是监狱数据资源平台的处理结果存储，包括业务主题库、基础数据库、分析专题库、知识图谱库和共享交换库；

（3）数据管理是监狱数据资源管理的手段，包括数据汇聚、数据治理和数据共享；

（4）数据应用是监狱数据资源管理的成效展示，包括信息资源门户和信息资源大屏展示。

（二）源数据

1. 内部数据

内部数据可涵盖监狱局和地方监狱两级业务应用数据，应由地方监狱局各业务应用系统将源数据汇聚到各业务数据库中。

2. 数据资源

数据资源存储数据汇聚、数据治理和数据共享过程中形成的数据，具体要求如下：各个数据库的数据表应有时间戳字段，便于增量数据比对；业务主题库应按监狱局颁布的各项业务标准规范进行建设；业务主题库应按不同业务主题组织，存放经过数据汇聚、增量处理和标准化后的业务数据；基础数据库应按实体分类组织，存放跨系统、跨部门共享的核心业务实体数据；分析专题库应按不同统计分析专题组织，存放支持决策分析的数据；知识图谱库应按实体关系方式组织，存放支持智能检索的数据；共享交换库应按不同共享交换主题组织，存放需要共享交换的数据。

（三）数据汇聚

数据汇聚将各方源数据统一接入监狱数据资源平台，包括数据传输及转换和数据分发任务调度。具体要求如下：应支持以数据服务、消息通道和库对库服务等方式接入数据；应支持在广域网络环境下对异构数据源进行数据同步与集成；应支持关系数据库、非关系数据库、分布式文件系统和普通文件系统（FTP）等数据类型；应支持数据的批量、全量和增量同步；应支持以分钟、小时、天、周和月等频率自定义同步周期；应支持结构化、非结构化数据的存储，具备数据多点备份功能，建议采用多节点数据库或分布存储，以提高抗灾容灾能力。

（四）数据治理

1. 元数据管理

元数据管理应通过元数据的定义、存储、查询和维护，实现发现与定位信息资源、管理与整合信息资源，包括数据源管理、表管理和视图管理等功能。具体要求如下：

（1）数据源管理应能维护各数据源的基本信息（数据源名称、数据库类型、数据库版本和数据管理部门等）、连接信息（IP 地址、端口、数据库名称、数据库模式、数据库用户名和数据库密码等）以及其他特征信息，实现对数据源元数据的增加、删除、修改和查询操作。

（2）数据源管理包括文本数据源管理和异构数据库数据源管理。其中，文本数据源管理应对文本数据源的文件目录路径、文件格式和访问用户等进行管理，包括

XML、CSV、EXCEL、TXT、JSON 以及主流数据库导出文件格式；异构数据库数据源管理应对数据库数据源的访问地址、数据库类型、访问账号和数据库实例等进行管理，确保拥有对数据库进行访问及操作的权限，可支持主流数据库管理系统。

2. 表管理

表管理应能维护指定数据源中数据表的基本信息（表名称、表代码、所属数据源和实时标志等）、字段信息（名称、类型、长度、精度、是否可空、默认值、是否索引字段、是否敏感数据和描述等）、主键、外键以及数据表之间的关联关系，实现对数据表元数据的增加、删除、修改和查询操作，以及对敏感数据字段的加密处理。

3. 视图管理

视图管理应能维护指定数据源中视图的基本信息（视图名称、视图代码、所属数据源和管理部门等）、字段信息（名称、类型、长度、精度、是否可空、默认值和描述等），实现视图元数据的增加、删除、修改和查询操作。

4. 信息资源目录管理

信息资源目录管理应符合监狱信息资源目录的编制要求。信息资源目录管理应包括目录维护和数据集管理。具体要求如下：

（1）目录维护：应包括目录的编辑、查看、发布和取消发布等。

（2）数据集管理：应对业务元数据所属数据域进行管理；应包括数据集的增加、修改、删除和查询；数据集应具有层级结构，各数据子集分别隶属于不同层级的数据集；应能对数据子集中的数据项和物理表中的字段的关联关系进行维护；应能按权限将数据集与资源目录进行对接。

5. 数据加工处理

数据加工处理应通过增量数据处理、构建数据实体和构建数据关系，生成基础数据库和业务主题库等融合加工后的信息资源。具体要求如下：

1）增量数据处理

增量数据处理应将汇聚的各类数据先与对应历史数据库进行对比，对新增的增加、删除和修改数据逐一标记并记录其数据来源和修改时间，再对接到相应的信息资源目录对应的数据表中。

2）构建数据实体

应针对监狱业务中的人、机构和案件等实体的属性和特征，构建实体中心。实体中心从原始数据源中抽取共性维度的数据进行分析后，形成高通用、易扩展和易使用的数据模型以及多要素、全方位和全时空的实体感知网。

3）构建数据关系

数据关系由基于实体和行为的一组关系数据模型和基础算法构成，用以发现实体之间直接或间接的关系，主要数据关系包括但不限于人-人关系、人-机构关系、人-案关系、人-特征关系和案-特征关系等。

6. 数据质量管理

数据质量管理应根据各业务数据标准及其内在逻辑建立数据质量检查规则，进行数据质量核查比对，并提供质量检测报告。可包括质控规则管理、质控任务管理、问题反馈跟踪管理、日志监控管理和质控数据分析管理。应能灵活配置检查规则，支持自定义 SQL 和用户定义函数。主要质量控制指标项见表 3-7。

表 3-7　主要质量控制指标项

类别	指标项名称	定义	说明
完整性	字段空值率	某系统制定条目数据中无效字段占整体字段百分比	实体的每个属性都有明确的值，不存在“空”或“未知”的属性
	信息完备率	根据业务规则定义	是否进行分析统计需要数据都能够获取到
及时性	及时率	满足应用时效性需求数据百分比	是否满足业务应用对数据时间要求
一致性	外键无对应主键的记录比率	满足外键参照完整性数据百分比	对于数据库中的某些实体，它们的存在可能要依赖于其他实体
真实/准确性	有效值比率	满足有效范围定义的数据百分比	实体属性值要在用户定义有效范围内
	数据加载误差率	加载错误条码数占总条目百分比	加载进入数据库的数据是否与加载前一致
	重复数据比率	数据重复条码数占总条目百分比	是否存在重复的记录

五、监狱信息资源目录

（一）监狱信息资源分类

1. 按资源属性分类

监狱信息资源按资源属性可分为基础数据资源类、主题业务类、共享服务类和地方数据资源类等。具体要求如下：基础数据资源类应是对监狱基础信息资源的编目，监狱基础信息资源可包括用户类信息和机构类信息。

2. 按开放属性分类

监狱信息资源按开放属性可分为向社会开放的监狱信息资源和不可向社会开放的监狱信息资源。两类监狱信息资源的梳理、编制、管理和应用等应依托监狱数据资源平台的信息资源来开展。

3. 按共享属性分类

监狱信息资源按共享属性可分为无条件共享类、有条件共享类和不予共享类。具体要求如下：

（1）可提供给所有单位共享使用的监狱信息资源属于无条件共享类；

（2）可提供给相关单位共享使用或仅能部分提供给所有单位共享使用的监狱信息资源属于有条件共享类；

（3）不宜提供给其他单位共享使用的监狱信息资源属于不予共享类。

（二）监狱信息资源元数据

1. 核心元数据

监狱信息资源核心元数据见表 3-8。

表 3-8　监狱信息资源核心元数据

编号	元数据名称	定义	数据类型	约束条件	说明
1	信息资源分类	监狱信息资源分类的类目信息。应符合相关国家标准规定的基本原则和方法，采用混合分类法	字符型	必备项；最大出现次数为 1	监狱信息资源分类按照信息资源属性分类包括类、项、目、细目四级
2	信息资源名称	描述监狱信息资源内容的标题	字符型	必备项；最大出现次数为 1	—
3	信息资源标识符	标识监狱信息资源的唯一不变的代码	字符型	必备项；最大出现次数为 1	—
4	信息资源提供方	提供监狱信息资源的单位名称	字符型	必备项；最大出现次数为 1	应细化到内设机构
5	信息资源提供方代码	提供监狱信息资源的单位统一社会信用代码	字符型	必备项；最大出现次数为 1	参见 GB 32100

续表

编号	元数据名称		定义	数据类型	约束条件	说明
6	信息资源摘要		描述信息资源内容（或关键字段）的简要说明	字符型	必备项；最大出现次数为1	—
7	信息资源格式		描述监狱信息资源的存在方式	字符型	必备项；最大出现次数为1	可按定义的多种格式选择确定
8	信息项	信息项名称	描述结构化信息资源中具体数据项的标题	字符型	可选项；最大出现次数为1	描述电子表格、数据库以及具有结构化数据内容资源中的各数据项（字段）标题，用中文表示
		数据类型	描述信息项的数据类型	字符型	必备项；最大出现次数为1	按照对应的“信息项名称”逐一描述其数据类型
9	共享属性	共享类型	按不同共享类型描述每个监狱信息资源	数值型	必备项；最大出现次数为1	—
		共享条件	不同共享类型的监狱信息资源的共享条件	字符型	必备项；最大出现次数为1	—
		共享方式	获取信息资源的方式	字符型	必备项；最大出现次数为1	按定义要求进行描述
		有条件共享层级	按不同有条件共享层级类型描述每个有条件监狱信息资源	字符型	可选项，可多选	有条件共享层级分为国家其他部委、监狱局本级、地方监狱行政机关。值域范围对应共享类型排序分别为1、2、3

续表

编号	元数据名称		定义	数据类型	约束条件	说明
10	开放属性	是否向社会开放	信息资源面向社会开放的属性	数值型	必备项； 最大出现次数为 1	应包括“是”和“否”，对应取值分别为 1 和 0
		开放条件	对向社会开放资源的条件描述	字符型	可选项； 最大出现次数为 1	当“是否向社会开放”取值为 1 时，应描述开放条件
11	更新周期		信息资源更新的频度	字符型	必备项； 最大出现次数为 1	分为实时、每日、每周、每月、每季度和每年等；结构化数据应按更新频度较快的信息项进行描述；非结构化数据应对信息资源整体进行描述
12	发布日期		监狱信息资源提供方发布共享、开放监狱信息资源的日期	日期型	必备项； 最大出现次数为 1	按定义要求进行描述。格式为 YYYY-MM-DD，参见 GB/T 7408
13	关联资源标识符		监狱信息资源重复出现时的关联性标注，在元数据中标注重复出现的关联信息资源标识符	字符型	可选项； 最大出现次数为 1	当某监狱信息资源同属于不同的资源分类时，应按定义要求进行描述

2. 扩展元数据

当核心元数据不能满足业务应用发展的需求时，应对核心元数据进行扩展。在扩展元数据之前，应保证对现有的元数据进行全面的分析，分析内容包括元数据的名称、定义、数据类型、值域和最大出现次数等属性，确定在不能满足需要的情况下进行扩展。

元数据扩展应按照元数据及其属性描述方法，根据实际需求进行扩展，可扩展的元数据内容如下：

（1）增加新的元数据实体。

（2）增加新的元数据元素：应给出新的元数据元素的名称、定义、数据类型、约束条件和说明。

（3）对现有元数据施加更严格的可选性限制：可用“必选”代替“可选”，或用“条件必选”代替“可选”。若新的约束是“条件必选”，则应给出必须使用该元数据的条件。

（4）对现有元数据施加更严格的最大出现次数限制。

（5）缩小现有元数据的值域。

3. 元数据与数据属性、数据标签的关系

元数据（metadata）是描述数据的数据，它提供了关于数据的信息，如数据的结构、内容、格式、来源、质量、使用权限等。元数据可以帮助用户理解和管理数据，使数据更容易被搜索、组织和利用。

数据属性（data attributes）是描述数据的特性或特征的属性，它们描述了数据的各个方面，如数据的类型、大小、单位、范围、精度等。数据属性提供了关于数据本身的信息，帮助用户了解数据的基本特征。

数据标签（data labels）是对数据进行标记或分类的标识，用于标识数据的类别、属性或特征。数据标签可以是预定义的，也可以是根据特定规则或算法自动生成的。数据标签可以用于数据分类、搜索和组织，使用户能够更方便地找到和使用特定类型或特征的数据。

元数据、数据属性和数据标签之间存在如下关系：

（1）元数据可以包含数据属性的信息。元数据可以描述数据的各个属性，如数据的类型、大小、单位等。元数据提供了关于数据属性的更详细的描述和说明。

（2）数据标签可以作为元数据的一部分。数据标签可以用来标识数据的类别、属性或特征，这些标签可以包含在元数据中，以提供更丰富的数据描述信息。

（3）元数据可以包含有关数据标签的信息。元数据可以描述数据标签的定义、含义和使用方式，以帮助用户理解和使用数据标签。

元数据提供了关于数据的全面描述信息，包括数据属性和数据标签。数据属性描述了数据的特性和特征，而数据标签用于对数据进行标识和分类。元数据、数据属性和数据标签共同提供了对数据的详细描述和分类，帮助用户更好地理解、管理和利用数据。

下面以罪犯管理系统中人员姓名字段为例。

（1）姓名的元数据可以包括以下信息：

① 数据类型：人员姓名通常是文本类型的数据，表示人员的名字和姓氏。

② 字段长度：可以定义人员姓名字段的最大长度，以限制输入的字符数。

③ 格式要求：可以规定人员姓名的格式要求，如姓氏在前、名字在后，是否允许使用特殊字符或数字等。

④ 字段约束：可以设置人员姓名字段的约束条件，如是否必填、是否唯一等。

⑤ 数据来源：可以记录人员姓名的来源，如手动输入、从其他系统导入或自动生成。

⑥ 数据质量：可以记录人员姓名数据的质量信息，如数据的准确性、完整性、一致性等。

⑦ 数据权限：可以定义人员姓名数据的访问权限，以确定哪些用户或角色可以查看或修改人员姓名。

⑧ 更新历史：可以记录人员姓名字段的更新历史，包括修改时间、修改人员等信息。

⑨ 数据关联：可以与其他人员相关的元数据进行关联，如人员编号、部门信息等。

这些元数据可以帮助用户了解和管理人员姓名数据，确保数据的准确性、一致性和可用性。同时，这些元数据也为系统提供了关于人员姓名字段的规范和约束，以便进行有效的数据管理和操作。

（2）姓名的数据属性包括以下信息：

① 数据类型：人员姓名通常是文本类型的数据，表示人员的姓氏和名字。

② 字段长度：可以定义人员姓名字段的最大长度，以限制输入的字符数。

③ 格式要求：可以规定人员姓名的格式要求，如姓氏在前、名字在后，是否允许使用特殊字符或数字等。

④ 空值处理：可以定义对于人员姓名字段的空值处理方式，如是否允许为空、是否需要默认值等。

⑤ 唯一性约束：可以设置人员姓名字段的唯一性约束，以确保每个人员的姓名在系统中是唯一的。

⑥ 字符编码：可以指定人员姓名字段的字符编码方式，以支持不同语言和字符集的输入和显示。

⑦ 排序规则：可以定义人员姓名字段的排序规则，以便在系统中对人员姓名进行排序和检索。

⑧ 大小写处理：可以规定人员姓名字段的大小写处理方式，如是否区分大小写、是否自动转换为大写或小写等。

⑨ 数据验证：可以进行人员姓名数据的验证，如检查是否包含非法字符、是否符合指定格式等。

这些数据属性定义了人员姓名字段的特性和规则，帮助确保数据的正确性、一致性和可用性。通过对人员姓名字段进行合适的属性设置，可以提高人事管理系统对人员姓名数据的管理和操作效率。

（3）姓名的数据标签包括以下信息：

① 标识标签：用于唯一标识每个人员的姓名，通常是一个独特的标识符或编号，用于区分不同的人员。

② 姓氏标签：用于标识人员姓名中的姓氏部分，以便在系统中进行姓氏的检索和排序。

③ 名字标签：用于标识人员姓名中的名字部分，以便在系统中进行名字的检索和排序。

④ 全名标签：用于标识人员的全名，包括姓氏和名字，方便在系统中显示和引用人员的完整姓名。

⑤ 别名标签：用于记录人员可能的别名或昵称，以提供更多的人员识别和搜索选项。

⑥ 拼音标签：用于记录人员姓名的拼音或音译，以支持拼音搜索或在多语言环境中进行姓名的发音。

⑦ 多语言标签：用于标识人员姓名的语言类型，以支持多语言环境下的姓名显示和处理。

⑧ 标签分类：可以根据人员的属性或特征进行标签分类，如部门标签、职位标签等，以便进行人员的组织和管理。

⑨ 这些数据标签可以帮助人事管理系统对人员姓名数据进行分类、检索和分析，提供更灵活和高效的人员管理功能。同时，通过合理使用数据标签，可以支持系统的个性化配置和定制化需求。

（三）监狱信息资源标识符

监狱信息资源标识符由前段码和后段码组成，前段码和后段码之间用“/”隔开，编码结构如图 3-5 所示。

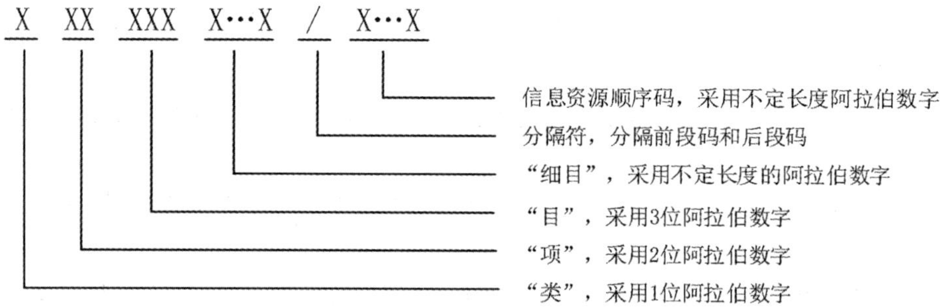

图 3-5　监狱信息资源标识符编码结构

其中，前段码由“类”“项”“目”“细目”组成，是监狱信息资源分类代码，参见表 3-9；后段码为监狱信息资源的顺序码，顺序码采用不定长度，用 1 为起始、连续的阿拉伯数字表示。

表 3-9　司法信息资源分类代码表（部分）

司法信息资源代码	类代码	项代码	目代码	细目代码	名称
1	1	—	—	—	基础数据资源类
102	1	02	—	—	机构类
102004	1	02	004	—	刑事执行与应急指挥

续表

司法信息资源代码	类代码	项代码	目代码	细目代码	名称
102004001	1	02	004	001	刑事执行
102004001001	1	02	004	001001	监狱
102004001002	1	02	004	001002	戒毒
102004001003	1	02	004	001003	社区矫正
102004001004	1	02	004	001004	安置帮教
102004002	1	02	004	002	应急指挥

（四）监狱信息资源目录编制要求

1. 责任分工

监狱信息资源目录应由监狱局信息中心组织汇总编制，监狱信息资源目录的日常维护应由各责任单位具体负责。具体要求如下：

（1）基础数据资源类目录应由监狱局信息中心负责编制和维护；

（2）主题业务类目录应由刑罚执行、劳动改造、狱内侦查、生活卫生等牵头单位按照各业务数据标准负责编制和维护；

（3）共享服务类目录应由监狱局信息中心负责编制和维护；

（4）地方数据资源类目录应由各级监狱行政机构按照各业务地方数据标准负责编制和维护，各级数据标准应符合监狱局颁布的业务标准，若不符合，各级业务系统应按照对应的业务标准进行改造（以下以“责任单位”代表各类信息资源目录编制维护的负责单位）。

2. 编制流程

监狱信息资源目录编制流程应包括前期准备、目录编制与报送、目录汇总与管理、目录更新维护和信息资源接入五个过程。具体要求如下：

1）前期准备

前期准备包括组织准备、目录规划和资源调查。各责任单位应明确监狱信息资源目录编制工作的领导机构、组织实施机构和工作机制，负责监狱信息资源目录的组织规划、信息资源调查、信息资源目录编制、编目审查、目录报送和维护更新等工作；各责任单位应梳理本单位监狱信息资源，按照“类”“项”“目”“细目”对本单位的监狱信息资源进行分类，制定本单位监狱信息资源目录规划，其中基础数据资源类和主题业务类目录的规划和制定工作应由牵头单位负责，并在所有参与单位范围内开展；依据监狱信息资源目录规划，各责任单位应组织开展资源调查工作，梳理本单位、所属机构（单位）或共同参与单位的监狱信息资源，结合已建信息系统中的信息资源，细化完善目录规划，全面掌握监狱信息资源情况。

2）目录编制与报送

各责任单位应基于前期准备，按照监狱信息资源目录的元数据要求，编制生成基础数据资源类、主题业务类、共享服务类和地方数据资源类监狱信息资源目录；各责任单位应按要求对监狱信息资源目录复核、审查后，及时报送本级监狱信息资源主管单位并同时在目录管理系统中完成监狱信息资源目录的在线填报，报送的信息资源目录为目录编制工具导出的统一格式文件，或者 et、xls、xlsx 等电子表格文件。

3）目录汇总与管理维护

目录汇总与管理维护包括审核汇总和维护管理。监狱信息中心应负责监狱信息资源目录的审核汇总工作，各级监狱信息资源主管单位应负责本级监狱信息资源目录的审核汇总工作，在审核汇总过程中，若监狱信息资源目录不符合要求，则退回责任单位整改；若发现有重复采集的数据内容，则由本级监狱信息资源主管单位负责协商明确该数据内容的第一采集单位，并将相关信息更新至本级监狱信息资源目录。监狱数据资源平台管理单位应负责建设、完善监狱局信息资源目录，为各责任单位接入监狱数据资源平台提供技术支持，承担监狱信息资源目录的注册登记、发布查询、维护更新等日常管理工作。

目录更新维护各责任单位应对本单位发布的监狱信息资源目录进行及时更新维护。

4）信息资源接入

各责任单位应对本单位发布的监狱信息资源目录进行信息资源接入。信息资源接入应在保证与部本级进行数据同网对接的前提下，按照增量数据处理，维护记录状态、时间戳字段，并进行增量接入。

任务四

应急联动指挥中心建设标准

模块一　应急联动指挥中心建设标准

一、基本概念

（一）应急指挥中心

应急指挥中心是指对因社会安全事件或重大事故、信息安全重特大事故、重大群体性事件等而导致的社会秩序遭受重大影响、人民生命财产安全受到威胁等严重问题进行综合应急处置的组织、指挥场所。

（二）分控中心

分控中心是指分布在大门岗、中心岗、生活区、生产现场等的监狱应急指挥中心的下一级管理节点，可通过视频传输网络将视频、报警信息上传到监狱应急指挥中心。分控中心视频接入节点不宜具备用户管理和设备管理功能。

（三）应急联动指挥系统

应急联动指挥系统依靠现代科技手段，整合视频监控系统、声响监控系统、周界报警系统、门禁系统、围墙电网系统、广播控制系统等技防、物防系统及业务信息软件，以保障监狱安全和处置突发事件为中心，实现信息、通信、监控、后勤保障的统一协同指挥。

（四）联动报警子系统

联动报警子系统是应急联动指挥系统的核心系统，它是集无线、有线、监狱安防报警、接警、处警于一体的接处警综合联动报警平台。

（五）指挥调度子系统

指挥调度子系统是应急联动指挥系统的重要组成部分之一，发生突发事件可随时调用信息数据、现场视频图像、预案等，利用相关系统提供的应用模块，进行应急事件的指挥调度，将指挥调度指令及时并准确地发布到各指挥调度机构，实现对整个突发事件的统筹安排。

二、应急指挥中心组织架构

（一）整体架构

应急指挥中心组织架构分三级四层，如图 4-1 所示。

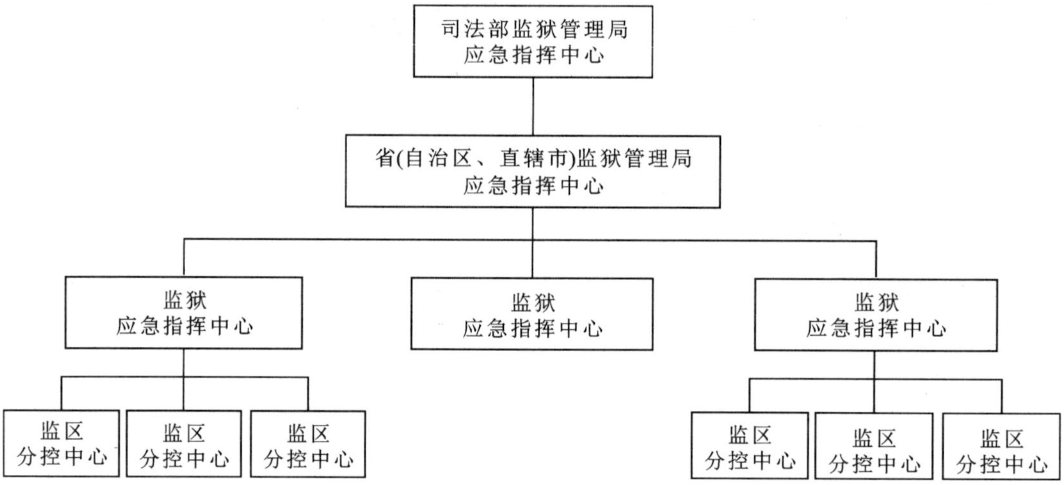

图 4-1　应急指挥中心组织架构

（二）各部门主要职能

1. 司法部监狱管理局应急指挥中心

可对全国监狱应急联动指挥系统的运行信息和报警信息实时调看。接收省（自治区、直辖市）监狱管理局应急指挥中心上报的突发事件并为司法行政机关提供多种方式的通信与信息服务，实现对各级各类突发事件应急管理的统一协调指挥。

2. 省（自治区、直辖市）监狱管理局应急指挥中心

可对管辖监狱应急联动指挥系统的运行信息和报警信息实时调看。接收全省（自治区、直辖市）监狱管理局应急指挥中心上报的突发事件并向司法部监狱管理局应急指挥中心上传，横向与公安、武警、综治等单位的指挥中心信息互通，实现对各级各类突发事件应急管理的统一协调指挥。

3. 监狱应急指挥中心

通过信息汇聚、分析、研判，实现应急指挥中心接警处置、应急处突、决策支持等管理职能。接收报警源、分控中心上报的突发事件并向省（自治区、直辖市）监狱管理局、司法部监狱管理局应急指挥中心上传，横向与公安、武警、综治等单位的指挥中心信息互通，实现对各级各类突发事件应急管理的统一协调指挥。

4. 分控中心

分控中心适用于多监管区监狱，用于周边视频采集点视频信息的数字化接入、集中管理、分发、上传以及本地用户终端的接入，与监狱应急指挥中心联动，实施应急处置工作。

三、应急联动指挥系统

应急联动指挥系统架构由基础平台层、应用软件层、系统管理平台层、监狱（戒毒）信息化平台接口层构成，如图 4-2 所示。

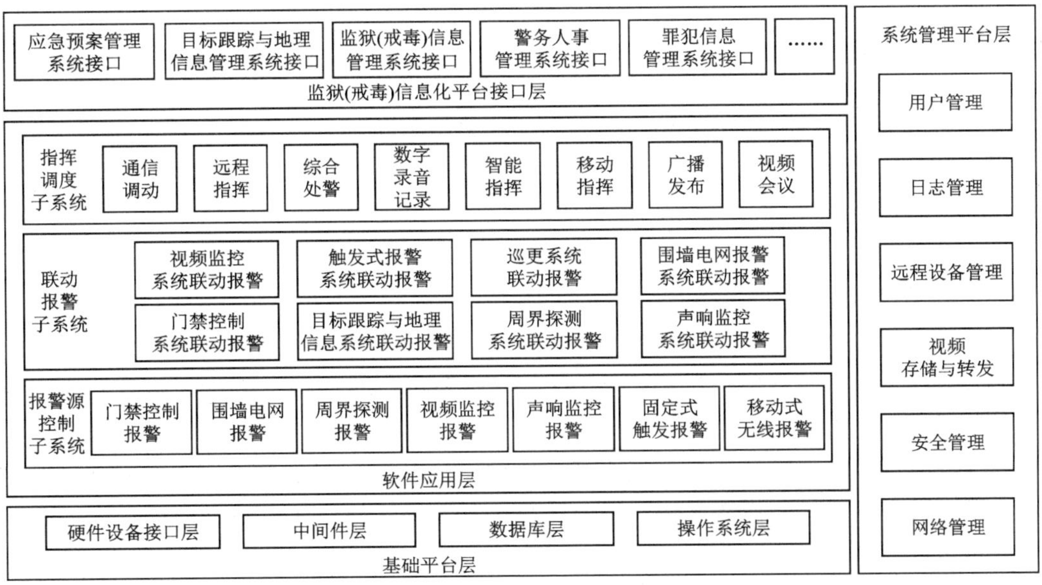

图 4-2 应急联动指挥系统架构

（一）基础平台层

基础平台层应包括操作系统层、数据库层、中间件层、硬件设备接口层。

（二）软件应用层

软件应用层应包括指挥调度子系统、联动报警子系统、报警源控制子系统。

（三）系统管理平台层

系统管理平台层是独立于软件应用层之上的辅助管理层，应包括用户管理、日志管理、远程设备管理、视频存储与转发、安全管理、网络管理等功能。

（四）监狱（戒毒）信息化平台接口层

监狱（戒毒）信息化平台接口层是应急联动指挥系统与监狱信息化平台内其他相关子系统的接口层，应包括预案管理系统接口、目标跟踪与地理信息管理系统接口、监狱（戒毒）信息管理系统接口、警务人事管理系统接口、罪犯信息管理系统接口等。

四、应急联动指挥系统安全性要求

（一）物理安全

物理安全应符合 GB /T 21052—2007，电磁辐射防护性能应符合 GB /T 17626。

（二）运行安全

1. 通信网络安全

应急联动指挥系统的通信网络安全应符合以下要求：

（1）各节点的局域网按照用户和网管系统严格划分 VLAN 和网段，严格控制网段之间的互访；

（2）应急联动指挥系统与其他外部系统的网络互联应通过接入网关进行隔离，宜采用硬件防火墙、入侵检测系统、漏洞扫描工具来提高网络通信的安全性。

2. 恶意代码防护

应按照 GB /T 20271—2006 中 4.2.7 的要求，对包括计算机病毒在内的恶意代码进行必要的安全防范。

3. 备份与故障恢复

应急联动指挥系统应具有重要数据的备份功能，应充分考虑备份存储介质的使用、管理的安全性，宜在省（自治区、直辖市）内监狱之间互建容灾备份系统，具体要求如下：

（1）存储基本配置信息、用户信息、设备信息、授权信息、优先等级信息等重要信息的服务器，可按照1+1方式配置，并应实现热切换，数据写入及修改时应同时写入两台服务器；

（2）存储授权信息、优先级信息等重要信息的介质应1+1备份，并能进行磁盘镜像设置，存储视频信息的磁盘介质应具有N+1及以上的冗余功能；

（3）在断电发生时，系统应能自动保存正在记录的信息；当断电恢复时，系统应能自动启动；

（4）前端设备应具有缓存功能，当网络中断时，前端设备应保存自中断后一段时间内没有传输的信息，网络重新连接后，前端设备应能将存储的视频信息自动向视频节点传输。

4. 信息安全

身份认证，系统用户分为业务用户和管理用户，业务用户不应具备管理权限。身份认证方式应采用以下方式中的一种或多种：

（1）用户名/密码方式；

（2）电子证书终端授权方式；

（3）生物特征方式。

5. 访问控制

应急联动指挥系统的访问控制应符合以下要求：

（1）应支持角色和岗位授权机制，对用户进行分级分权限管理；

（2）应能对用户访问资源的权限进行严格认证和控制，当访问或行使的操作超过原设置权限范围时，操作无效；

（3）应对系统访问进行跟踪、记录和审计，确保每次操作有据可查。

6. 完整性保护

应急联动指挥系统的完整性保护应符合以下要求：

（1）系统应对主要服务器进行数据备份，确保数据完整；

（2）系统应不支持对视频信息的删除、修改功能，未经授权不得复制；

（3）需要将视频信息输出和复制时，应严格执行安全保密规定，履行相应手续；

（4）当已存储的视频信息在存储周期内被新视频内容覆盖时，系统应能弹出告警信息，提示视频信息不完整；

（5）备份与故障恢复，系统应具备断电瞬间记忆功能，断电恢复时，能恢复断电前记录状态。

模块二　应急预案管理规范

一、应急预案管理业务框架

应急预案管理业务框架如图 4-3 所示。

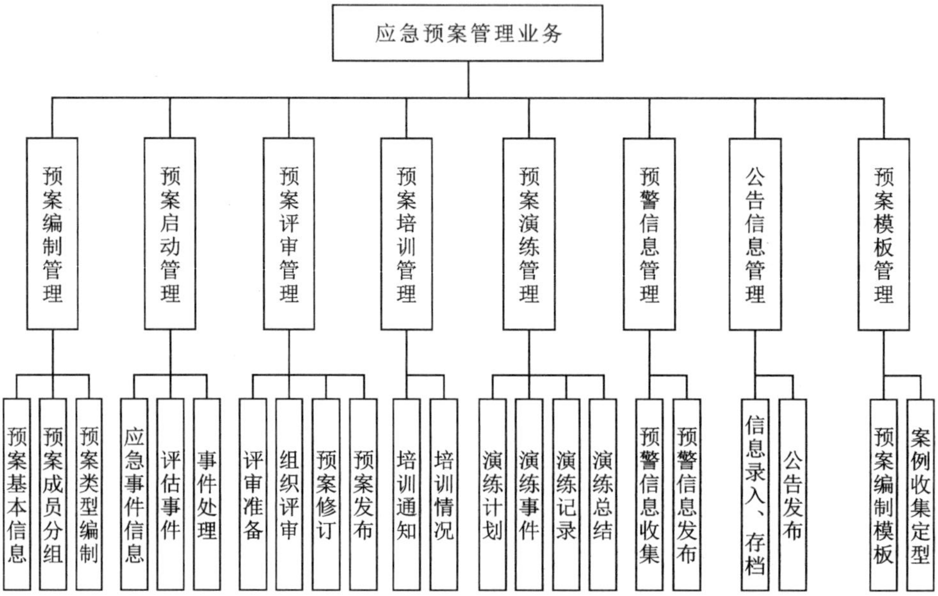

图 4-3　应急预案管理业务框架

二、预案编制管理

预案编制管理由预案基本信息、预案成员分组、预案类型编制组成，操作流程中处理的主要信息对象是应急预案。

（一）预案基本信息

1. 预案基本信息

预案基本信息主要包括：预案所属单位、预案主题、预案版本号、预案内容、事件类型、事件级别、编制人、编制日期、联动与协同内容、预案类型备注。

2. 预案基本信息业务流程

预案基本信息业务流程如图 4-4 所示。

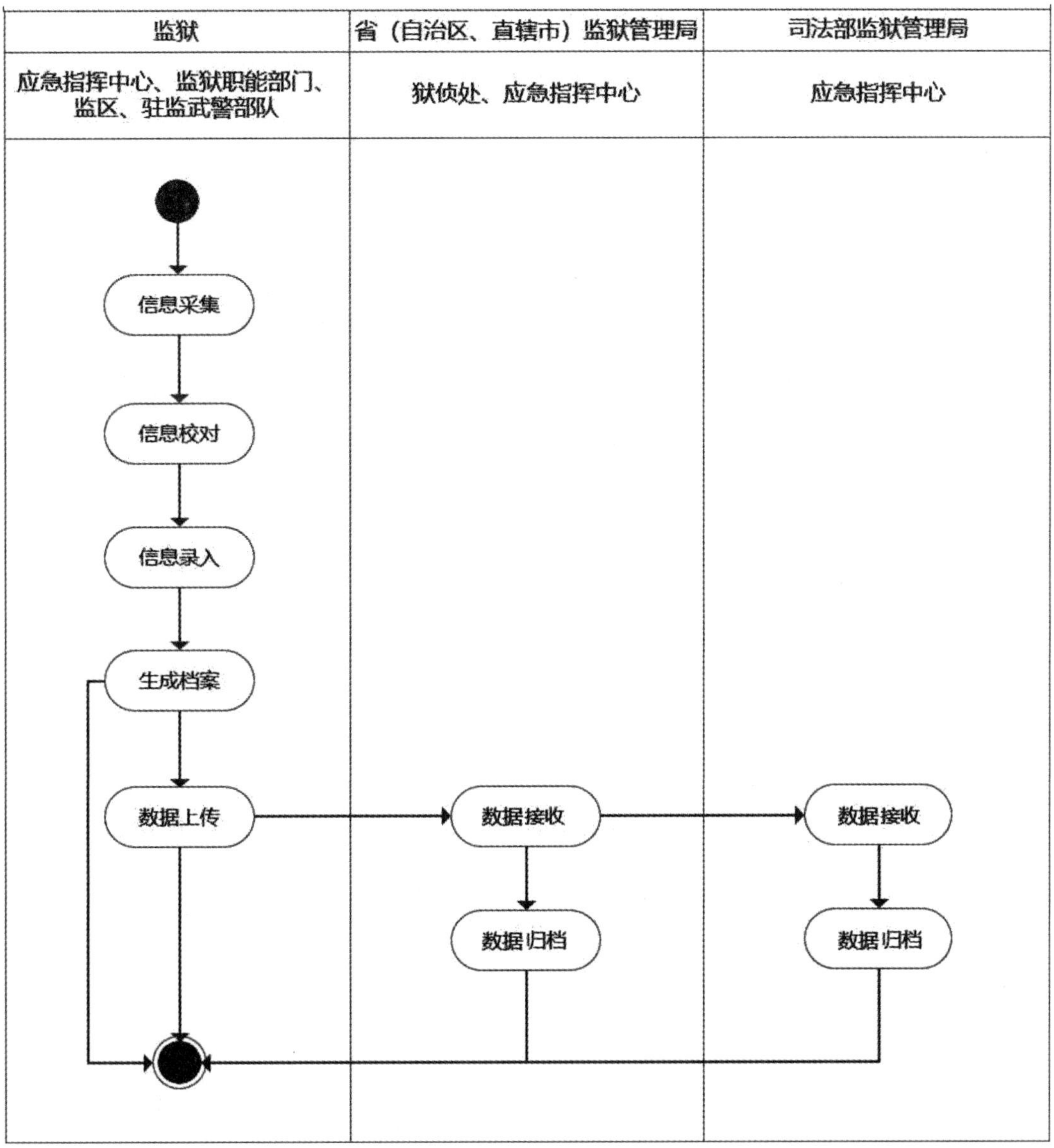

图 4-4　预案基本信息业务流程

3. 预案基本信息业务流程描述

表 4-1 对预案基本信息业务流程进行了说明，并规定了业务流程角色、系统和平台及前置条件、开始时间、结束时间、异常情况、业务环节等。

表 4-1　预案基本信息业务流程描述

描述	预案类型编制信息采集、校对、录入、上传至应急预案管理业务系统
角色、系统和平台	应急指挥中心、监狱职能部门、监区、驻监武警部队，应急预案管理业务系统

续表

<table>
<tr><td colspan="2">前置条件</td><td colspan="3">预案类型编制信息采集、校对、录入或修改</td></tr>
<tr><td colspan="2">开始时间</td><td colspan="3">无</td></tr>
<tr><td colspan="2">结束时间</td><td colspan="3">无</td></tr>
<tr><td colspan="2">异常情况</td><td colspan="3">无</td></tr>
<tr><td rowspan="8">业务环节</td><td>业务环节名称</td><td>角色、系统和平台</td><td>交互文档/数据</td><td>要求</td></tr>
<tr><td>信息采集</td><td>应急指挥中心、监狱职能部门、监区、驻监武警部队，应急预案管理业务系统</td><td>应急预案基本信息</td><td></td></tr>
<tr><td>组织编制</td><td>应急指挥中心、监狱职能部门、监区、驻监武警部队，应急预案管理业务系统</td><td>（1）应急预案内容
（2）联动与协同内容
（3）版本</td><td></td></tr>
<tr><td>审定预案</td><td>应急指挥中心、监狱职能部门、监区、驻监武警部队，应急预案管理业务系统</td><td>应急预案管理业务系统</td><td></td></tr>
<tr><td>生成档案</td><td>应急指挥中心、监狱职能部门、监区、驻监武警部队，应急预案管理业务系统</td><td>应急预案管理业务系统</td><td></td></tr>
<tr><td>数据上传</td><td>应急指挥中心、监狱职能部门、监区、驻监武警部队，应急预案管理业务系统</td><td>应急预案管理数据库</td><td></td></tr>
<tr><td>数据接收</td><td>狱侦处、应急指挥中心（监狱、省级、部级），应急预案管理业务系统</td><td>应急预案管理业务系统</td><td></td></tr>
<tr><td>数据归档</td><td>狱侦处、应急指挥中心（监狱、省级、部级），应急预案管理业务系统</td><td>应急预案管理数据库</td><td></td></tr>
</table>

（二）预案成员分组

1. 预案成员分组信息内容

预案成员分组主要用于预案处理过程中的调配，主要包括分组编号、分组名称、任务描述、组长、副组长、组员、备注。

2. 预案成员分组业务流程

预案成员分组业务流程如图 4-5 所示。

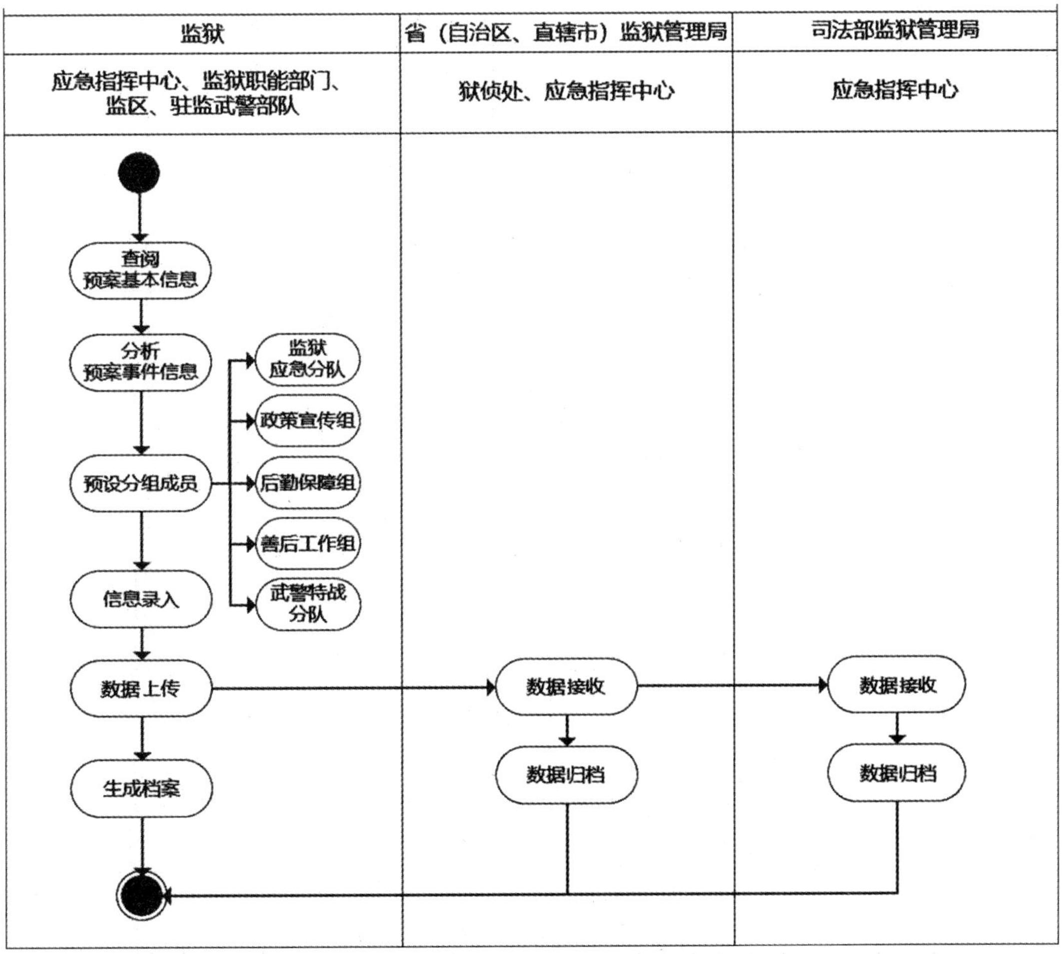

图 4-5　预案成员分组业务流程

3. 预案成员分组业务流程描述

表 4-2 对预案成员分组业务流程进行了说明，并规定了业务流程角色、系统和平台及前置条件、开始时间、结束时间、异常情况、业务环节。

表 4-2　预案成员分组业务流程描述

<table>
<tr><td colspan="2">描述</td><td colspan="3">预案类型编制信息采集、校对、录入、上传至应急预案管理业务系统</td></tr>
<tr><td colspan="2">角色、系统和平台</td><td colspan="3">应急指挥中心、监狱职能部门、监区、驻监武警部队，应急预案管理业务系统</td></tr>
<tr><td colspan="2">前置条件</td><td colspan="3">预案类型编制信息采集、校对、录入或修改</td></tr>
<tr><td colspan="2">开始时间</td><td colspan="3">无</td></tr>
<tr><td colspan="2">结束时间</td><td colspan="3">无</td></tr>
<tr><td colspan="2">异常情况</td><td colspan="3">无</td></tr>
<tr><td rowspan="8">业务环节</td><td>业务环节名称</td><td>角色、系统和平台</td><td>交互文档/数据</td><td>要求</td></tr>
<tr><td>信息采集</td><td>应急指挥中心、监狱职能部门、监区、驻监武警部队，应急预案管理业务系统</td><td>应急预案基本信息</td><td></td></tr>
<tr><td>组织编制</td><td>应急指挥中心、监狱职能部门、监区、驻监武警部队，应急预案管理业务系统</td><td>（1）应急预案内容
（2）联动与协同内容
（3）版本</td><td></td></tr>
<tr><td>审定预案</td><td>应急指挥中心、监狱职能部门、监区、驻监武警部队，应急预案管理业务系统</td><td>应急预案管理业务系统</td><td></td></tr>
<tr><td>生成档案</td><td>应急指挥中心、监狱职能部门、监区、驻监武警部队，应急预案管理业务系统</td><td>应急预案管理业务系统</td><td></td></tr>
<tr><td>数据上传</td><td>应急指挥中心、监狱职能部门、监区、驻监武警部队，应急预案管理业务系统</td><td>应急预案管理数据库</td><td></td></tr>
<tr><td>数据接收</td><td>狱侦处、应急指挥中心（监狱、省级、部级），应急预案管理业务系统</td><td>应急预案管理业务系统</td><td></td></tr>
<tr><td>数据归档</td><td>狱侦处、应急指挥中心（监狱、省级、部级），应急预案管理业务系统</td><td>应急预案管理数据库</td><td></td></tr>
</table>

（三）预案类型编制

1. 预案类型编制信息内容

主要包括突发事件处置预案目录。

（1）主要完成对4个类别、20种情形应急预案流程制定，包含编号、主题、内容、备注说明。

（2）根据突发事件造成的人员伤亡、财产损失或者可能造成的社会影响程度，监狱突发事件可以分为特别重大突发事件（Ⅰ级）、重大突发事件（Ⅱ级）、较大突发事件（Ⅲ级）和一般突发事件（Ⅳ级），根据事件的严重程度分别相应地启动Ⅰ级响应、Ⅱ级响应、Ⅲ级响应和Ⅳ级响应。

在演练或者正式执行时，预案流程步骤以图形方式显示，在图示中可以清晰了解已执行的步骤、未执行的步骤和当前步骤。

2. 预案类型编制业务流程

预案类型编制业务流程如图4-6所示。

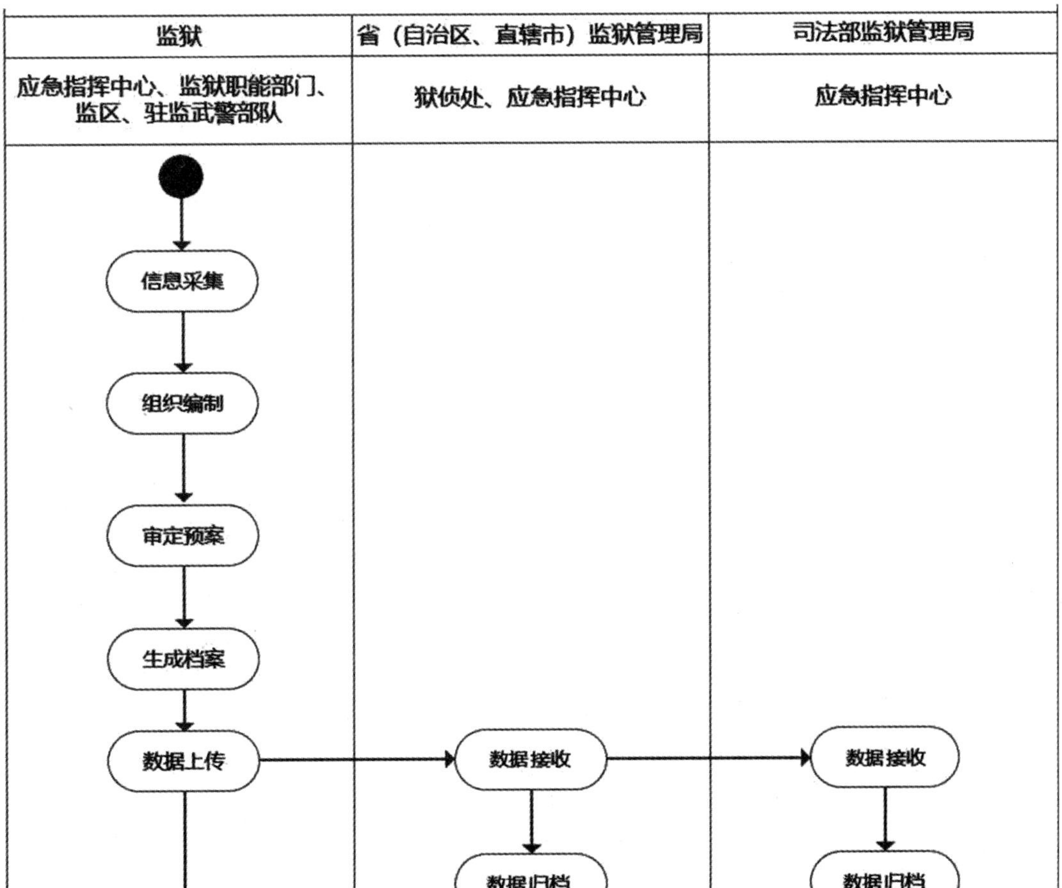

图4-6　预案类型编制业务流程

3. 预案类型编制业务流程描述

表 4-3 对预案类型编制业务流程进行了说明，并规定了业务流程角色、系统和平台及前置条件、开始时间、结束时间、异常情况、业务环节。

表 4-3　预案类型编制业务流程描述

描述		预案类型编制信息采集、校对、录入、上传至应急预案管理业务系统		
角色、系统和平台		应急指挥中心、监狱职能部门、监区、驻监武警部队，应急预案管理业务系统		
前置条件		预案类型编制信息采集、校对、录入或修改		
开始时间		无		
结束时间		无		
异常情况		无		
业务环节	业务环节名称	角色、系统和平台	交互文档/数据	要求
	信息采集	应急指挥中心、监狱职能部门、监区、驻监武警部队，应急预案管理业务系统	应急预案基本信息	
	组织编制	应急指挥中心、监狱职能部门、监区、驻监武警部队，应急预案管理业务系统	（1）应急预案内容 （2）联动与协同内容 （3）版本	
	审定预案	应急指挥中心、监狱职能部门、监区、驻监武警部队，应急预案管理业务系统	应急预案管理业务系统	
	生成档案	应急指挥中心、监狱职能部门、监区、驻监武警部队，应急预案管理业务系统	应急预案管理业务系统	
	数据上传	应急指挥中心、监狱职能部门、监区、驻监武警部队，应急预案管理业务系统	应急预案管理数据库	
	数据接收	狱侦处、应急指挥中心（监狱、省级、部级），应急预案管理业务系统	应急预案管理业务系统	
	数据归档	狱侦处、应急指挥中心（监狱、省级、部级），应急预案管理业务系统	应急预案管理数据库	

三、预案启动管理

对突发事件发生后启动相应应急预案的一系列活动，包含接收突发事件信息、判断事件状态、启动应急预案、处置过程记录、完成善后处理、修正应急预案。

（一）应急事件信息

1. 应急事件信息内容

当发生紧急事件时，安防设备可根据报警信息将报警数据提交给安防监控人员，监控人员根据报警信息判断是否将报警信息提升为事件处理。如若提升，该事件将被发送至应急指挥中心处理。

应急事件信息主要包含以下内容：事件发生单位、事件主题、事件描述、事件类型、事件级别、主要参与人员、参与人数、发生地点、报警设备、报警时间、报警人员、接警人员、接警时间。

2. 应急事件信息业务流程

应急事件信息业务流程如图 4-7 所示。

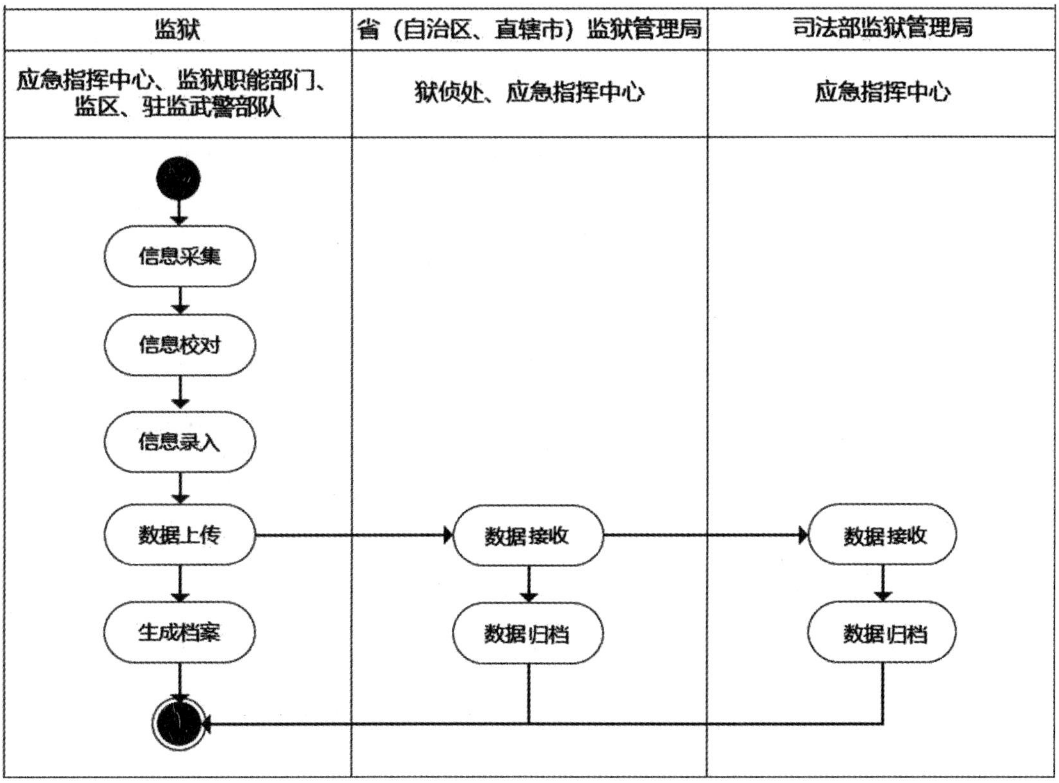

图 4-7　应急事件信息业务流程

3. 应急事件信息业务流程描述

表 4-4 对应急事件信息业务流程进行了说明，并规定了业务流程角色、系统和平台及前置条件、开始时间、结束时间、后置条件、业务环节。

表 4-4　应急事件信息业务流程描述

描述	应急事件信息采集、校对、录入、上传至应急预案管理业务系统			
角色、系统和平台	监狱各职能部门、监区、驻监武警部队，应急预案管理业务系统			
前置条件	应急事件信息采集、校对、录入或修改			
开始时间	无			
结束时间	无			
后置条件	评估事件及事件处理			
业务环节	业务环节名称	角色、系统和平台	交互文档/数据	要求
	信息采集	监狱各职能部门、监区、驻监武警部队，应急预案管理业务系统	（1）应急预案内容 （2）事件类型 （3）事件级别	
	信息校对	监狱各职能部门、监区、驻监武警部队，应急预案管理业务系统	（1）应急预案内容 （2）事件类型 （3）事件级别	
	信息录入	监狱各职能部门、监区、驻监武警部队，应急预案管理业务系统	应急事件信息数据	
	生成档案	监狱各职能部门、监区、驻监武警部队，应急预案管理业务系统	应急预案管理业务系统	
	数据上传	监狱各职能部门、监区、驻监武警部队，应急预案管理业务系统	应急预案管理数据库	
	数据接收	狱侦处、应急指挥中心（监狱、省级、部级），应急预案管理业务系统	应急预案管理业务系统	
	数据归档	狱侦处、应急指挥中心（监狱、省级、部级），应急预案管理业务系统	应急预案管理数据库	

（二）评估事件

1. 评估事件内容

评估事件为预案修订提供依据，从而使预案信息更合理、更实用、更有效。评估事件主要包含以下内容：评估事件名称、提供评估依据单位、提供评估依据人员、事件类型与级别、评估说明。

2. 评估事件业务流程

评估事件业务流程如图 4-8 所示。

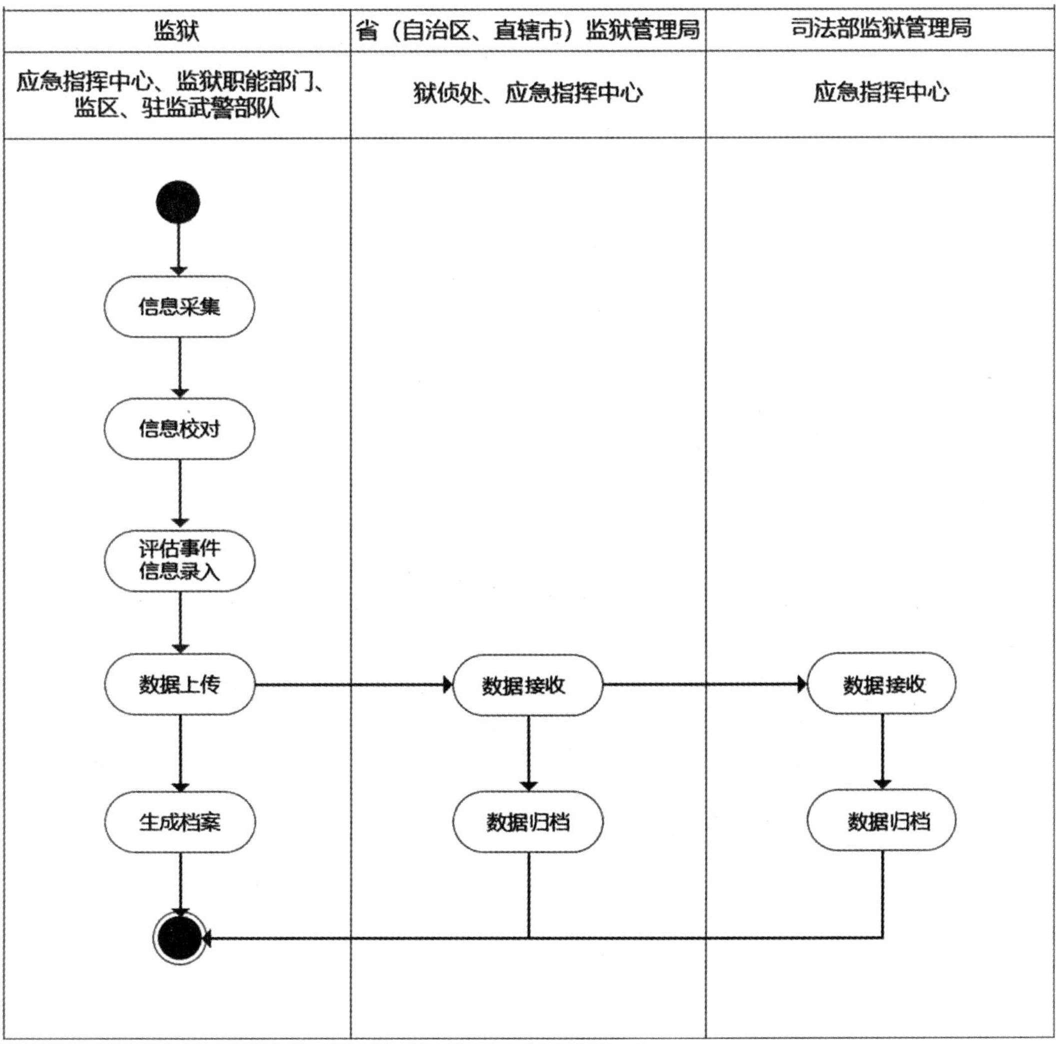

图 4-8 评估事件业务流程

3. 评估事件业务流程描述

表 4-5 对评估事件业务流程进行了说明，并规定了业务流程角色、系统和平台及前置条件、开始时间、结束时间、后置条件、业务环节。

表 4-5 评估事件业务流程描述

描述		评估事件信息采集、校对、录入、上传至应急预案管理业务系统		
角色、系统和平台		监狱各职能部门、监区、驻监武警部队，应急预案管理业务系统		
前置条件		评估事件信息采集、校对、录入或修改		
开始时间		无		
结束时间		无		
后置条件		评估事件		
业务环节	业务环节名称	角色、系统和平台	交互文档/数据	要求
	信息采集	监狱各职能部门、监区、驻监武警部队，应急预案管理业务系统	（1）应急预案内容 （2）事件类型 （3）事件级别	
	信息校对	监狱各职能部门、监区、驻监武警部队，应急预案管理业务系统	（1）应急预案内容 （2）联动与协同内容 （3）版本	
	评估事件信息录入	监狱各职能部门、监区、驻监武警部队，应急预案管理业务系统	评估事件信息数据	
	生成档案	监狱各职能部门、监区、驻监武警部队，应急预案管理业务系统	应急预案管理业务系统	
	数据上传	监狱各职能部门、监区、驻监武警部队，应急预案管理业务系统	应急预案管理数据库	
	数据接收	狱侦处、应急指挥中心（监狱、省级、部级），应急预案管理业务系统	应急预案管理业务系统	
	数据归档	狱侦处、应急指挥中心（监狱、省级、部级），应急预案管理业务系统	应急预案管理数据库	

（三）事件处理

1. 事件处理内容

应急事件处理主要包含以下内容：事件发生单位、事件主题、事件描述、事件类型、事件级别、主要参与人员、参与人数、发生地点、报警设备、报警时间、报警人员、接警人员、接警时间、选择预案信息、预案执行步骤信息、预案步骤执行情况信息、预案执行人员信息、预案指挥人员信息、事件处理动态信息。

2. 事件处理业务流程

事件处理业务流程如图 4-9 所示。

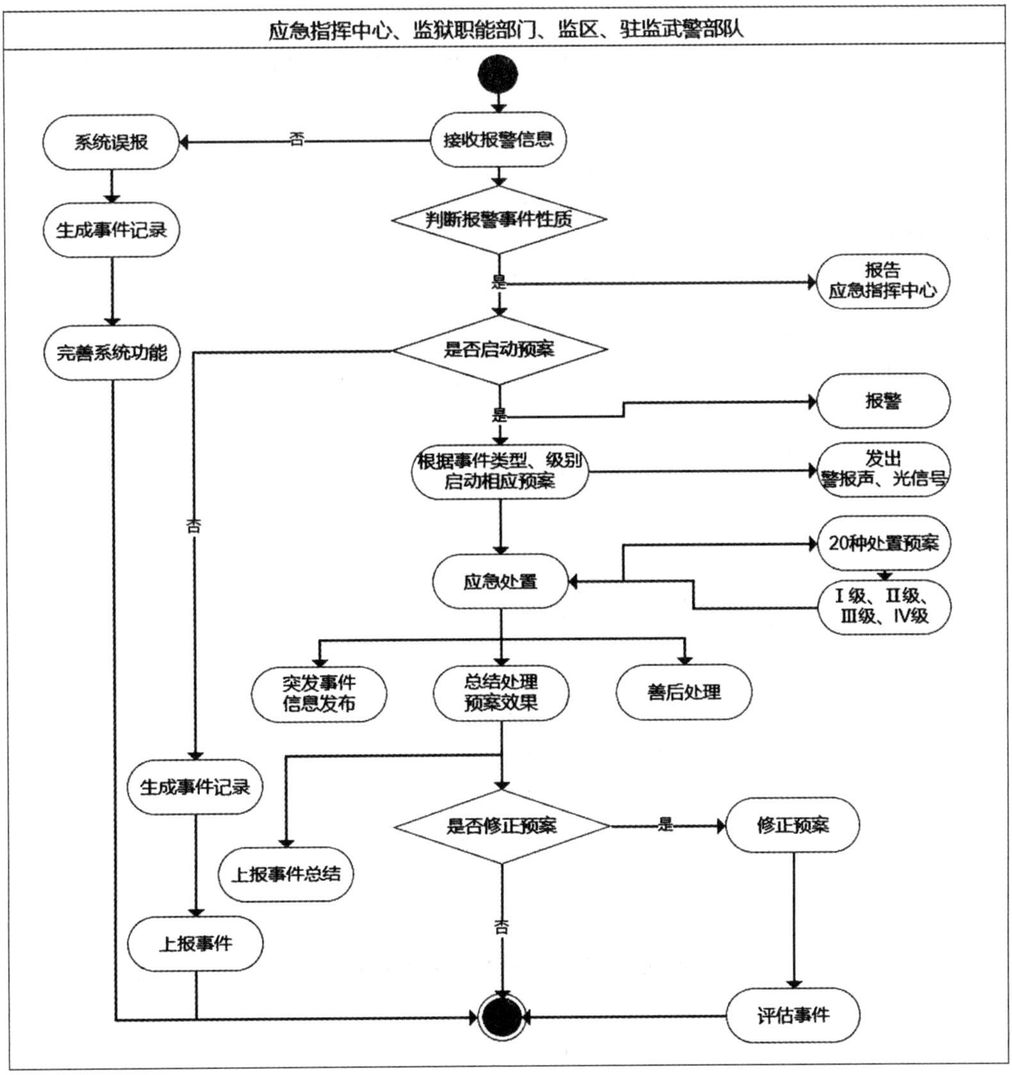

图 4-9 事件处理业务流程

第 1 类事件处理业务流程如图 4-10 所示。

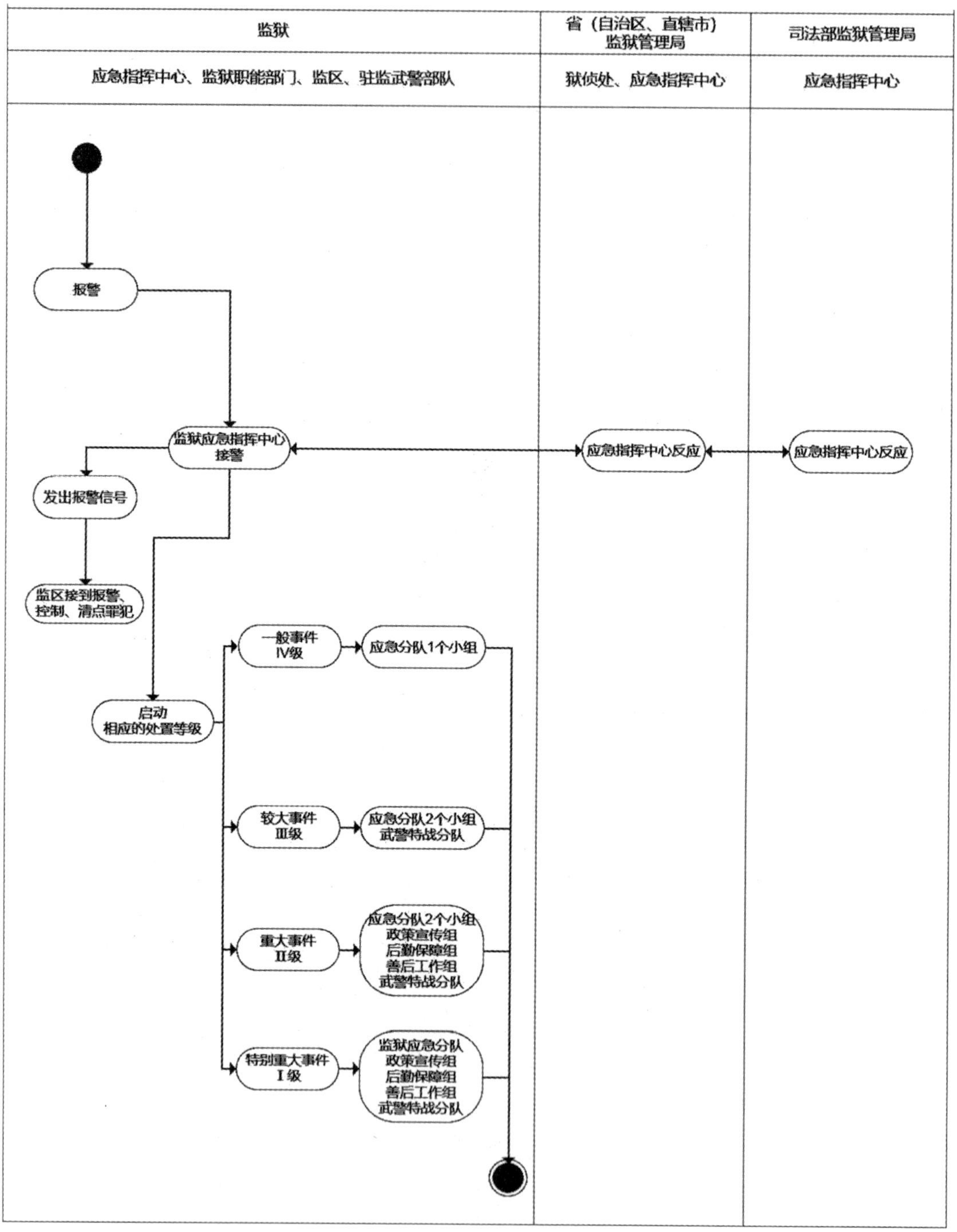

图 4-10　第 1 类事件处理业务流程

第 2 类事件处理业务流程如图 4-11 所示。

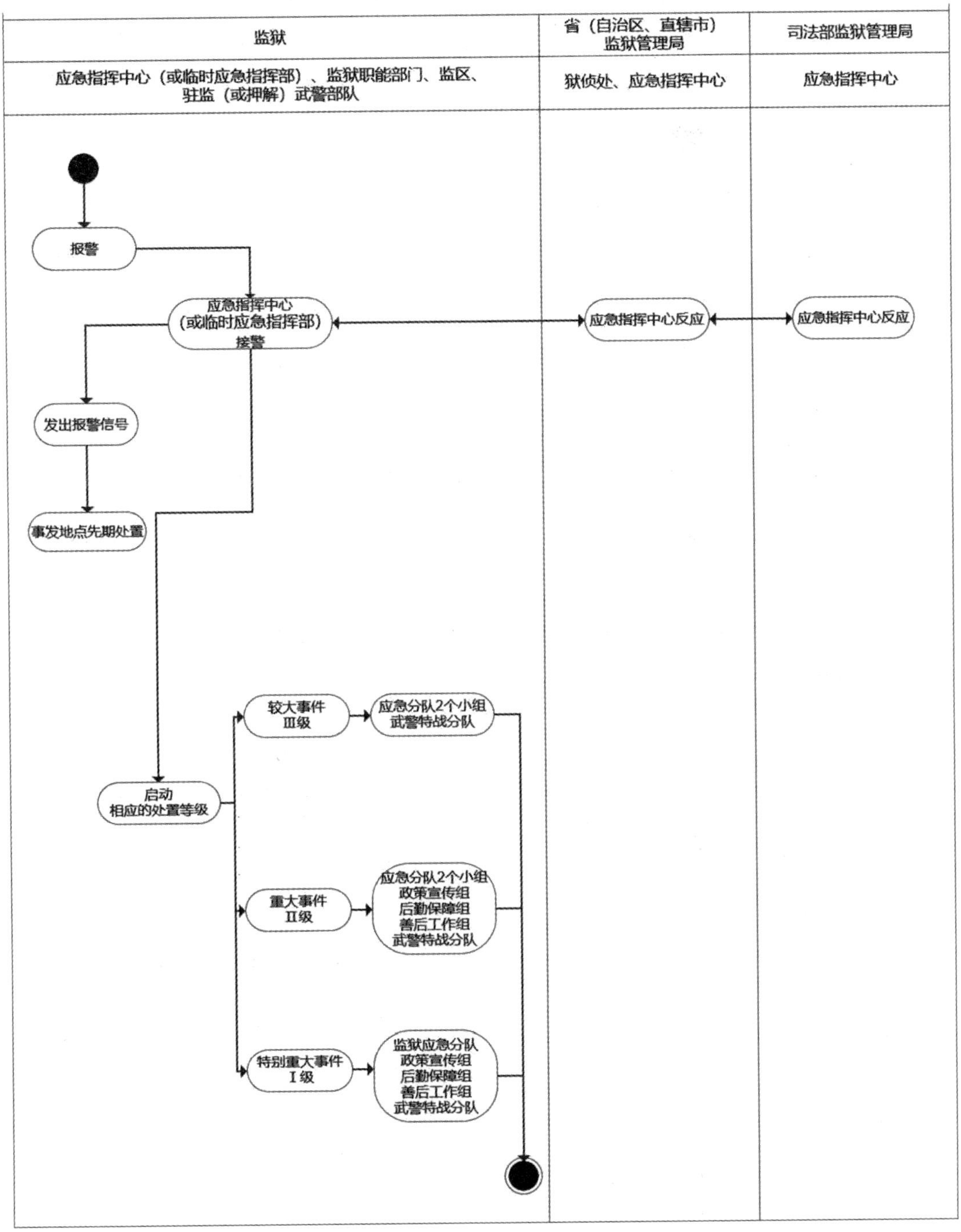

图 4-11　第 2 类事件处理业务流程

第 3 类事件处理业务流程（自然灾害事件）如图 4-12 所示。

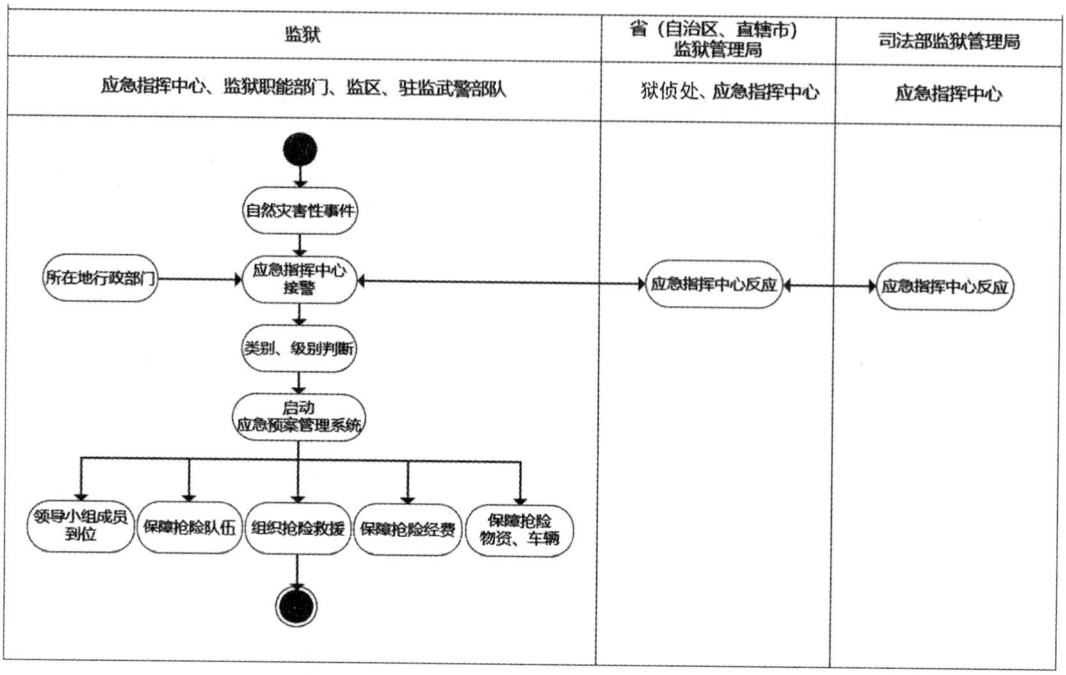

图 4-12　第 3 类事件处理业务流程（自然灾害事件）

第 4 类事件处理业务流程（公共卫生事件）如图 4-13 所示。

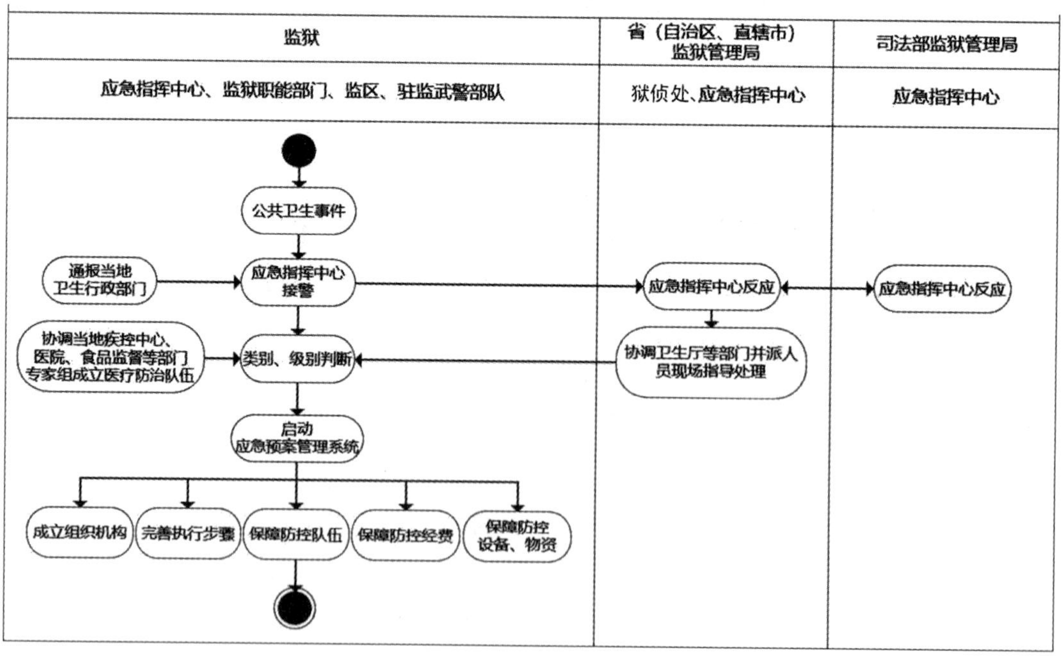

图 4-13　第 4 类事件处理业务流程（公共卫生事件）

第 4 类事件处理业务流程如图 4-14 所示。

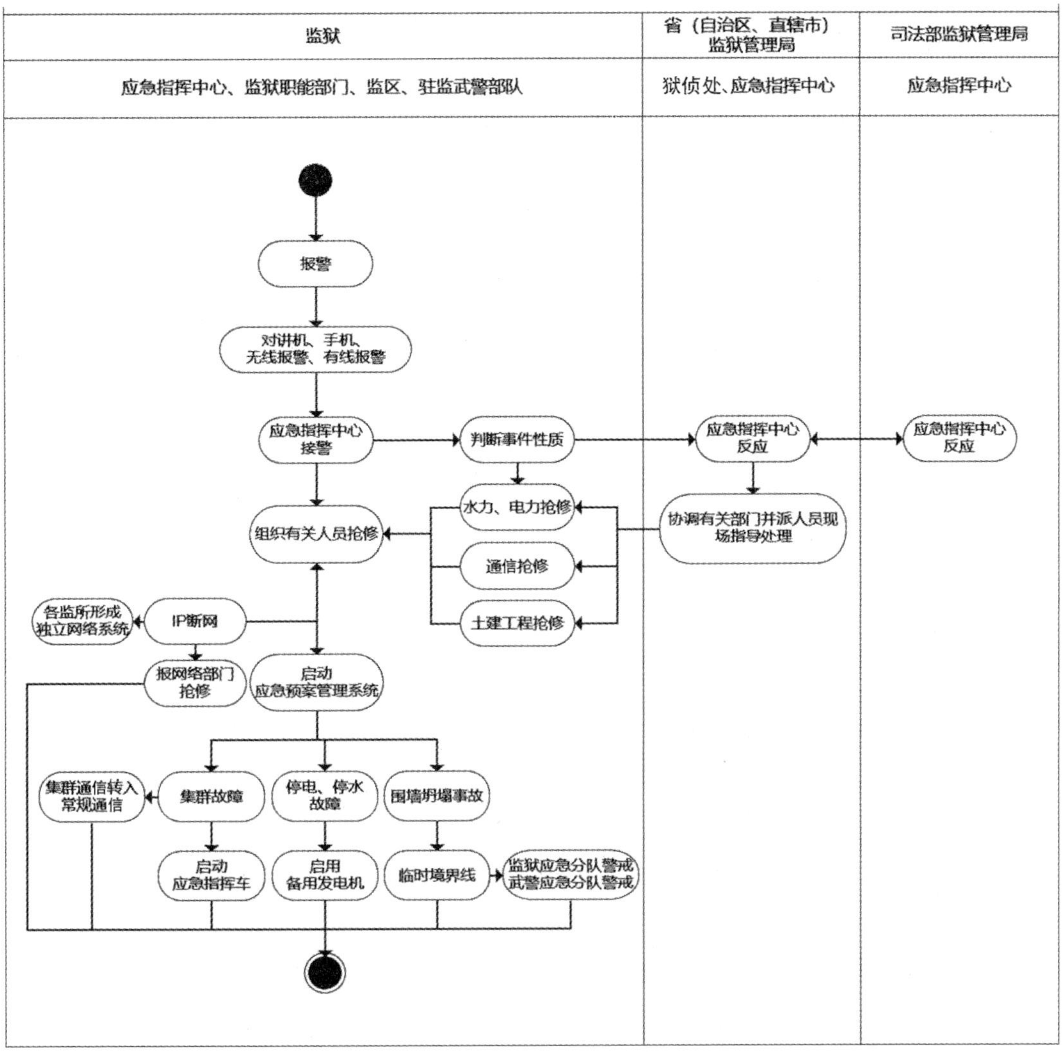

图 4-14 第 4 类事件处理业务流程

3. 事件处理业务流程描述

表 4-6 对事件处理业务流程进行了说明，并规定了业务流程角色、系统和平台及前置条件、开始时间、结束时间、异常情况、后置条件、业务环节。

表 4-6 事件处理业务流程描述

描述	对事件处理的信息采集、校对、录入、上传至应急预案管理业务系统
角色、系统和平台	应急指挥中心、监狱各职能部门、监区、驻监武警部队，应急预案管理业务系统
前置条件	事件评估，应急事件

续表

开始时间		无		
结束时间		无		
异常情况		无		
后置条件		预案启动		
业务环节	业务环节名称	角色、系统和平台	交互文档/数据	要求
	信息采集	应急指挥中心，监狱各职能部门、监区、驻监武警部队，应急预案管理业务系统	（1）预案信息 （2）事件信息	
	信息校对	应急指挥中心，监狱各职能部门、监区、驻监武警部队，应急预案管理业务系统	事件信息	
	事件信息录入	应急指挥中心，监狱各职能部门、监区、驻监武警部队，应急预案管理业务系统	信息数据	
	事件评估	应急指挥中心，监狱各职能部门、监区、驻监武警部队，应急预案管理业务系统	评估依据	
	预案选择	应急指挥中心，应急预案管理业务系统	预案编制	
	预案步骤执行	执行人员，应急预案管理业务系统	预案执行步骤	
	生成档案	监狱各职能部门、监区、驻监武警部队，应急预案管理业务系统	应急预案管理业务系统	
	数据上传	监狱各职能部门、监区、驻监武警部队，应急预案管理业务系统	应急预案管理业务系统	
	数据接收	狱侦处、应急指挥中心（监狱、省级、部级），应急预案管理业务系统	应急预案管理数据库	

四、预案评审管理

应急预案编制完成后，省（自治区、直辖市）监狱管理局和监狱应在广泛征求意见的基础上，对应急预案进行评审，以保证预案信息的合法性、完整性、针对性、实用性、科学性。预案评审由评审准备、组织评审、预案修订、预案发布组成。

（一）评审准备、组织评审内容

1. 评审准备、组织评审业务流程

评审准备、组织评审业务流程如图 4-15 所示。

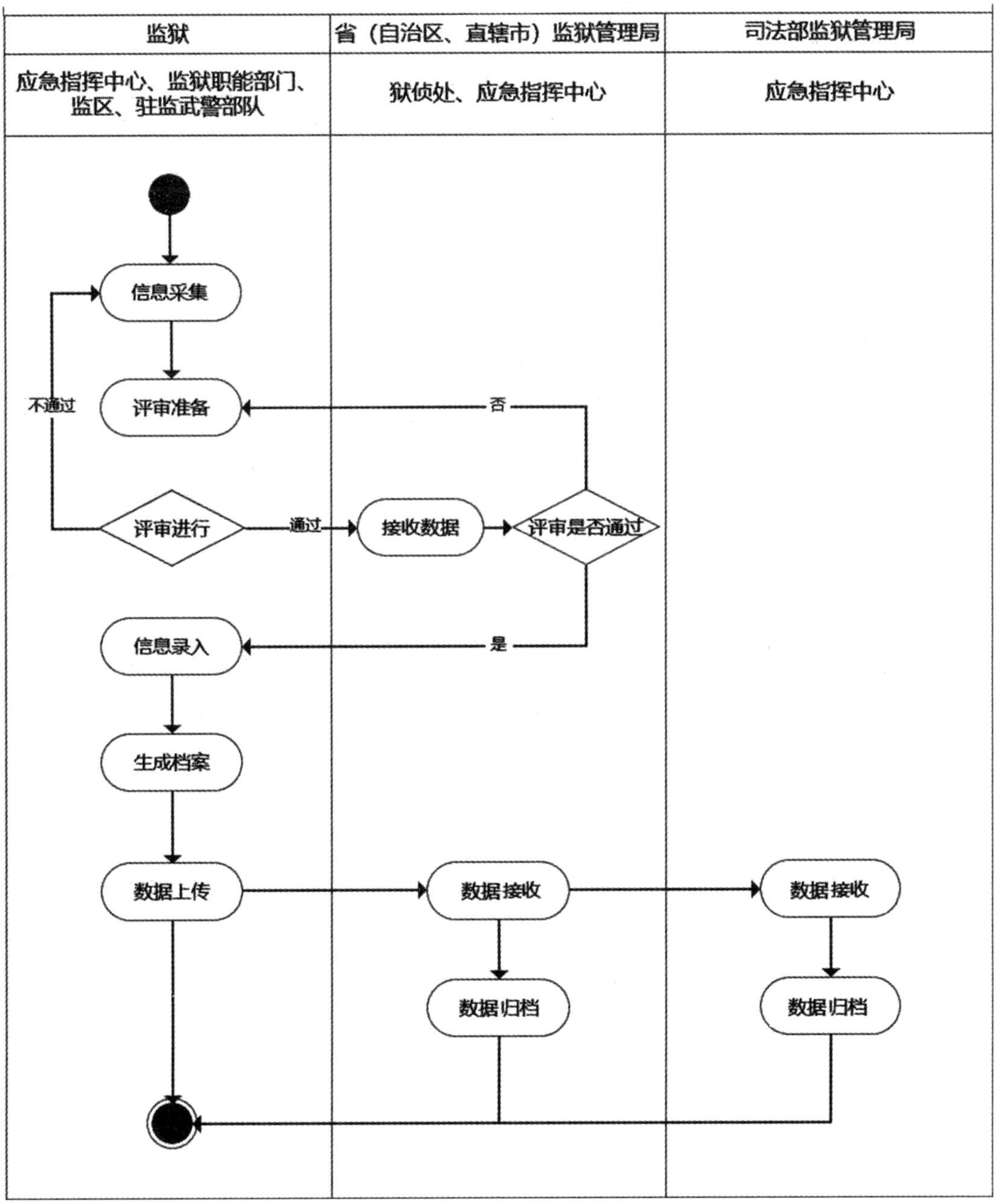

图 4-15　评审准备、组织评审业务流程

2. 评审准备、组织评审业务流程描述

表 4-7 对评审准备、组织评审业务流程进行了说明，并规定了业务流程角色、系统和平台及前置条件、开始时间、结束时间、异常情况、后置条件、业务环节。

表 4-7　评审准备、组织评审业务流程描述

<table>
<tr><td colspan="2">描述</td><td colspan="3">预案类型编制信息采集、校对、录入、上传至应急预案管理业务系统</td></tr>
<tr><td colspan="2">角色、系统和平台</td><td colspan="3">监狱各职能部门、监区、驻监武警部队，应急预案管理业务系统</td></tr>
<tr><td colspan="2">前置条件</td><td colspan="3">预案类型编制信息采集、校对、录入或修改</td></tr>
<tr><td colspan="2">开始时间</td><td colspan="3">无</td></tr>
<tr><td colspan="2">结束时间</td><td colspan="3">无</td></tr>
<tr><td colspan="2">异常情况</td><td colspan="3">无</td></tr>
<tr><td colspan="2">后置条件</td><td colspan="3">预案编制步骤</td></tr>
<tr><td rowspan="8">业务环节</td><td>业务环节名称</td><td>角色、系统和平台</td><td>交互文档/数据</td><td>要求</td></tr>
<tr><td>信息采集</td><td>监狱各职能部门、监区、驻监武警部队，应急预案管理业务系统</td><td>预案基本信息</td><td></td></tr>
<tr><td>组织编制</td><td>监狱各职能部门、监区、驻监武警部队，应急预案管理业务系统</td><td>预案基本信息</td><td></td></tr>
<tr><td>审定预案</td><td>监狱各职能部门、监区、驻监武警部队，应急预案管理业务系统</td><td>成员信息</td><td></td></tr>
<tr><td>生成档案</td><td>监狱各职能部门、监区、驻监武警部队，应急预案管理业务系统</td><td>应急预案管理业务系统</td><td></td></tr>
<tr><td>数据上传</td><td>监狱各职能部门、监区、驻监武警部队，应急预案管理业务系统</td><td>应急预案管理数据库</td><td></td></tr>
<tr><td>数据接收</td><td>狱侦处、应急指挥中心（监狱、省级、部级），应急预案管理业务系统</td><td>应急预案管理业务系统</td><td></td></tr>
<tr><td>数据归档</td><td>狱侦处、应急指挥中心（监狱、省级、部级），应急预案管理业务系统</td><td>应急预案管理数据库</td><td></td></tr>
</table>

（二）预案修订

1. 预案修订内容

预案评审完成后应认真分析、研究评审意见，按照评审意见对应急预案进行修订或重新评审，修改以后需要保留修改前后版本。预案修订主要包含以下内容：修订日期、修订人、修订前的版本号、修订后的版本号、修订的主要内容、备注。

2. 预案修订业务流程

预案修订业务流程如图 4-16 所示。

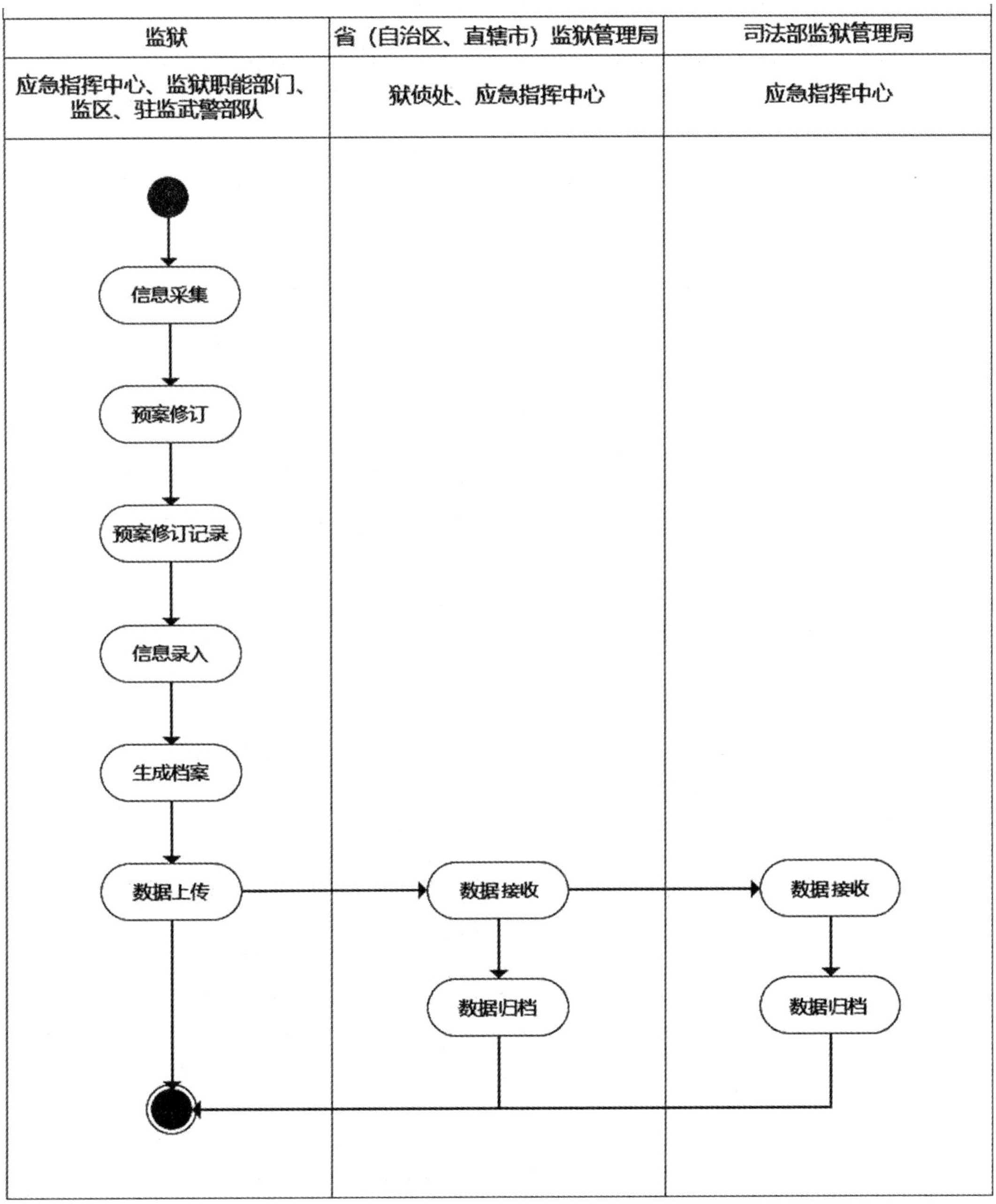

图 4-16　预案修订业务流程

3. 预案修订业务流程描述

表 4-8 对预案修订业务流程进行了说明，并规定了业务流程角色、系统和平台及前置条件、开始时间、结束时间、异常情况、后置条件、业务环节。

表 4-8 预案修订业务流程描述

<table>
<tr><td colspan="2">描述</td><td colspan="3">对预案评审意见信息进行采集并对预案进行修订、录入、上传至应急预案管理业务系统</td></tr>
<tr><td colspan="2">角色、系统和平台</td><td colspan="3">监狱各职能部门、监区、驻监武警部队，应急预案管理业务系统</td></tr>
<tr><td colspan="2">前置条件</td><td colspan="3">预案评审</td></tr>
<tr><td colspan="2">开始时间</td><td colspan="3">无</td></tr>
<tr><td colspan="2">异常情况</td><td colspan="3">无</td></tr>
<tr><td colspan="2">后置条件</td><td colspan="3">预案发布</td></tr>
<tr><td rowspan="9">业务环节</td><td>业务环节名称</td><td>角色、系统和平台</td><td>交互文档/数据</td><td>要求</td></tr>
<tr><td>信息采集</td><td>应急指挥中心、监狱各职能部门、监区、驻监武警部队，应急预案管理业务系统</td><td>预案评审修改意见</td><td></td></tr>
<tr><td>预案修订</td><td>应急指挥中心、监狱各职能部门、监区、驻监武警部队，应急预案管理业务系统</td><td>预案信息</td><td></td></tr>
<tr><td>预案修订记录</td><td>应急指挥中心、监狱各职能部门、监区、驻监武警部队，应急预案管理业务系统</td><td>预案修订记录</td><td></td></tr>
<tr><td>信息录入</td><td>应急指挥中心、监狱各职能部门、监区、驻监武警部队，应急预案管理业务系统</td><td>预案信息、预案修订记录</td><td></td></tr>
<tr><td>生成档案</td><td>应急指挥中心、监狱各职能部门、监区、驻监武警部队，应急预案管理业务系统</td><td>应急预案管理业务系统</td><td></td></tr>
<tr><td>数据上传</td><td>应急指挥中心、监狱各职能部门、监区、驻监武警部队，应急预案管理业务系统</td><td>应急预案管理数据库</td><td></td></tr>
<tr><td>数据接收</td><td>狱侦处、应急指挥中心（监狱、省级、部级），应急预案管理业务系统</td><td>应急预案管理业务系统</td><td></td></tr>
<tr><td>数据归档</td><td>狱侦处、应急指挥中心（监狱、省级、部级），应急预案管理业务系统</td><td>应急预案管理数据库</td><td></td></tr>
</table>

（三）预案发布

1. 预案发布内容

预案根据评审意见修改，且记录修订版本，再通过评审以后，该预案即可发布投入使用，预案发布应包含以下内容：预案基本信息序号；发布日期、发布版本号、批准人。

2. 预案发布业务流程

预案发布业务流程如图 4-17 所示。

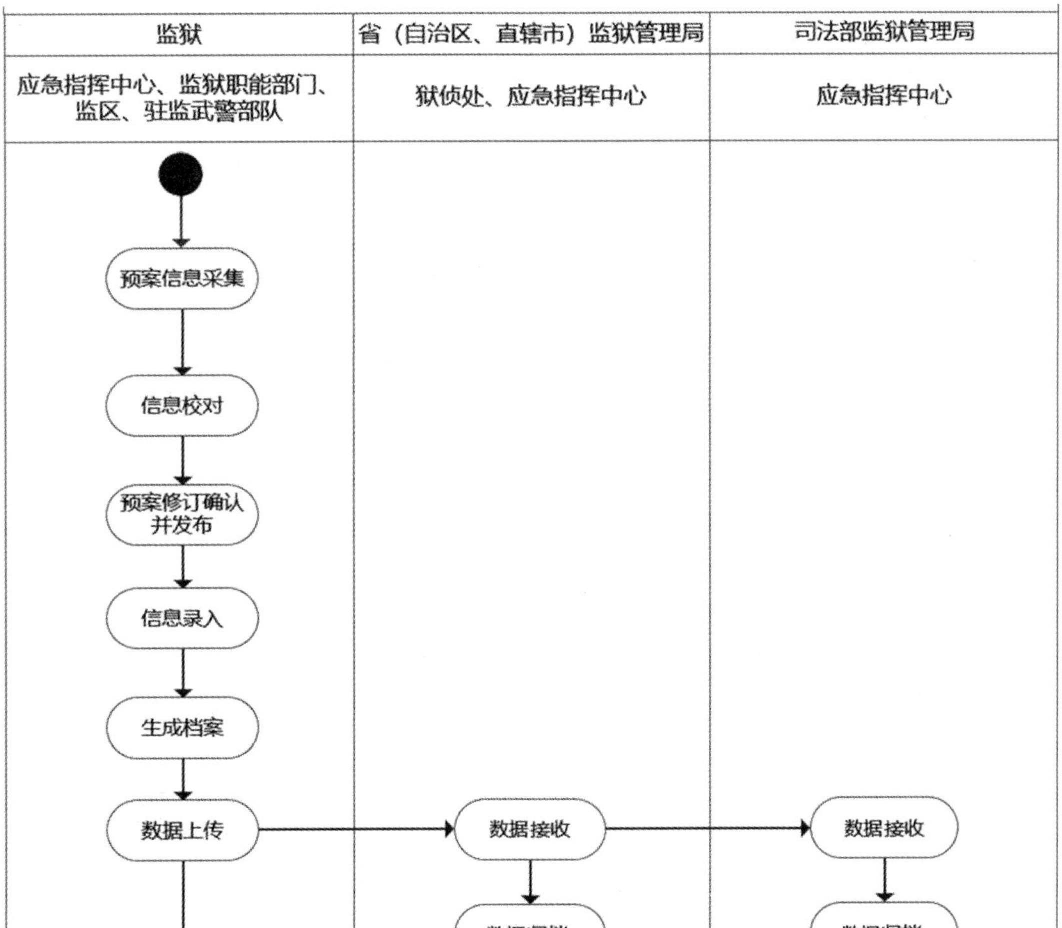

图 4-17　预案发布业务流程

3. 预案发布业务流程描述

表4-9对预案发布业务流程进行了说明，并规定了业务流程角色、系统和平台及前置条件、开始时间、结束时间、异常情况、后置条件、业务环节。

表4-9 预案发布业务流程描述

<table>
<tr><td colspan="2">描述</td><td colspan="3">对预案发布信息进行采集、校对、录入、上传至应急预案管理业务系统</td></tr>
<tr><td colspan="2">角色、系统和平台</td><td colspan="3">应急指挥中心，监狱各职能部门、监区、驻监武警部队，应急预案管理业务系统</td></tr>
<tr><td colspan="2">前置条件</td><td colspan="3">预案修订</td></tr>
<tr><td colspan="2">开始时间</td><td colspan="3">无</td></tr>
<tr><td colspan="2">结束时间</td><td colspan="3">无</td></tr>
<tr><td colspan="2">异常情况</td><td colspan="3">无</td></tr>
<tr><td colspan="2">后置条件</td><td colspan="3">预案使用</td></tr>
<tr><td rowspan="6">业务环节</td><td>业务环节名称</td><td>角色、系统和平台</td><td>交互文档/数据</td><td>要求</td></tr>
<tr><td>信息采集</td><td>应急指挥中心、监狱各职能部门、监区、驻监武警部队，应急预案管理业务系统</td><td>预案信息
预案评审意见
预案修订记录</td><td></td></tr>
<tr><td>信息校对</td><td>应急指挥中心、监狱各职能部门、监区、驻监武警部队，应急预案管理业务系统</td><td>（1）预案信息
（2）预案评审意见
（3）修订后的预案信息</td><td></td></tr>
<tr><td>预案修订确认</td><td>应急指挥中心、监狱各职能部门、监区、驻监武警部队，应急预案管理业务系统</td><td>预案信息</td><td></td></tr>
<tr><td>预案发布</td><td>应急指挥中心、监狱各职能部门、监区、驻监武警部队，应急预案管理业务系统</td><td>预案信息
预案发布记录</td><td></td></tr>
<tr><td>信息录入</td><td>应急指挥中心、监狱各职能部门、监区、驻监武警部队，应急预案管理业务系统</td><td>信息数据</td><td></td></tr>
</table>

续表

	业务环节名称	角色、系统和平台	交互文档/数据	要求
业务环节	生成档案	应急指挥中心、监狱各职能部门、监区、驻监武警部队，应急预案管理业务系统	应急预案管理业务系统	
	数据上传	应急指挥中心、监狱各职能部门、监区、驻监武警部队，应急预案管理业务系统	应急预案管理数据库	
	数据接收	狱侦处、应急指挥中心（监狱、省级、部级），应急预案管理业务系统	应急预案管理业务系统	
	数据归档	狱侦处、应急指挥中心（监狱、省级、部级），应急预案管理业务系统	应急预案管理数据库	

五、预案培训管理

应急预案培训以强化素质、突出重点、以练为战、逐步提高为原则。通过预案培训提升监狱应急处置突发事件的能力。预案培训管理由培训通知、培训情况组成。

（一）培训通知

1. 培训通知内容

培训通知发送后，参加培训人员应能及时收到信息并回复确认。培训通知主要包含以下内容：培训预案名称、培训时间、培训地点、培训内容、培训讲师。

2. 培训通知业务流程

培训通知业务流程如图 4-18 所示。

3. 培训通知业务流程描述

表 4-10 对培训通知业务流程进行了说明，并规定了业务流程角色、系统和平台及前置条件、开始时间、结束时间、后置条件、业务环节。

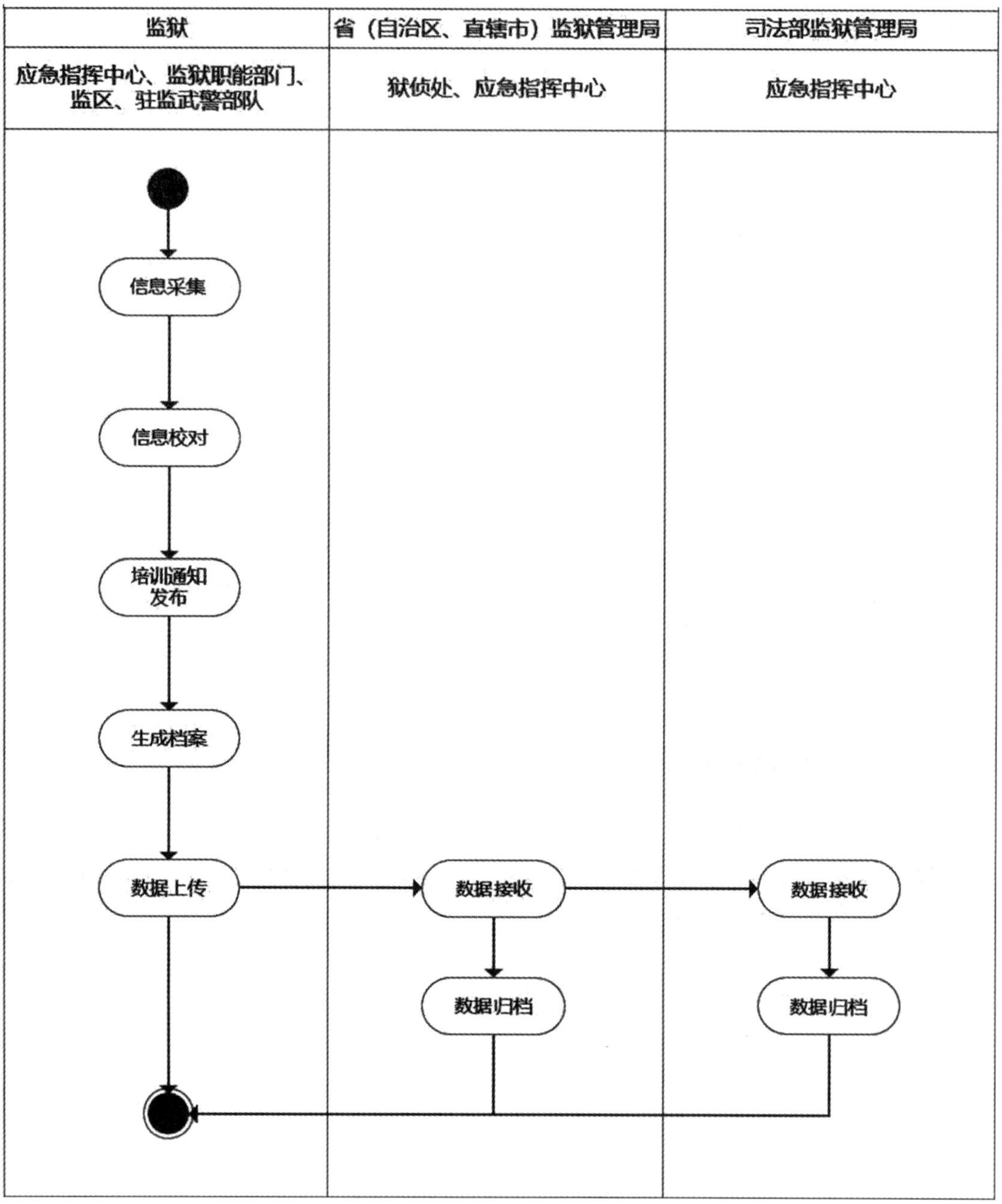

图 4-18　培训通知业务流程

表 4-10　培训通知业务流程描述

描述	应急指挥中心、培训通知信息采集、校对、录入、上传至应急预案管理业务系统
角色、系统和平台	监狱各职能部门、监区、驻监武警部队，应急预案管理业务系统
前置条件	预案评审通过且发布

续表

开始时间		无		
结束时间		无		
后置条件		预案演练		
业务环节	业务环节名称	角色、系统和平台	交互文档/数据	要求
	信息采集	应急指挥中心、监狱各职能部门、监区、驻监武警部队，应急预案管理业务系统	（1）预案信息 （2）培训通知信息	
	信息校对	应急指挥中心、监狱各职能部门、监区、驻监武警部队，应急预案管理业务系统	培训通知信息	
	培训通知发布	应急指挥中心、监狱各职能部门、监区、驻监武警部队，应急预案管理业务系统	信息数据	
	生成档案	应急指挥中心、监狱各职能部门、监区、驻监武警部队，应急预案管理业务系统	应急预案管理业务系统	
	数据上传	应急指挥中心、监狱各职能部门、监区、驻监武警部队，应急预案管理业务系统	应急预案管理数据库	
	数据接收	狱侦处、应急指挥中心（监狱、省级、部级），应急预案管理业务系统	应急预案管理业务系统	
	数据归档	狱侦处、应急指挥中心（监狱、省级、部级），应急预案管理业务系统	应急预案管理数据库	

（二）培训情况

1. 培训情况内容

当制定好新的预案措施，监狱应进行定期培训演练，在培训演练后会记录培训过程及结果，便于提高相关人员对预案处置的熟悉程度。培训情况主要包含以下内容：预案基本信息、参加培训人数、培训情况、培训效果、培训人员基本情况、备注。

2. 培训情况业务流程

培训情况业务流程如图 4-19 所示。

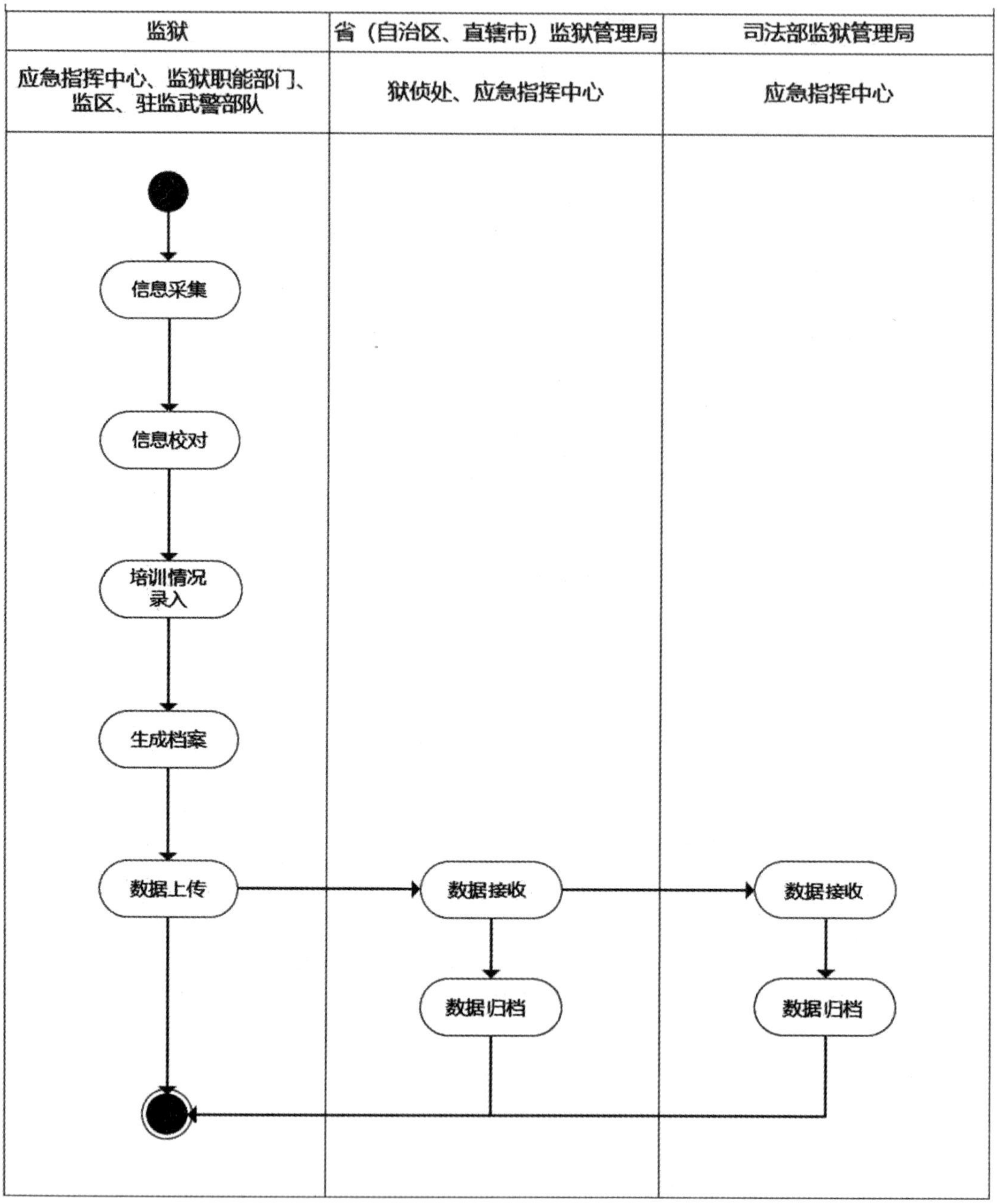

图 4-19 培训情况业务流程

3. 培训情况业务流程描述

表 4-11 对培训情况业务流程进行了说明，并规定了业务流程角色、系统和平台及前置条件、开始时间、结束时间、异常情况、后置条件、业务环节。

表 4-11 培训情况业务流程描述

<table>
<tr><td colspan="2">描述</td><td colspan="3">培训情况信息采集、校对、录入、上传至应急预案管理业务系统</td></tr>
<tr><td colspan="2">角色、系统和平台</td><td colspan="3">应急指挥中心、监狱各职能部门、监区、驻监武警部队，应急预案管理业务系统</td></tr>
<tr><td colspan="2">前置条件</td><td colspan="3">预案发布、培训通知</td></tr>
<tr><td colspan="2">开始时间</td><td colspan="3">无</td></tr>
<tr><td colspan="2">结束时间</td><td colspan="3">无</td></tr>
<tr><td colspan="2">异常情况</td><td colspan="3">无</td></tr>
<tr><td colspan="2">后置条件</td><td colspan="3">预案演练，使用</td></tr>
<tr><td rowspan="8">业务环节</td><td>业务环节名称</td><td>角色、系统和平台</td><td>交互文档/数据</td><td>要求</td></tr>
<tr><td>信息采集</td><td>应急指挥中心、监狱各职能部门、监区、驻监武警部队，应急预案管理业务系统</td><td>培训情况</td><td></td></tr>
<tr><td>信息校对</td><td>应急指挥中心、监狱各职能部门、监区、驻监武警部队，应急预案管理业务系统</td><td>（1）预案信息
（2）培训通知信息</td><td></td></tr>
<tr><td>培训情况录入</td><td>应急指挥中心、监狱各职能部门、监区、驻监武警部队，应急预案管理业务系统</td><td>信息数据</td><td></td></tr>
<tr><td>生成档案</td><td>应急指挥中心、监狱各职能部门、监区、驻监武警部队，应急预案管理业务系统</td><td>应急预案管理业务系统</td><td></td></tr>
<tr><td>数据上传</td><td>应急指挥中心、监狱各职能部门、监区、驻监武警部队，应急预案管理业务系统</td><td>应急预案管理数据库</td><td></td></tr>
<tr><td>数据接收</td><td>狱侦处、应急指挥中心（监狱、省级、部级），应急预案管理业务系统</td><td>应急预案管理业务系统</td><td></td></tr>
<tr><td>数据归档</td><td>狱侦处、应急指挥中心（监狱、省级、部级），应急预案管理业务系统</td><td>应急预案管理数据库</td><td></td></tr>
</table>

六、预案演练管理

预案演练是为了充分做好监狱的各类处突准备工作，确保及时有效地做好突发事件的应急处置。预案演练管理由演练计划、演练事件、演练记录、演练总结组成。

（一）演练计划

预案演练前需要先制订演练计划，确定参与人员、部门，在什么时候执行，由谁主导负责。演练计划主要包含以下内容：预案基本信息、计划名称、演练目的、演练时间、组织单位、预定目标、演练地点、参与演练人员、演练内容。

1. 演练计划业务流程

演练计划业务流程如图 4-20 所示。

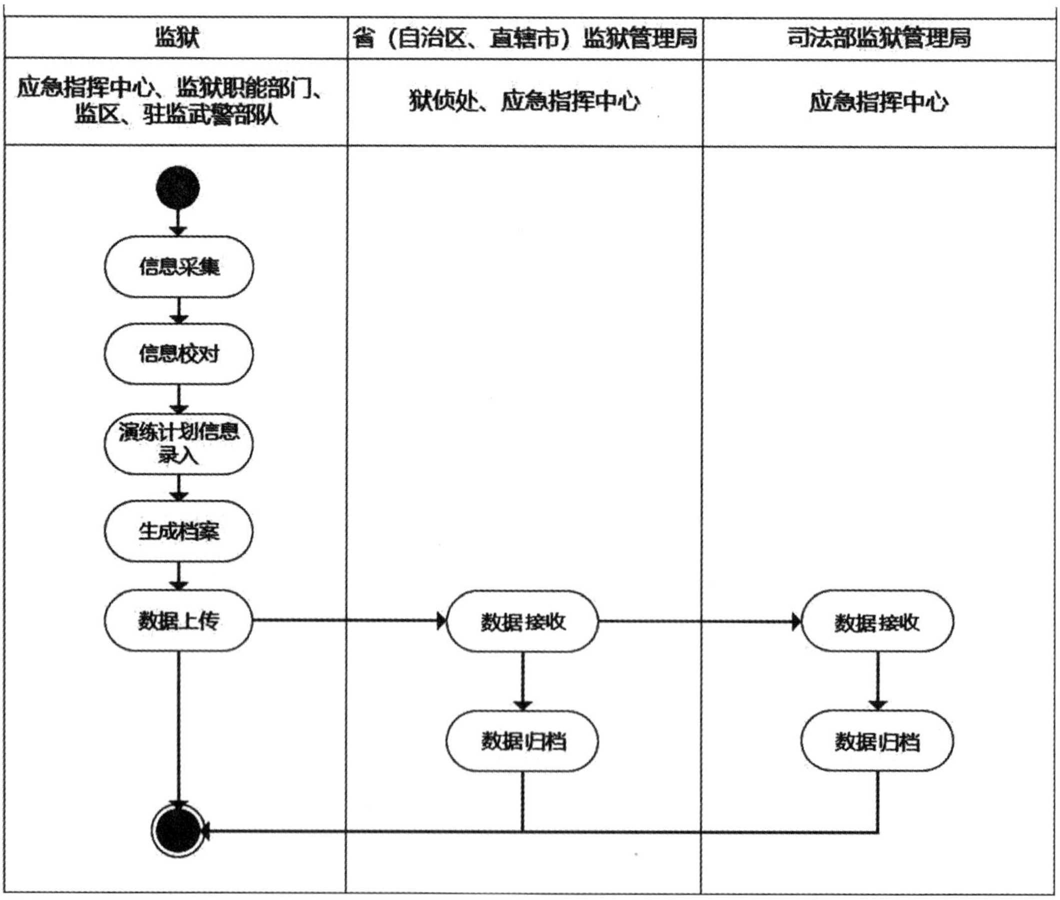

图 4-20　演练计划业务流程

2. 演练计划业务流程描述

表 4-12 对演练计划业务流程进行了说明，并规定了业务流程角色、系统和平台及前置条件、开始时间、结束时间、后置条件、业务环节。

表 4-12　演练计划业务流程描述

<table>
<tr><td colspan="2">描述</td><td colspan="3">演练计划信息采集、校对、录入、上传至应急预案管理业务系统</td></tr>
<tr><td colspan="2">角色、系统和平台</td><td colspan="3">应急指挥中心、监狱各职能部门、监区、驻监武警部队，应急预案管理业务系统</td></tr>
<tr><td colspan="2">前置条件</td><td colspan="3">预案信息，预案发布</td></tr>
<tr><td colspan="2">开始时间</td><td colspan="3">无</td></tr>
<tr><td colspan="2">结束时间</td><td colspan="3">无</td></tr>
<tr><td colspan="2">后置条件</td><td colspan="3">预案演练</td></tr>
<tr><td rowspan="8">业务环节</td><td>业务环节名称</td><td>角色、系统和平台</td><td>交互文档/数据</td><td>要求</td></tr>
<tr><td>信息采集</td><td>应急指挥中心、监狱各职能部门、监区、驻监武警部队，应急预案管理业务系统</td><td>培训情况</td><td></td></tr>
<tr><td>信息校对</td><td>应急指挥中心、监狱各职能部门、监区、驻监武警部队，应急预案管理业务系统</td><td>（1）预案信息
（2）演练计划信息</td><td></td></tr>
<tr><td>演练计划信息录入</td><td>应急指挥中心、监狱各职能部门、监区、驻监武警部队，应急预案管理业务系统</td><td>信息数据</td><td></td></tr>
<tr><td>生成档案</td><td>应急指挥中心、监狱各职能部门、监区、驻监武警部队，应急预案管理业务系统</td><td>应急预案管理业务系统</td><td></td></tr>
<tr><td>数据上传</td><td>应急指挥中心、监狱各职能部门、监区、驻监武警部队，应急预案管理业务系统</td><td>应急预案管理数据库</td><td></td></tr>
<tr><td>数据接收</td><td>狱侦处、应急指挥中心（监狱、省级、部级），应急预案管理业务系统</td><td>应急预案管理业务系统</td><td></td></tr>
<tr><td>数据归档</td><td>狱侦处、应急指挥中心（监狱、省级、部级），应急预案管理业务系统</td><td>应急预案管理数据库</td><td></td></tr>
</table>

（二）演练事件

1. 演练事件内容

制订演练计划以后，需要确定一个模拟事件，预案编制事件类似的事件信息，模拟真实环境、真实人员、真实场景。演练事件主要包含以下内容：事件主题、事件描述、事件类型、事件级别、主要参与人员、参与人数、发生地点、报警设备、报警时间、报警人员、接警人员、接警时间。

2. 演练事件业务流程

演练事件业务流程如图 4-21 所示。

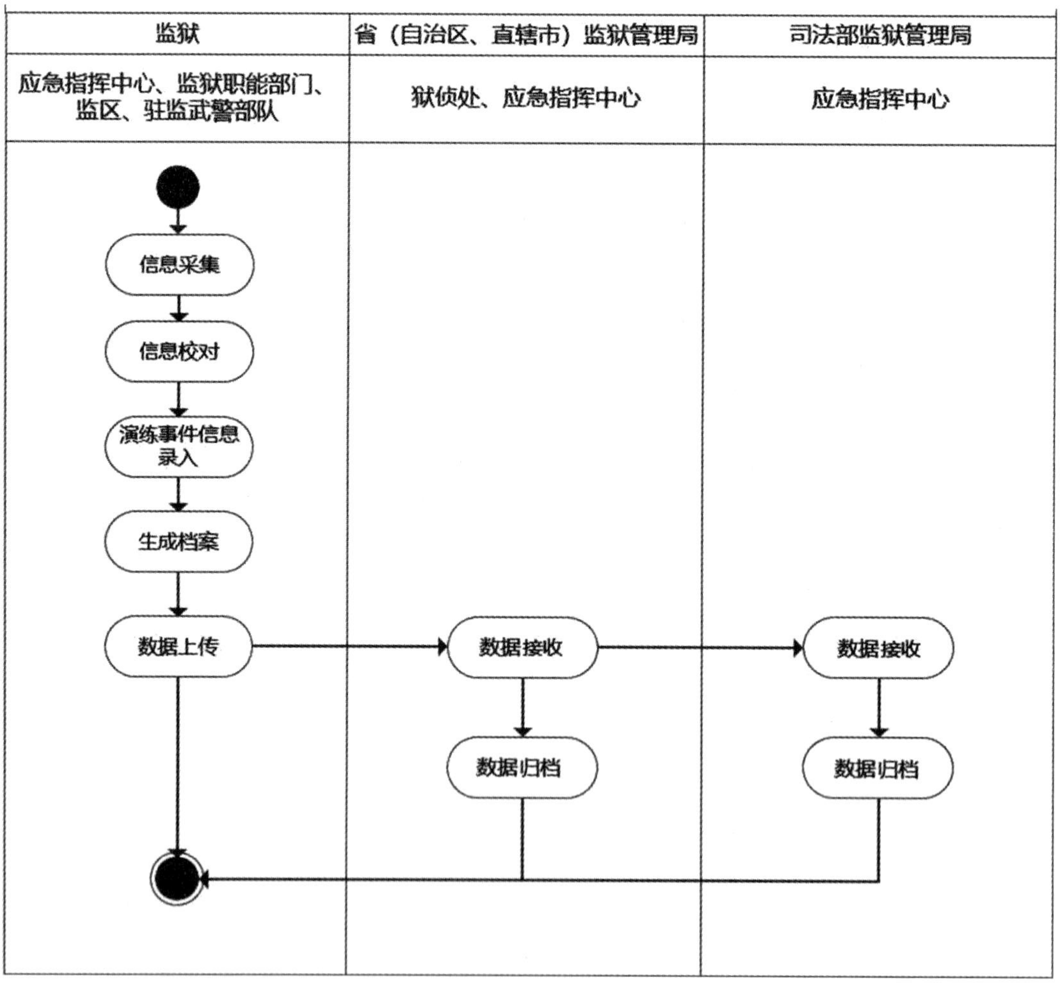

图 4-21　演练事件业务流程

3. 演练事件业务流程描述

表 4-13 对演练事件业务流程进行了说明，并规定了业务流程角色、系统和平台及前置条件、开始时间、结束时间、后置条件、业务环节。

表 4-13　演练事件业务流程描述

<table>
<tr><td colspan="2">描述</td><td colspan="3">演练事件信息采集、校对、录入、上传至应急预案管理业务系统</td></tr>
<tr><td colspan="2">角色、系统和平台</td><td colspan="3">应急指挥中心、监狱各职能部门、监区、驻监武警部队，应急预案管理业务系统</td></tr>
<tr><td colspan="2">前置条件</td><td colspan="3">预案信息，预案发布</td></tr>
<tr><td colspan="2">开始时间</td><td colspan="3">无</td></tr>
<tr><td colspan="2">结束时间</td><td colspan="3">无</td></tr>
<tr><td colspan="2">后置条件</td><td colspan="3">预案演练</td></tr>
<tr><td rowspan="8">业务环节</td><td>业务环节名称</td><td>角色、系统和平台</td><td>交互文档/数据</td><td>要求</td></tr>
<tr><td>信息采集</td><td>应急指挥中心、监狱各职能部门、监区、驻监武警部队，应急预案管理业务系统</td><td>预案信息
预案使用事件信息</td><td></td></tr>
<tr><td>信息校对</td><td>应急指挥中心、监狱各职能部门、监区、驻监武警部队，应急预案管理业务系统</td><td>预案使用事件信息</td><td></td></tr>
<tr><td>演练事件信息录入</td><td>应急指挥中心、监狱各职能部门、监区、驻监武警部队，应急预案管理业务系统</td><td>信息数据</td><td></td></tr>
<tr><td>生成档案</td><td>应急指挥中心、监狱各职能部门、监区、驻监武警部队，应急预案管理业务系统</td><td>应急预案管理业务系统</td><td></td></tr>
<tr><td>数据上传</td><td>应急指挥中心、监狱各职能部门、监区、驻监武警部队，应急预案管理业务系统</td><td>应急预案管理数据库</td><td></td></tr>
<tr><td>数据接收</td><td>狱侦处、应急指挥中心（监狱、省级、部级），应急预案管理业务系统</td><td>应急预案管理业务系统</td><td></td></tr>
<tr><td>数据归档</td><td>狱侦处、应急指挥中心（监狱、省级、部级），应急预案管理业务系统</td><td>应急预案管理数据库</td><td></td></tr>
</table>

（三）演练记录

1. 演练记录内容

演练记录主要包含以下内容：预案所属单位、预案主题、预案版本号、预案内容、事件类型、事件级别、编制人、编制日期、联动与协同内容、预案执行步骤、预案步骤执行情况。

2. 演练记录业务流程

演练记录业务流程如图 4-22 所示。

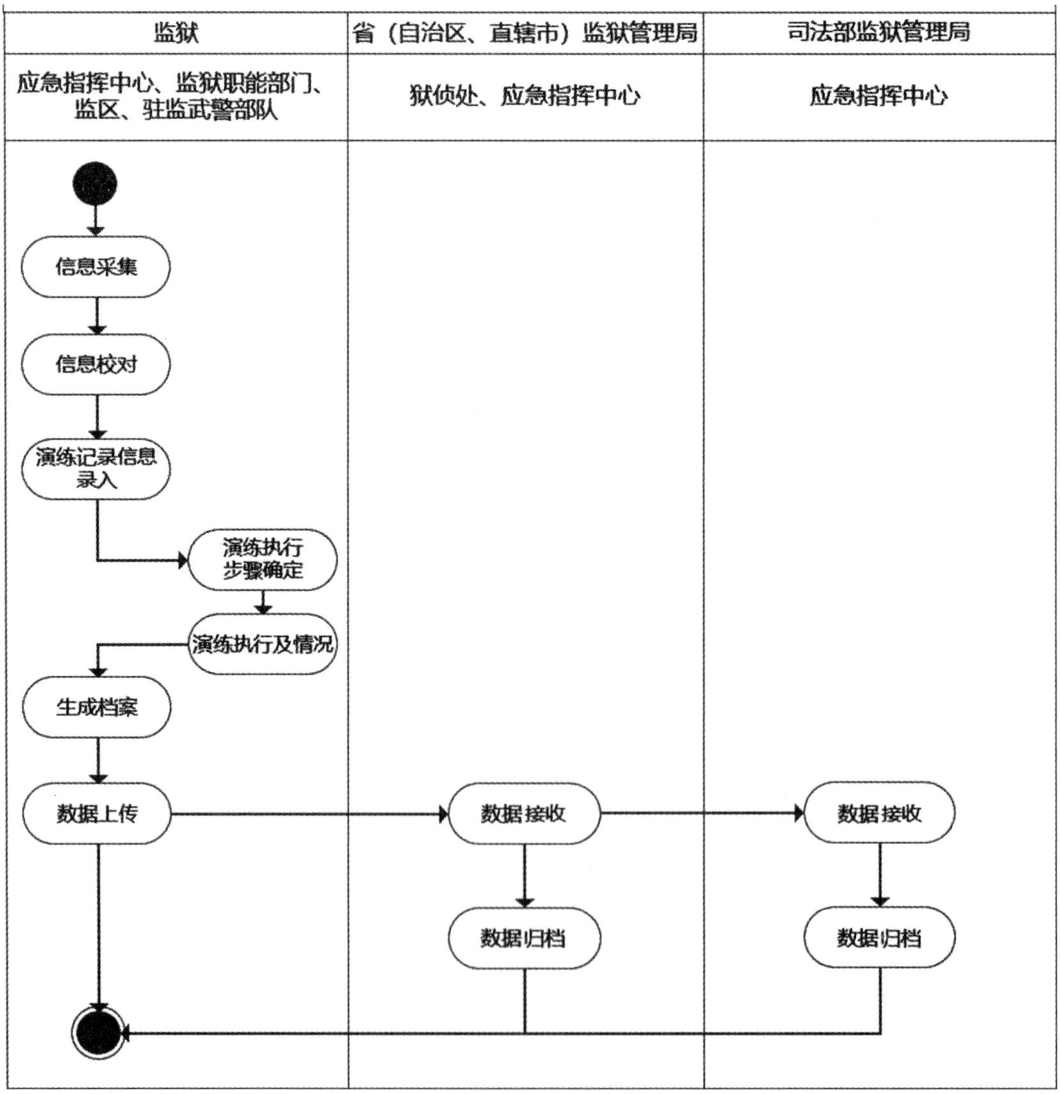

图 4-22 演练记录业务流程

3. 演练记录业务流程描述

表 4-14 对演练记录业务流程进行了说明，并规定了业务流程角色、系统和平台及前置条件、开始时间、结束时间、后置条件、业务环节。

表 4-14　演练记录业务流程描述

<table>
<tr><td colspan="2">描述</td><td colspan="3">演练记录信息采集、校对、录入、上传至应急预案管理业务系统</td></tr>
<tr><td colspan="2">角色、系统和平台</td><td colspan="3">应急指挥中心、监狱各职能部门、监区、驻监武警部队，应急预案管理业务系统</td></tr>
<tr><td colspan="2">前置条件</td><td colspan="3">预案信息，预案发布</td></tr>
<tr><td colspan="2">开始时间</td><td colspan="3">无</td></tr>
<tr><td colspan="2">结束时间</td><td colspan="3">无</td></tr>
<tr><td colspan="2">后置条件</td><td colspan="3">演练总结</td></tr>
<tr><td rowspan="10">业务环节</td><td>业务环节名称</td><td>角色、系统和平台</td><td>交互文档/数据</td><td>要求</td></tr>
<tr><td>信息采集</td><td>应急指挥中心、监狱各职能部门、监区、驻监武警部队，应急预案管理业务系统</td><td>（1）预案内容
（2）事件类型
（3）事件级别</td><td></td></tr>
<tr><td>信息校对</td><td>应急指挥中心、监狱各职能部门、监区、驻监武警部队，应急预案管理业务系统</td><td>（1）预案内容
（2）联动与协同内容
（3）版本</td><td></td></tr>
<tr><td>演练记录信息录入</td><td>应急指挥中心、监狱各职能部门、监区、驻监武警部队，应急预案管理业务系统</td><td>信息数据</td><td></td></tr>
<tr><td>演练执行步骤确定</td><td>应急指挥中心、监狱各职能部门、监区、驻监武警部队，应急预案管理业务系统</td><td>预案信息</td><td></td></tr>
<tr><td>演练执行及情况</td><td>应急指挥中心、监狱各职能部门、监区、驻监武警部队，应急预案管理业务系统</td><td>预案步骤信息</td><td></td></tr>
<tr><td>生成档案</td><td>应急指挥中心、监狱各职能部门、监区、驻监武警部队，应急预案管理业务系统</td><td>应急预案管理业务系统</td><td></td></tr>
<tr><td>数据上传</td><td>应急指挥中心、监狱各职能部门、监区、驻监武警部队，应急预案管理业务系统</td><td>应急预案管理数据库</td><td></td></tr>
<tr><td>数据接收</td><td>狱侦处、应急指挥中心（监狱、省级、部级），应急预案管理业务系统</td><td>应急预案管理业务系统</td><td></td></tr>
<tr><td>数据归档</td><td>狱侦处、应急指挥中心（监狱、省级、部级），应急预案管理业务系统</td><td>应急预案管理数据库</td><td></td></tr>
</table>

（四）演练总结

1. 演练总结内容

演练总结是为发现在演练过程中存在的问题及预案编制存在的缺陷，以便修改预案信息。演练总结包括以下内容：演练过程描述、演练效果、存在的问题和改进措施。

2. 演练总结业务流程

演练总结业务流程如图 4-23 所示。

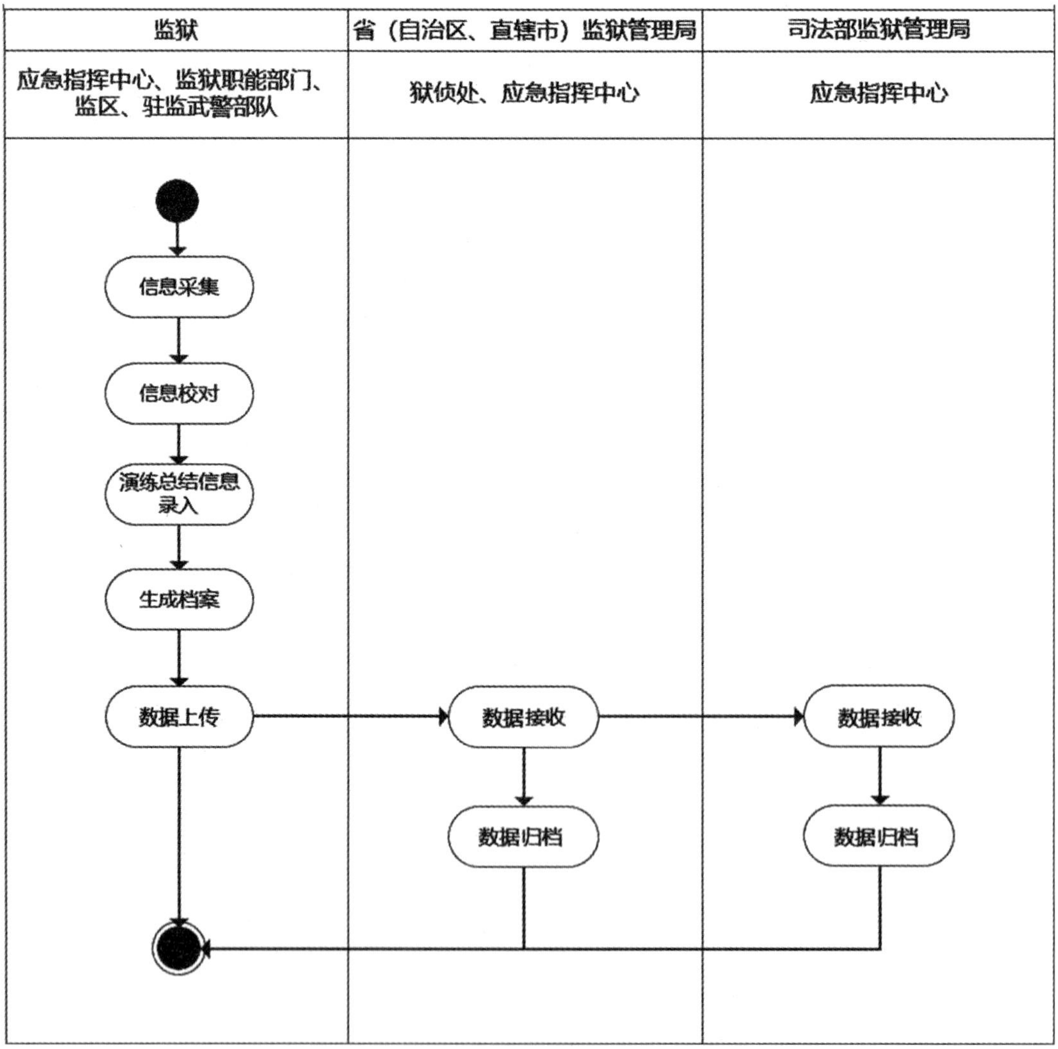

图 4-23　演练总结业务流程

3. 演练总结业务流程描述

表 4-15 对演练总结业务流程进行了说明，并规定了业务流程角色、系统和平台及前置条件、开始时间、结束时间、异常情况、后置条件、业务环节。

表 4-15 演练总结业务流程描述

<table>
<tr><td colspan="2">描述</td><td colspan="3">演练总结信息采集、校对、录入、上传至应急预案管理业务系统</td></tr>
<tr><td colspan="2">角色、系统和平台</td><td colspan="3">应急指挥中心、监狱各职能部门、监区、驻监武警部队，应急预案管理业务系统</td></tr>
<tr><td colspan="2">前置条件</td><td colspan="3">预案演练</td></tr>
<tr><td colspan="2">开始时间</td><td colspan="3">无</td></tr>
<tr><td colspan="2">结束时间</td><td colspan="3">无</td></tr>
<tr><td colspan="2">异常情况</td><td colspan="3">无</td></tr>
<tr><td colspan="2">后置条件</td><td colspan="3">预案编制修改</td></tr>
<tr><td rowspan="8">业务环节</td><td>业务环节名称</td><td>角色、系统和平台</td><td>交互文档/数据</td><td>要求</td></tr>
<tr><td>信息采集</td><td>应急指挥中心、监狱各职能部门、监区、驻监武警部队，应急预案管理业务系统</td><td>（1）预案内容
（2）事件类型
（3）事件级别</td><td></td></tr>
<tr><td>信息校对</td><td>应急指挥中心、监狱各职能部门、监区、驻监武警部队，应急预案管理业务系统</td><td>（1）预案内容
（2）联动与协同内容
（3）版本</td><td></td></tr>
<tr><td>信息录入</td><td>应急指挥中心、监狱各职能部门、监区、驻监武警部队，应急预案管理业务系统</td><td>信息数据</td><td></td></tr>
<tr><td>生成档案</td><td>应急指挥中心、监狱各职能部门、监区、驻监武警部队，应急预案管理业务系统</td><td>应急预案管理业务系统</td><td></td></tr>
<tr><td>数据上传</td><td>应急指挥中心、监狱各职能部门、监区、驻监武警部队，应急预案管理业务系统</td><td>应急预案管理数据库</td><td></td></tr>
<tr><td>数据接收</td><td>狱侦处、应急指挥中心（监狱、省级、部级），应急预案管理业务系统</td><td>应急预案管理业务系统</td><td></td></tr>
<tr><td>数据归档</td><td>狱侦处、应急指挥中心（监狱、省级、部级），应急预案管理业务系统</td><td>应急预案管理数据库</td><td></td></tr>
</table>

七、预警信息管理

通过发布已发事件信息让公众了解事件详情，包含预警信息收集，预警信息发布。预警信息主要包含以下内容：预警标题、发布时间、事件类别、事件级别、影响范围、影响开始时间、影响结束时间、灾情概要、防范要求、备注。

（一）预警信息管理业务流程

预警信息管理业务流程如图 4-24 所示。

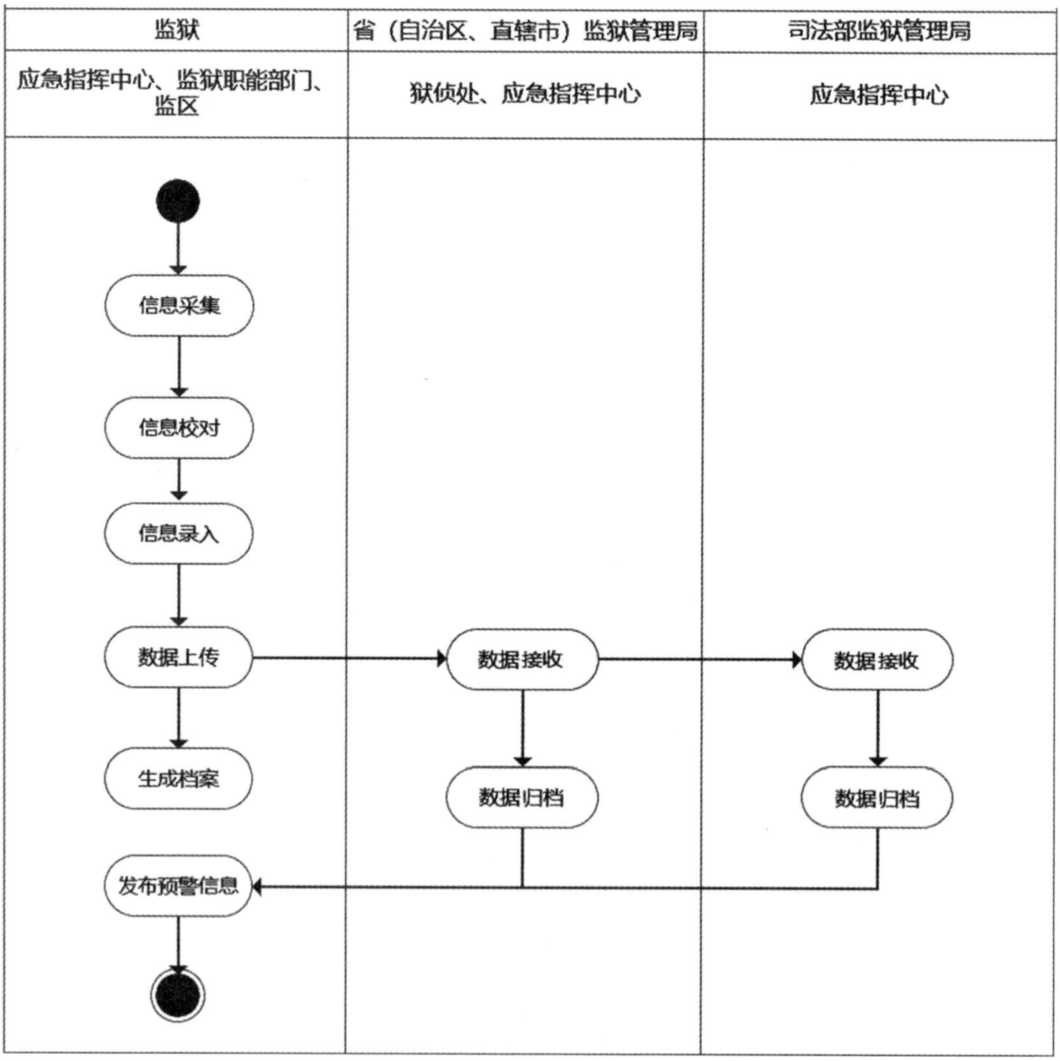

图 4-24　预警信息管理业务流程

（二）预警信息管理业务描述

表 4-16 对预警信息管理业务流程进行了说明，并规定了业务流程角色、系统和平台及前置条件、开始时间、结束时间、后置条件、业务环节。

表 4-16 预警信息管理业务流程描述

描述		预警信息采集、校对、录入、上传至应急预案管理业务系统并发布		
角色、系统和平台		应急指挥中心、监狱各职能部门、监区，应急预案管理业务系统		
前置条件		预警信息收集		
开始时间		无		
结束时间		无		
后置条件		预警信息发布		
业务环节	业务环节名称	角色、系统和平台	交互文档/数据	要求
	信息采集	应急指挥中心、监狱各职能部门、监区，应急预案管理业务系统	（1）预警信息 （2）报警信息	
	信息校对	应急指挥中心、监狱各职能部门、监区，应急预案管理业务系统	报警信息	
	信息录入	应急指挥中心、监狱各职能部门、监区，应急预案管理业务系统	信息数据	
	生成档案	应急指挥中心、监狱各职能部门、监区，应急预案管理业务系统	应急预案管理业务系统	
	数据上传	应急指挥中心、监狱各职能部门、监区，应急预案管理业务系统	应急预案管理数据库	
	数据接收	狱侦处、应急指挥中心（监狱、省级、部级），应急预案管理业务系统	应急预案管理业务系统	
	数据归档	狱侦处、应急指挥中心（监狱、省级、部级），应急预案管理业务系统	应急预案管理数据库	
	发布预警信息	应急指挥中心（省级、部级），应急预案管理业务系统	应急预案管理业务系统	

八、公告信息管理

公告信息管理主要是对信息发布、培训通知等系统消息进行管理，具有公告的发布、修改、删除及系统消息查看、事件信息查看等功能，主要包含以下内容：公告标题、发布日期、发布单位、发布人员、公告内容。

（一）公告信息管理业务流程

公告信息管理业务流程如图 4-25 所示。

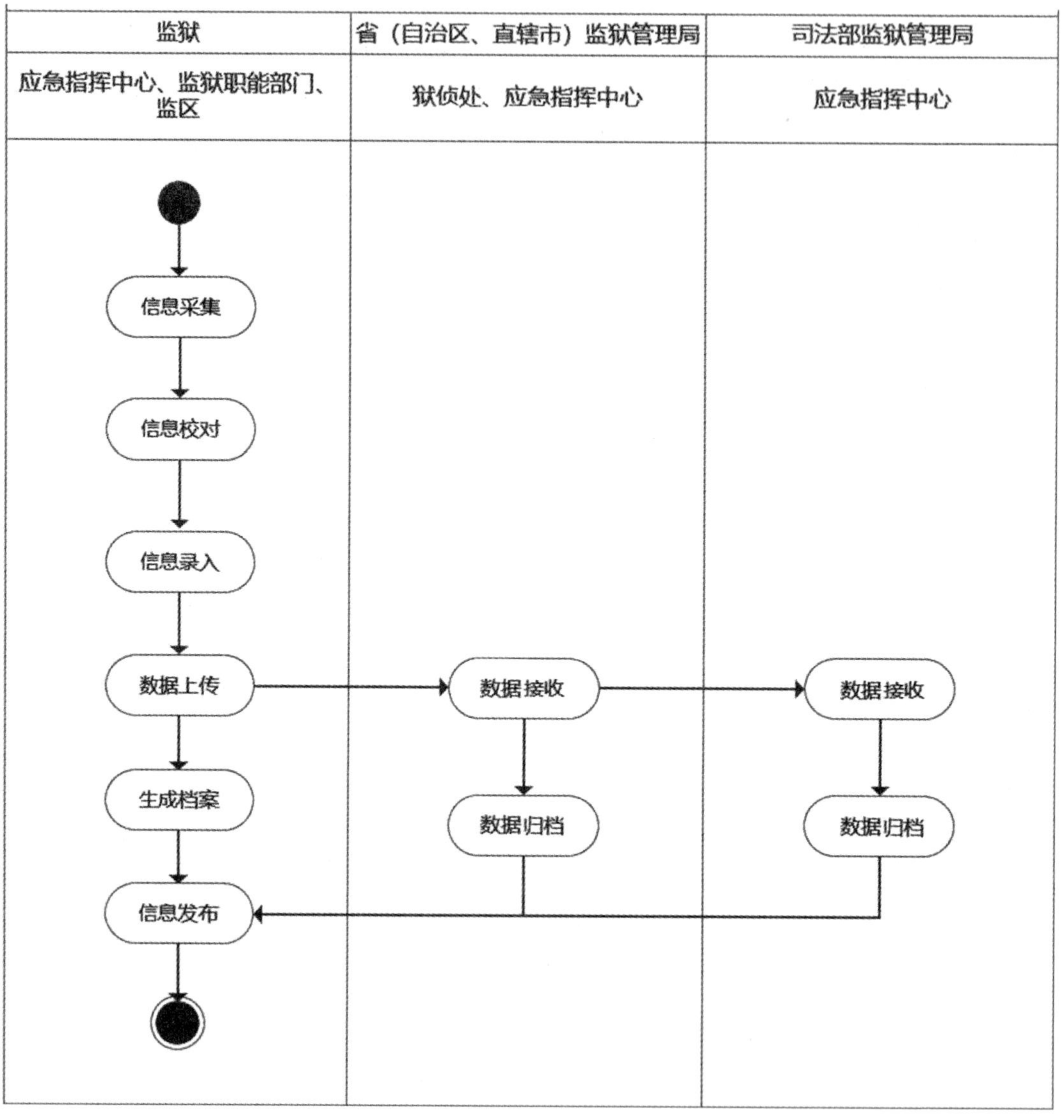

图 4-25　公告信息管理业务流程

（二）公告信息管理业务描述

表 4-17 对公告信息管理业务流程进行了说明，并规定了业务流程角色、系统和平台及前置条件、开始时间、结束时间、后置条件、业务环节。

表 4-17　公告信息管理业务流程描述

<table>
<tr><td colspan="2">描述</td><td colspan="3">公告信息采集、校对、录入、上传至应急预案管理业务系统并发布</td></tr>
<tr><td colspan="2">角色、系统和平台</td><td colspan="3">应急指挥中心、监狱各职能部门、监区，应急预案管理业务系统</td></tr>
<tr><td colspan="2">前置条件</td><td colspan="3">预警信息收集</td></tr>
<tr><td colspan="2">开始时间</td><td colspan="3">无</td></tr>
<tr><td colspan="2">结束时间</td><td colspan="3">无</td></tr>
<tr><td colspan="2">后置条件</td><td colspan="3">应急事件</td></tr>
<tr><td rowspan="9">业务环节</td><td>业务环节名称</td><td>角色、系统和平台</td><td>交互文档/数据</td><td>要求</td></tr>
<tr><td>信息采集</td><td>应急指挥中心、监狱各职能部门、监区，应急预案管理业务系统</td><td>公告信息</td><td></td></tr>
<tr><td>信息校对</td><td>应急指挥中心、监狱各职能部门、监区，应急预案管理业务系统</td><td>公告信息</td><td></td></tr>
<tr><td>信息录入</td><td>应急指挥中心、监狱各职能部门、监区，应急预案管理业务系统</td><td>信息数据</td><td></td></tr>
<tr><td>生成档案</td><td>应急指挥中心、监狱各职能部门、监区，应急预案管理业务系统</td><td>应急预案管理业务系统</td><td></td></tr>
<tr><td>数据上传</td><td>应急指挥中心、监狱各职能部门、监区，应急预案管理业务系统</td><td>应急预案管理数据库</td><td></td></tr>
<tr><td>数据接收</td><td>狱侦处、应急指挥中心（监狱、省级、部级），应急预案管理业务系统</td><td>应急预案管理业务系统</td><td></td></tr>
<tr><td>数据归档</td><td>狱侦处、应急指挥中心（监狱、省级、部级），应急预案管理业务系统</td><td>应急预案管理数据库</td><td></td></tr>
<tr><td>信息发布</td><td>应急指挥中心（监狱、省级、部级），应急预案管理业务系统</td><td>应急预案管理业务系统</td><td></td></tr>
</table>

九、预案模板管理

预案模板化是为了使预案的编制更加统一，包含应急预案模板增加、修改、删除及应急预案范例的增加、修改、删除。最终形成模板库和范例库，为预案制定者提供查询和参考。预案模板信息主要包含以下内容：模板信息、物理名称、逻辑名称、文件格式、创建日期。

（一）预案模板管理业务流程

预案模板管理业务流程如图 4-26 所示。

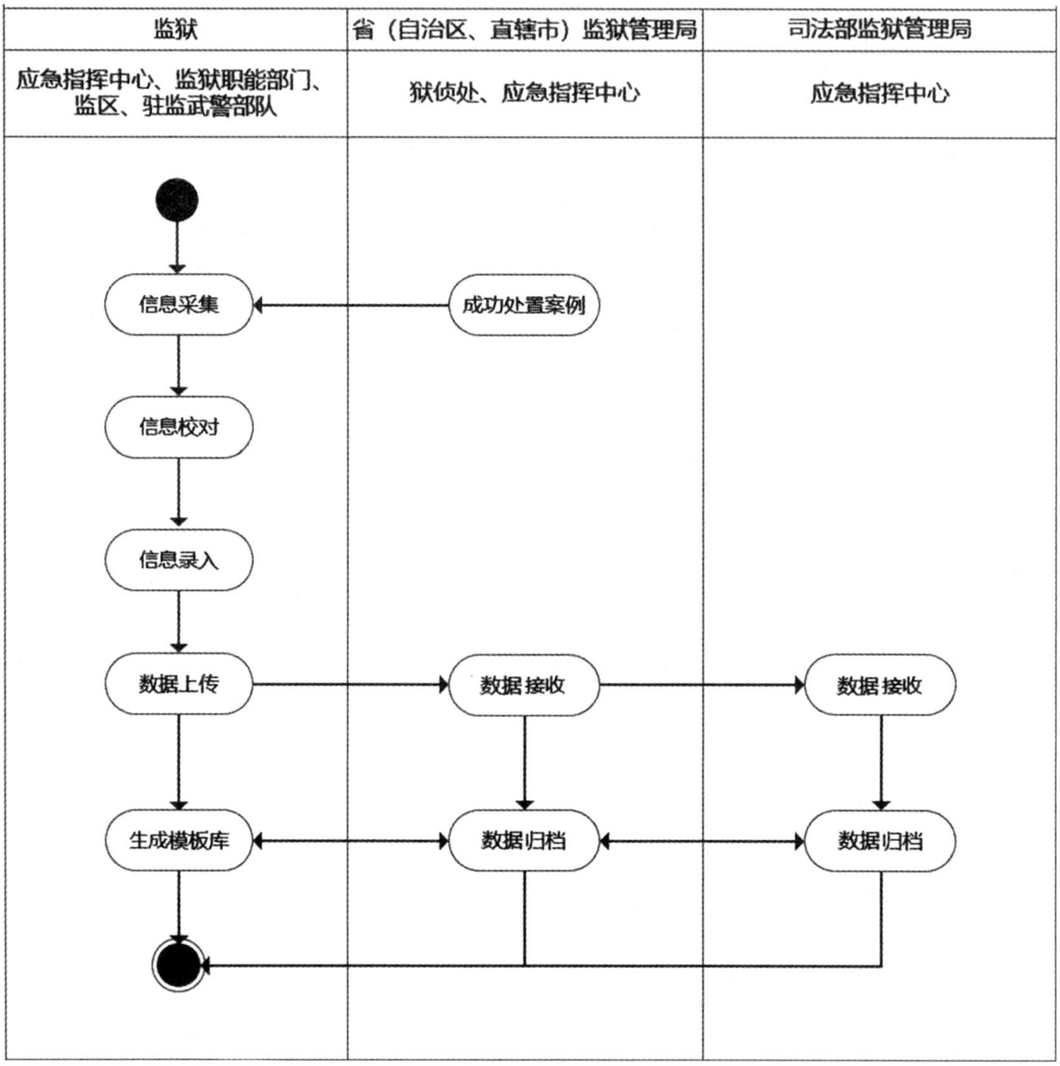

图 4-26　预案模板管理业务流程

（二）预案模板管理业务描述

表 4-18 对预案模板管理业务流程进行了说明，并规定了业务流程角色、系统和平台及前置条件、开始时间、结束时间、异常情况、后置条件、业务环节。

表 4-18　预案模板管理业务描述

描述	预案模板信息采集、校对、录入、上传至应急预案管理业务系统并发布
角色、系统和平台	应急指挥中心、监狱各职能部门、监区，应急预案管理业务系统

续表

前置条件	无			
开始时间	无			
结束时间	无			
异常情况	无			
后置条件	预案编制			
业务环节	业务环节名称	角色、系统和平台	交互文档/数据	要求
	信息采集	应急指挥中心、监狱各职能部门、监区，应急预案管理业务系统	预案模板信息	
	信息校对	应急指挥中心、监狱各职能部门、监区，应急预案管理业务系统	公告信息	
	信息录入	应急指挥中心、监狱各职能部门、监区，应急预案管理业务系统	信息数据	
	生成档案	应急指挥中心、监狱各职能部门、监区，应急预案管理业务系统	应急预案管理业务系统	
	信息上传	应急指挥中心、监狱各职能部门、监区，应急预案管理业务系统	应急预案管理数据库	
	数据接收	狱侦处、应急指挥中心（监狱、省级、部级），应急预案管理业务系统	应急预案管理业务系统	
	数据归档	狱侦处、应急指挥中心（监狱、省级、部级），应急预案管理业务系统	应急预案管理数据库	
	信息发布	应急指挥中心（监狱、省级、部级），应急预案管理业务系统	应急预案管理业务系统	

十、预案信息数据代码编制要求

（一）预案信息数据代码

预案信息数据代码对预案信息数据结构中各数据项的取值和内容格式进行规定。

以文字说明和表格形式对代码进行描述，条目名为“××××代码”的称为代码条目，条目名为“××××规范”的称为规范条目。

每个代码条目都包含以下内容：

（1）简要说明：条目的定义和概述。

（2）编制依据：代码表依据的文件。

（3）编码方法：描述代码取值的编码方式。

（4）代码表：以表格形式对代码数据项进行描述，包括代码、名称和相应的说明。

每个规范条目都包含以下内容：

（1）简要说明：条目的定义和概述。

（2）要求：描述条目内容的编码、采集、编制体制的规定。

（二）事件类型数据代码

（1）简要说明：用数字表示事件类型。

（2）编制依据：根据各司法部门提供。

（3）编码方法：无含义数值编码。

（4）事件类型代码表：见表 4-19。

表 4-19　事件类型代码表

代码	上级代码	名称	说明
1	1	突发性暴狱事件的处置	
2	2	劫持人质事件的处置	
3	3	恐怖袭击事件的处置	
4	4	组织越狱事件的处置	
5	5	罪犯脱逃事件的处置	
6	6	罪犯聚众哄监闹事事件的处置	
7	7	聚众劫狱事件的处置	
8	8	狱外不法分子袭扰事件的处置	
9	9	罪犯行凶事件的处置	
10	10	罪犯自杀事件的处置	
11	11	罪犯集体绝食事件的处置	
12	12	汽车押解途中突发事件的处置	
13	13	自然灾害性事件的处置	
14	14	电网监测系统故障事件的处置	
15	15	大面积停电、停水事故的处置	
16	16	监狱围墙坍塌事故的处置	
17	17	监狱通信中断事故的处置	
18	18	不法分子袭击监狱家属院事件的处置	
19	19	专列押解途中突发事件的处置	
20	20	公共卫生事件的处置	

（三）事件级别数据代码

（1）简要说明：用数字表示事件类型。

（2）编制依据：根据各司法部门提供。

（3）编码方法：无含义数值编码。

（4）事件级别代码表：见表 4-20。

表 4-20　事件级别代码表

代码	上级代码	名称	说明
1	1	特级重大事件	
2	2	重大事件	
3	3	较大事件	
4	4	一般事件	

（四）突发事件处置预案目录

突发事件处置预案目录如表 4-21 所示。

表 4-21　突发事件处置预案目录

<table>
<tr><th>序号</th><th>类型</th><th>类别</th><th>名称</th><th>特别重大突发事件
（Ⅰ级）</th><th>重大突发事件
（Ⅱ级）</th><th>较大突发事件
（Ⅲ级）</th><th>一般事件
（Ⅳ级）</th></tr>
<tr><td>1</td><td rowspan="8">第1类</td><td rowspan="8">狱内突发事件处置预案</td><td>突发性暴狱事件的处置</td><td>10人以上</td><td>5～10人</td><td>5人以下</td><td>—</td></tr>
<tr><td>2</td><td>劫持人质事件的处置</td><td>5人含以上</td><td>5人以下</td><td>—</td><td>—</td></tr>
<tr><td>3</td><td>组织越狱事件的处置</td><td>5人以上</td><td>3～5人</td><td></td><td></td></tr>
<tr><td>4</td><td>罪犯脱逃事件的处置</td><td>罪犯脱逃事件产生的次生危害性极其严重的（如杀害人质、杀害警察等）</td><td>罪犯脱逃事件产生的次生危害性严重的（如劫持人质脱逃、袭警脱逃等）</td><td>2人</td><td>罪犯脱逃事件未产生次生危害性的</td></tr>
<tr><td>5</td><td>罪犯行凶事件的处置</td><td>罪犯行凶事件产生极为严重后果的（被害人被杀害）</td><td>罪犯行凶事件产生严重后果的（被害人被杀害）</td><td>罪犯行凶事件未产生严重后果的（被害人受重伤）</td><td>罪犯行凶事件未产生严重后果的（被害人受轻伤）</td></tr>
<tr><td>6</td><td>罪犯自杀事件的处置</td><td>10人以上</td><td>3～10人</td><td>2人</td><td>1人</td></tr>
<tr><td>7</td><td>罪犯聚众哄监闹事事件的处置</td><td>10人以上</td><td>6～10人</td><td>5人含以下</td><td>—</td></tr>
<tr><td>8</td><td>罪犯集体绝食事件的处置</td><td>10人以上</td><td>6～10人</td><td>3～5人</td><td>—</td></tr>
<tr><td>9</td><td rowspan="6">第2类</td><td rowspan="6">狱外突发事件处置预案</td><td>恐怖袭击事件的处置</td><td>5人含以上</td><td>5人以下</td><td>—</td><td>—</td></tr>
<tr><td>10</td><td>聚众劫狱事件的处置</td><td>5人含以上</td><td>5人以下</td><td>—</td><td>—</td></tr>
<tr><td>11</td><td>狱外不法分子袭扰事件的处置</td><td>10人以上</td><td>5～10人</td><td>5人以下</td><td>—</td></tr>
<tr><td>12</td><td>汽车押运途中突发事件的处置</td><td>汽车押运途中突发事件产生的危害性极其的（如杀害人质、杀害警察等）</td><td>汽车押运途中突发事件产生的危害性严重的（如集体脱逃、劫持人质、袭警等）</td><td>汽车押运途中突发事件产生的危害性较为严重的（如罪犯脱逃、聚众闹事等）</td><td>—</td></tr>
<tr><td>13</td><td>不法分子袭击监狱家属院事件的处置</td><td>5人含以上</td><td>5人以下</td><td>—</td><td>—</td></tr>
<tr><td>14</td><td>专列押解途中突发事件的处置</td><td>专列押解途中突发事件产生的危害性极其严重的（如杀害人质、杀害警察等）</td><td>专列押解途中突发事件产生的危害性严重的（如集体脱逃、劫持人质、袭警等）</td><td>专列押解途中突发事件产生的危害性较为严重的（如罪犯脱逃、聚众闹事等）</td><td>—</td></tr>
<tr><td>15</td><td rowspan="2">第3类</td><td rowspan="2">狱外灾害类事件处置预案</td><td>自然灾害性事件的处置</td><td>5人含以上死亡</td><td>3～4人死亡</td><td>1～2人死亡</td><td rowspan="2">以事件的影响范围、危害程度及国家防灾、防疫部门的相关规定为标准确定四个级别的划分</td></tr>
<tr><td>16</td><td>公共卫生事件的处置</td><td>5人含以上死亡</td><td>3～4人死亡</td><td>1～2人死亡</td></tr>
<tr><td>17</td><td rowspan="4">第4类</td><td rowspan="4">监狱设施类事件处置预案</td><td>电网监测系统故障事件的处置</td><td rowspan="4" colspan="4">以事件发生的时间（重大节庆前后、重点敏感时段及重大会议、活动前后）为依据划分四个级别</td></tr>
<tr><td>18</td><td>大面积停电、停水事故的处置</td></tr>
<tr><td>19</td><td>监狱围墙坍塌事故的处置</td></tr>
<tr><td>20</td><td>监狱通信中断事故的处置</td></tr>
</table>

任务五

物联网与智能安防平台建设标准

模块一　物联网建设规范

一、物联网建设总体要求

（一）平台架构

智慧监所物联感知平台是智慧监所的主要内容之一，其总体架构包括基础设施层、系统支撑层和应用层以及安全运维体系和标准规范体系。

1. 基础设施层

基础设施层包括信息采集系统、能耗管理监测系统、智能交互终端和基础网络等，其中信息采集系统包括位置信息采集系统、生命体征信息采集系统、物品信息采集系统、监所医疗信息采集系统、运动康复信息采集系统、场所环境信息采集系统和设备状态传感采集系统等。

2. 系统支撑层

系统支撑层包括基础支撑、数据信息、数据管理、数据服务和接口服务等。

3. 应用层

应用层包括物联管控平台，提供资产信息采集、设备状态信息查询、设备消息上报、设备操作和对外服务等功能。

安全运维体系为各层提供信息安全、运行维护的管理与服务支撑，标准规范体系提供各层所需的标准和规范。

智慧监所物联感知平台总体架构如图 5-1 所示。

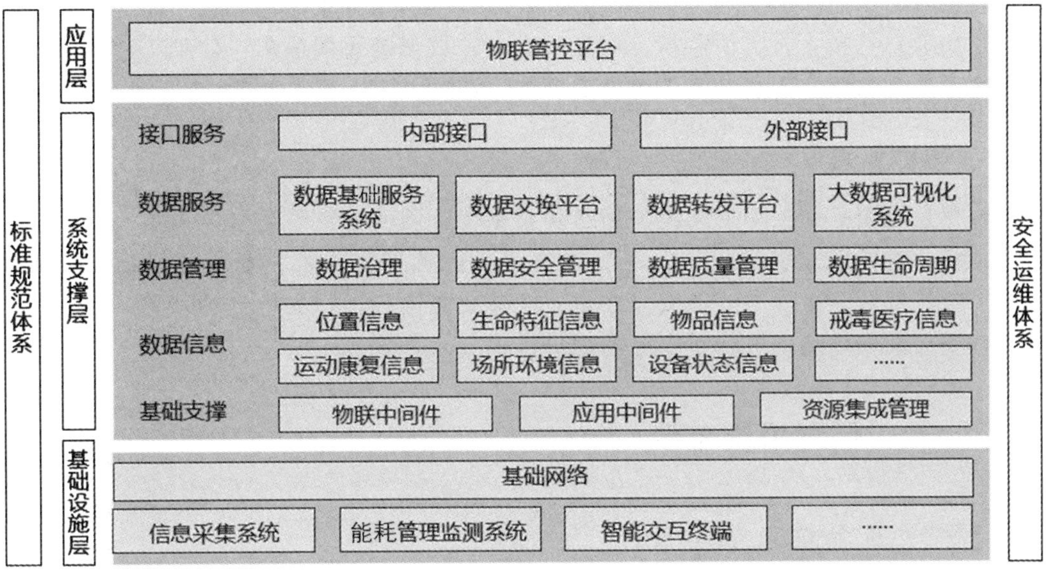

图 5-1 智慧监所物联感知平台总体架构

（二）平台要求

1. 系统组成

智慧监所物联感知平台应包括位置信息采集系统、生命体征信息采集系统、运动康复信息采集系统、智能交互终端和物联管控平台等；宜包括物品信息采集系统、监所医疗信息采集系统等；可包括设备状态传感采集系统、场所环境信息采集系统和能耗管理监测系统等。

2. 建设标准

智慧监所物联感知平台建设应符合 SF/T 0008、SF/T 0012 和 SF/T 0021 的规定。

3. 建设要求

智慧监所物联感知平台建设应纳入监狱、戒毒所工程建设总体规划，并应专项设计、同步施工、独立验收、保障运行。

4. 集成要求

智慧监所物联感知平台应选用具有开放通信协议和接口的系统及设备，且具有良好的兼容性，实现与相关系统安全互联。各系统应提供完整二次开发包和接口，支持第三方系统集成和调用。

5. 技术要求

数据采集宜采用 RFID（射频识别）、UWB（超宽带）、LoRA（远距离无线电）、

BLE（蓝牙低能耗）、NFC（近场通信）、ZigBee（基于 IEEE802.15.4 标准的低功耗局域网协议）等技术，实现监狱、戒毒所内、外数据的无线采集。监狱、戒毒所内各类数据采集宜共用一套基站实现信息安全统一管控。

6. 耦合要求

位置信息采集系统、生命体征信息采集系统、运动康复信息采集系统、物品信息采集系统、监所医疗信息采集系统、设备状态传感采集系统、场所环境信息采集系统、能耗管理监测系统和智能交互终端应能够独立运行，并支持与物联管控平台、执法管理平台和安防综合管理平台等系统对接。

二、信息采集系统

（一）位置信息采集系统

1. 基本要求

位置信息采集系统应在监狱、戒毒所部署，其部署区域、配置要求、采集对象和采集效果要求见表 5-1。

表 5-1　位置信息采集系统部署区域、配置要求、采集对象和采集效果要求

序号	部署区域	配置要求	采集对象	采集效果
1	监所管理区大门	宜设	罪犯	分清门内、门外
		可设	警察、职工、外来人员、外来车辆	分清门内、门外
2	周界	宜设	罪犯	定位误差≤1m
		可设	警察、职工、外来人员	定位误差≤1m
3	宿舍	宜设	罪犯	准确区分楼层及所在区域
		可设	警察、职工、罪犯、外来人员	定位误差≤1m
4	医疗区	宜设	罪犯	准确区分楼层及所在区域
		可设	警察、职工、外来人员	准确区分楼层、所在房间或定位误差≤1m
5	生活区	宜设	罪犯	准确区分楼层及所在区域
		可设	警察、职工、罪犯、外来人员	准确区分楼层、所在房间或定位误差≤1m

续表

序号	部署区域	配置要求	采集对象	采集效果
6	教育矫正区	宜设	罪犯	准确区分楼层及所在区域
		可设	警察、职工、罪犯、外来人员	准确区分楼层、所在房间或定位误差≤1m
7	生产劳动区	宜设	罪犯	准确区分楼层及所在区域
		可设	警察、职工、外来人员	准确区分楼层、所在房间、定位精度≤1m或定位误差≤1m
8	技能训练区	宜设	罪犯	准确区分楼层及所在区域
		可设	警察、职工、外来人员	准确区分楼层、所在房间、定位精度≤1m定位误差≤1m
9	帮教探访区	宜设	罪犯	准确区分楼层及所在区域
		可设	警察、职工、外来人员	准确区分楼层、所在房间、定位精度≤5m或定位误差≤1m
10	监所外区域	应设	罪犯	测距精度≤1m，室外空旷环境≤10m

注：配置要求从高到低分为应设、宜设和可设三个等级；位置信息采集对象宜包括罪犯，可包括警察、职工、外来人员、外来车辆。

2. 传输方式要求

（1）监所内定位：终端到位置采集基站应通过无线方式进行传输，基站到服务端应采用有线方式传输，线路类型包括网线、光纤等。

（2）监所外定位：终端数据应通过运营商链路进行传输。

3. 佩戴终端要求

佩戴终端的服务对象、服务区域、佩戴要求、终端类型和防护等级要求见表5-2。

表5-2　佩戴终端的服务对象、服务区域、佩戴要求、终端类型和防护等级要求

序号	服务对象	服务区域	佩戴要求	终端类型	防护等级
1	罪犯	监所内	防拆卸	可穿戴终端	IPx7
			不防拆卸	可穿戴终端	IPx5
2	罪犯	监所外	防拆卸	电子脚扣、金属脚镣应符合GA 443—2014中电子脚扣的规定，宜同时符合GA 443—2014中电子脚扣和GA/T 237—2005中金属脚镣的规定	IP57

续表

序号	服务对象	服务区域	佩戴要求	终端类型	防护等级
3	外来人员	监所内	不防拆卸	可穿戴终端	IPx5
4	警察	监所外	不防拆卸	移动执法终端	—
		监所内	不防拆卸	可穿戴终端、移动执法终端	—
5	车辆	监所内	防拆卸	车辆标签终端	—

4. 输出数据要求

输出数据类型和输出数据方式要求见表 5-3。

表 5-3 输出数据类型和输出数据方式要求

输出数据类型	输出数据方式
实时位置信息	主动推送
历史位置信息	主动获取
区域变化信息	主动推送
区域内人员数量信息	主动获取
电池电量信息	主动推送

5. 功能要求

(1) 应实时显示监所内人员、车辆分布情况，当人员或车辆进出时即可显示流动人员或车辆信息，并实现轨迹回放。

(2) 应具有监所内罪犯的点名功能，点名应包括手动清点和自动清点。

(3) 应具有人员、车辆异常流动的预警功能，包含但不限于人员离开限定区域报警、报警关联摄像机等。

6. 性能要求

1) 续航时间及其他要求

(1) 房间级定位，可穿戴终端续航时间不少于 240d;

(2) 高精度定位，可穿戴终端续航时间不少于 90d;

(3) 保持稳定性，耐高温，抗高压力，抗高撞击力。

2) 可靠性要求

可靠性要求见表 5-4。

表 5-4 可靠性要求

定位类型	定位准确率
房间级定位，区分房间，空旷区域定位误差≤100cm	≥99%
高精度定位，定位误差≤20cm	≥99%

（二）生命体征信息采集系统

（1）生命体征信息采集系统应在监狱、戒毒所部署。

（2）采集数据宜包括心率、血压、体温、呼吸频率等。

（3）采集设备应包括生命体征检测设备、腕带等，其采集数据、发送频率、续航时间和功能要求见表 5-5。

表 5-5 采集设备的采集数据、发送频率、续航时间和功能要求

采集设备	采集数据	发送频率	续航时间	功能要求
生命体征检测设备	应包含但不限于心率、呼吸、离床、体动等采集	≤1s/次	≥1 年	（1）心率、呼吸异常变化预警； （2）人员离床时间超长预警； （3）同宿舍内多人同时离床预警； （4）视频关联、轨迹回放
腕带或其他	应包含但不限于心率采集	≤2min/次	≥90d	（1）心率异常变化预警； （2）视频关联

（4）数据传输应采用无线的方式将采集到的数据传输至服务端。

（5）输出数据类型宜包括呼吸信息、心跳信息、血压信息、离床信息、体动信息、心跳突变信息、体动信息、电池电量信息、报警信息，均可采用主动推送输出数据方式。

（三）物品信息采集系统

（1）物品信息采集系统宜在监狱、戒毒所部署。

（2）系统应包括劳动康复固化工具、非固化工具和重点管控物品的数据采集。

（3）系统应具备物品数量自动或手动清点、标签绳索损坏报警、固化工具标签被移动报警、低电报警和领用回收等功能。

（4）物品脱离信号覆盖范围后应主动预警。

（5）输出数据类型应包括设备清点信息、破坏报警信息、拆除报警信息和脱离信息范围报警信息，均可采用主动推送输出数据方式。

（四）监所医疗信息采集系统

（1）监所医疗信息采集系统宜在监狱、戒毒所部署。

（2）监所医疗设备分为检验检查类、治疗类、特殊医疗设备和其他类，包含但不限于表 5-6 所列设备。

表 5-6 监所医疗设备

类别	名称
检验检查类	X 线机
	B 超声波诊断仪
	心电图仪
	脑电图仪
	心电监护仪
	全自动生化分析仪
	毒品分析仪
	尿液自动分析仪
	血液自动分析仪
	酶标仪
	洗板机
	电子恒温箱
	显微镜
治疗类	激光治疗仪
	微波治疗仪
	呼吸机
	电动吸引机
	心脏除颤器
特色医疗设备	经颅磁刺击仪
	生物反馈仪
	VR 治疗仪
其他	急救箱
	急救推车
	医用冰箱
	药品储藏柜
	保险箱
	听诊器、血压仪、天平等

（3）检验检查类设备宜对接物联管控平台。对接的设备应符合相关国家标准和行业标准的规定。

（4）特色医疗设备宜通过物联网采集手段自动记录参加治疗的人员及时长信息。

（五）运动康复信息采集系统

(1) 运动康复信息采集系统应在监狱、戒毒所部署。

(2) 运动康复设备分为测试设备、运动设备和可穿戴检测设备三类，在罪犯参加运动康复训练时应记录其测试项目结果和运动时长，并将数据推送至物联管控平台。

(3) 测试设备宜具有身高测试、体重测试、力量素质测试、纵跳测试、俯卧撑测试、仰卧起坐测试、坐位体前屈测试、平衡测试、肺功能测试、台阶测试、神经反应能力测试、步态协调能力测试、人体成分测试、心血管功能测试、骨密度测试、心肺耐力测试和基础代谢测试功能。测试结果应上报平台，宜自动抽取上报。

(4) 运动设备宜包括跑步机、动感单车、椭圆机、有氧健身车、踏步机、室内划船器、力量训练器、健身椅、瑜伽球垫、平衡半球、壶铃、哑铃、呼啦圈和球类。运动处方应自动下发到参训设备，参训时间、参训时长和参训负荷强度（速度、坡度等）数据应上报平台，宜实时自动提取并上报。

(5) 可穿戴检测设备包括手环、脚环和智能检测鞋等智能穿戴设备。

（六）场所环境信息采集系统

(1) 场所环境信息采集系统可在监狱、戒毒所部署，采集监狱、戒毒所内各主要部位环境信息。

(2) 采集设备可包括温度传感器、湿度传感器、照度传感器、PM2.5 传感器、PM10 传感器和消防类传感器等。

(3) 物联网采集前端可通过无线的方式接入系统。

（七）设备状态传感采集系统

(1) 设备状态传感采集系统可在监狱、戒毒所部署。

(2) 系统应通过物联网传感模块将门、窗、井盖和报警按钮等开关状态信息采集上传至物联管控平台。

(3) 输出数据类型包括开关量信息、电平量信息、电池电量信息和拆除报警信息，均可采用主动推送输出数据方式。

(4) 开关量、电平量信号采集模块续航时间≥5 年。

三、能耗管理监测系统

能耗管理监测系统可在监狱、戒毒所部署，用于监狱、戒毒所生活生产用水监测、用电监测、灯具控制和空调控制等场景。

四、智能交互终端

（1）智能交互终端应在监狱、戒毒所宿舍门口部署，可实现罪犯的公开信息查询（包括大账查询、奖惩、积分考核查询）、自助消费、心理晴雨表、心理咨询预约和预约谈话等业务数据的采集和应用。

（2）智能交互终端宜具有可视呼叫对讲功能。

（3）智能交互终端应具备通过人脸识别、刷卡和密码输入等方式进行身份认证，并实现罪犯数据应用，宜兼容可视对讲、腕带近距离识别等功能。

（4）智能交互终端防爆等级宜达到 IK10，防水应达到 IP53。

五、物联管控平台

（一）基本要求

（1）物联管控平台应在监狱、戒毒所部署。

（2）平台应集成信息采集系统、能耗管理监测系统和智能交互终端等，应能对各物联感知设备或系统集中控制，且统一接入指挥中心。

（3）平台应提供资产信息采集、设备状态信息查询、设备消息上报、设备操作和对外服务等功能。

（4）平台应具有开放协议、接口，适应系统规模扩展、功能扩充、配套软件升级，并支持与安防综合管理平台、执法管理平台和大数据平台对接。

（5）平台应能独立运行，并能与安防综合管理平台等联动。

（二）资产信息采集

（1）物联设备资产信息应包含接入物联设备的安装位置、设备采购日期、投入使用日期、资产种类、制造商、供应商、品牌、型号、规格、使用年限、责任人和维护周期等。

（2）物联设备资产类型可包括位置采集设备、生命体征信息采集设备、物品信息采集设备、设备设施状态采集设备、智能交互终端、监所医疗设备、教育矫正设备、运动康复设备、环境信息采集设备、资源消耗计量设备、无线通信设备及电平量、开关量控制设备。

（3）对设备应提供查询、操作的权限控制配置。

（三）设备状态信息查询

（1）平台可分类查询所接入的设备资产信息、当前运行状态信息等。

（2）平台可分类（大类和各级子类）统计各种设备数量、运行状态，并可查询设备的详细信息。

（3）平台宜采用可视化图表显示当前各类设备的运行概况。

（四）设备消息上报

（1）设备应按各自使用特点上报消息。消息应包括发生时间、上报时间、上报位置描述和上报事件类型，宜包括上报信息参数等。

（2）罪犯信息采集设备上报的信息应包括发生时间、上报时间、上报位置描述、上报人、上报类型和上报信息参数等。

（五）设备操作

（1）可操作的设备包括串口通信设备、网络通信设备、开关量控制设备和电平量控制设备。

（2）按照各种设备的操作能力，平台需要根据设备底层操作协议，定义各类动作，并在平台中可以进行操作。操作结果应有日志记录。

（六）对外服务

（1）平台可通过 TCP、UDP 和 WebAPI 等方式对外对接。

（2）通过接口，可查询设备信息列表。

（3）通过接口，可查询指定设备运行状态。

（4）通过接口，可查询设备种类列表和相应设备的操作列表。

（5）在建立 TCP 连接的情况下，可订阅设备实时信息。

（6）根据权限，可通过接口调用指定设备进行指定操作。

模块二　智能安防平台建设规范

一、智能安防平台建设总体要求

（1）监所安全防范系统是监所的主要内容之一，其总体架构包括基础设施层、系统支撑层和应用层，以及安全运维体系和标准规范体系。

基础设施层包括视频监控系统、报警系统、出入口管理系统、巡查系统、管控系统、通信系统、安防机器人应用系统、地理信息服务系统和基础网络等。

系统支撑层包括基础支撑、数据信息、数据管理、数据服务和接口服务，可依据SF/T0029 中数字资源部分的相关要求建设。

应用层包括指挥中心、安防综合管理平台和应急指挥平台。

安全运维体系为各层提供信息安全、运行维护的管理与服务支撑。

标准规范体系是各层所需的标准和规范。

监所安全防范系统总体架构如图 5-2 所示。

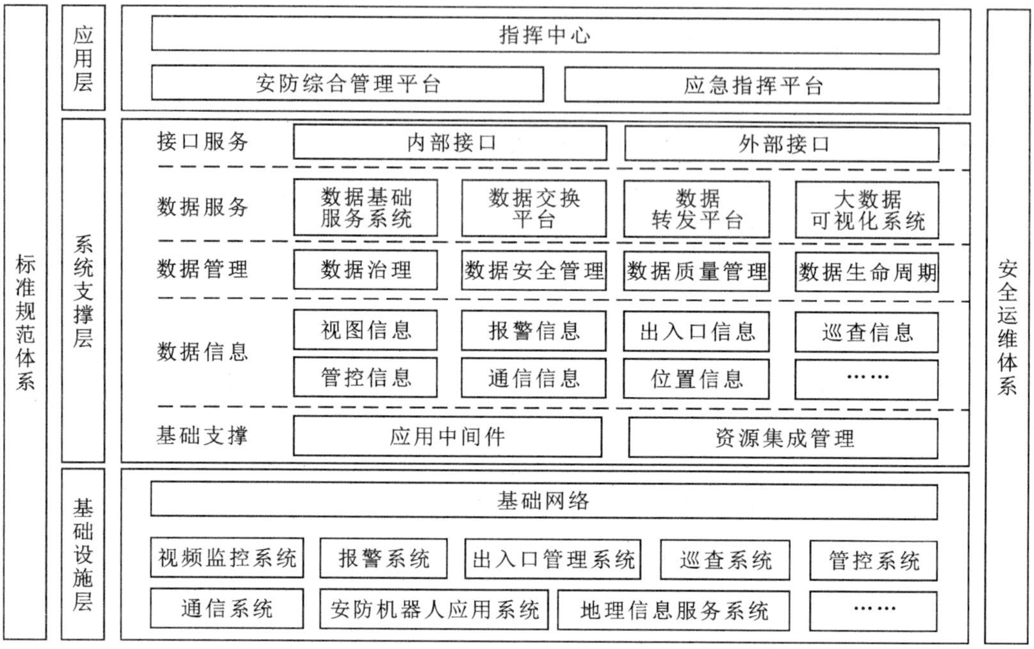

图 5-2　监所安全防范系统总体架构

（2）监所安全防范系统应包括视频监控系统、报警系统、出入口管理系统、巡查系统、管控系统、通信系统、安防综合管理平台、应急指挥平台和指挥中心等，可建设安防机器人应用系统和地理信息服务系统等。

（3）监所安全防范系统建设应符合 GB 50348、建标 170—2014、SF/T 0008、SF/T 0021 的规定。

（4）监所安全防范系统建设应纳入省（自治区、直辖市）监狱管理局和监所工程建设总体规划，并应专项设计、同步施工、独立验收、保障运行。

（5）监所安全防范系统中使用的产品和设备应符合 GB 50348、GB 50394 和 GB 50395 等国家法规标准的规定，并经检验、认证合格。

（6）监所安全防范系统应选用具有开放通信协议和接口的系统及设备，且具有良好的兼容性，能实现与相关系统安全可信互联。各系统应提供完整二次开发包和接口，支持第三方系统集成和调用。

（7）视频监控系统、报警系统、出入口管理系统、巡查系统、管控系统、通信系统、安防机器人应用系统和地理信息服务系统等应能够独立运行，并能与安防综合管理平台等对接，实现集成应用。

二、智能化视频监控系统

（一）基本要求

视频监控系统的设计应符合 GB 50348、GB 50395 和 GA/T 1211 的规定。

（1）系统应根据现场环境确定摄像机的安装位置、数量和选型，且管理区内应避免监控盲区，宜实现多角度、多摄像机视频监控。视频监控设备安装区域、部署要求、摄像机类型、监控覆盖范围和观察效果要求见表 5-7。

表 5-7 视频监控设备安装区域及部署要求等

序号	安装区域	部署要求	摄像机类型	监控覆盖范围和观察效果
1	监所管理区制高点	宜设	制高点全景摄像机	覆盖监所管理内主要区域
2	监所大门	应设双向	高清摄像机	清晰显示人员、车辆行为特征
3	AB 门人行通道	应设双向	人脸抓拍摄像机	清晰显示和提取人员面部特征
4	AB 门车行通道	应设	高清枪型摄像机或高清全景摄像机或自动跟踪球型摄像机	覆盖整个车行通道区域，清晰显示人员面部特征、车辆特征和车辆全景
		应设双向	车牌抓拍摄像机	自动抓取并识别车牌
5	大门登记室	应设	高清摄像机	覆盖整个登记室，清晰显示人员行为特征
		应设	人脸抓拍摄像机	清晰显示和提取外来人员面部特征
6	监所围墙外侧	应设	高清枪型摄像机或高清智能枪型摄像机或热成像摄像机	覆盖围墙外侧区域，清晰显示人员车辆行为特征
7	围墙周界内侧	应设	高清摄像机	覆盖整个围墙内侧区域，清晰显示人员行为特征
		宜设	高清智能摄像机	覆盖整个围墙区域，清晰显示人员行为特征并智能识别入侵行为
		宜设	热成像摄像机	清晰显示人员行为特征并自动实施人员跟踪

续表

序号	安装区域	部署要求	摄像机类型	监控覆盖范围和观察效果
8	监所管理区出入口、隔离门	应设	高清摄像机或人脸摄像机	清晰显示人员面部特征
9	监所管理区操场、道路	应设	高清摄像机或全景摄像机	清晰显示人员行为特征
10	监所管理区内楼梯	应设	高清摄像机	覆盖整个区域、清晰显示人员面部特征
11	监所管理区楼宇内走廊、楼顶平台	应设	高清摄像机	清晰显示人员行为特征
12	活动大厅	应设	高清摄像机	覆盖整个大厅、清晰显示人员行为特征
13	监所人员生活区	应设	高清摄像机或高清全景摄像机	覆盖整个生活区，清晰显示人员行为特征
14	公共盥洗室	应设	高清防水摄像机	覆盖整个宿舍，清晰显示人员行为特征
15	亲情电话室、阅览室、谈话室、心理咨询室、帮扶室、储藏室、箱包室	应设	高清摄像机	
16	电梯轿厢	应设	电梯专用高清摄像机	
17	单独管理室	应设	高清摄像机	覆盖整个宿舍，清晰显示人员行为特征
18	监所人员食堂餐厅、储物间、食品分配间、制作间	应设	高清摄像机	
19	生产劳动区车间	应设	高清摄像机或全景高清摄像机	监控车间温度变化
		宜设	热成像摄像机	

续表

序号	安装区域	部署要求	摄像机类型	监控覆盖范围和观察效果
20	车间通道、消防通道、工具间、仓库、家属探访区	应设	高清摄像机	覆盖整个区域，清晰显示人员行为特征
21	医疗区、收治区	应设	高清摄像机或高清全景半球摄像机	
22	询问室、谈话室	应设	高清摄像机	
23	监所管理区分控室、警察执勤点、巡查点	应设	高清摄像机	
24	指挥中心、枪弹库、档案室、机房	应设	高清摄像机	覆盖整个区域，清晰显示人员面部特征
25	监所管理区其他室外区域	应设	高清摄像机	覆盖整个区域，清晰显示人员行为、车辆特征
26	监所管理区外监所内区域	宜设	高清摄像机	

（2）摄像机分辨率应不小于 200 万像素，大场景区域的全景摄像机分辨率应不小于 500 万像素。

（3）摄像机宜支持外部音频采集设备接入。

（4）监所管理区人行通道等区域应配置人脸抓拍摄像机，实现人脸提取、识别和对比；监所管理区车行通道应配置车牌抓拍摄像机，实现车牌车型的自动抓取识别。

（5）监所室内区域应采用红外摄像机或超低照度摄像机；室外区域应采用超低照度红外摄像机或夜间全彩摄像机确保夜间监控图像清晰。

（6）视频监控不能覆盖整个区域时，室内应采用对射方式安装 2 个摄像机。

（7）安装在户外的摄像机防水防尘应达到 IP66 防护等级。安装在在押人员宿舍、病房、单独管理室、枪弹库、警械室、配电室、锅炉房、水泵房和电梯的摄像机应具有 IK10 防暴等级。安装于室内盥洗室和在押人员食堂食品制作间等部位的摄像机应具备防暴、防水保护及透雾功能。

（8）在复杂光线环境中安装的摄像机应选用宽动态摄像机。部署在监所管理区楼宇内走廊的摄像机宜支持走廊模式和电动变焦功能。

（9）周界摄像机应采用追尾式安装，安装间隔应不大于 50m。热成像摄像机应采用追尾式安装，安装间隔应不大于 100m。未安装隔离网的围墙周界摄像机应采用立杆安装，立杆离围墙应不小于 5m。安装隔离网的围墙周界摄像机应安装在隔离网上。

（10）周界应配备照明系统确保夜间照明效果，照明方向应避免对摄像机造成影响。

（11）除涉密需求外，监控视频信号应全部连接到监所指挥中心，前端设备至指挥中心设备端口的信息延迟时间应不大于 2s，端到端的信息延迟时间应不大于 4s。

（12）视频监控系统应具有按照指定设备、通道实现图像实时预览的功能，并支持预览图像的显示、缩放、抓拍和录像。

（13）监所应配置流媒体服务器，实现视频回放和向上级部门的转发。流媒体应具有负载均衡功能。除特殊要求外，监所应将全部监控视频向上级机关转发。

（14）视频监控设备的视音频传输和转发性能应符合 GB /T 28181 的规定，编码和解码应支持 H. 264、H. 265 等标准，解码应支持 H. 264、H. 265 等标准。

（15）视频存储时间一般部位应为 30d，监所管理大门、宿舍、单独管理室等重点部位应为 90d。

（16）存储设备应兼容 ONVIF 协议。存储方式宜采用集中存储与分布式存储相结合的模式，宜具有数据记录灾难恢复功能或热备份系统；可采用冗余存储模式，冗余存储时间应为 7d。

（17）视频图像应具备日期、时间、监视画面位置等的中文字符叠加显示功能。视频资源编码应符合《司法行政视频监控联网编码规则及视频图像命名规范（试运行）》的规定。

（18）视频监控系统应具备对前后端设备的配置管理、设备在离线、视频信号丢失、录像缺失、录像保存时长、时钟异常的运行监测、设备故障事件的收集与告警功能。

（19）视频监控系统应保证 24h 正常运行，宜采用集中不间断供电模式。

（20）视频监控系统应开放协议、接口，支持与安防综合管理平台等系统对接。

（二）视频云系统

1. 系统构成

视频云系统可在监所部署，采用视频云架构，由基础硬件、基础云平台、视频管理子系统、视频解析子系统和开放云服务组成。

2. 基础硬件

宜采用具有低能耗、扩展能力强、易管理、易部署的服务器。

3. 基础云平台

基础云平台提供分布式资源管理调度、弹性伸缩、应用部署、资源监控等功能。

4. 视频管理子系统

视频管理子系统应具备实时监控、转发、录像、告警、视频质量诊断、媒体安全和运维管理等功能。

5. 视频解析子系统

视频解析子系统应具备多算法管理、以图搜图、视频摘要和结构化等功能。

6. 开放云服务

开放云服务应采用开放式的架构设计，应支持 GB/T 28181、ONVIF 全协议，应支持与前后端系统对接。

（三）视频智能分析系统

视频智能分析系统设计应符合 GB/T 30147 的规定。

(1) 系统应在监所管理区围墙内侧、在押人员宿舍、枪弹库、单独管理室部署，宜在监所分控中心及监所管理区楼宇内走廊、楼顶平台、公共盥洗室部署，可在监所档案室、值班室、机房部署。

(2) 视频智能分析系统应具有聚集、攀高、越界报警功能，宜具有在押人员斗殴、夜间起身、单人独处、长时间静止及警察值班离岗、瞌睡等异常行为识别和报警功能。视频智能分析系统主要功能宜符合以下要求：

① 各类报警事件分类管理按级别输出不同的报警方式；

② 对每个功能设定自动布防启动时间和撤防时间；

③ 具有特定事件的搜索、分析、回放等功能；

④ 支持报警事件截图并自动弹窗生成报警功能；

⑤ 支持报警事件发生之时，自动生成一段录像，进行备份存储，作为后期证据使用；

⑥ 对产生的报警事件，可驱动声光电报警装置，第一时间提醒值班人员；

⑦ 应具备开放性接口，可与其他系统实现联动控制。

(3) 视频智能分析的准确性宜采用检测率和误检次数两个参数进行判定，其中检测率＝准确检测次数/实际发生次数，误检次数＝错误检测次数，具体要求包括：

① 检测视频采集时长宜不低于 24h（随机选取日期），视频源为随机抽取；

② 周界围墙入侵和人员进出、攀高、滞留、徘徊、聚集及物体弃置等检测功能，单功能检测率不小于 95%，单功能误检次数不大于 1 次（单路单项功能 24h 内）；

③ 打架斗殴、干警值班离岗和瞌睡等检测功能，单功能检测率不小于 95%；单功能误检次数不大于 2 次（单路单项功能 24h 内）。

三、智能化入侵报警系统

（一）入侵报警系统

1. 基本要求

（1）入侵报警系统的设计应符合 GB 50394 的规定。

（2）系统可选用主动式红外入侵探测报警系统、网络型脉冲电子围栏系统、遮挡式微波入侵探测报警系统、振动探测报警系统、泄漏电缆探测报警系统、周界雷达报警系统和热成像高清视频监控报警系统等探测报警系统，且应至少采用两种具有不同探测技术的报警系统。

（3）系统应避免探测盲区，具有单防区独立布防、撤防功能，且各类探测器灵敏度可调。

（4）系统应实现现场声光报警，并同步将报警信息传输至指挥中心安防综合管理平台，报警接收响应时间应小于 5s。

（5）系统应能记录报警事件信息，应能记录至少 1000 条报警信息。

（6）系统应具备故障自检、报警提示功能及防拆、防破坏功能。

（7）系统应开放协议、接口，支持与安防综合管理平台等系统对接。

2. 主动式红外入侵探测报警系统

（1）主动式红外入侵探测报警系统宜部署在周界区域、在押人员宿舍阳台和窗户等位置，其选型与安装应符合 GB 10408.4 的规定。

（2）部署在围墙周界的主动式红外入侵探测报警系统应安装在监所管理区围墙内侧，且距离围墙宜大于 1m。

（3）前端探测器应采用 6 束或以上红外光栅或者红外光柱探测器，相邻红外光束之间距离不应大于 0.2m，最低红外光束距离地面不应高于 0.2m，最高红外光束不应低于 1.2m。

3. 网络型脉冲电子围栏系统

（1）网络型脉冲电子围栏宜安装在监所管理区周界区域，并宜采用四线制以上电子围栏。

（2）系统的功能、选型与安装应符合 GB /T 7946 的规定，具体要求包括：安装在周界围墙时，其安装高度不应低于 4m；应有可靠接地和防雷措施，接地电阻值应满足相关标准的规定。

（3）系统应按监所周界区域实施分区分段管理。

4. 遮挡式微波入侵探测报警系统

（1）遮挡式微波入侵探测报警系统可在周界部署，其选型与安装应符合 GB 15407 的规定。

（2）系统宜具有根据不同天气条件设置相应运行模式的功能，并可对防区内的探测目标进行定位。

（3）探测器应距离地面 1.2～1.5m 牢固安装，宜远离高频电磁场较强处。

（4）探测器频率应可调，两相邻区域探测器的探测频率应隔开。

5. 振动探测报警系统

（1）振动探测报警系统可安装在周界。

（2）系统的选型与安装应符合 GB /T 10408.8 的规定，并应符合以下要求：远离公路等区域安装；具有天气模式选择功能，可自动消除风、雨、大雾等恶劣天气影响。

（3）探测器宜附着于隔离网靠近监所管理区围墙内侧安装。

6. 泄漏电缆探测系统

（1）泄漏电缆探测系统可安装在周界。

（2）系统的功能、选型与安装应符合 GA/T 1031 的规定，并应符合以下要求：泄漏电缆应采用地下埋设方式，埋设深度应为 50～150mm，且应平行安装；系统应具有可自动消除风、雨、大雾等恶劣天气影响的功能。

7. 周界雷达报警系统

（1）周界雷达报警系统宜部署在监所管理区周界等重点部位。

（2）系统应能对探测区域内地面移动目标的速度、距离、运动方向等信息进行监测，并能明确展示出移动目标的速度、距离、运动方向等监测信息。

（3）系统应能支持对探测区域的可视化监控，并能清晰地展示出监控的视频画面。

（4）在视频画面中绘制出防区后，系统应能够在雷达界面的对应区域自动生成防区，当目标进入视频画面的防区时，目标运行轨迹应能对应展示在雷达界面的防区中；防区空间配准的横向距离或纵向距离偏差值应不大于 0.5m。

（5）系统视频画面信息不应有明显的缺损，图像画面应连贯，物体移动时图像不应有前冲现象，图像边缘不应有明显的锯齿、拉毛、拖尾等现象。

8. 热成像高清视频监控报警系统

（1）热成像高清视频监控报警系统宜部署在周界。

（2）系统应提供精准的人车分类侦测，有效去除误报。

（3）系统应支持越界侦测、区域入侵侦测、进入/离开区域侦测。

(4) 系统应清晰显示人员行为特征并自动实施人员跟踪。

(5) 宜每隔 100m 安装热成像摄像机。

(二) 应急报警系统

(1) 监所管理区内大门、警察值班室、分控中心、警察执勤点、谈话室、医疗区、在押人员宿舍和习艺车间等在押人员聚集区域应安装应急报警触发装置，其他区域根据实际需要可安装应急报警触发装置。触发装置应安装在较易触摸的位置。

(2) 应急报警系统应具备多级处警功能，并伴有声光提示。报警后应采取手动复位方式复位。

(3) 系统的强声警报的警铃声级室外不小于 100dB，室内不小于 80dB。

(4) 报警信息的存储时间应为于 90d。

(5) 监所管理区执勤警察宜配备无线报警设备。

(6) 系统应开放协议、接口，支持与安防综合管理平台等系统对接。

四、智能化出入口管理系统

(一) 门禁控制系统

(1) 门禁控制系统的设计应符合 GB 50396 的规定。

(2) 门禁控制系统按照出入口控制需要，应具备按钮、刷卡、密码、生物识别、手动控制等及其组合的门禁控制方式。

(3) 监所管理区人行通道进入监所管理区方向门禁控制器应采用刷卡、密码、生物识别、手动控制等及其组合中任一种门禁控制方式，出监所管理区方向门禁读卡器应采用生物识别、手动控制等及其组合中任一种门禁控制方式，通道门应具备人工验证后手动控制功能。

(4) 监所管理区车辆通道应部署联动互锁装置，监所管理区车行通道门不应同时打开。监所管理区人行通道应部署防尾随装置，实现逐个通过，宜部署十字全高旋转闸门。

(5) 监所管理区内建筑物出入口、区域隔离门、通道隔离门、楼道隔离门、警察值班室应部署门禁控制器。

(6) 监所管理区内紧急通道常闭门应安装开门状态检测报警设备，具有现场声光报警，并与视频监控联动。当门打开时，自动向指挥中心报警并弹出监控画面。

(7) 监所出入口和探访室出入口应配备身份证识别装置，可自动识别外来人员出示的身份证；应能对识别的身份证信息与现场采集的持证人员人脸进行比对。

(8) 用于监所管理区出入口控制的生物识别系统宜选用人脸识别系统、虹膜识别系统、指静脉识别系统、掌静脉识别系统、指纹及其他生物识别系统中的一种或多种。

(9) 门禁控制器断电、断网或者故障时，应支持手动开启。门禁控制器及锁具(公安标准) 宜采用相对集中供电，应配备 UPS 后备电源。

(10) 门禁控制系统应具备多级管理权限功能，应具有通道门开关状态实时显示、进出记录、数据统计等实时监控功能。

(11) 监所指挥中心应具备远程批量开闭门功能。

(12) 门禁控制系统应开放协议、接口，支持与安防综合管理平台对接。

(二) 安全检查系统

(1) 安全检查系统包括手持式金属探测器、通过式金属探测门、毒品探测仪、车底成像系统和生命探测系统等。

(2) 监所管理区大门、在押人员宿舍楼出入口、习艺车间出入口、探访室外来人员出入口应配备手持式金属探测器或通过式金属探测门，有效探测金属物品。手持式金属探测器应符合 GB 12899 的规定，通过式金属探测门应符合 GB 15210 的规定。

(3) 监所管理区的管理区大门、探访室宜部署毒品探测仪，用于检测毒品。基于离子迁移谱技术的毒品检测仪应符合 GA/T 841 的规定。

(4) 监所管理区车行通道应配备车底成像系统，清晰显示车底完整图像并具备关联车牌抓拍功能。

(5) 监所管理区车行通道宜配备生命探测系统，实现对不同环境干扰下的生命体征探测。

(6) 安全检查系统应开放协议、接口，支持与安防综合管理平台等系统对接。

(三) 外来人员管理系统

外来人员管理系统应部署在监所管理区大门。

系统的功能要求包括：

(1) 应具备外来人员预约、身份证识别、人像抓拍与对比和出门注销功能；

(2) 应具备外来人员授权功能，可授权可访问的重点区域、禁区等区域；

(3) 应具备外来人员的出入时间、事件、对象等数据统计功能，可设定各种查询条件进行查询；

(4) 应支持将可疑人员或被禁止人员列入黑名单，下次来访时系统自动提示。

系统可独立运行，可与门禁控制系统等联动。系统应开放协议、接口，支持与安防综合管理平台等系统对接。

五、智能化巡查系统

(一) 电子巡查系统

电子巡查系统的设计应符合 GA/T 644 的规定。

(1) 监所管理区围墙周界、在押人员宿舍等区域应布设巡更点，宜采用在线式，巡视信息读取装置应支持卡、生物识别等方式。

(2) 系统宜采用电子地图显示巡视轨迹。

(3) 系统宜具备巡视线路规划、巡视异常提醒、漏巡晚巡报警，以及巡视记录统计、分析、打印等功能。

(4) 系统应开放协议、接口，支持与安防综合管理平台等系统对接。

（二）无人机巡逻系统

无人机巡逻系统可在监所配备，并应符合 GA/T 1411（所有部分）的要求。

(1) 系统宜采用无人机对监所管理区周界、操场以及管理区外围进行巡逻，具备实时监控、广播喊话功能。

(2) 系统在执行预设巡逻任务时，无人机可在操作员监视下实现预编程范围内的自主起飞、自主着陆、自主巡航功能。

(3) 系统应配备专业的无人机操作人员。无人机操作人员应取得国家规定的相应资质。

(4) 系统应开放协议、接口，支持与安防综合管理平台对接。

六、智能化管控系统

（一）人脸识别系统

人脸识别系统的设计应符合 GB /T 31488 的规定。

(1) 系统宜部署在监所管理区出入口等区域。

(2) 系统应具有实时抓拍、人脸比对、布控报警、以图搜图、抓拍查询、底库查询、告警查询、人员入库、人员库管理、布控管理、设备管理功能。

(3) 系统应具有人脸轨迹功能，支持在地图上绘制轨迹，并进行可视化研判。

(4) 系统应能对监所内在押人员进出情况进行智能点名管理，宜包括晨起点名、就寝点名、集体进出点名、零星进出点名，准确记录在押人员的进出信息，对于身份不符的异常情况进行实时报警。

(5) 系统应能按照时间和空间维度对监所内人员进行黑白名单布控。

(6) 系统应支持在监所管理大门、探访通道等重要场所对在押人员进行黑名单报警。

(7) 系统平均响应时间应不大于 2s。

(8) 系统应能独立运行，支持与门禁系统、报警系统等联动。

(9) 系统应开放协议、接口，支持与安防综合管理平台等系统对接。

（二）车辆管理系统

车辆管理系统的设计应符合 GB 50348、GA/T 669.9 和 GA/T 833 的规定。

（1）系统应部署在监所管理区车行通道等区域。

（2）系统宜具备：

① 在视频监控区域内对过往车辆进行检测的功能；

② 抓拍过往车辆的功能；

③ 对抓拍的过车图片进行各类车辆号牌识别的功能；

④ 对抓拍的过车图片进行各类车辆类型识别的功能；

⑤ 对抓拍的过车图片进行车身颜色识别的功能。

（3）系统应支持车辆管控，在发现符合管控条件的车辆时可进行实时警报提示，并支持检索、删除、修改用户历史布控信息。

（4）系统应具备多样化的车辆检索方式。

（5）系统的主要技术指标应符合 GA/T 497—2016 中 4.3.2 的相关规定。

（6）系统可独立运行，并应开放协议、接口，支持与安防综合管理平台等系统对接。

（三）外出管控系统

（1）外出管控系统应在监所配备，其包括单警执法视音频记录仪、车载监控、移动视频监控、在押人员穿戴式电子定位设备等，实现在押人员离所就医等外出离所事项过程中的远程管控和指挥。

（2）单警执法视音频记录仪应符合 GA/T 947.1 的规定。车载监控和移动视频监控视音频应采用 4G 及以上技术传输，视频编解码符合 GB /T 28181 的规定。

（3）执行监管任务的民警应配备单警执法视音频记录仪。

（4）执行车辆应配置广角摄像机。

（5）在押人员穿戴式电子定位设备应具备位置回传、超距报警、电子围栏功能。

（6）移动执法终端所采用的移动网络与监所内部网络之间应采取符合国家相关安全规范的安全隔离设备或技术防护。

（7）系统应支持多路视频同时接入，实时将现场视频传输到指挥中心，并进行本地存储。

（8）系统应整合地理信息系统，提供任务管理、定位管理、语音对讲、统计、查询等功能。

（四）无人机侦测反制系统

（1）无人机侦测反制系统可在监所配备，并宜对监所管理区低空空域无人机等“低慢小”飞行器进行监测、跟踪和干扰。

（2）系统可根据实际场景及需求，设置不同等级的警戒区，对闯入的目标可采取不同报警方式进行区分。当目标闯入警戒区，可对目标进行报警，并与视频监控系统等进行联动。

（3）系统应对进入监测区域的低空、慢速、小目标进行实时监测，获取目标的距离、速度和方位角信息。

（4）系统可实时监测徘徊在不同等级警戒区内的目标，显示目标轨迹信息并告警。

（5）系统应对闯入警戒区的目标启动无人机干扰系统，进行跟踪、干扰、捕获。

（6）系统能独立运行，并应开放协议、接口，支持与安防综合管理平台等系统对接。

七、通信系统

（一）融合通信系统

1. 基本要求

（1）融合通信系统宜包括指挥调度系统、移动执法系统和数字集群对讲系统等，并应符合 GB 50953 的规定。

（2）系统宜在省（自治区、直辖市）监狱管理局和监所部署。

（3）系统应支持由视频服务器统一对接入的所有视频流进行编解码转换、转发、混屏、混码等操作，支持 ITU-T 视频编码 H. 264、H. 265 等。

（4）系统能独立运行，能与视频监控系统等联动。

（5）系统应开放协议、接口，支持与安防综合管理平台等系统对接。

2. 指挥调度系统

（1）系统应提供多种调度应用，应具有语音调度、视频调度、GIS 调度、视频推送、大屏呈现等功能，将各监狱管理局（所）的音视频数据进行统一集成和调度管理。

（2）系统应支持对各单位的对讲机、警务通、固定电话或网络电话、手机、广播、单兵、视频会议、视频监控等设备的音视频调度管理，包括但不限于单呼、组呼、强插、强拆、监听、保持、语音会议、视频查看等功能，并支持录音、录像。

（3）系统应与视频会议系统互联，支持音视频会场互通。

（4）系统应在 GIS 地图上展示视频监控、广播、对讲等设备的点位信息，支持地图上点击呼叫与视频监控查看等联动功能，支持地图上显示告警功能。

（5）系统宜配置桌面指挥终端，并应融合语音通话、视频通话、通信录、会议会商、视频监控查看等功能。

（6）系统宜配置移动指挥调度系统，并应具有视频图像回传、音视频通话、多方音视频会议、即时消息、定位、轨迹显示、宽带对讲、视频监控查看、视频推送等功能。

（7）系统宜支持多场景智能呈现，调度界面多场景同步显示到大屏，宜支持图像分割显示功能，包括且不限于支持 1 分屏、4 分屏、9 分屏、1 大 5 小分屏等多种自定义布局模式。

(8) 系统应开放协议、接口，支持与安防综合管理平台对接。

3. 移动执法系统

(1) 移动执法系统宜包括移动警务通终端、移动警务通应用 App 和移动警务通后台管理系统。

(2) 移动执法终端宜支持多模式切换。

(3) 移动执法应用 App 可具有模式切换、一键对讲、一键报警、值班查岗、移动执法取证、数据采集、集群对讲、视频对讲、视频回传、短消息等功能。

(4) 移动执法后台管理系统应具有单点登录、消息推送、白名单管理、用户管理、设备管理、应用程序管理、安全管理等功能。

(5) 系统应开放协议、接口，支持与安防综合管理平台、应急指挥平台对接。

4. 数字集群对讲系统

(1) 数字集群对讲系统宜由网络基础设备和用户终端设备组成，宜提供语音、视频、信息、定位和移动物联等业务。支持群组多媒体业务、移动终端定位、轨迹跟踪、轨迹回放、地图圈选功能。

(2) 语音业务应支持全双工点呼、半双工点呼、组呼、广播呼叫、紧急呼叫、临时组呼、动态重组、迟后进入、话权抢占、通话组扫描、用户状态显示、主叫号码显示、呼叫记录功能。

(3) 视频业务应支持点对点视频通话、视频上传、视频分发、视频监控、视频转码、视频组呼、视频并发功能。

(4) 移动物联业务应开放协议、接口，支持各种前端感知设备的接入和管理。

（二）宿舍对讲系统

(1) 宿舍对讲系统应在监所配备，并支持可视化功能。

(2) 系统应具有对讲、监听、报警、广播、多级组网、日志管理、查询、统计等功能。

(3) 系统应开放协议、接口，支持与安防综合管理平台等系统对接。

（三）数字广播系统

(1) 数字广播系统应符合 GB/T 50526 的规定。

(2) 监所指挥中心应配置广播主机，监所管理区周界围墙和监所管理区操场、生产习艺区车间、伙房和在押人员活动大厅应安装广播终端。

(3) 系统应具有全区广播、分区广播、定时广播、消防广播和喊话广播功能。

(4) 室外广播设备应具有防水功能。

（5）紧急广播应具备最高优先权限功能。

（6）系统应开放协议、接口，支持与安防综合管理平台等系统对接。

八、安防机器人应用系统

安防机器人应用系统可在监所配备。

（1）系统应具有自助定位、导航功能，根据预设的路径自主完成任务。

（2）系统应具有自定义低电量自主返回充电功能。

（3）系统可具有监所区内道路周界巡逻、紧急情况处置、辅助执法等功能，具体要求包括：

① 应具有 360°全景实时监控，支持录像存储、历史回放功能；

② 应具有远程语音对讲、语音报警提示、语音喊话功能；

③ 应具有携带如催泪喷射器等装备，配合警务人员完成防暴任务。

（4）系统可具有对在押人员看护、点名，厂区内工具发放、回收等功能，具体要求包括：

① 应搭载托盘、储物箱，实现物品运输功能；

② 应搭载距离感应装置，配合可穿戴智能设备实现自动打卡签到，也可通过搭载摄像头实现人脸识别自动打卡签到。

（5）系统视频应支持通过 GB 28181 与安防综合管理平台等系统对接。

九、地理信息服务系统

地理信息服务系统的设计应符合 GB /T 18578 的相关规定。

（1）系统宜部署在省（自治区、直辖市）监狱管理局和监所。

（2）系统应具有地图基本操作、地图显示查询、空间分析、GPS（Global Positioning System，全球定位系统）导航、三维可视化、实时视频、报警定位、模拟巡检等功能。

（3）系统应能独立运行，并能与视频监控系统等联动。

（4）系统应开放协议、接口，支持与安防综合管理平台等系统对接。

十、安防综合管理平台

安防综合管理平台的设计应符合 GB /T 28181、SF/T 0008 和 SF/T 0009 的规定。

（1）平台应部署在省（自治区、直辖市）监狱管理局指挥中心、监所指挥中心和分控室。

（2）平台应集成视频监控系统、报警系统、出入口管理系统、巡查系统、管控系统、通信系统等各安防子系统，应能对各安防子系统集中控制，且统一接入指挥中心。

（3）平台应集成各类监控设备、指挥中心显示设备、存储设备，具有实时视频预览、录像回放、电视墙管理、报警上屏、录像下载等功能。

（4）平台应集成智能分析设备和各类入侵报警系统，自动接收探测器报警信号，自动弹出报警区域监控画面和进行语音提示，且应具备转发报警信息、手动复位报警等功能。

（5）平台应集成应急报警系统，自动接收报警信号，自动弹出报警区域监控画面和进行语音提示，具备转发报警信息等功能。

（6）平台应具有与上级机关平台互联互通功能，实现视频、报警、门禁、对讲等各类信息的上传和上级机关命令的接收执行。

（7）平台应具有设置各类安防子系统联动功能，联动信息根据管理职能应能分层分级推送。

（8）平台应具备数据可视化展示、日志查询、统计和图表分析、查询管理、数据导出备份、报表打印等功能。

（9）平台应具有开放协议、接口，支持与物联管控平台、执法管理平台、大数据平台对接。

十一、应急指挥平台

应急指挥平台的设计应符合 SF/T 0009 的规定。

（1）平台应部署在省（自治区、直辖市）监狱管理局和监所指挥中心。

（2）平台宜集成融合通信系统、宿舍对讲系统、数字广播系统等通信调度系统，实现音频调度、视频调度、关联资源调度。

（3）平台应具有突发情况下事件信息的收集、显示、上报功能。

（4）平台应具有应急预案、预案演练、应急资源、知识库、值班管理、数据可视化、决策分析、视频执法督察等功能。

（5）平台应基于 GIS 地图，支持关联信息联动显示，能够实时查看警力等应急资源部署。

十二、指挥中心

指挥中心建设应符合 GB 50348、SF/T 0008 和 SF/T 0009 的要求。

（1）指挥中心整体架构应分为三层，包括司法部监狱管理局指挥中心、省（自治区、直辖市）监狱管理局指挥中心、监所指挥中心。

（2）省（自治区、直辖市）监狱管理局和监所指挥中心应部署安防综合管理平台和应急指挥平台，实现对各级信息资源、技防资源、能量资源的统一监控、指挥调度、报警推送和联动处置。

（3）指挥中心应具有应急指挥、执法巡查、分析研判和执勤值守等功能，并应符合以下要求：

① 提供对在押人员信息、警务人事、所政管理、教育矫正等综合业务数据可视化展示；

② 支持通过融合通信系统对强制隔离监所有线固话、移动通信、无线对讲、广播、对讲机等进行调度，提供可视化应急指挥调度等功能；

③ 依据 GB /T 28181 等相关标准向上级机关上传监控视频等数据信息，接收和执行上级机关下达的指令。

（4）指挥中心应具备指挥区、会议区、控制室、设备间等，根据实际情况，部分区域可共用。

（5）指挥中心各相关子系统包括视频点名系统，综合布线、通信与网络、拾音及扩声系统，视频及电话会议系统，视频采集及显示系统，照明系统，集中控制系统，信息记录系统，安防及动力环境监控系统，日常办公设备、供配电系统，防雷接地系统，空调及新风系统。

（6）指挥中心大屏显示系统宜采用 LCD（液晶显示器）屏、DLP（数字光处理）屏、LED（发光二极管）屏、激光投影或其他显示设备，应具有同时显示多种信息的能力，显示设备宜支持 VGA（视频图形阵列）、DVI（数字视频接口）、HDMI（高清多媒体接口）等接口。支持多路信息输入，可整屏和多路分屏显示；应支持各种制式的视频图像和不同分辨率的信号。

任务六
刑事执行业务平台建设标准

模块一　刑罚执行业务规范

刑罚执行业务指监狱执行人民法院生效的刑事判决的程序性内容，包括收监、罪犯申诉、控告、检举处理、暂予监外执行、减刑假释和释放等。

刑罚执行业务架构如图 6-1 所示。

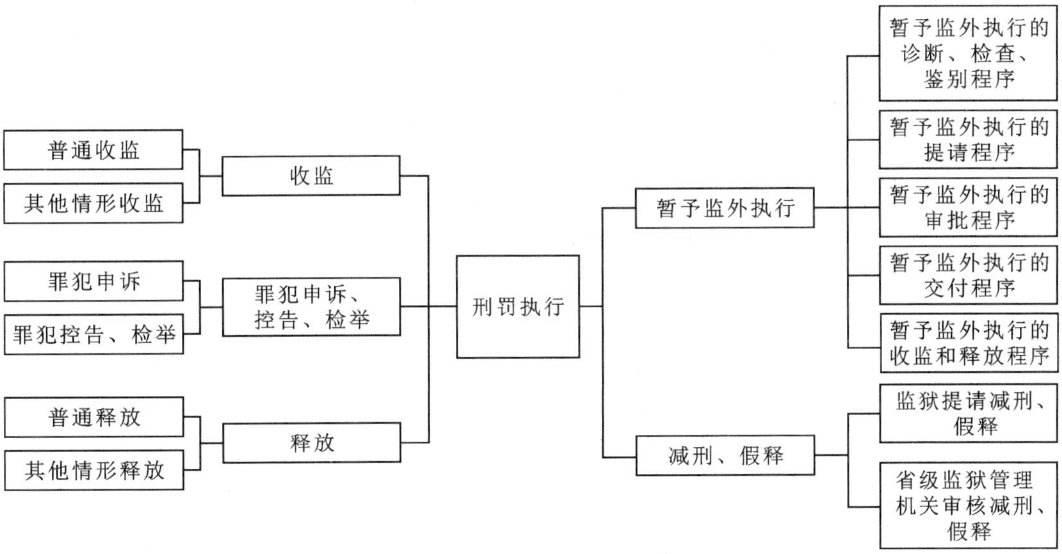

图 6-1　刑罚执行业务架构

一、收监

人民法院对被判处死刑缓期二年执行、无期徒刑、有期徒刑的罪犯，应当将执行通知书、判决书送达羁押该罪犯的公安机关。公安机关应当自收到执行通知书、判决书书之日起一个月内将该罪犯送交监狱执行刑罚。罪犯被交付执行刑罚时，交付执行的人民法院应当将人民检察院的起诉书副本、人民法院的判决书、执行通知书、结案登记表同时送达监狱。

收监包括普通收监和其他情形收监。

（一）普通收监

普通收监是对判决和裁定生效后被判处死刑缓期二年执行、无期徒刑、有期徒刑一年以上的罪犯送交监狱执行刑罚，监狱经过对提交的文书材料进行审查和对交付执行刑罚的罪犯进行身体检查后，依法作出收监或不予收监、暂不收监的决定的过程（见表 6-1）。

表 6-1　普通收监业务环节规范标准

业务环节	业务主体	业务文档	业务要求
文书送达	人民法院	判决书；起诉书副本； 执行通知书；结案登记表	罪犯被交付执行刑罚的时候，应当由交付执行的人民法院在判决生效后十日以内将有关的法律文书送达公安机关、监狱或者其他执行机关
交付执行	罪犯羁押机关	判决书；起诉书副本； 执行通知书；结案登记表； 逮捕证；罪犯财产刑执行情况通知书； 罪犯身体健康证明和疾病鉴定证明；羁押期间的改造表现	接收执行通知书、判决书一个月内
查验收押范围	监狱刑罚执行部门	罪犯羁押单位介绍信； 省级监狱管理机关介绍信或公函；罪犯移交花名册； 人民警察证；其他工作证件	罪犯年龄、刑期、籍贯、民族符合收押范围，押送警察和人员身份真实；特许投送凭省级监狱管理机关介绍信或公函
文书审核	监狱刑罚执行部门	判决书；起诉书副本； 执行通知书；结案登记表； 逮捕证； 罪犯财产刑执行情况通知书；健康证明和疾病鉴定证明；羁押期间的改造表现	罪犯姓名、刑期、起止日期等内容正确，且与执行通知书、结案登记表、起诉书副本、逮捕证内容一致；文书必须生效，一审判决罪犯必须已过 10 天上诉期；被判处死缓执行的须有送达回证；未经逮捕的不需逮捕证

续表

业务环节	业务主体	业务文档	业务要求
补充文书或者作出更正	人民法院	判决书；起诉书副本；执行通知书；结案登记表	文件不齐全或者记载有误的，作出生效判决的人民法院应当及时补充齐全或者作出更正
不予收监	监狱刑罚执行部门	罪犯不予收监通知书	文书有误、文书不全或身份不符可能导致错误收监
查验身份	监狱刑罚执行部门	判决书；身份证件	与判决书所记载罪犯本人基本情况相符
核对人数	监狱刑罚执行部门	罪犯移交花名册	现场核对罪犯身份、人数后，带领羁押机关押解囚车进入监管区
身体检查	监狱生活卫生部门	罪犯身体健康证明和疾病鉴定证明；罪犯体检表	罪犯对健康情况和既往病史自述并签名确认；身体健康，符合收押条件；对需要进一步检查的，在10个工作日内作出检查结论
暂不收监	监狱刑罚执行部门	罪犯暂不收监通知书	患严重疾病且符合保外就医规定；怀孕或正在哺乳自己婴儿的妇女
退回罪犯	罪犯羁押机关	送交的全部文书、材料、财物，罪犯不予收监通知书，罪犯暂不收监通知书	—
物品检查	监狱狱政管理部门	物品检查登记表	严格检查其人身和所携带的物品；非生活必需品由监狱代为保管或征得罪犯同意后退回其家属，违禁品予以没收
物品移交	监狱狱政管理部门	贵重物品移交表；零花钱移交表；罪犯物品保管收据	清点无误，造册登记，签名移交
签收名册	监狱刑罚执行部门	罪犯移交回执	—

续表

业务环节	业务主体	业务文档	业务要求
接收回执	罪犯羁押机关	罪犯移交回执	—
入监登记	监狱狱政管理部门	罪犯询问笔录表、入监登记表	罪犯自述本人或近亲属、代理人无上诉以及认罪服法情况，并签名确认；10日内完成入监登记表填报
信息采集	监狱狱政管理部门	罪犯体貌、指纹、照片、记录表	7日内完成罪犯体貌、指纹、照片等活体信息采集
分配监舍	监狱狱政管理部门	监舍分配情况	—
被服发放	监狱生活卫生部门	被服发放情况	—
寄发入监通知	监狱狱政管理部门	入监通知书	收监后5日内将《入监通知书》寄发给罪犯亲属
建立罪犯档案	监狱狱政管理部门	法律文书；罪犯基本情况、犯罪事实、社会关系	10日内建立罪犯档案材料
信息沟通	监狱刑罚执行部门	罪犯基本情况登记表	入监1个月内送达罪犯户籍地或居住地的县级安置帮教部门
信息反馈	安置帮教部门	罪犯基本情况反馈表	罪犯信息送达的1个月内
跟踪核查	监狱刑罚执行部门	假姓名、假身份、假地址罪犯情况登记表	及时与公安机关联系核查

收监业务流程如图6-2所示。

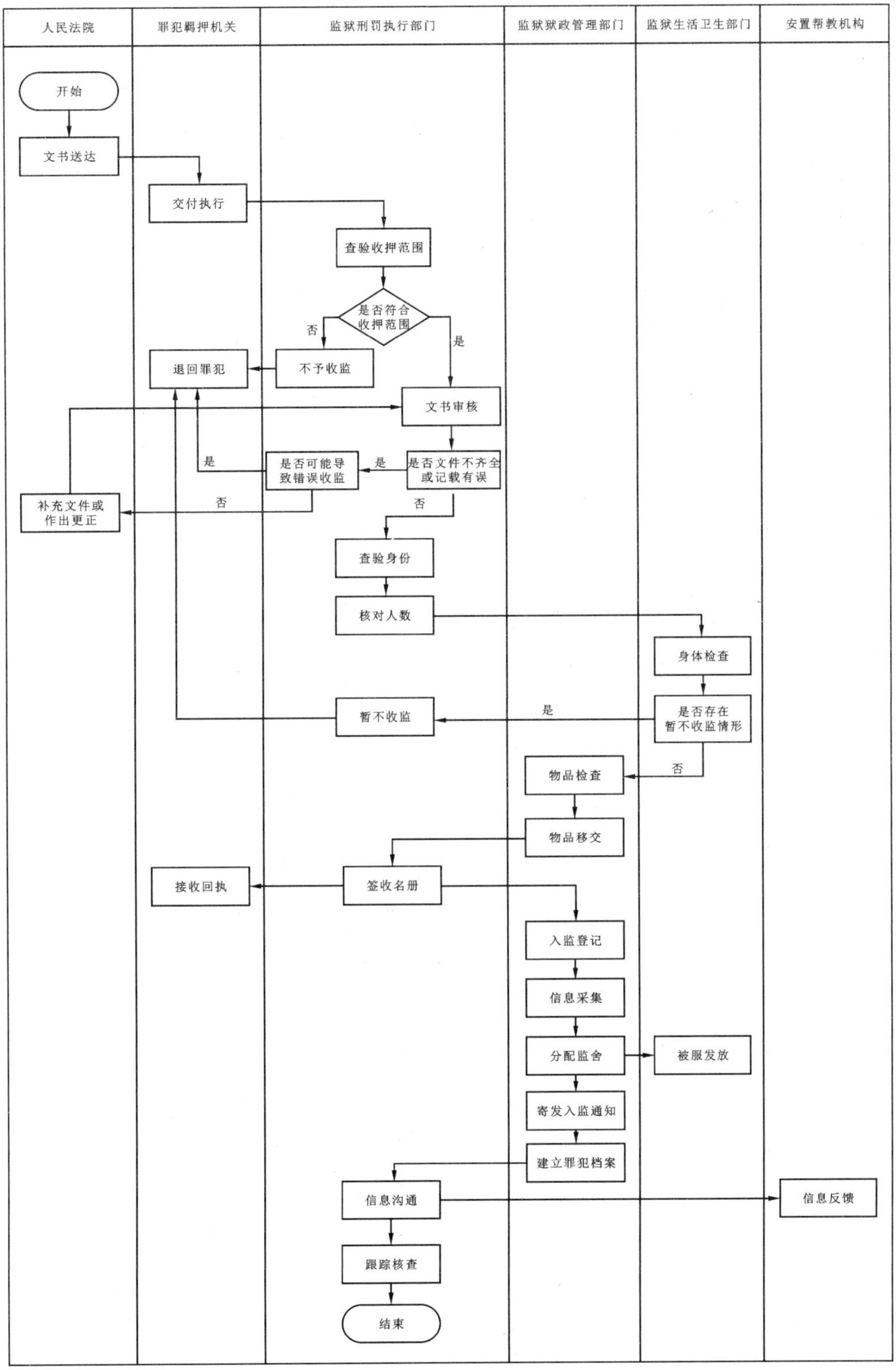
人民法院
罪犯羁押机关
监狱刑罚执行部门
监狱狱政管理部门
监狱生活卫生部门
安置帮教机构
开始
文书送达
交付执行
查验收押范围
是否符合收押范围
否
是
不予收监
退回罪犯
文书审核
是
是否可能导致错误收监
是
是否文件不齐全或记载有误
否
补充文件或作出更正
否
查验身份
核对人数
身体检查
是否存在暂不收监情形
是
暂不收监
否
物品检查
物品移交
签收名册
接收回执
入监登记
信息采集
分配监舍
被服发放
寄发入监通知
建立罪犯档案
信息沟通
信息反馈
跟踪核查
结束

图 6-2　收监业务流程

（二）其他情形收监

其他情形收监是指对重要罪犯、入境犯、限制减刑罪犯、参加非法组织类罪犯、患艾滋病等病罪犯、解回再审罪犯、暂予监外执行或假释期间又犯罪被判刑的罪犯、脱逃捕回罪犯、暂予监外执行的法定情形消失或法院裁定收监的罪犯、其他监狱调入或其他国家地区的移管罪犯等予以收监。

其他情形收监业务流程，如图 6-3 所示。

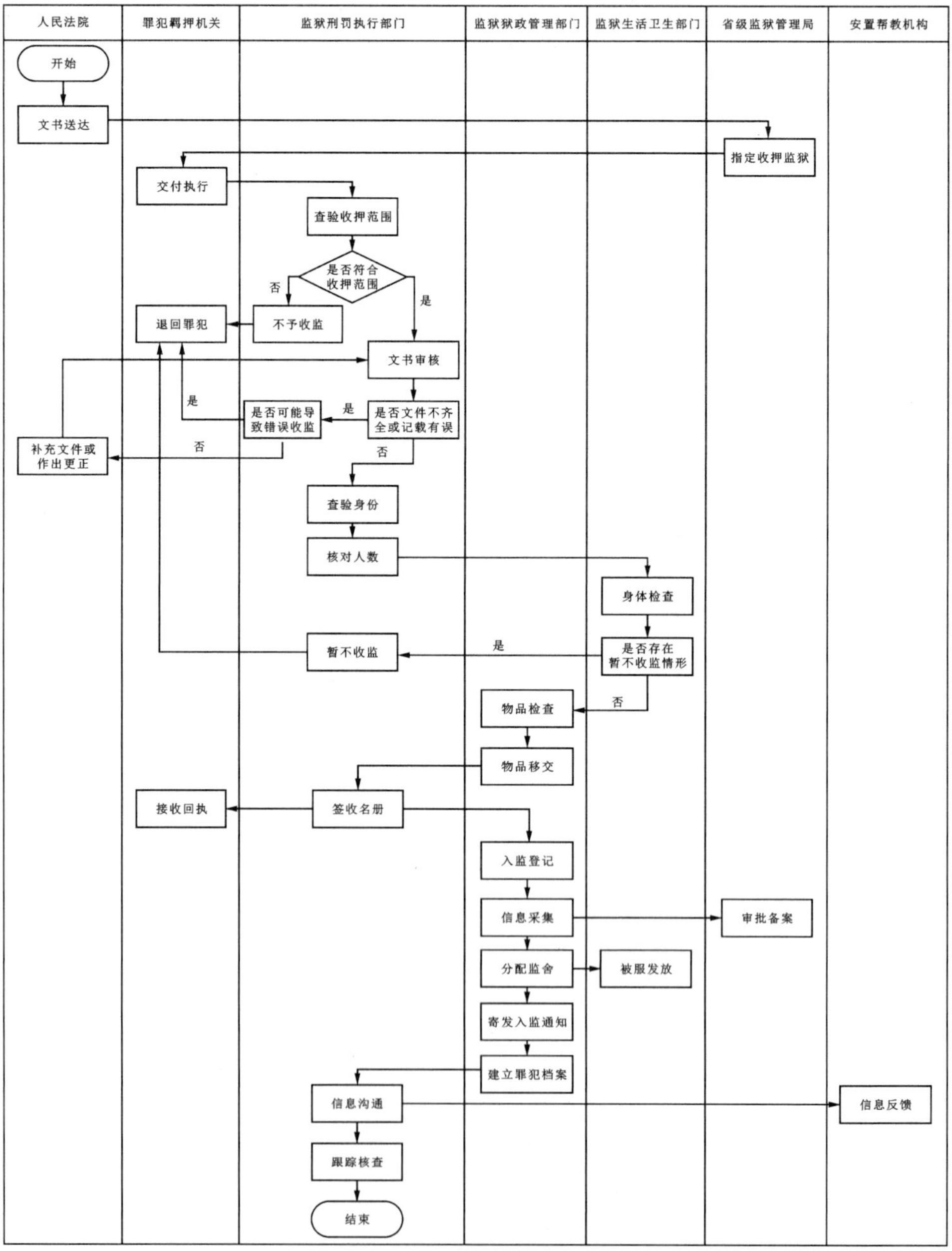

图 6-3　其他情形收监业务流程

二、罪犯申诉、控告、检举业务标准

根据《中华人民共和国监狱法》第三章第二节规定，罪犯对生效的判决不服的，可以提出申诉。对于罪犯的申诉材料，监狱应当及时转递、不得扣压。对于罪犯的申诉，人民检察院或者人民法院应当及时处理。

对罪犯提出的控告、检举材料，监狱应当及时处理或者转送公安机关或人民检察院处理，公安机关或者人民检察院应当将处理结果通知监狱。

监狱在执行刑罚过程中，根据罪犯的申诉，认为判决可能有错误的，应当提请人民检察院或者人民法院处理，人民检察院或者人民法院应当自收到监狱提请处理意见书之日起六个月内将处理结果通知监狱。

罪犯申诉处理业务流程，如图 6-4 所示。

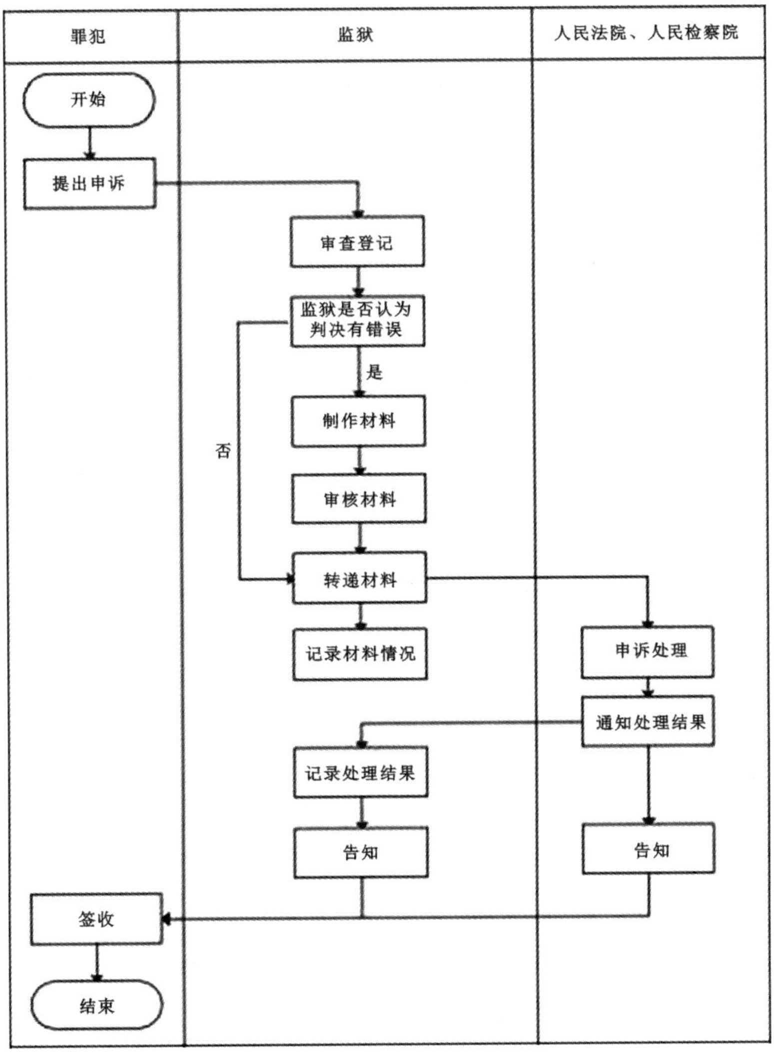

图 6-4　罪犯申诉处理业务流程

罪犯控告、检举处理业务流程，如图6-5所示。

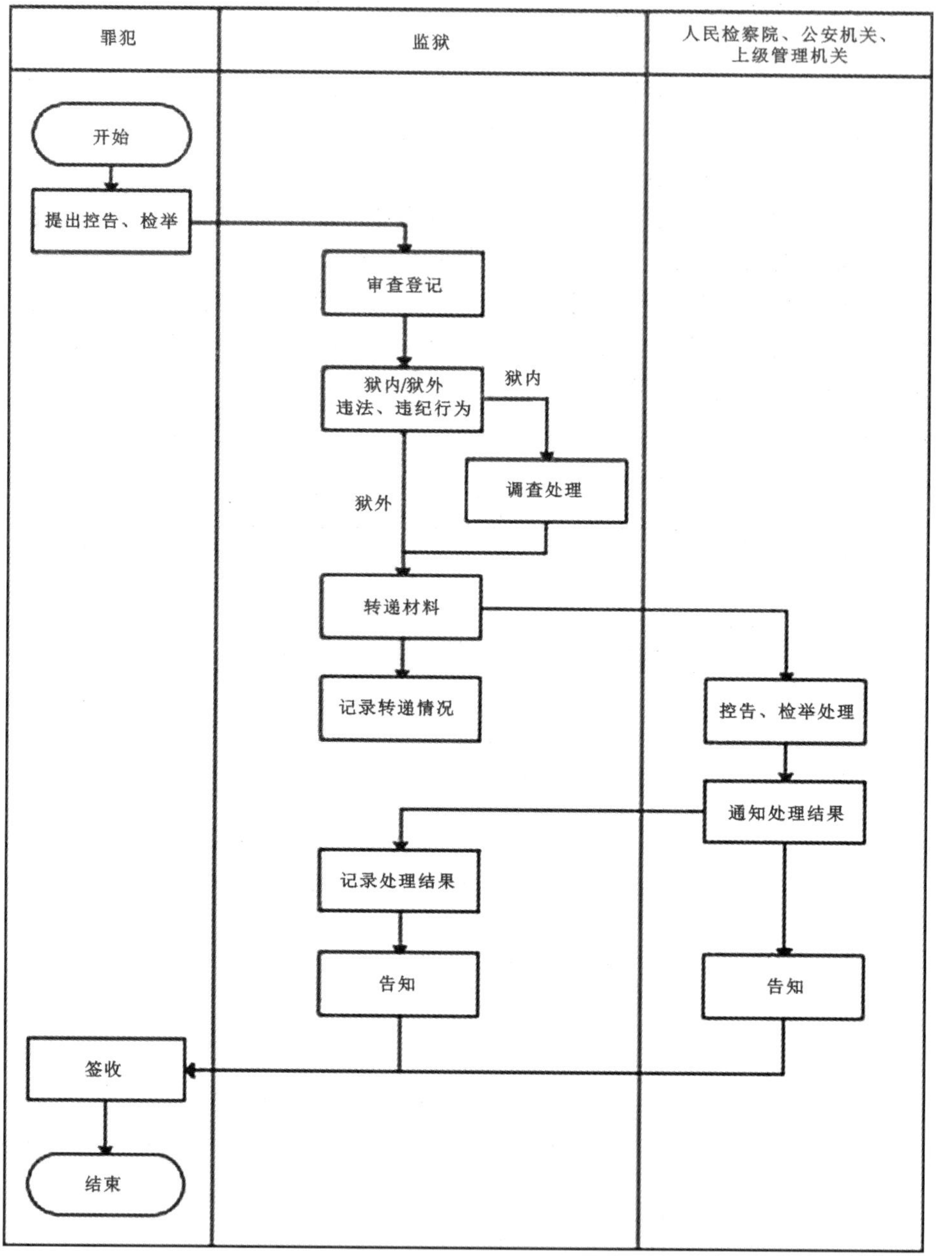

图6-5　罪犯控告、检举处理业务流程

三、暂予监外执行

根据《中华人民共和国刑事诉讼法》《中华人民共和国监狱法》《暂予监外执行规定》《监狱暂予监外执行程序规定》，对被判处有期徒刑或者拘役的罪犯，有下列情形之一的，可以暂予监外执行：

（1）有严重疾病需要保外就医的；

（2）怀孕或者正在哺乳自己婴儿的妇女；

（3）生活不能自理，适用暂予监外执行不致危害社会的。

对被判处无期徒刑的罪犯，有上述第（2）项规定情形的，可以暂予监外执行。对适用保外就医可能有社会危险性的罪犯，或者自伤自残的罪犯，不得保外就医。对罪犯确有严重疾病，必须保外就医的，由省级人民政府指定的医院诊断并开具证明文件。

暂予监外执行包括：暂予监外执行的诊断、检查、鉴别程序；暂予监外执行的提请程序；暂予监外执行的审批程序；暂予监外执行的交付程序；暂予监外执行的收监和释放程序。

暂予监外执行的诊断、检查、鉴别程序业务流程，如图 6-6 所示。

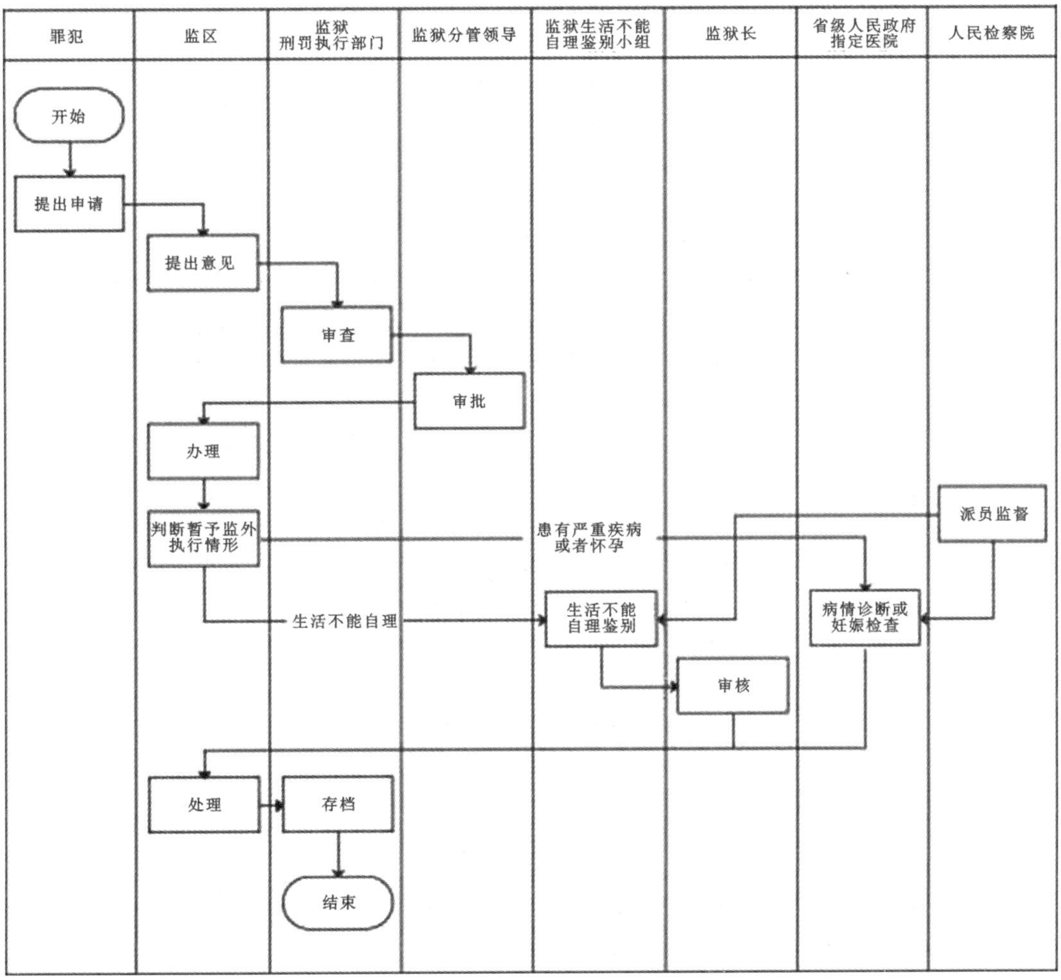

图 6-6　暂予监外执行的诊断、检查、鉴别程序业务流程

对在监狱服刑的罪犯需要暂予监外执行的，监狱应当组织对罪犯进行病情诊断、妊娠检查或者生活不能自理鉴别。此即入监体检业务，其规范标准见表 6-2。

表 6-2　入监体检业务环节规范标准

业务环节	业务主体	业务资料	业务要求
提出意见	监区	罪犯暂予监外执行书面申请； 拟罪犯暂予监外执行诊断（检查、鉴别）初审表	监狱组织诊断、检查或者鉴别，应当由监区提出意见
审查	监狱刑罚执行部门	罪犯暂予监外执行书面申请； 拟罪犯暂予监外执行诊断（检查、鉴别）初审表	—
审批	监狱分管领导	罪犯暂予监外执行书面申请； 拟罪犯暂予监外执行诊断（检查、鉴别）初审表	—
办理	监区	罪犯暂予监外执行书面申请； 拟罪犯暂予监外执行诊断（检查、鉴别）初审表； 罪犯病情诊断书/罪犯妊娠鉴定书/生活不能自理鉴别书	—
病情诊断或妊娠检查	省级人民政府指定医院	罪犯病情诊断书/罪犯妊娠鉴定书、化验单、影像学资料和病历等有关医疗文书复印件	对罪犯的病情诊断或妊娠检查证明文件，应当由两名具有副高以上专业技术职称的医师共同作出，经主管业务院长审核签名，加盖公章
生活不能自理鉴别	监狱生活不能自理鉴别小组	罪犯生活不能自理鉴别书； 罪犯经 6 个月以上治疗、护理和观察，生活自理能力仍不能恢复的材料； 罪犯健康档案及相关材料； 主管人民警察询问书面材料； 罪犯护理人员及其同一监区 2 名以上罪犯询问笔录；罪犯现场考察书面材料； 其他能够证明罪犯生活不能自理的相关材料	—

续表

业务环节	业务主体	业务资料	业务要求
审核	监狱长	罪犯生活不能自理鉴别书； 罪犯经6个月以上治疗、护理和观察，生活自理能力仍不能恢复的材料； 罪犯健康档案及相关材料；主管人民警察询问书面材料； 罪犯护理人员及其同一监区2名以上罪犯询问笔录罪犯现场考察书面材料； 其他能够证明罪犯生活不能自理的相关材料	—
派员监督	人民检察院	罪犯疾病诊断、妊娠检查、生活不能自理鉴别监督记录	人民检察院可以派员监督有关诊断、检查和鉴别活动
处理/存档	监区/监狱刑罚执行部门	罪犯病情诊断书/罪犯妊娠鉴定书/罪犯生活不能自理鉴别书； 化验单、影像学资料和病历等有关医疗文书复印件； 有关证明罪犯生活不能自理的治疗、护理和现场考察、询问笔录等材料； 罪犯疾病诊断、妊娠检查、生活不能自理鉴别监督记录	监区收集整理罪犯病情诊断、妊娠检查、生活不能自理鉴别相关材料

暂予监外执行提请程序是指罪犯经病情诊断、妊娠检查或生活不能自理鉴别后需要暂予监外执行的，由监狱提请暂予监外执行的程序（见表6-3）。

表6-3 暂予监外执行的提请程序规范标准

业务环节	业务主体	业务资料	业务要求
提出保证人	罪犯（或其亲属、监护人）	保证人信息； 保证人相关证明材料	罪犯需要保外就医的，应当由罪犯本人或其亲属、监护人提出保证人。无亲属、监护人的，可以由罪犯居住地的村（居）委会、原所在单位或者县级司法行政机关社区矫正机构推荐保证人

续表

业务环节	业务主体	业务资料	业务要求
集体研究	监区	暂予监外执行审批表； 提请暂予监外执行意见书； 终审法院裁判文书、执行通知书、历次刑罚变更执行法律文书； 罪犯病情诊断书、罪犯妊娠检查书及相关诊断、检查的医疗文书复印件；罪犯生活不能自理鉴别书及有关证明罪犯生活不能自理的治疗、护理和现场考察、询问笔录等材料； 保证人资格审查表、暂予监外执行保证书及相关材料	对符合办理暂予监外执行条件的罪犯，监区人民警察应当集体研究
审核	监狱长办公会	暂予监外执行审批表； 提请暂予监外执行意见书； 终审法院裁判文书、执行通知书、历次刑罚变更执行法律文书； 罪犯病情诊断书、罪犯妊娠检查书及相关诊断、检查的医疗文书复印件；罪犯生活不能自理鉴别书及有关证明罪犯生活不能自理的治疗、护理和现场考察、询问笔录等材料； 监区长办公会议记录； 保证人资格审查表、暂予监外执行保证书及相关材料	—
审查	监狱刑罚执行部门	暂予监外执行审批表； 提请暂予监外执行意见书； 终审法院裁判文书、执行通知书、历次刑罚变更执行法律文书； 罪犯病情诊断书、罪犯妊娠检查书及相关诊断、检查的医疗文书复印件；罪犯生活不能自理鉴别书及有关证明罪犯生活不能自理的治疗、护理和现场考察、询问笔录等材料； 监区长办公会议记录； 保证人资格审查表、暂予监外执行保证书及相关材料	监狱刑罚执行部门审查监区提交的材料是否齐全、完备、规范；罪犯是否符合法定暂予监外执行的条件；提请暂予监外执行的程序是否符合规定

续表

业务环节	业务主体	业务资料	业务要求
补充有关材料	监区	罪犯暂予监外执行相关材料	
退回	监狱刑罚执行部门	—	对不符合提请条件的，退回监区
核查	监狱刑罚执行部门	—	对相关材料有异议的，应当进行核查
委托调查	监狱刑罚执行部门	拟暂予监外执行罪犯调查评估委托函； 原刑事判决书；减刑裁定书复印件；罪犯在服刑期间表现情况材料	监狱刑罚执行部门应当核实暂予监外执行罪犯拟居住地，对需要调查评估其对所居住社区影响或核实保证人具保条件的，委托居住地县级司法行政机关进行调查评估或核实
调查	居住地县级司法行政机关	—	—
危险性评估	居住地县级司法行政机关	调查评估意见书	—
评审	监狱暂予监外执行评审委员会	暂予监外执行审批表； 提请暂予监外执行意见书； 终审法院裁判文书、执行通知书、历次刑罚变更执行法律文书； 罪犯病情诊断书、罪犯妊娠检查书及相关诊断、检查的医疗文书复印件；罪犯生活不能自理鉴别书及有关证明罪犯生活不能自理的治疗、护理和现场考察、询问笔录等材料； 监区长办公会议记录、监狱评审委员会会议记录；保证人资格审查表、暂予监外执行保证书及相关材料；调查评估意见书	—

续表

业务环节	业务主体	业务资料	业务要求
派员列席	人民检察院	—	监狱可以邀请人民检察院派员列席监狱暂予监外执行评审委员会会议
公示	监区	公示；公示情况	公示内容应当包括罪犯的姓名、原判罪名及刑期、暂予监外执行依据等，公示期限为三个工作日
复核并告知结果	监狱暂予监外执行评审委员会	公示情况；复核结果	罪犯对公示内容提出异议的，监狱暂予监外执行评审委员会应当进行复核，并告知其复核结果
征求检察院意见	监狱暂予监外执行评审委员会	暂予监外执行审批表； 提请暂予监外执行意见书； 终审法院裁判文书、执行通知书、历次刑罚变更执行法律文书； 罪犯病情诊断书、罪犯妊娠检查书及相关诊断、检查的医疗文书复印件；罪犯生活不能自理鉴别书及有关证明罪犯生活不能自理的治疗、护理和现场考察、询问笔录等材料； 监区长办公会议记录、监狱评审委员会会议记录；保证人资格审查表、暂予监外执行保证书及相关材料； 调查评估意见书；公示情况；复核结果； 征求人民检察院意见函	公示无异议或者经复核异议不成立的，监狱应当将提请暂予监外执行相关材料送人民检察院征求意见

续表

业务环节	业务主体	业务资料	业务要求
提出检察意见	人民检察院	暂予监外执行审批表； 提请暂予监外执行意见书； 终审法院裁判文书、执行通知书、历次刑罚变更执行法律文书； 罪犯病情诊断书、罪犯妊娠检查书及相关诊断、检查的医疗文书复印件；罪犯生活不能自理鉴别书及有关证明罪犯生活不能自理的治疗、护理和现场考察、询问笔录等材料； 监区长办公会议记录、监狱评审委员会会议记录；保证人资格审查表、暂予监外执行保证书及相关材料； 调查评估意见书；公示情况；复核结果； 人民检察院意见函	—
审议	监狱长办公会	暂予监外执行审批表； 提请暂予监外执行意见书； 终审法院裁判文书、执行通知书、历次刑罚变更执行法律文书 罪犯病情诊断书、罪犯妊娠检查书及相关诊断、检查的医疗文书复印件；罪犯生活不能自理鉴别书及有关证明罪犯生活不能自理的治疗、护理和现场考察、询问笔录等材料； 监区长办公会议记录、监狱评审委员会会议记录、监狱长办公会议记录； 保证人资格审查表、暂予监外执行保证书及相关材料； 调查评估意见书；公示情况； 复核结果；人民检察院意见函	—
说明理由	监狱长办公会	人民检察院意见未予采纳书面回复	监狱对人民检察院意见未予采纳的，应当予以回复，并说明理由

续表

业务环节	业务主体	业务资料	业务要求
接收	人民检察院	人民检察院意见未予采纳书面回复	人民检察院接收监狱未予采纳意见的书面回复
报送省级监狱管理局	监狱长办公会	暂予监外执行审批表； 提请暂予监外执行意见书； 终审法院裁判文书、执行通知书、历次刑罚变更执行法律文书； 罪犯病情诊断书、罪犯妊娠检查书及相关诊断、检查的医疗文书复印件；罪犯生活不能自理鉴别书及有关证明罪犯生活不能自理的治疗、护理和现场考察、询问笔录等材料； 监区长办公会议记录、监狱评审委员会会议记录、监狱长办公会议记录； 保证人资格审查表、暂予监外执行保证书及相关材料； 调查评估意见书；公示情况；复核结果； 人民检察院意见函；根据案件情况需要提交的其他材料	—
备案	人民检察院	暂予监外执行审批表； 提请暂予监外执行意见书副本； 终审法院裁判文书、执行通知书、历次刑罚变更执行法律文书； 罪犯病情诊断书、罪犯妊娠检查书及相关诊断、检查的医疗文书复印件；罪犯生活不能自理鉴别书及有关证明罪犯生活不能自理的治疗、护理和现场考察、询问笔录等材料； 监区长办公会议记录、监狱评审委员会会议记录、监狱长办公会议记录； 保证人资格审查表、暂予监外执行保证书及相关材料； 调查评估意见书；公示情况；复核结果； 人民检察院意见函；根据案件情况需要提交的其他材料	决定提请暂予监外执行的，监狱应当将提请暂予监外执行书面意见的副本和相关材料抄送人民检察院

暂予监外执行的审批程序业务流程，如图 6-7 所示。

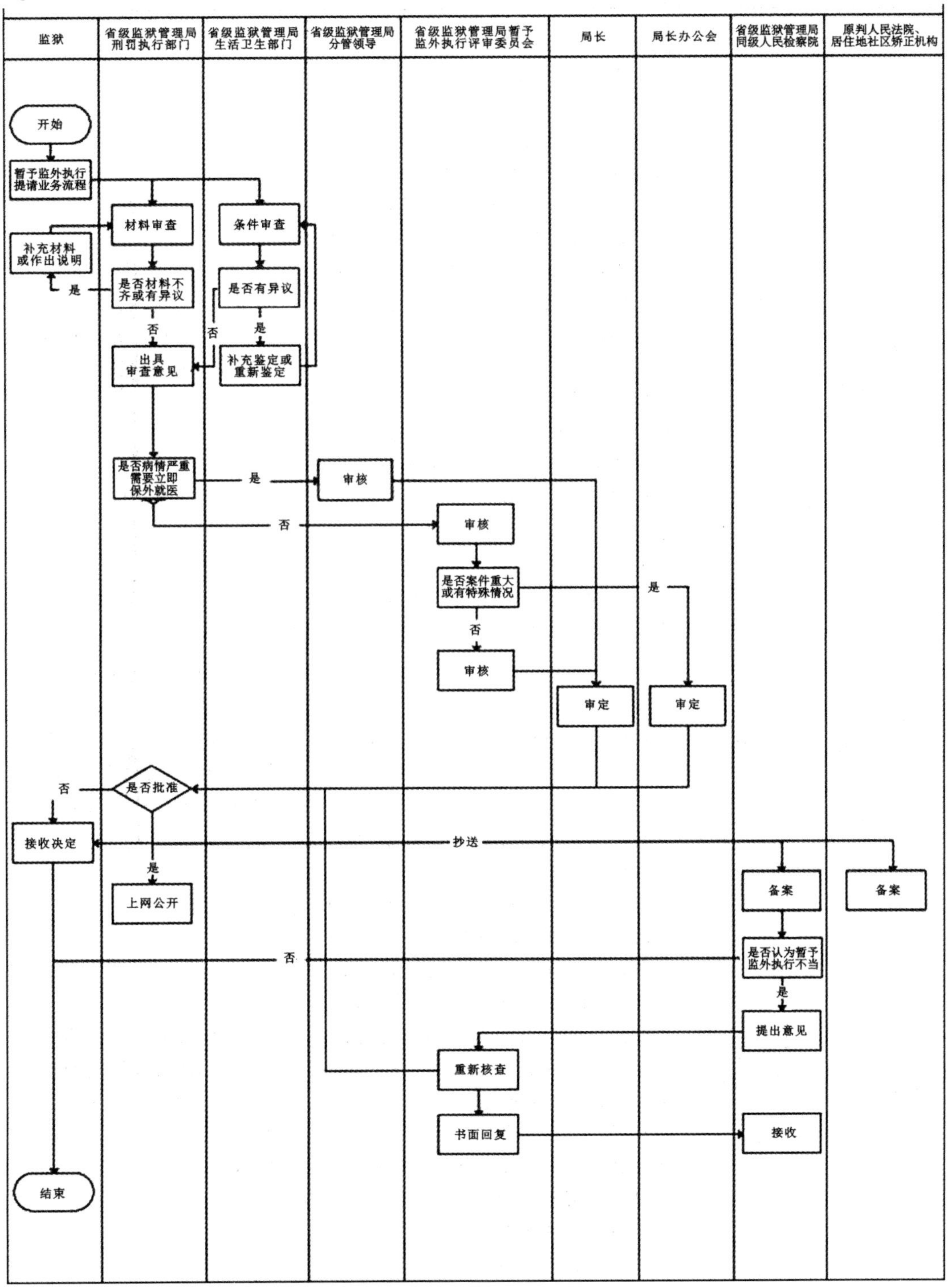

图 6-7　暂予监外执行的审批程序业务流程

暂予监外执行审批业务流程规范标准，如表6-4所示。

表6-4 暂予监外执行审批业务流程规范标准

业务环节	业务主体	业务资料	业务要求
材料审查	省级监狱管理局刑罚执行部门	暂予监外执行审批表；提请暂予监外执行意见书； 终审法院裁判文书、执行通知书、历次刑罚变更执行法律文书； 罪犯病情诊断书、罪犯妊娠检查书及相关诊断、检查的医疗文书复印件；罪犯生活不能自理鉴别书及有关证明罪犯生活不能自理的治疗、护理和现场考察； 询问笔录等材料； 监区长办公会议记录、监狱评审委员会会议、监狱长办公会议记录； 保证人资格审查表、暂予监外执行保证书及相关材料； 调查评估意见书；公示情况；复核结果； 人民检察院意见函；根据案件情况需要提交的其他材料	对上报材料是否符合法定条件、法定程序及材料的完整性等，由刑罚执行部门进行审查
补充材料或作出说明	监狱	根据要求补充的材料或作出的说明	审查中发现监狱报送的材料不齐全或者有异议的，刑罚执行部门应当通知监狱补交有关材料或者作出说明，必要时可派员进行核实
条件审查	省级监狱管理局生活卫生部门	暂予监外执行审批表；提请暂予监外执行意见书； 终审法院裁判文书、执行通知书、历次刑罚变更执行法律文书； 罪犯病情诊断书、罪犯妊娠检查书及相关诊断、检查的医疗文书复印件；罪犯生活不能自理鉴别书及有关证明罪犯生活不能自理的治疗、护理和现场考察、询问笔录等材料； 监区长办公会议记录、监狱评审委员会会议、监狱长办公会议记录； 保证人资格审查表、暂予监外执行保证书及相关材料； 调查评估意见书；公示情况；复核结果； 人民检察院意见函；根据案件情况需要提交的其他材料	对病情诊断、妊娠检查或者生活不能自理情况的鉴别是否符合暂予监外执行条件，由生活卫生部门进行审查

续表

业务环节	业务主体	业务资料	业务要求
补充鉴定或重新鉴定	省级监狱管理局生活卫生部门	补充鉴定或重新鉴定结果	对诊断、检查、鉴别有异议的，生活卫生部门应当组织进行补充鉴定或者重新鉴定
出具审查意见	省级监狱管理局刑罚执行部门	刑罚执行部门审查意见	审查无误后，应当由刑罚执行部门出具审查意见
审核	省级监狱管理局分管领导	暂予监外执行审批表；提请暂予监外执行意见书； 终审法院裁判文书、执行通知书、历次刑罚变更执行法律文书； 罪犯病情诊断书、罪犯妊娠检查书及相关诊断、检查的医疗文书复印件；罪犯生活不能自理鉴别书及有关证明罪犯生活不能自理的治疗、护理和现场考察、询问笔录等材料； 监区长办公会议记录、监狱评审委员会会议、监狱长办公会议记录； 保证人资格审查表、暂予监外执行保证书及相关材料； 调查评估意见书；公示情况；复核结果； 人民检察院意见函；根据案件情况需要提交的其他材料	对于病情严重需要立即保外就医的，刑罚执行部门、生活卫生部门审查后，报经分管副局长审核
审定	局长	暂予监外执行审批表；暂予监外执行决定书/不予暂予监外执行决定书	对于病情严重需要立即保外就医的，报经分管副局长审核后报局长决定

续表

业务环节	业务主体	业务资料	业务要求
审核	省级监狱管理局暂予监外执行评审委员会	暂予监外执行审批表；提请暂予监外执行意见书； 终审法院裁判文书、执行通知书、历次刑罚变更执行法律文书； 罪犯病情诊断书、罪犯妊娠检查书及相关诊断、检查的医疗文书复印件；罪犯生活不能自理鉴别书及有关证明罪犯生活不能自理的治疗、护理和现场考察、询问笔录等材料； 监区长办公会议记录、监狱评审委员会会议、监狱长办公会议记录、省级监狱管理局评审委员会会议记录； 保证人资格审查表、暂予监外执行保证书及相关材料； 调查评估意见书；公示情况；复核结果； 人民检察院意见函；根据案件情况需要提交的其他材料	—
审定	局长办公会	暂予监外执行审批表；暂予监外执行决定书/不予暂予监外执行决定书；局长办公会议记录	监狱管理局局长认为案件重大或者有其他特殊情况的，可以召开局长办公会议审议决定
接收决定	监狱	暂予监外执行审批表； 暂予监外执行决定书/不予暂予监外执行决定书	批准暂予监外执行的，应当在五个工作日内，将暂予监外执行决定书送达监狱；不予批准暂予监外执行的，应当在五个工作日内将不予批准暂予监外执行决定书送达监狱
备案	省级监狱管理局 同级人民检察院	暂予监外执行决定书	批准暂予监外执行的，应当在五个工作日内，将暂予监外执行决定书抄送同级人民检察院

续表

业务环节	业务主体	业务资料	业务要求
备案	原判人民法院和罪犯居住地县级司法行政机关社区矫正机构	暂予监外执行决定书	批准暂予监外执行的，应当在五个工作日内，将暂予监外执行决定书抄送原判人民法院和罪犯居住地县级司法行政机关社区矫正机构
提出意见	省级监狱管理局同级人民检察院	人民检察院书面意见	人民检察院认为暂予监外执行不当提出书面意见
重新核查	省级监狱管理局暂予监外执行评审委员会	—	监狱管理局应当在接到书面意见后十五日内对决定进行重新核查
书面回复	省级监狱管理局暂予监外执行评审委员会	省级监狱管理局核查结果书面回复	—
接收	省级监狱管理局同级人民检察院	省级监狱管理局核查结果书面回复	—
上网公开	省级监狱管理局刑罚执行部门	—	监狱管理局批准暂予监外执行的，应当在十个工作日内，将暂予监外执行决定上网公开

跨省（自治区、直辖市）暂予监外执行的交付程序业务流程，如图 6-8 所示。

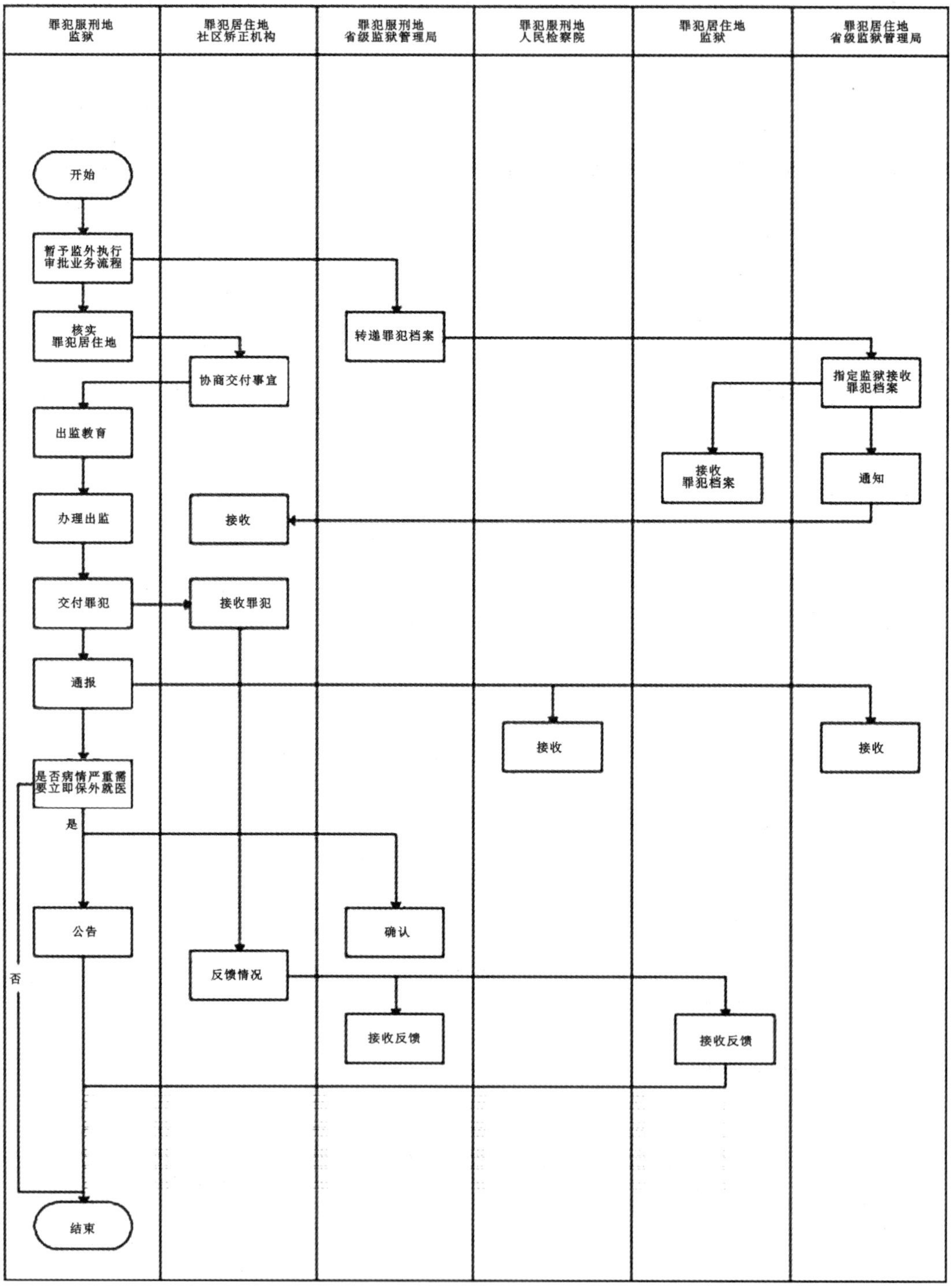

图 6-8　跨省（自治区、直辖市）暂予监外执行的交付程序业务流程

暂予监外执行交付业务环节规范标准，如表 6-5 所示。

表 6-5　暂予监外执行交付业务环节规范标准

业务环节	业务主体	业务资料	业务要求
核实罪犯居住地	罪犯服刑地监狱	书面通知	省（自治区、直辖市）监狱管理局批准暂予监外执行后，监狱应当核实罪犯居住地，书面通知罪犯居住地县级司法行政机关社区矫正机构并协商确定交付时间
协商交付事宜	罪犯居住地社区矫正机构	—	罪犯居住地社区矫正机构与监狱协商罪犯交付事宜
出监教育	罪犯服刑地监狱	暂予监外执行告知书	
办理出监	罪犯服刑地监狱	暂予监外执行决定书 暂予监外执行告知书 其他相关文书材料	监狱办理罪犯暂予监外执行出监手续
交付罪犯	罪犯服刑地监狱	暂予监外执行决定书 暂予监外执行告知书 罪犯暂予监外执行移交证明书 其他相关文书材料	监狱应当派员持暂予监外执行决定书及有关文书材料，将罪犯押送至居住地，与县级司法行政机关社区矫正机构办理交接手续
接收罪犯	罪犯居住地社区矫正机构	暂予监外执行决定书；暂予监外执行告知书； 罪犯暂予监外执行移交证明书；其他相关文书材料；	—
通报	罪犯服刑地监狱	罪犯交接情况	罪犯交付执行后，监狱应当在五个工作日内将罪犯交接情况通报人民检察院；罪犯原服刑地与居住地不在同一省（自治区、直辖市），需要回居住地暂予监外执行的，监狱应当及时办理出监手续并将交接情况通报罪犯居住地的监狱管理局

续表

业务环节	业务主体	业务资料	业务要求
接收	罪犯服刑地 人民检察院	罪犯交接情况	接收罪犯服刑地监狱通报的罪犯交接情况
接收	罪犯居住地 省级监狱管理局	罪犯交接情况	接收罪犯服刑地监狱通报的罪犯交接情况
公告	罪犯服刑地 监狱	公告	对病情严重必须立即保外就医的，可以不公示，但应当在保外就医后三个工作日内在监狱公告
确认	罪犯服刑地 省级监狱管理局	确认	对于病情严重需要立即保外就医的，省级监狱管理局在罪犯保外就医后三日内召开暂予监外执行评审委员会予以确认
转递罪犯 档案	罪犯服刑地 省级监狱管理局	档案转递函；暂予监外执行决定书；罪犯档案	罪犯原服刑地与居住地不在同一省（自治区、直辖市），需要回居住地暂予监外执行的，原服刑地的监狱管理局应当自批准暂予监外执行三个工作日内将档案转递函、暂予监外执行决定书以及罪犯档案等材料送达罪犯居住地的监狱管理局
指定监狱接收 罪犯档案	罪犯居住地 省级监狱管理局	暂予监外执行决定书 罪犯档案	罪犯居住地的监狱管理局应当在十个工作日内指定一所监狱接收罪犯档案，负责办理该罪犯的收监、刑满释放等手续
通知	罪犯居住地 省级监狱管理局	书面通知	罪犯居住地的监狱管理局应当在十个工作日内指定一所监狱接收罪犯档案，负责办理该罪犯的收监、刑满释放等手续，并书面通知罪犯居住地县级司法行政机关社区矫正机构

续表

业务环节	业务主体	业务资料	业务要求
接收	罪犯居住地社区矫正机构	书面通知	接收书面通知
反馈情况	罪犯居住地社区矫正机构	罪犯的身体状况以及疾病治疗等情况	社区矫正机构应当及时掌握暂予监外执行罪犯的身体状况以及疾病治疗等情况，每三个月审查保外就医罪犯的病情复查情况，并根据需要向批准、决定机关或者有关监狱、看守所反馈情况
接收反馈	罪犯居住地监狱	罪犯的身体状况以及疾病治疗等情况	接收社区矫正机构反馈的情况
接收反馈	罪犯服刑地省级监狱管理局	罪犯的身体状况以及疾病治疗等情况	接收社区矫正机构反馈的情况

暂予监外执行收监业务环节规范标准，如表 6-6 所示。

表 6-6 暂予监外执行收监业务环节规范标准

业务环节	业务主体	业务资料	业务要求
提出收监建议	社区矫正机构	暂予监外执行收监建议书	社区矫正机构发现暂予监外执行罪犯依法应予收监执行的，应当提出收监执行的建议
审核	县级司法行政机关	暂予监外执行收监建议书	审核社区矫正机构提出的收监建议
审查	批准暂予监外执行的省级监狱管理局	暂予监外执行收监建议书相关证明材料	对经县级司法行政机关审核同意的社区矫正机构提出的收监建议，批准暂予监外执行的监狱管理局应当进行审查
通知补送材料	批准暂予监外执行的省级监狱管理局	—	对材料不齐全的，应当通知县级司法行政机关社区矫正机构在五个工作日内补送
补送材料	社区矫正机构	补送材料	—
告知结果	批准暂予监外执行的省级监狱管理局	审查结果	对逾期未补送材料的，应当将结果告知县级司法行政机关社区矫正机构

续表

业务环节	业务主体	业务资料	业务要求
接收结果	社区矫正机构	审查结果	接收省级监狱管理局的审查结果
告知结果	批准暂予监外执行的省级监狱管理局	审查结果	对不符合法律规定的不计入执行刑期情形的，应当将结果告知县级司法行政机关社区矫正机构
接收结果	社区矫正机构	审查结果	接收省级监狱管理局的审查结果
作出决定	批准暂予监外执行的省级监狱管理局	暂予监外执行收监决定书	—
告知结果	批准暂予监外执行的省级监狱管理局	不予收监的决定	对决定不予收监的罪犯，省级监狱管理局将不予收监决定告知社区矫正机构
接收结果	社区矫正机构	审查结果	接收省级监狱管理局不予收监的决定
发送决定	批准暂予监外执行的省级监狱管理局	暂予监外执行收监决定书	决定收监执行的，将暂予监外执行收监决定书送达罪犯居住地县级司法行政机关和原服刑或接收其档案的监狱，并抄送同级人民检察院、公安机关和原判人民法院
接收决定	社区矫正机构	暂予监外执行收监决定书	—
接收决定	原服刑或接收其档案的监狱	暂予监外执行收监决定书	—
备案	省级监狱管理局同级人民检察院	暂予监外执行收监决定书	—

续表

业务环节	业务主体	业务资料	业务要求
备案	原判人民法院	暂予监外执行收监决定书	—
备案	公安机关	暂予监外执行收监决定书	—
提出不计入刑期建议	原服刑或接收其档案的监狱	暂予监外执行期间不计入刑期建议书	对材料齐全、符合法律规定的不计入执行刑期情形的，应当通知监狱向所在地中级人民法院提出不计入刑期建议书
接收不计入刑期建议书	监狱所在地中级人民法院	暂予监外执行期间不计入刑期建议书	—
通知公安机关	社区矫正机构	书面通知 暂予监外执行收监决定书	被决定收监执行的罪犯在逃的，由罪犯居住地县级司法行政机关通知罪犯居住地县级公安机关负责追捕
追捕	公安机关	书面通知 暂予监外执行收监决定书	—
收监	原服刑或接收其档案的监狱	暂予监外执行收监决定书	监狱收到暂予监外执行收监决定书后，应当立即赴羁押地将罪犯收监执行，并将暂予监外执行收监决定书交予罪犯本人
报告收监情况	原服刑或接收其档案的监狱	收监执行情况	罪犯收监后，监狱应当将收监执行的情况报告批准收监执行的监狱管理局，并告知罪犯居住地县级人民检察院和原判人民法院
接收收监执行情况	批准暂予监外执行的省级监狱管理局	收监执行情况	—
备案	罪犯居住地县级人民检察院	收监执行情况	—

续表

业务环节	业务主体	业务资料	业务要求
备案	原判人民法院	收监执行情况	—

暂予监外执行的释放程序业务环节规范标准，如表 6-7 所示。

表 6-7　暂予监外执行的释放程序业务环节规范标准

业务环节	业务主体	业务资料	业务要求
书面通知	社区矫正机构	书面通知	罪犯暂予监外执行后，刑期即将届满的，社区矫正机构应当在罪犯刑期届满前一个月以内，书面通知罪犯原服刑或者接收其档案的监狱按期办理刑满释放手续
接收通知	原服刑或者接收其档案的监狱	书面通知	—
办理刑满释放手续	原服刑或者接收其档案的监狱	罪犯刑满释放相关材料	—

暂予监外执行死亡业务流程，如图 6-9 所示。

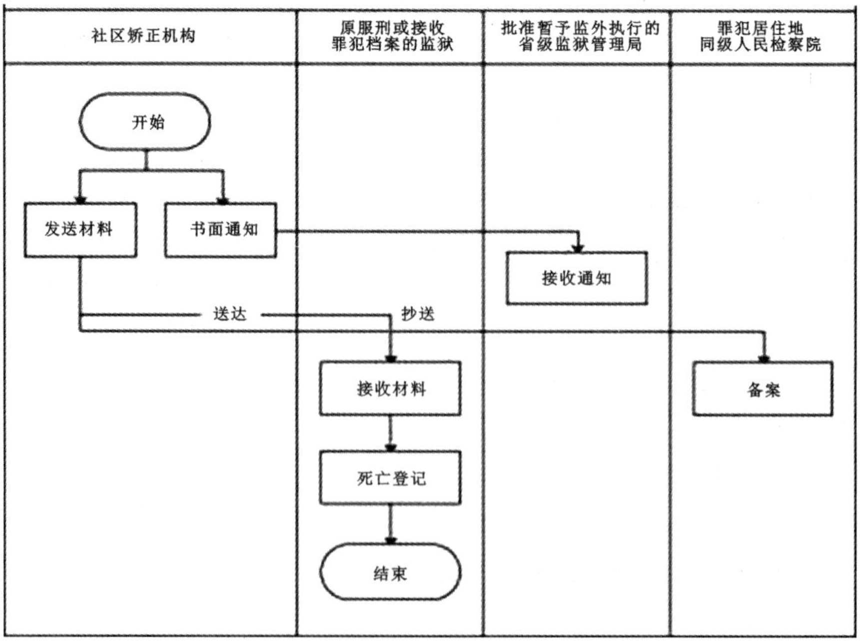

图 6-9　暂予监外执行死亡业务流程

暂予监外执行死亡业务环节规范标准，如表 6-8 所示。

表 6-8 暂予监外执行死亡业务环节规范标准

业务环节	业务主体	业务资料	业务要求
书面通知	社区矫正机构	书面通知	罪犯在暂予监外执行期间死亡的，县级司法行政机关社区矫正机构应当自发现其死亡之日起五日以内，书面通知批准暂予监外执行的监狱管理局，并将有关死亡证明材料送达该罪犯原服刑或者接收其档案的监狱，同时抄送罪犯居住地同级人民检察院
接收通知	批准暂予监外执行的省级监狱管理局	书面通知	—
发送材料	社区矫正机构	罪犯死亡证明材料	—
接收材料	原服刑或者接收其档案的监狱	罪犯死亡证明材料	—
备案	罪犯居住地同级人民检察院	罪犯死亡证明材料	—
死亡登记	原服刑或者接收其档案的监狱	罪犯死亡登记相关材料	—

四、减刑假释

根据《中华人民共和国刑法》《中华人民共和国刑事诉讼法》《中华人民共和国监狱法》《最高人民法院关于适用〈中华人民共和国刑事诉讼法〉的解释》《中华人民共和国刑法修正案（十一）》《监狱提请减刑假释工作程序规定》，被判处管制、拘役、有期徒刑、无期徒刑的犯罪分子，在执行期间，如果认真遵守监规，接受教育改造，确有悔改表现的，或者有立功表现的，可以减刑。被判处有期徒刑的犯罪分子，执行原判刑期二分之一以上，被判处无期徒刑的犯罪分子，实际执行十三年以上，如果认真遵守监规，接受教育改造，确有悔改表现，没有再犯罪的危险的，可以假释。

如果有特殊情况，经最高人民法院核准，可以不受上述执行刑期的限制。对累犯以及因故意杀人、强奸、抢劫、绑架、放火、爆炸、投放危险物质或者有组织的暴力性犯罪被判处十年以上有期徒刑、无期徒刑的犯罪分子，不得假释。被判处死刑缓期二年执行的罪犯的减刑，被判处无期徒刑的罪犯的减刑、假释，由监狱提出建议，经省（自治区、直辖市）监狱管理局审核同意后，提请罪犯服刑地的高级人民法院裁定。

监狱提请减刑、假释业务流程，如图 6-10 所示。

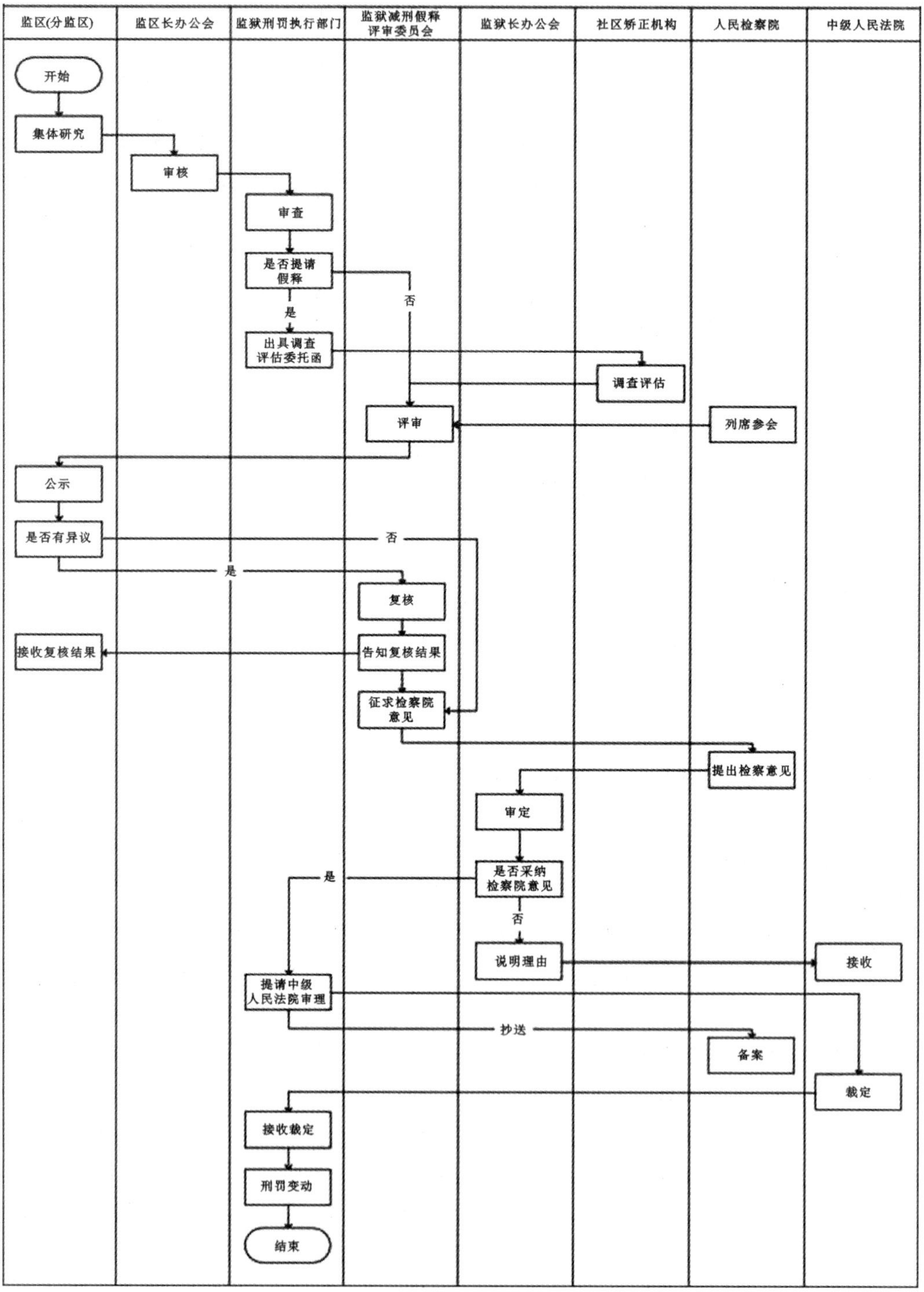

图 6-10　监狱提请减刑、假释业务流程

提请减刑、假释业务环节规范标准，如表 6-9 所示。

表 6-9　提请减刑、假释业务环节规范标准

业务环节	业务主体	业务资料	业务要求
集体研究	监区 （分监区）	提请减刑（假释）建议书；罪犯减刑（假释）审核表 直属分监区、监区人民警察集体研究会议的记录 罪犯计分考核明细表、罪犯评审鉴定表、奖惩审批表和其他有关证明材料 罪犯确有悔改表现或者立功、重大立功表现的具体事实的书面证明材料	提请减刑、假释，应当根据法律规定的条件，结合罪犯服刑表现，由分监区人民警察集体研究，提出提请减刑、假释建议
审核	监区长 办公会	提请减刑（假释）建议书；罪犯减刑（假释）审核表 直属分监区、监区人民警察集体研究会议的记录 罪犯计分考核明细表、罪犯评审鉴定表、奖惩审批表和其他有关证明材料 罪犯确有悔改表现或者立功、重大立功表现的具体事实的书面证明材料；监区长办公会议记录	报经监区长办公会议审核同意
审查	监狱刑罚 执行部门	提请减刑（假释）建议书； 罪犯减刑（假释）审核表； 直属分监区、监区人民警察集体研究会议的记录 罪犯计分考核明细表、罪犯评审鉴定表、奖惩审批表和其他有关证明材料 罪犯确有悔改表现或者立功、重大立功表现的具体事实的书面证明材料；监区长办公会议记录	由监区报送监狱刑罚执行部门审查
出具调查 评估委托函	监狱刑罚 执行部门	拟罪犯假释社区调查评估委托函	提请罪犯假释的，还应当委托县级司法行政机关对罪犯假释后对所居住社区影响进行调查评估

续表

业务环节	业务主体	业务资料	业务要求
调查评估	社区 矫正机构	调查评估报告	—
评审	监狱减刑假释 评审委员会	提请减刑（假释）建议书；罪犯减刑（假释）审核表 直属分监区、监区人民警察集体研究会议的记录 罪犯计分考核明细表、罪犯评审鉴定表、奖惩审批表和其他有关证明材料 罪犯确有悔改表现或者立功、重大立功表现的具体事实的书面证明材料；监区长办公会议记录 调查评估报告；监狱减刑假释评审委员会会议记录；	监狱减刑假释评审委员会应当召开会议，对刑罚执行部门审查提交的提请减刑、假释建议进行评审，提出评审意见，会议应当有书面记录，并由与会人员签名
列席参会	人民检察院	—	监狱可以邀请人民检察院派员列席减刑假释评审委员会会议
公示	监区 （分监区）	公示 公示结果	监狱减刑假释评审委员会经评审后，应当将提请减刑、假释的罪犯名单以及减刑、假释意见在监狱内公示，公示内容应当包括罪犯的个人情况、原判罪名及刑期、历次减刑情况、提请减刑假释的建议及依据等，公示期限为五个工作日
复核	监狱减刑假释 评审委员会	公示结果 复核结果	公示期内，如有监狱人民警察或者罪犯对公示内容提出异议，监狱减刑假释评审委员会应当进行复核，并告知复核结果
告知 复核结果	监狱减刑假释 评审委员会	复核结果	—

续表

业务环节	业务主体	业务资料	业务要求
接收复核结果	监区（分监区）	复核结果	—
征求检察院意见	监狱	提请减刑（假释）建议书 罪犯减刑（假释）审核表 直属分监区、监区人民警察集体研究会议的记录 罪犯计分考核明细表、罪犯评审鉴定表、奖惩审批表和其他有关证明材料 罪犯确有悔改表现或者立功、重大立功表现的具体事实的书面证明材料 监区长办公会议记录；调查评估报告 监狱减刑假释评审委员会会议记录；公示；公示情况 复议结果；征求人民检察院意见函	监狱应当在减刑假释评审委员会完成评审和公示程序后，将提请减刑、假释建议送人民检察院征求意见
提出检察意见	人民检察院	人民检察院意见函	—
审定	监狱长办公会	提请减刑（假释）建议书；罪犯减刑（假释）审核表 直属分监区、监区人民警察集体研究会议的记录 罪犯计分考核明细表、罪犯评审鉴定表、奖惩审批表和其他有关证明材料 罪犯确有悔改表现或者立功、重大立功表现的具体事实的书面证明材料 监区长办公会议记录；调查评估报告 监狱减刑假释评审委员会会议记录；公示；复议结果 人民检察院意见函；监狱长办公会议记录	征求意见后，监狱减刑假释评审委员会应当将提请减刑、假释建议和评审意见连同人民检察院意见，一并报请监狱长办公会议审议决定

续表

业务环节	业务主体	业务资料	业务要求
说明理由	监狱长 办公会	未予采纳检察意见说明	监狱对人民检察院意见未予采纳的，应当予以回复，并说明理由
提请中级人民法院审理	监狱刑罚执行部门	提请减刑（假释）建议书 罪犯减刑（假释）审核表 直属分监区、监区人民警察集体研究会议的记录 罪犯计分考核明细表、罪犯评审鉴定表、奖惩审批表和其他有关证明材料 罪犯确有悔改表现或者立功、重大立功表现的具体事实的书面证明材料 监区长办公会议记录 调查评估报告 监狱减刑假释评审委员会会议记录 公示 复议结果 人民检察院意见函 监狱长办公会议记录	监狱长办公会议决定提请减刑、假释的，由监狱长在罪犯减刑（假释）审核表上签署意见，加盖监狱公章，并由监狱刑罚执行部门根据法律规定制作提请减刑（假释）建议书，连同有关材料一并提请人民法院裁定
备案	人民检察院	提请减刑（假释）建议书副本	监狱在向人民法院提请减刑、假释的同时，应当将提请减刑、假释的建议书副本抄送人民检察院

续表

业务环节	业务主体	业务资料	业务要求
裁定	中级 人民法院	提请减刑（假释）建议书 罪犯减刑（假释）审核表 直属分监区、监区人民警察集体研究会议的记录 罪犯计分考核明细表、罪犯评审鉴定表、奖惩审批表和其他有关证明材料 罪犯确有悔改表现或者立功、重大立功表现的具体事实的书面证明材料 监区长办公会议记录 调查评估报告 监狱减刑假释评审委员会会议记录 公示 公示情况 复议结果 人民检察院意见函 监狱长办公会议记录 法院减刑（假释）裁定书	—
接收裁定	监狱刑罚 执行部门	法院减刑（假释）裁定书	—
刑罚变动	监狱刑罚 执行部门	刑罚变动记录	监狱刑罚执行部门根据法院减刑（假释）裁定，维护罪犯刑罚变动记录

省级监狱管理机关审核减刑、假释业务环节规范标准，如表 6-10 所示。

表 6-10　省级监狱管理机关审核减刑、假释业务环节规范标准

业务环节	业务主体	业务资料	业务要求
监狱提请减刑、假释流程	监狱	提请减刑（假释）建议书 罪犯减刑（假释）审核表 直属分监区、监区人民警察集体研究会议的记录 罪犯计分考核明细表、罪犯评审鉴定表、奖惩审批表和其他有关证明材料 罪犯确有悔改表现或者立功、重大立功表现的具体事实的书面证明材料 监区长办公会议记录 调查评估报告 监狱减刑假释评审委员会会议记录 公示 公示情况 复议结果 人民检察院意见函 监狱长办公会议记录	参照监狱提请减刑、假释流程
报送审核	监狱	提请减刑（假释）建议书 罪犯减刑（假释）审核表 直属分监区、监区人民警察集体研究会议的记录 罪犯计分考核明细表、罪犯评审鉴定表、奖惩审批表和其他有关证明材料 罪犯确有悔改表现或者立功、重大立功表现的具体事实的书面证明材料 监区长办公会议记录 调查评估报告 监狱减刑假释评审委员会会议记录 公示 公示情况 复议结果 人民检察院意见函 监狱长办公会议记录	监狱将罪犯减刑、假释卷宗报送省级监狱管理局审核

续表

业务环节	业务主体	业务资料	业务要求
审查	省级监狱管理局刑罚执行部门	提请减刑（假释）建议书 罪犯减刑（假释）审核表 直属分监区、监区人民警察集体研究会议的记录 罪犯计分考核明细表、罪犯评审鉴定表、奖惩审批表和其他有关证明材料 罪犯确有悔改表现或者立功、重大立功表现的具体事实的书面证明材料 监区长办公会议记录 调查评估报告 监狱减刑假释评审委员会会议记录 公示 公示情况 复议结果 人民检察院意见函 监狱长办公会议记录 省级监狱管理局刑罚执行部门审查意见	审查中发现监狱报送的材料不齐全或者有异议的，应当通知监狱补充有关材料或者作出说明；审查无误后，应当出具审查意见
补充材料或作出说明	监狱	补充材料或说明文件	监狱对报送的材料不齐全或者有异议的，补充有关材料或者作出说明

续表

业务环节	业务主体	业务资料	业务要求
审核	省级监狱管理局减刑假释评审委员会	提请减刑（假释）建议书 罪犯减刑（假释）审核表 直属分监区、监区人民警察集体研究会议的记录 罪犯计分考核明细表、罪犯评审鉴定表、奖惩审批表和其他有关证明材料 罪犯确有悔改表现或者立功、重大立功表现的具体事实的书面证明材料 监区长办公会议记录 调查评估报告 监狱减刑假释评审委员会会议记录 公示 公示情况 复议结果 人民检察院意见函 监狱长办公会议记录 省级监狱管理局刑罚执行部门审查意见 省级监狱管理局减刑假释评审委员会会议记录	省级监狱管理局刑罚执行部门审查无误后，报请分管副局长召集评审委员会进行审核
审定	省级监狱管理局局长	罪犯减刑（假释）审核表	监狱管理局分管副局长主持完成审核后，应当将审核意见报请局长审定

续表

业务环节	业务主体	业务资料	业务要求
审定	省级监狱管理局局长办公会	提请减刑（假释）建议书 罪犯减刑（假释）审核表 直属分监区、监区人民警察集体研究会议的记录 罪犯计分考核明细表、罪犯评审鉴定表、奖惩审批表和其他有关证明材料 罪犯确有悔改表现或者立功、重大立功表现的具体事实的书面证明材料 监区长办公会议记录；调查评估报告； 监狱减刑假释评审委员会会议记录 公示；公示情况；复议结果 人民检察院意见函；监狱长办公会议记录 省级监狱管理局刑罚执行部门审查意见 省级监狱管理局减刑假释评审委员会会议记录；局长办公会	分管副局长认为案件重大或者有其他特殊情况的，可以建议召开局长办公会议审议决定
报送高级人民法院裁定	省级监狱管理局刑罚执行部门	提请减刑（假释）建议书 罪犯减刑（假释）审核表 直属分监区、监区人民警察集体研究会议的记录 罪犯计分考核明细表、罪犯评审鉴定表、奖惩审批表和其他有关证明材料 罪犯确有悔改表现或者立功、重大立功表现的具体事实的书面证明材料 监区长办公会议记录 调查评估报告 监狱减刑假释评审委员会会议记录 公示 公示情况 复议结果 人民检察院意见函 监狱长办公会议记录 省级监狱管理局刑罚执行部门审查意见 省级监狱管理局减刑假释评审委员会会议记录 局长办公会	经省（自治区、直辖市）监狱管理局审核同意后，提请罪犯服刑地的高级人民法院裁定

续表

业务环节	业务主体	业务资料	业务要求
裁定	中级人民法院 高级人民法院	法院减刑（假释）裁定书	—
批复监狱	省级监狱管理局刑罚执行部门	提请减刑（假释）建议书 罪犯减刑（假释）审核表 直属分监区、监区人民警察集体研究会议的记录 罪犯计分考核明细表、罪犯评审鉴定表、奖惩审批表和其他有关证明材料 罪犯确有悔改表现或者立功、重大立功表现的具体事实的书面证明材料 监区长办公会议记录 调查评估报告 监狱减刑假释评审委员会会议记录 公示 公示情况 复议结果 人民检察院意见函 监狱长办公会议记录 省级监狱管理局刑罚执行部门审查意见 省级监狱管理局减刑假释评审委员会会议记录 局长办公会	对适用提请审核的罪犯，由省级监狱管理局审核后，批复监狱，并由监狱提请中级人民法院裁定

续表

业务环节	业务主体	业务资料	业务要求
接收	监狱	提请减刑（假释）建议书 罪犯减刑（假释）审核表 直属分监区、监区人民警察集体研究会议的记录 罪犯计分考核明细表、罪犯评审鉴定表、奖惩审批表和其他有关证明材料 罪犯确有悔改表现或者立功、重大立功表现的具体事实的书面证明材料 监区长办公会议记录 调查评估报告 监狱减刑假释评审委员会会议记录 公示 公示情况 复议结果 人民检察院意见函 监狱长办公会议记录 省级监狱管理局刑罚执行部门审查意见 省级监狱管理局减刑假释评审委员会会议记录 局长办公会	—
报送中级人民法院	监狱	提请减刑（假释）建议书 罪犯减刑（假释）审核表 直属分监区、监区人民警察集体研究会议的记录 罪犯计分考核明细表、罪犯评审鉴定表、奖惩审批表和其他有关证明材料 罪犯确有悔改表现或者立功、重大立功表现的具体事实的书面证明材料 监区长办公会议记录 调查评估报告 监狱减刑假释评审委员会会议记录 公示 公示情况 复议结果 人民检察院意见函 监狱长办公会议记录 省级监狱管理局刑罚执行部门审查意见 省级监狱管理局减刑假释评审委员会会议记录 局长办公会	—

续表

业务环节	业务主体	业务资料	业务要求
备案	人民检察院	罪犯减刑（假释）审核表副本	监狱在向人民法院提请减刑、假释的同时，应当将提请减刑、假释的建议书副本抄送人民检察院
裁定	人民法院	提请减刑（假释）建议书 罪犯减刑（假释）审核表 直属分监区、监区人民警察集体研究会议的记录 罪犯计分考核明细表、罪犯评审鉴定表、奖惩审批表和其他有关证明材料 罪犯确有悔改表现或者立功、重大立功表现的具体事实的书面证明材料 监区长办公会议记录 调查评估报告 监狱减刑假释评审委员会会议记录 公示 公示情况 复议结果 人民检察院意见函 监狱长办公会议记录 省级监狱管理局刑罚执行部门审查意见 省级监狱管理局减刑假释评审委员会会议记录 局长办公会	—
接收裁定	监狱	法院减刑（假释）裁定书	—
刑罚变动	监狱	刑罚变动记录	监狱刑罚执行部门根据法院减刑（假释）裁定，维护罪犯刑罚变动记录

五、释放

根据《中华人民共和国刑法》《中华人民共和国刑事诉讼法》《中华人民共和国监

狱法》等法律以及有关规定，监狱依法释放罪犯，应当按期释放并发给释放证明书。罪犯释放包括执行刑罚期满释放、人民法院裁定减余刑释放、人民法院裁定假释、人民法院依法改判宣告释放、全国人大常委会决定特赦。

（一）普通释放

释放业务流程，如图 6-11 所示。

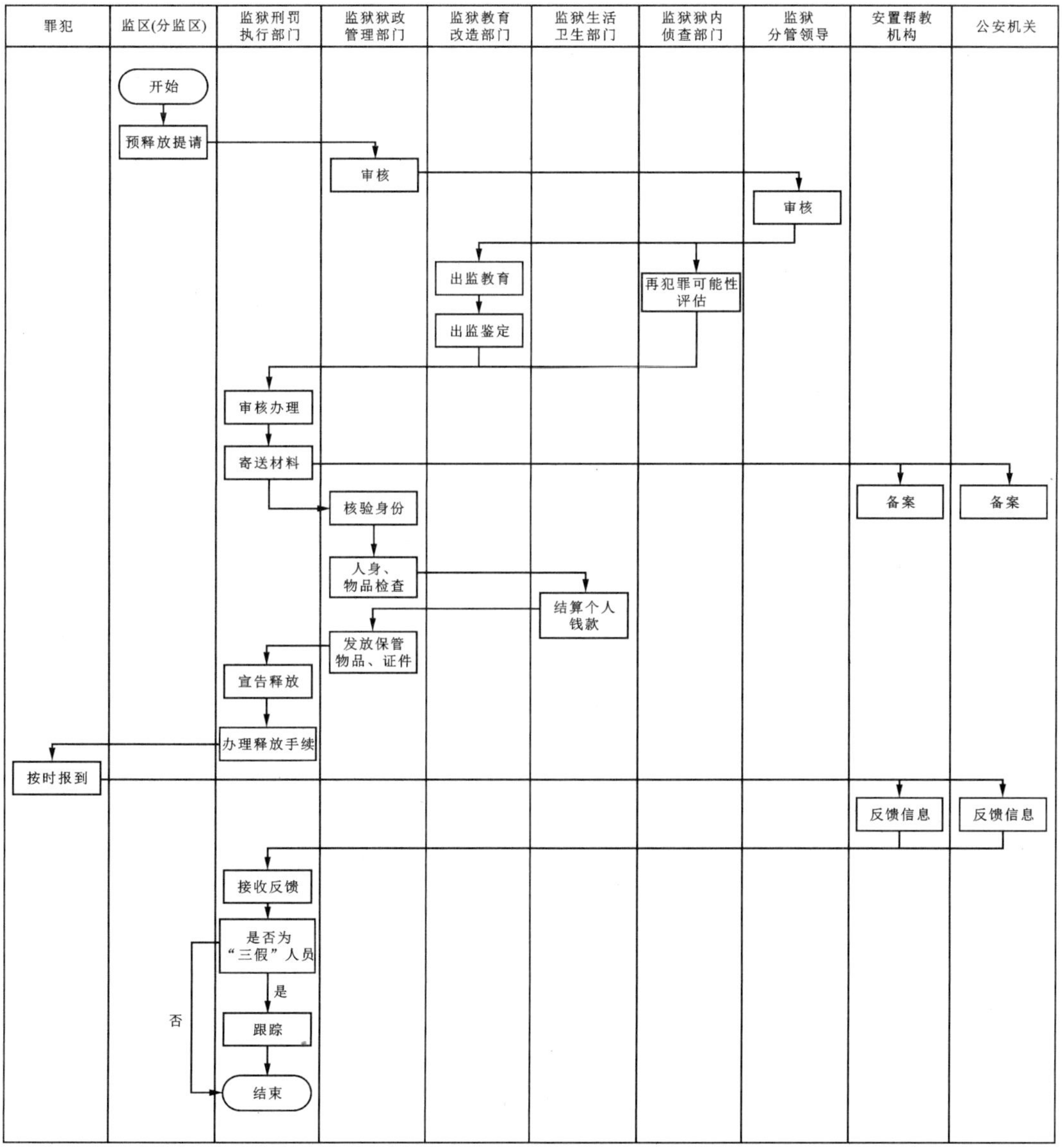

图 6-11　释放业务流程

释放业务环节规范标准，如表6-11所示。

表6-11 释放业务环节规范标准

业务环节	业务主体	业务资料	业务要求
预释放提请	监区（分监区）	预释放名单	针对剩余刑期三个月的罪犯
审核	监狱狱政管理部门	预释放名单	—
审核	监狱分管领导	预释放名单	—
出监教育	监狱教育改造部门	出监教育记录	监狱教育改造部门对罪犯进行出监教育
出监鉴定	监狱教育改造部门	出监鉴定表	监狱教育改造部门对罪犯出监教育结果进行鉴定
再犯罪可能性评估	监狱狱内侦查部门	罪犯再犯罪可能性调查评估记录	监狱狱内侦查部门对罪犯释放后再犯罪可能性进行调查评估
审核办理	监狱刑罚执行部门	罪犯出监鉴定表 罪犯再犯罪可能性调查评估记录 释放路费发放审批表 法院的判决书、历次减刑假释裁定书 罪犯释放证明书	—
寄送材料	监狱刑罚执行部门	罪犯出监鉴定表 罪犯再犯罪可能性调查评估记录 释放路费发放审批表 法院的判决书、历次减刑假释裁定书 罪犯释放证明书	释放前一个月内寄送到罪犯户籍地或居住地县级公安机关和安置帮教部门，遇到特殊情形要及时寄送
备案	安置帮教机构	罪犯出监鉴定表 罪犯再犯罪可能性调查评估记录 释放路费发放审批表 法院的判决书、历次减刑假释裁定书 罪犯释放证明书	—

续表

业务环节	业务主体	业务资料	业务要求
备案	公安机关	罪犯出监鉴定表 罪犯再犯罪可能性调查评估记录 释放路费发放审批表 法院的判决书、历次减刑假释裁定书 罪犯释放证明书	—
核验身份	监狱狱政管理部门	询问笔录	罪犯基本情况、犯罪事实、改造情况、历次加减刑假释情况与实际情况相符
人身、物品检查	监狱狱政管理部门	出监检查记录表	释放当日；对罪犯人身和物品进行检查，对私自携带的公物、有碍于监狱安全及利益的物品给予扣留
结算个人钱款	监狱生活卫生部门	个人钱款结算记录	—
发放保管物品、证件	监狱狱政管理部门	罪犯物品保管单	释放当日；清点无误后由罪犯签名确认
宣告释放	监狱刑罚执行部门	罪犯释放证明书	罪犯释放日期以法院判决书、裁定书所确定的执行刑罚期满、裁定假释送达之日，法院依法改判宣告释放之日或全国人大常委会决定特赦之日为准；释放应在释放当日完成
办理释放手续	监狱刑罚执行部门	罪犯释放证明书 移交清单	罪犯签字确认后离开监狱
按时报到	罪犯	罪犯释放证明书	省内10日、省外20日内到居住地公安派出所报到

续表

业务环节	业务主体	业务资料	业务要求
反馈信息	安置帮教机构	罪犯释放回执单	接到相关材料后，罪犯户籍地或居住地县级公安机关要在1个月内反馈信息并回寄回执单
反馈信息	公安机关	罪犯释放回执单	接到相关材料后，安置帮教部门要在1个月内反馈信息并回寄回执单
接收反馈	监狱	罪犯释放回执单	接收安置帮教机构和公安机关的罪犯释放回执单
跟踪	监狱	“三假”人员信息	监狱可按判决书认定的基本情况办理释放手续，发放路费，并继续跟踪

（二）其他情形释放

1. 未成年罪犯释放

根据司法部《未成年管教所管理规定》，未成年犯释放应通知其亲属接回或由监狱人民警察送回。

2. 入境犯释放

根据法律法规以及有关规定，入境犯刑满释放前两个月，监狱应核查罪犯有效证件，并将核查情况和释放日期通报公安机关出入境管理部门；对证件过期或没有证件的，监狱应审查罪犯《公民因私往来港澳/台审批表》、《外国人签证申请表》、《中华人民共和国出入境通行证申请表》、身份证、护照、回乡证等办理出入境证件材料，由省级监狱管理机关或监狱联系驻地地市以上公安机关出入境管理部门和外事部门办理罪犯出境证件。

附加驱逐出境释放的罪犯在刑满释放前一个月，监狱应将该犯原判判决书、执行通知书副本或复印件送交省（自治区、直辖市）公安厅（局）出入境管理部门，由其指定相应的公安机关执行，由监狱警察和公安机关外事警察共同押送。

3. 危害国家安全罪犯释放

根据法律法规以及有关规定，危害国家安全罪犯刑满释放前一个月，监狱应将其改造等有关情况向原侦办案件的国家安全机关通报；罪犯裁定减刑后余刑不足一个月或假释的，收到法院的裁定书后监狱也应及时通报。

4. 刑释后无家可归、无业可就、无亲可投的罪犯释放

根据法律法规以及有关规定，刑释后无家可归、无业可就、无亲可投的罪犯释放，监狱可与罪犯户籍地公安、安置帮教部门、社区矫正部门、民政部门等联系，共同协助做好安置帮教工作，按规定办理释放手续并发放路费后，交由当地人民政府派出的人员将其接回或让其离开监狱即可。

5. 主刑执行完毕后附加执行剥夺政治权利的罪犯释放

根据《中华人民共和国刑法》《中华人民共和国刑事诉讼法》以及有关规定，主刑执行完毕后附加执行剥夺政治权利的罪犯释放，监狱应当在释放罪犯前一个月将刑满释放通知书、执行剥夺政治权利附加刑所依据的判决书、裁定书等法律文书送达罪犯户籍地县级公安机关，抄送罪犯户籍地县级人民检察院；并责令罪犯作出接受社区矫正的书面保证。

6. 裁定假释的罪犯释放

根据《中华人民共和国刑法》《中华人民共和国刑事诉讼法》以及有关规定，监狱接到人民法院裁定假释的送达通知书后，应当在释放罪犯后五个工作日内将假释证明书副本、判决书、裁定书等法律文书送达罪犯户籍地县级公安机关，同时抄送罪犯户籍地县级人民检察院，并责令罪犯作出接受社区矫正的书面保证。

7. 被公安机关、人民检察院、人民法院解回再审期间刑满的罪犯释放

根据《中华人民共和国刑法》《中华人民共和国刑事诉讼法》以及有关规定，被公安机关、人民检察院、人民法院解回再审期间刑满的罪犯，监狱应在其刑满 7 天前通报解回机关，并于刑满当日依法办理释放手续，并送达羁押机关转为送达罪犯本人。

8. 特赦罪犯释放

根据《中华人民共和国宪法》的相关规定签署发布的特赦令，简称“主席特赦令”。由各级人民法院予以执行，免除罪犯尚未执行的剩余部分刑罚。

其他情形释放业务环节规范标准，如表 6-12 所示。

表 6-12 其他情形释放业务环节规范标准

业务环节	业务主体	业务资料	业务要求
预释放提请	监区（分监区）	预释放名单	监区对剩余刑期三个月的罪犯
审核	监狱狱政管理部门	预释放名单	—

续表

业务环节	业务主体	业务资料	业务要求
审核	监狱分管领导	预释放名单	—
出监教育	监狱教育改造部门	出监教育记录	监狱教育改造部门对罪犯进行出监教育
出监鉴定	监狱教育改造部门	出监鉴定表	监狱教育改造部门对罪犯出监教育结果进行鉴定
再犯罪可能性评估	监狱狱内侦查部门	罪犯再犯罪可能性调查评估记录	监狱狱内侦查部门对罪犯释放后再犯罪可能性进行调查评估
审核办理	监狱刑罚执行部门	罪犯出监鉴定表 罪犯再犯罪可能性调查评估记录 释放路费发放审批表 法院的判决书、历次减刑假释裁定书 罪犯释放证明书	—
寄送材料	监狱刑罚执行部门	罪犯出监鉴定表 罪犯再犯罪可能性调查评估记录 释放路费发放审批表 法院的判决书、历次减刑假释裁定书 罪犯释放证明书 社区矫正告知书 入境犯出境手续材料	释放前1个月内寄送到罪犯户籍地或居住地县级公安机关、检察院、安置帮教部门、社区矫正部门、民政部门、国家安全机关、驻地公安机关出入境管理部门、羁押机关、省级公安机关
备案	安置帮教机构	罪犯出监鉴定表 罪犯再犯罪可能性调查评估记录 释放路费发放审批表 法院的判决书、历次减刑假释裁定书 罪犯释放证明书	—
核验身份	监狱狱政管理部门	询问笔录	罪犯基本情况、犯罪事实、改造情况、历次加减刑假释情况与实际情况相符

续表

业务环节	业务主体	业务资料	业务要求
人身、物品检查	监狱狱政管理部门	出监检查记录表	释放当日；对罪犯人身和物品进行检查，对私自携带的公物、有碍于监狱安全及利益的物品给予扣留
结算个人钱款	监狱生活卫生部门	个人钱款结算记录	—
发放保管物品、证件	监狱狱政管理部门	罪犯物品保管单	释放当日；清点无误后由罪犯签名确认
宣告释放	监狱刑罚执行部门	罪犯释放证明书	罪犯释放日期以法院判决书、裁定书所确定的执行刑罚期满、裁定假释送达之日，法院依法改判宣告释之日或全国人大常委会决定特赦之日为准；释放应在释放当日完成。
发放路费、零花钱	监狱刑罚执行部门	罪犯释放证明书 移交清单	罪犯签字确认后离开监狱
按时报到	罪犯	罪犯释放证明书	省内 10 日，省外 20 日内到居住地公安派出所报到
反馈信息	安置帮教机构	罪犯释放回执单	接到相关材料后，罪犯户籍地或居住地县级公安机关要在 1 个月内反馈信息并回寄回执单
反馈信息	公安机关	罪犯释放回执单	接到相关材料后，安置帮教部门要在 1 个月内反馈信息并回寄回执单
接收反馈	监狱	罪犯释放回执单	接收安置帮教机构和公安机关的罪犯释放回执单
跟踪	监狱	“三假”人员信息	对在刑释前公安机关仍没有核实清楚姓名、身份、住址的人员（简称“三假”人员），监狱可按判决书认定的基本情况办理释放手续，发放路费，并继续跟踪

模块二　教育改造业务规范

教育改造业务包括入监教育、个别教育、分类教育、思想教育、文化教育、技术教育、教学资源管理、监区文化建设、社会帮教、心理矫治、评选改造积极分子、出监教育、远程教育和教育保障。监狱通过教育改造业务系统，实现教育改造业务信息化。

教育改造业务架构，如图 6-12 所示。

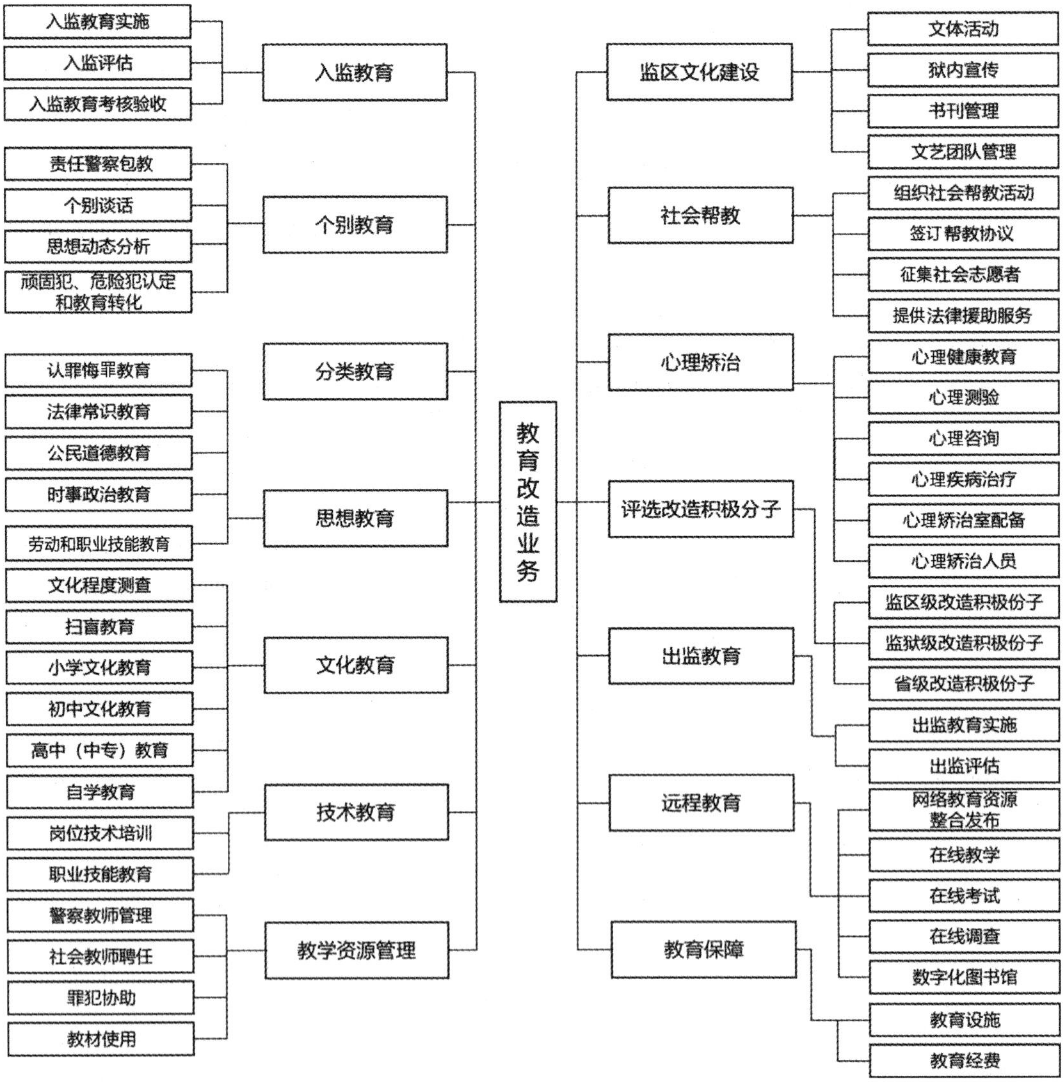

图 6-12　教育改造业务架构

一、入监教育

入监教育是指监狱用科学的手段和方法，了解掌握新入监罪犯的基本情况、认罪态度和思想动态，对其危险程度、恶性程度、改造难度进行评估，建立服刑改造专档，并提出关押和改造建议。新入监罪犯入监教育期为 2 个月。

入监教育包括入监教育实施、入监评估、入监教育考核验收。

（一）入监教育实施

入监教育是监狱对罪犯进行教育改造的起点，入监教学计划及实施包括法律常识教育和认罪悔罪教育，使罪犯了解在服刑期间享有的权利和应当履行的义务，了解和掌握罪犯的行为规范。

入监教育（2 个月）结束后，监狱进行考核。对考核不合格者，应当延长入监教育时间，延长时限为 1 个月。

入监教育实施业务流程，如图 6-13 所示。

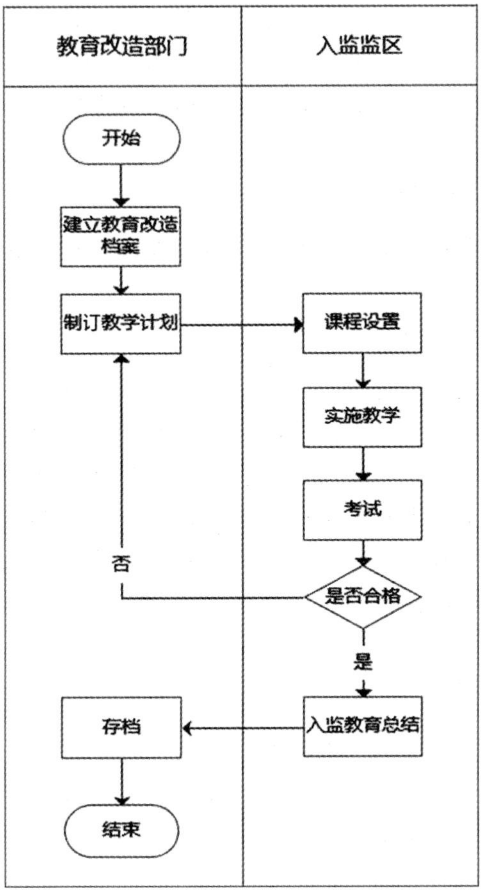

图 6-13 入监教育实施业务流程

（二）入监评估

入监评估是通过查阅资料、心理测量、结构性面谈、综合分析等方式，对新入监的每名罪犯进行系统全面评估。

入监评估是有针对性地改造罪犯的前提和基础，要在评估的基础上，为罪犯制定个别化矫正方案。从入监评估开始建立罪犯个体改造质量评估手册。

入监评估由监狱入监监区负责，在罪犯入监教育期间完成。

（三）入监教育考核验收

入监监区对罪犯入监教育提出考评意见，了解和掌握新收罪犯的基本情况、认罪态度和思想动态，进行个体分析和心理测验，对其危险程度、恶性程度、改造难度进行评估，提出关押和改造的建议。

二、个别教育

监狱根据每名罪犯的具体情况，实施有针对性的个别教育。每月对每名罪犯至少进行一次个别谈话教育，并根据不同罪犯的思想状况和动态，采取有针对性的管理教育措施。对顽固犯、危险犯，指定专人负责管理教育工作。

（一）责任警察包教

监狱根据每名罪犯的具体情况，安排监狱人民警察对其进行有针对性的教育。

（二）个别谈话

分监区警察根据罪犯思想情况，与罪犯进行沟通交流。

上级司法行政机关和监狱管理部门需对监狱开展教育改造工作的情况定期进行督导检查，切实保证国家有关监狱工作方针、政策、法律、法规的贯彻执行，以及教育改造罪犯的目标和各项工作措施的实现。督导检查结果要与考核奖惩挂钩。要加强对教育改造罪犯工作的总结表彰，对教育改造罪犯工作成绩突出的单位和个人，要大力宣传表彰，并给予必要的精神和物质奖励。

（三）思想动态分析

监狱应当建立罪犯思想动态分析制度，并根据分析情况，组织开展有针对性的专题教育。分监区每周分析一次，监区每半月分析一次，监狱每月分析一次；遇有重大事件，应当随时收集、分析罪犯的思想动态。分析的情况应当逐级上报。

（四）顽固犯、危险犯认定和教育转化

责任警察对认定的顽固犯、危险犯进行教育转化等管理教育。

三、分类教育

监狱在对不同类型的罪犯试行分别关押、分类管理的基础上，根据不同类型罪犯的特点，提出不同的教育要求，并根据其类型特点，选择不同的教育内容和方法进行有针对性的教育改造活动。

四、思想教育

思想教育包括认罪悔罪教育、法律常识教育、公民道德教育、时事政治教育、劳动和职业技能教育。

对罪犯的法律常识和认罪悔罪教育：针对罪犯不懂法、不守法、法律意识淡薄等情况，开展法律常识教育，使罪犯了解基本的法律知识，树立尊重和遵守法律的意识和观念。

对罪犯的公民道德教育和时事政治教育：开展公民道德教育，使罪犯明确社会主义道德的基本原则和要求，认识正确处理个人、集体、他人的关系在社会生活中的重要意义，提高道德认识水平，培养遵守社会主义道德的自觉性。

对罪犯的劳动和职业技术教育：要结合罪犯实际，教育罪犯认识劳动的重要意义，引导罪犯树立正确的劳动意识，培养积极的劳动观念，养成良好的劳动习惯。

五、文化教育

监狱应针对罪犯的不同文化程度，使用司法部监狱管理局统一编写的教材，分别开展扫盲、小学、初中文化教育，有条件的可以开展高中阶段教育。尚未完成义务教育、不满 45 周岁、能够坚持正常学习的罪犯，应当接受义务教育。

六、技术教育

监狱根据罪犯在狱内劳动的岗位技能要求和刑满释放后就业的需要，组织罪犯开展岗位技术培训和职业技能教育。技术教育包括岗位技能培训和职业技能培训。

岗位技能培训是指监狱根据罪犯年龄、文化程度、个人特长、监狱生产、就业需求等对罪犯进行的生产技术和职业技能的培训。

职业技能教育培训是指监狱根据罪犯年龄、文化程度、个人特长、监狱生产、就业需求等对罪犯进行的生产技术和职业技能的培训。

七、教学资源管理

监狱组织开展思想、文化、技术教育，其教员可以从本监狱的人民警察中选任，也可以从社会上符合条件的人员中聘任。其中对罪犯的文化、技术教育，还可以选择在本监狱服刑表现较好、有文化技术专长的罪犯协助进行。

教学资源管理包括警察教师管理、社会教师聘任、罪犯协助和教材使用。

监狱对罪犯开展的思想教育及扫盲、小学、初中文化教育，需使用司法部监狱管理局统一编写的教材。

八、监区文化建设

监狱为罪犯营造良好的改造环境，做到规划合理，设施齐全，环境美化，监区整洁。要广泛开展丰富多彩的文化、体育活动，定期举行文艺演出、体育比赛，组织罪犯学习音乐、美术、书法等。监区文化建设包括文体活动、狱内宣传、书刊管理和文艺团队管理。

（一）文体活动

监狱要对开展的一系列文体活动进行登记。

（二）狱内宣传

狱内宣传主要有以下两种形式：一种是稿件宣传，另一种是电视、广播宣传。

稿件宣传是指对罪犯向狱内电视、广播、狱报、黑板报、墙报投稿进行管理，并根据用稿情况对其进行奖励。

狱内电视、广播宣传是指对在罪犯中已播出的电视、广播教育节目进行登记管理。

（三）书刊管理

书刊管理是指对监狱、监区图书室/阅览室的书刊进行管理。

（四）文艺团队管理

为丰富罪犯精神文化生活，教育改造部门、监区将有文艺特长的罪犯组织起来建立文艺团体，参加各种文艺活动表演并记录相关信息。

九、社会帮教

监狱需与社会有关部门合作，签订帮教协议，开展联合办学，设立流动图书馆和狱内法律服务机构等，建立起多层次、全方位的社会帮教体系。社会帮教包括组织社会帮教活动、签订帮教协议、征集社会志愿者和提供法律援助服务。

（一）组织社会帮教活动

对社会帮教人员基本信息的管理，记录参与监狱社会帮教人员的基本信息，主要包括法律志愿者、罪犯亲属等。

（二）签订帮教协议

监狱应当与罪犯原所在地的政府、原单位（学校）、亲属联系，签订帮教协议，适时邀请有关单位和人士来监狱开展帮教工作；监狱也可以组织罪犯到社会上参观学习，接受教育。

（三）征集社会志愿者

监狱应当与罪犯原所在地的政府、原单位（学校）、亲属联系，签订帮教协议，适时邀请有关单位和人士来监狱开展帮教工作；监狱也可以组织罪犯到社会上参观学习，接受教育。

（四）提供法律援助服务

服刑人员需要法律援助的，按规定程序提出申请，监狱审定后，由相关责任部门指定责任律师提供法律援助，有效解决好罪犯对法律援助的需求。

十、心理矫治

监狱要对罪犯普遍开展心理测验，了解和掌握罪犯的心理特征和行为倾向，通过心理咨询实施有效干预，使罪犯消除心理障碍，学会自我调适，恢复健康心理。对有心理疾病的罪犯，应当予以治疗。要注意收集、积累心理矫治个案，注重发挥个案的指导作用。要认真研究罪犯心理的新变化，进一步规范心理矫治工作。

心理矫治包括心理健康教育、心理测验、心理咨询、心理疾病治疗、心理矫治室配备和心理矫治人员。

心理健康教育是指监狱要在罪犯中普及心理健康教育基本知识，帮助罪犯掌握自我心理调节的一般方法，引导罪犯自觉调整心理状态。

心理测验是指罪犯在服刑期间，心理咨询师定期或不定期通过利用专业的心理测量工具，对其心理进行针对性的测试，并记录心理测量的结果。

心理咨询是指根据心理评估的结果，心理咨询师对需要进行心理咨询的罪犯开展心理咨询工作，并记录心理咨询过程及效果。在咨询过程中，根据罪犯的心理情况，将相关信息反馈给责任警察。

心理疾病治疗是指罪犯在服刑期间存在或产生心理疾病，需要心理治疗，心理咨询师协助社会专业人员进行心理治疗并登记。

监狱应当配备专门人员，建立心理矫治室，配置必要的设备，由专业人员对罪犯提供心理咨询服务，对罪犯进行心理矫治，解答罪犯提出的心理问题。

十一、评选改造积极分子

监狱和省（自治区、直辖市）监狱管理局应当每年分别组织评选本监狱和本地区的改造积极分子。

改造积极分子的条件包括：认罪悔罪，积极改造；自觉遵守法律、法规、规章和监规纪律；讲究文明礼貌，乐于助人；认真学习文化知识和劳动技能，成绩突出；积极参加劳动，完成劳动任务；达到计分考核奖励条件。

评选改造积极分子包括监区级改造积极分子、监狱级改造积极分子、省级改造积极分子。

依据评选条件，对于改造表现优秀的监区级改造积极分子可以评定为监狱级改造积极分子。

依据评选条件，对于改造表现特别优秀的监狱级改造积极分子可以评定为省级改造积极分子。

十二、出监教育

出监教育是指监狱对即将出监罪犯的教育。要根据罪犯回归社会的实际需要，对即将出监的罪犯集中进行三个月的出监教育，大力加强对罪犯回归社会前的就业指导，增强罪犯回归社会后适应社会、就业谋生的能力。

监狱应对罪犯整个服刑期间的表现进行综合评估，并依照有关规定，向罪犯原户籍所在地的公安机关和司法行政机关提供评估意见和建议，并做好监狱刑罚执行与社区矫正的衔接工作，把符合法定条件的在押罪犯逐步纳入社区矫正，努力预防和减少重新违法犯罪。

出监教育包括出监教育实施和出监评估。

出监评估是指综合分析即将刑释罪犯在服刑期间的各种信息，对每名罪犯的改造表现、社会适应能力等进行评估，并提出相应的帮教建议。

十三、远程教育

监狱需加大利用现代信息技术开展教育改造工作的力度，不断提高监狱计算机和网络的普及应用程度，利用网络教育、多媒体教育和远程教育，实现资源共享，科学合理配置监狱的人力、物力、财力等各种资源，提高教育改造工作的科技含量。

远程教育包括网络教育资源整合发布、在线教学、在线考试、在线调查、数字化图书馆。

十四、教育保障

监狱应在人员配备、经费保障、设施、场所、调研、督导、表彰等方面切实采取措施，为教育改造罪犯工作的顺利开展提供有力保障。

教育保障包括教育设施和教育经费。

监狱应当依照规定设立教室、谈话室、文体活动室、图书室、阅览室、电化教育室、心理咨询室等教育改造场所，同时配备相应的设施。

监狱应按照财政部、司法部《关于调整监狱基本支出经费标准的通知》的要求，落实教育改造罪犯经费。

模块三　劳动改造业务规范

劳动改造业务包括劳动项目管理、劳动组织管理、劳动技能培训、劳动岗位管理、劳动分类分级管理、劳动工具管理、劳动计划管理、劳动现场管理、劳动报酬管理、罪犯劳动保护、生产安全保障、劳动改造效果评估和刑释就业指导。劳动改造业务架构，如图 6-14 所示。

监狱劳动改造管理部门负责罪犯劳动改造工作的组织实施、监督和协调。主要职责包括健全劳动组织（车间、班组、工段）、劳动力调配、岗位技能培训、劳动现场管理、安全生产、劳动保护、劳动绩效考核、劳动报酬、就业指导等。监狱企业负责为劳动改造罪犯提供劳动项目和劳动岗位。

一、劳动项目管理

监狱应对罪犯劳动项目实行安全准入管理，禁止引进井下煤炭开采和非煤矿山生产项目，禁止引进易燃、易爆等高危项目，禁止引进有毒、有害等危险品生产项目，禁止使用国家明令淘汰和禁止使用的设备工艺。监狱应定期检查评估罪犯劳动项目的安全性，不符合要求的，应及时整治或调整。监狱企业对外进行生产经营活动，应当依法签订合同。要加强合同管理，建立规范的合同签订、解除、期满注销等工作程序和制度。

劳动项目管理包括：项目引进；项目合同备案；项目定期评价和整顿清理。

（一）项目引进

项目引进是指监狱企业对新引进的项目应向监狱发送项目审批表提请，经监狱劳动改造管理部门对项目初审，省级监狱企业管理机关发送审批，省级以上监狱管理机关审查通过等流程，如图 6-15 所示。

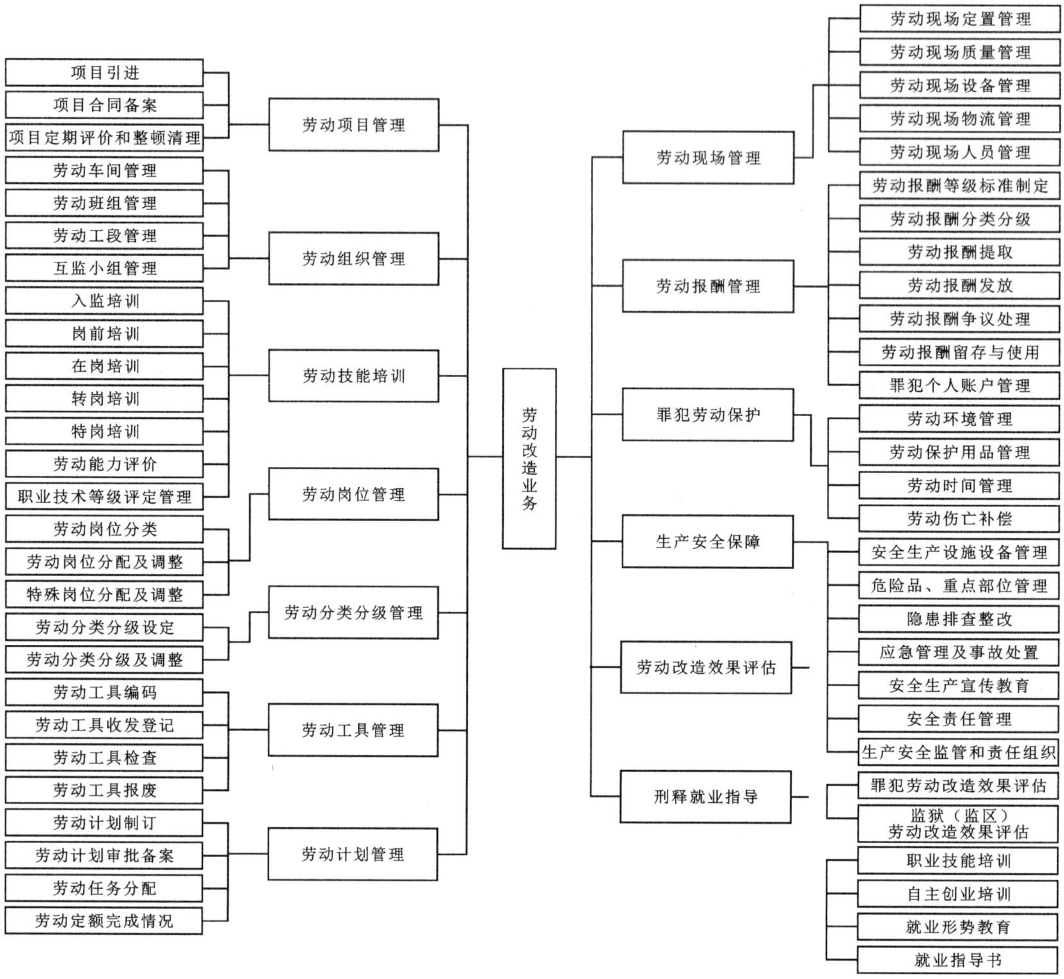

图 6-14 劳动改造业务架构

（二）项目合同备案

项目合同备案是指监狱企业引进的新项目经审批通过后，签订合同一式四份并录入劳动改造业务系统。监狱企业保留一份备案，并将其他三份分别上报给监狱、省级监狱企业管理机关、省级以上监狱管理机关备案。

（三）项目定期评价和整顿清理

项目定期评价和整顿清理是指监狱企业应定期向监狱劳动改造管理部门、省级监狱集团总公司、省级以上监狱管理机关劳动改造处上报项目生产情况，根据生产情况评价，需要整顿清理的，下达整顿清理通知书。监狱企业整顿完毕，需接收上级机关检查。

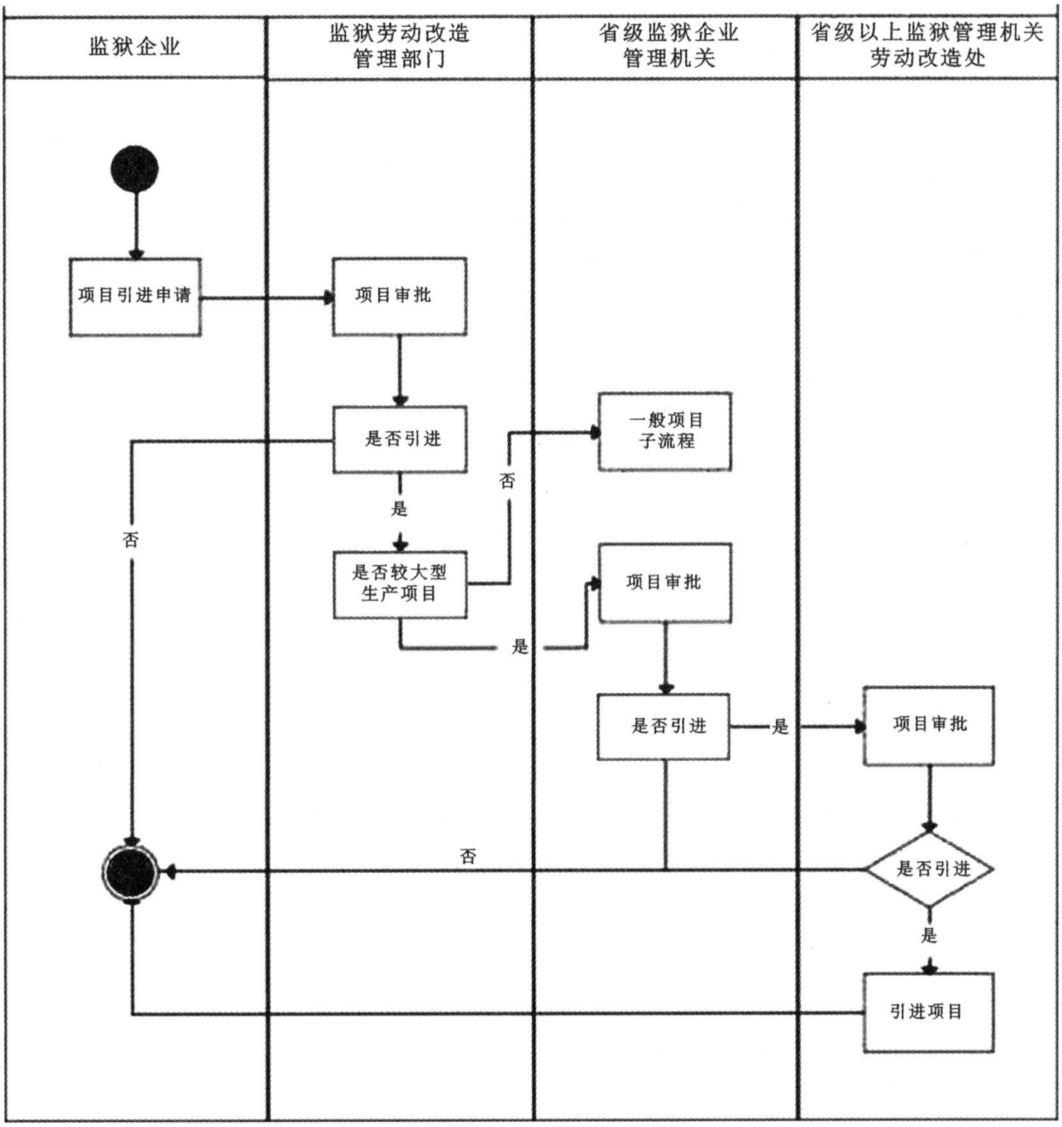

图 6-15 项目引进业务流程

二、劳动组织管理

监狱企业对劳动组织进行调整，需经过监狱劳动改造和管理部门审批方可执行，并将执行情况报监狱劳动改造部门备案。

劳动组织管理包括：劳动车间管理；劳动班组管理；劳动工段管理；互监小组管理。

劳动组织管理是指监狱企业因工作需要对劳动车间、班组、工段及互监小组的调整，需报监狱劳动生产管理部门审核，制订调整计划经审批后方可执行，对劳动组织调整执行完毕后应及时上报。

三、劳动技能培训

监狱劳动改造管理部门应根据罪犯的犯罪性质、危险程度、刑期、年龄、身体状况、文化程度、个人特长与岗位的匹配性等情况，以保证监管安全、有利于罪犯改造和提高劳动效能为原则，科学确定相关罪犯的劳动类型。

劳动技能培训包括：入监培训；岗前培训；在岗培训；转岗培训；特岗培训；职业技术等级评定管理。

（一）入监培训

监狱劳动改造管理部门应根据入监培训结果，把罪犯合理地调配到相应的监区、劳动岗位进行服刑改造。

（二）岗前培训

监狱企业、监区（分监区）对罪犯上岗前进行培训考核，并将结果上报给监狱劳动改造管理部门存档。

（三）在岗培训

监狱企业、监区（分监区）对罪犯在岗期间进行培训考核，并将结果上报给监狱劳动改造管理部门存档。

（四）转岗培训

当监狱企业、监区（分监区）对罪犯岗位进行调整时，也应开展对新岗位的培训考核，并将结果上报给监狱劳动改造管理部门存档。

（五）特岗培训

监狱组织特种作业罪犯，对特种作业人员进行特殊岗位培训并填写特种作业人员审批提请表，上报给省级以上监狱管理机关，省级以上监狱管理机关组织特种作业人员考试、考核并将试卷及资格审批表提交给省安检部门，交由省安检部门阅卷、审批及办证；省安检部门相关负责人同时需对特殊岗位罪犯办证复审，特殊岗位办证经复审通过后，监狱建立特种作业人员档案并存档。

（六）职业技术等级评定管理

职业技术等级评定管理业务流程，如图 6-16 所示。

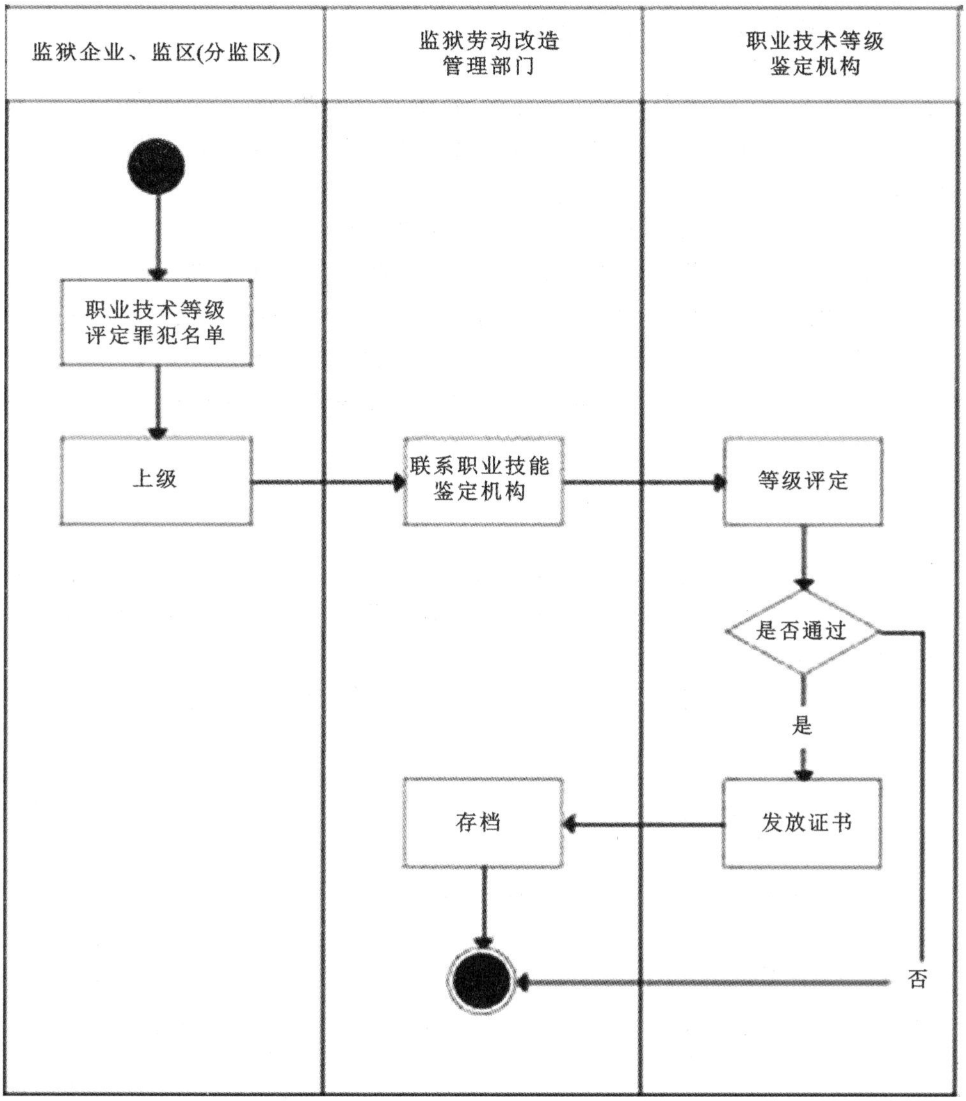

图 6-16　职业技术等级评定管理业务流程

四、劳动岗位管理

监狱要明确罪犯劳动岗位职责，实行罪犯劳动岗位目标责任制，严禁罪犯擅离劳动岗位。监狱劳动生产管理部门应根据监狱的生产项目情况，合理、及时进行岗位设置。

劳动岗位管理包括：劳动岗位分类；劳动岗位分配及调整；特殊岗位分配及调整。

五、劳动分类分级管理

罪犯劳动岗位包括直接生产劳动岗位、辅助生产劳动岗位和狱内勤杂劳动岗位。罪犯劳动分类分级应实行动态管理，根据罪犯劳动技能、劳动表现、劳动绩效和身体状况等及时进行调整。

劳动分类分级包括：劳动分类分级设定；劳动分类分级及调整。

劳动分类分级设定是指将罪犯劳动态度、行为表现、劳动技能、劳动成果等主要依据与分级处遇、计分考核、劳动报酬相结合，充分调动罪犯劳动改造的积极性。

劳动分类分级及调整是指监区（分监区）对罪犯劳动分类分级应实行动态管理，根据罪犯劳动技能、劳动表现、劳动绩效和身体状况等及时进行调整。

六、劳动工具管理

对罪犯劳动工具要实行定人、定位、编号管理，工具、刃具、钝器等有危险性的劳动工具，能够链锁的必须链锁，禁止罪犯保管、分发有危险性的劳动工具，防止罪犯利用劳动工具实施犯罪。

劳动工具管理包括：劳动工具编码；劳动工具收发登记；劳动工具检查；劳动工具报废。

（一）劳动工具编码

监狱对罪犯劳动改造中所使用的所有工具进行统一编码。

（二）劳动工具收发登记

罪犯用于劳动改造的工具，由监区（分监区）记录保管和发放情况。

（三）劳动工具检查

监狱对罪犯劳动改造工具定期进行统一的检查和维护。

（四）劳动工具报废

劳动改造管理部门制定劳动工具报废管理制度，监区（分监区）根据制度执行存档，并将结果上报劳动改造管理部门备案。

七、劳动计划管理

劳动计划管理是指依据监狱企业生产计划，制订罪犯劳动计划，各个监区根据自身实际情况，制订监区罪犯劳动计划并报劳动改造管理部门存档。

劳动计划管理包括：劳动计划制订；劳动计划审批备案；劳动任务分配；劳动定额完成情况。

八、劳动现场管理

监狱要合理划分劳动区域，实行定置管理。煤矿要严格控制每日下井人数和作业面人数，劳务加工车间等人员密集场所要严格控制总人数，安全通道、消防通道必须标识清楚、确保畅通。管线设施、机械设备等也要有明显标识，应急照明设施要齐全有效。各类物品应摆放有序、定置合理，确保安全生产、文明生产。

劳动现场管理包括：劳动现场定置管理；劳动现场质量管理；劳动现场设备管理；劳动现场物流管理；劳动现场人员管理。

九、劳动报酬管理

监狱要建立健全罪犯劳动报酬制度，明确规定罪犯劳动报酬的提取、管理、分配标准和使用办法，定期为参加劳动的罪犯发放劳动报酬。

劳动报酬管理包括：劳动报酬等级标准制定；劳动报酬分类分级；劳动报酬提取；劳动报酬发放；劳动报酬争议处理；劳动报酬留存与使用；罪犯个人账户管理。

十、罪犯劳动保护

监狱与监狱企业要执行国家有关劳动保护的规定。监狱企业要按照社会同行业、同工种的劳动保护要求，为参加劳动的罪犯按标准配备必需的劳动防护用品，并根据季节变化做好罪犯防寒保暖和防暑降温工作。对有粉尘、噪声、辐射等污染的劳动场所，要安装通风、排气、除尘、降噪、防辐射等防护设施，采取有效的安全技术措施，健全劳动保护制度，积极做好职业病防范工作。

罪犯劳动保护包括：劳动环境管理；劳动保护用品管理；劳动时间管理；劳动伤亡补偿。

十一、生产安全保障

监狱每月组织一次安全生产隐患排查治理，监区每周组织一次安全生产隐患排查治理，带（值）班警察每天组织一次安全生产隐患排查治理。省（区、市）监狱管理局应根据事故预防重点，每季度组织一次安全隐患排查治理。安全生产管理人员应采用多种形式开展检查、督查工作，保证检查、督查工作取得实效。

监狱应在月末、季末和年末进行安全生产风险分析和预警预报。季度和年度分析报告，由监狱主要负责人签字，定期报告省（区、市）监狱管理局。省（区、市）监狱管理局每季度进行一次风险分析和预警预报。

对发现的事故隐患，应按有关规定分类分级落实治理责任、措施、资金、时限和应急预案。对重大隐患，一律由省（区、市）监狱管理局挂牌督办。挂牌督办不能解决的，应及时报告省（区、市）人民政府。

生产安全保障包括：安全生产设施设备管理；危险品、重点部位管理；隐患排查整改；应急管理及事故处置；安全生产宣传教育；安全责任管理；生产安全监管和责任组织。

十二、劳动改造效果评估

对罪犯劳动改造效果的评估应根据评估内容，研究制定科学、公正的测评方法，评估结果应当纳入罪犯考核奖惩体系，作为罪犯计分考核中劳动改造计分的最终依据，并与罪犯分级处遇、劳动报酬挂钩。

罪犯劳动改造效果评估要坚持面向社会就业需求，建立科学完善的评估体系，对罪犯劳动技能、劳动素养和劳动绩效进行全面评估。

劳动改造效果评估包括：罪犯劳动改造效果评估；监狱（监区）劳动改造效果评估。

十三、刑释就业指导

监狱要充实就业指导力量，加强专业化培训，不断提高刑释就业指导工作水平。建立健全刑释就业指导工作制度，将就业指导纳入改造罪犯日常目标考核体系。监狱要定期分析社会就业形势，围绕就业市场的需求，及时向罪犯提供社会用工信息，不断更新就业指导内容，增强就业指导工作的针对性和实效性。同时，及时向监狱企业提供相关就业需求信息，为监狱企业调整结构提供必要的指引。

监狱要加强与人力资源和社会保障职能部门、社会安置帮教机构等社会参与力量的联系，及时发布即将刑释人员的工种、技术等级、改造表现等信息，实现就业指导与社会安置帮教的对接。

刑释就业指导包括：职业技能培训；自主创业培训；就业形势教育；就业指导书。

模块四　生活卫生业务规范

生活卫生管理业务包括生活管理、疾病防控管理、医疗管理和综合管理，如图 6-17 所示。

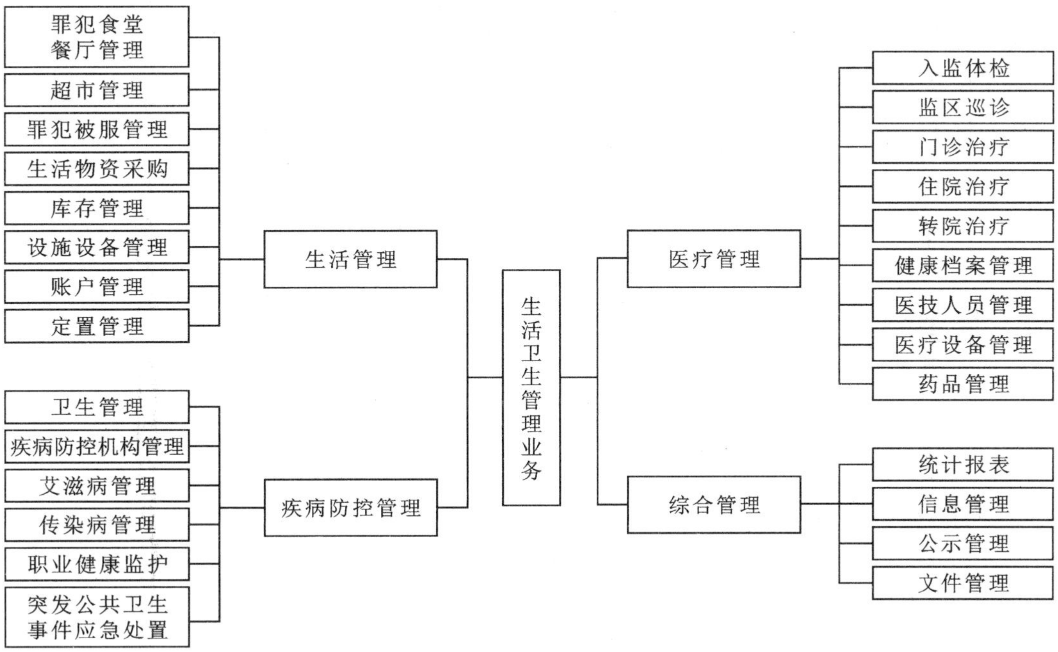

图 6-17　生活卫生管理业务架构

一、生活管理

监狱应设立罪犯生活管理机构，配置罪犯生活所需基础设施设备，建立罪犯生活管理制度，依法对罪犯的衣、食、住、用等日常生活进行管理。

生活管理包含以下内容：罪犯食堂餐厅管理；超市管理；罪犯被服管理；生活物资采购；库存管理；设施设备管理；账户管理；定置管理。

（一）罪犯食堂餐厅管理

罪犯食堂餐厅管理主要包括伙食财务、食堂用具、炊事员、膳食菜谱、清洗消毒、食品安全、食品留样、配餐、用餐管理等内容。对罪犯食堂从业人员每年进行定期体检和培训，从业人员取得健康证明、培训合格后方可上岗。

罪犯食堂餐厅管理业务流程规范标准，如表 6-13 所示。

表 6-13　罪犯食堂餐厅管理业务流程规范标准

业务环节	业务主体	业务资料	业务要求
炊事员申报	生活卫生部门，生活卫生管理业务系统	基本情况；体检情况；从业期限	—

续表

业务环节	业务主体	业务资料	业务要求
编制食谱	生活卫生部门、罪犯食堂，生活卫生管理业务系统	主副类别；月伙食计划、周食谱安排表原材料领用登记表	—
刀具及日常工具的领用	罪犯食堂	领用工具相关信息	登记准确
农药检测	罪犯食堂	食品原材料农药残留快速检测信息	食品安全标准
膳食制作	罪犯食堂	备料、清洗、切料、烹饪等信息	—
刀具及日常工具的收回	罪犯食堂	收回工具相关信息	登记准确
配餐	罪犯食堂	配餐品种、数量	—
食品留样	生活卫生部门、罪犯食堂	食品留样时间、品种、检验、消样等信息	—
送餐	罪犯食堂、监区餐厅	送餐时间、地点、数量、品种等信息	—
炊具、餐具消毒	罪犯食堂、监区餐厅	消毒物品、数量、方式	—
伙食财务	生活卫生部门、罪犯食堂，生活卫生管理业务系统	罪犯伙食费台账；伙食费日、月消耗统计报表食堂成本核算表；当月就餐人数（次）、品种、数量、金额	登记准确、账实相符

（二）超市管理

监狱应保障罪犯日用品供应，对商品种类、质量、价格、审批、验收、上下架、销售、发放以及罪犯的消费状况等进行有效管理。

（三）罪犯被服管理

监狱应当严格按照在押罪犯被服实物量标准配发罪犯被服，实行新收罪犯入监被服“零带入”。罪犯被服和囚鞋应按司法部规定的统一样式配发，罪犯内衣裤等其他未经司法部统一样式的被服由省（直辖市、自治区）监狱管理局规定制式并统一配发。

（四）生活物资采购

监狱应按政府采购相关规定采购罪犯生活物资。不得采购没有相关许可证、营业执照、产品合格证明文件、动物产品检疫合格证明等证明材料的产品。应建立产品采购索证索票、进货查验、采购记录及存储、发放等制度。

（五）库存管理

监狱生活卫生部门对采购的物资进行验收及入库登记。对物资领用出库、报损、调拨、退库进行管理。

（六）设施设备管理

生活卫生部门对用于罪犯生活的设施设备进行管理，包括登记、分配、处置等。

（七）账户管理

监狱生活卫生部门应对罪犯日用品补助费、入监时转入钱款、家属存汇款、劳动报酬及其他合法收入进行有效管理，建立罪犯个人账户，实行狱内以“卡”代替现金的消费方式。罪犯个人钱款转入、支出均须经罪犯本人签字确认。

罪犯刑满释放、假释、特赦、暂予监外执行、移押时，监狱应及时办理罪犯账户余额结算、销户手续。罪犯在服刑期间死亡，其遗存钱款应作为罪犯遗产依法处理。

（八）定置管理

监狱应实行罪犯监舍单人单床管理，统一配置监舍内生活设施和物品，为每名罪犯分别编制档案号和定置号，并对罪犯生活场所的设施和物品，以及罪犯个人日常生活用品实行定置管理。

定置管理业务流程规范标准，如表 6-14 所示。

表 6-14 定置管理业务流程规范标准

业务环节	业务主体	业务资料	业务要求
入监携带物品	罪犯	罪犯物品登记表	—

续表

业务环节	业务主体	业务资料	业务要求
邮寄物品	罪犯	包裹单；快递单；罪犯物品登记表	—
会见物品	罪犯	会见登记表；罪犯物品登记表	—
个人物品检查登记	生活卫生部门，生活卫生管理业务系统	罪犯物品登记表	—
配发物品登记	生活卫生部门，生活卫生管理业务系统	配发物品登记表	—
生活必需	生活卫生部门，生活卫生管理业务系统	代管物品登记表；退回物品登记表	—
狱内购物	生活卫生部门，生活卫生管理业务系统	购物清单	—
定置使用	生活卫生部门，生活卫生管理业务系统	罪犯物品配发单	—
定置存放	生活卫生部门，生活卫生管理业务系统	储物箱分配单；储物箱物品清单	—

二、疾病防控管理

（一）卫生管理

监狱应建立环境卫生、监舍卫生、个人卫生管理规定，并按时组织清洁打扫，保持良好的狱内环境卫生。

（二）疾病防控机构管理

监狱应建立疾病防控机构，并落实专（兼）职人员，负责传染病预防和控制措施的实施及各类传染病报表的报送。

（三）艾滋病管理

监狱应对所有罪犯进行入监前检测，实施疾病筛查，经监狱所在地疾病预防控制中心检测、确认的艾滋病病毒感染者报省（自治区、直辖市）监狱管理局生活卫生处审批，进行集中关押或指定场所管理和治疗。因病死亡罪犯由监狱所在地疾病预防控制中心出具死亡报告报省（自治区、直辖市）监狱管理局生活卫生处备案。

罪犯假释、暂予监外执行或者刑满释放时，监狱做好出监转介工作，将罪犯有关信息报送地方疾病预防控制部门。

艾滋病管理业务流程规范标准，如表 6-15 所示。

表 6-15　艾滋病管理业务流程规范标准

表业务环节	业务主体	业务资料	业务要求
统筹安排	省（自治区、直辖市）监狱管理局生活卫生处	检测通知或方案	—
检测	监狱生活卫生部门、监狱所在地疾病预防控制中心	入监新犯体格检查表；艾滋病病毒抗体检测报告	进行艾滋病病毒抗体确证，结果不确定的，一个月后复查三次仍不确定，即为阴性。
流行病学调查	监狱所在地疾病预防控制中心	艾滋病罪犯实名信息登记	检测报告
调动申请	非集中关押监狱生活卫生部门，生活卫生管理业务系统	调动请示	有艾滋病病毒抗体检测阳性结果报告
审批	省（自治区、直辖市）监狱管理局生活卫生处，生活卫生管理业务系统	调动批复	—
异动报告	非集中关押监狱生活卫生部门、监狱所在地疾病预防控制中心，生活卫生管理业务系统	艾滋病罪犯调动情况报告记录	非集中关押监狱调出艾滋病罪犯，须向本监狱所在地疾病预防控制中心报告调出情况； 集中关押监狱调入艾滋病罪犯，须向本监狱所在地疾病预防控制中心报告调入情况
集中关押管理和治疗	监狱生活卫生部门，生活卫生管理业务系统	艾滋病罪犯基本信息登记； 艾滋病罪犯健康档案； 艾滋病罪犯生活费管理记录； 艾滋病罪犯医疗费管理记录	—

续表

表业务环节	业务主体	业务资料	业务要求
技术指导	监狱所在地疾病预防控制中心	专家指导意见记录	—
因病死亡	监狱生活卫生部门、监狱所在地疾病预防控制中心、省（自治区、直辖市）监狱管理局生活卫生处，生活卫生管理业务系统	罪犯死因鉴定表	因艾滋病正常死亡
出监	监狱生活卫生部门、刑罚执行部门、狱政管理科，生活卫生管理业务系统	刑满释放通知书； 监外执行通知书	—
转介	监狱、罪犯户籍所在地疾病预防控制中心	艾滋病感染者出监告知书	由当地疾病预防控制中心接管

（四）传染病管理

监狱医务人员在对罪犯进行体检、巡诊、门诊就诊、住院治疗期间，一旦发现传染病病例，应立即隔离，并填写传染病报告卡，上报监狱生活卫生部门。监狱报所在地疾病预防控制中心备案。

如发生传染病暴发流行，监狱应启动应急管理预案并通报有关部门。及时隔离密切接触者，采取医学观察、预防接种、疫源地消毒等措施，直至疫情解除。

（五）职业健康监护

监狱应对从事职业病危害作业的罪犯在上岗前和在岗期间进行职业卫生培训，普及职业卫生知识。对罪犯上岗前、在岗期间和离岗时进行职业健康检查，并建立职业健康监护档案。如发现罪犯存在与所从事职业相关的健康损害，应调离原工作岗位。

（六）突发公共卫生事件应急处置

监狱应制定突发公共卫生事件应急处置预案，做好应急药品储备的业务活动。如发生突发公共卫生事件，应按规定向应急指挥中心、监狱管理局、地方卫生行政主管部门、地方司法行政部门报告，并按预案妥善处置，做好信息保密工作。

三、医疗管理

监狱应当严格落实新收押罪犯入监体检制度，建立罪犯健康档案管理制度。要将肺结核、艾滋病筛查作为罪犯入监体检的必检项目。

（一）入监体检

入监体检业务流程，如图 6-18 所示。

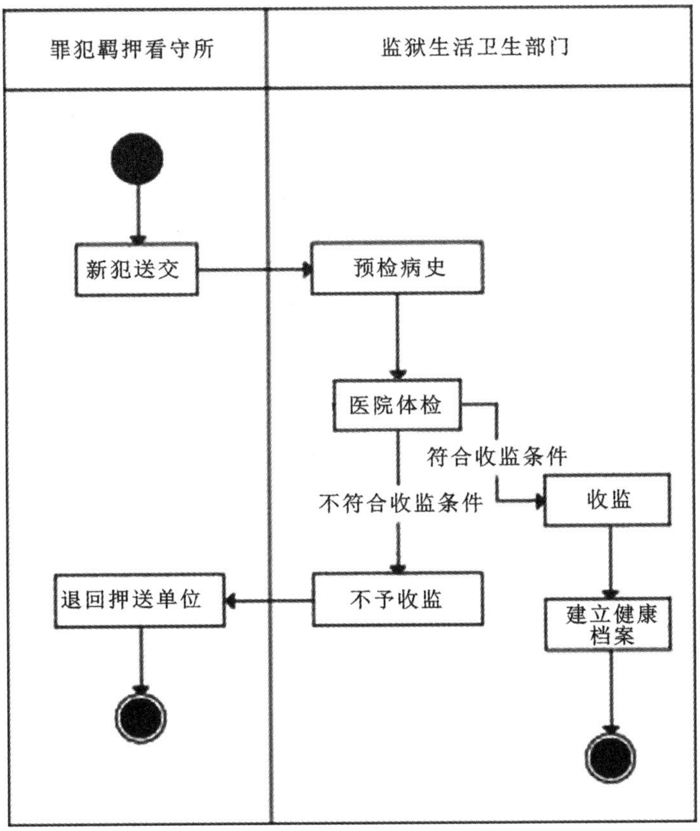

图 6-18 入监体检业务流程

入监体检业务流程规范标准，如表 6-16 所示。

表 6-16 入监体检业务流程规范标准

业务环节	业务主体	业务资料	业务要求
新犯送交	罪犯羁押看守所	罪犯个人资料	—
预检病史	监狱生活卫生部门，生活卫生管理业务系统	—	收押罪犯时，对罪犯身体健康状况进行询问和预检，仔细核对相关病史资料，包括精神类疾病司法鉴定等

续表

业务环节	业务主体	业务资料	业务要求
医院体检	监狱医院、监狱生活卫生部门，生活卫生管理业务系统	体检表	—
收监	监狱生活卫生部门，生活卫生管理业务系统	体检结论	医院提供符合收监条件的体检报告
健康资料	监狱生活卫生部门，生活卫生管理业务系统	建立罪犯健康档案	—
不予收监	罪犯羁押公安机关	体检结论	医院提供不符合收监条件的体检报告

（二）监区巡诊

生活卫生部门、监狱医院应当建立巡诊制度，掌握罪犯健康状况，对患病罪犯及时提供诊疗。

监区巡诊业务流程规范标准，如表 6-17 所示。

表 6-17　监区巡诊业务流程规范标准

业务环节	业务主体	业务资料	业务要求
巡诊	生活卫生部门、监狱医院、巡诊医生，生活卫生管理业务系统	—	巡诊排班表、巡诊记录
现场诊断	生活卫生部门、巡诊医生	—	—
病情判断	巡诊医生	诊断记录	—
安排门诊	生活卫生部门、监狱医院、巡诊医生，生活卫生管理业务系统	诊断记录	安排门诊就医
药物治疗	生活卫生部门、监狱医院、巡诊医生，生活卫生管理业务系统	用药处方	诊断记录、用药处方
处置记录	生活卫生部门、监狱医院、巡诊医生，生活卫生管理业务系统	病犯巡诊处置记录	—

续表

业务环节	业务主体	业务资料	业务要求
集中取药	生活卫生部门、监狱医院、巡诊医生，生活卫生管理业务系统	用药处方	民警办理
记录汇总	生活卫生部门、监狱医院、巡诊医生，生活卫生管理业务系统	病犯巡诊处理记录	汇总每次巡诊记录，集中保存，随时可查

（三）门诊治疗

罪犯因病就诊应当由监狱人民警察负责监管检查诊治后由民警押送返回监区。监狱医务人员应当做好就诊记录并存入罪犯健康档案。

门诊治疗业务流程规范标准，如表 6-18 所示。

表 6-18　门诊治疗业务流程规范标准

业务环节	业务主体	业务资料	业务要求
病犯急症门诊就医	监区、生活卫生部门	—	病犯突发急症
巡诊医生安排门诊	监区、生活卫生部门，生活卫生管理业务系统	—	巡诊时要求门诊就医
民警带押	监区、生活卫生部门	就医病犯清单	民警需全程监管就医病犯
候诊区	监狱医院	就医病犯清单	病犯等候，逐一就诊
门诊诊疗	监狱医院、医护人员	病犯就诊记录	—
检验检查	监狱医院、医护人员，生活卫生管理业务系统	检验检查申请；检验检查报告；	对病情不明的病犯执行辅诊检查
办理入院	监狱医院、医护人员，生活卫生管理业务系统	入院通知	具备入院指征
护士取药	监狱医院、医护人员，生活卫生管理业务系统	用药处方（或电子医嘱）	—

续表

业务环节	业务主体	业务资料	业务要求
门诊治疗	监狱医院、医护人员	治疗单（或电子医嘱）	—
民警取药	监狱医院	用药处方（或电子医嘱）	—
门诊结束	监狱医院、监区生活卫生部门，生活卫生管理业务系统	门诊就诊记录、门诊病历	由民警押回监区

（四）住院治疗

住院治疗业务流程规范标准包括入院通知、办理入院、安排病区和床位、病情诊断、通知民警病犯待检、病区外医技检查、确定治疗方案、转院治疗、执行治疗、出院收监等环节。

（五）转院治疗

监狱医院发现罪犯病情严重，监区申请，经过生活卫生部门、狱政管理科、监狱领导审批后，报省（自治区、直辖市）监狱管理局生活卫生处备案后进行住院治疗，并在罪犯出院后收监。

（六）健康档案管理

监狱医务人员应当做好就诊记录并存入罪犯健康档案。监狱医院应当建立罪犯病情告知、手术和创伤性检查签字制度，将罪犯病情和主要医疗措施、医疗风险等情况如实告知患病罪犯和其所在监狱人民警察，并由监区告知其亲属。

（七）医技人员管理

监狱医院应根据医疗服务规模配备相应的临床医护人员、医技人员、药剂管理人员，并应加强继续教育和管理，保证监狱内所需各项医疗业务正常开展。

（八）医疗设备管理

监狱医院应根据医疗服务需求，采购和配置医疗设备，并对设备状态进行跟踪管理。

（九）药品管理

监狱医疗机构应做好用药计划制订、采购及药品的保管、分发、盘存、统计工作。

四、综合管理

实现对生活卫生管理业务系统中各模块分类统计及条件查询功能，按要求打印、输出各类报表和表单，能对生活卫生管理业务系统中的数据进行动态分析及数据挖掘。

（一）统计报表

根据监狱生活卫生业务生成日、周、旬、月、季、年等基本形式的工作报表，按照司法部监狱管理局要求的各类司法公务文书、报表和表单（司法文书号按照使用单位有关规定自动生成），并能保存 Excel、Word 等文档。

（二）信息管理

实现生活卫生管理系统任一终端上，向本省（区、市）监狱管理局发出查询申请经同意后，转向罪犯关押地省级监狱管理局，经审批同意后即可将相关信息返回查询人。

（三）公示管理

监狱监管区、生活区、食堂及接见大厅等区域内外接的 LED 显示屏、电视机、显示器等，应即时发布、公示罪犯生活卫生信息，并实现系统数据信息实时更新。公示信息应包括物资消耗、就餐、罪犯个人账户等。

（四）文件管理

对监狱生活卫生管理业务相关政策、文件、制度、规范等进行有效管理，并形成监狱生活卫生管理制度电子手册，便于对上级精神的落实和对制度的执行。

模块五　狱内侦查业务规范

一、狱内侦查业务架构

（一）业务架构

狱内侦查业务包括信息员管理、狱情管理、狱内案件、余罪管理、罪犯解回、身份甄别、危险甄别、自首管理，如图 6-19 所示。

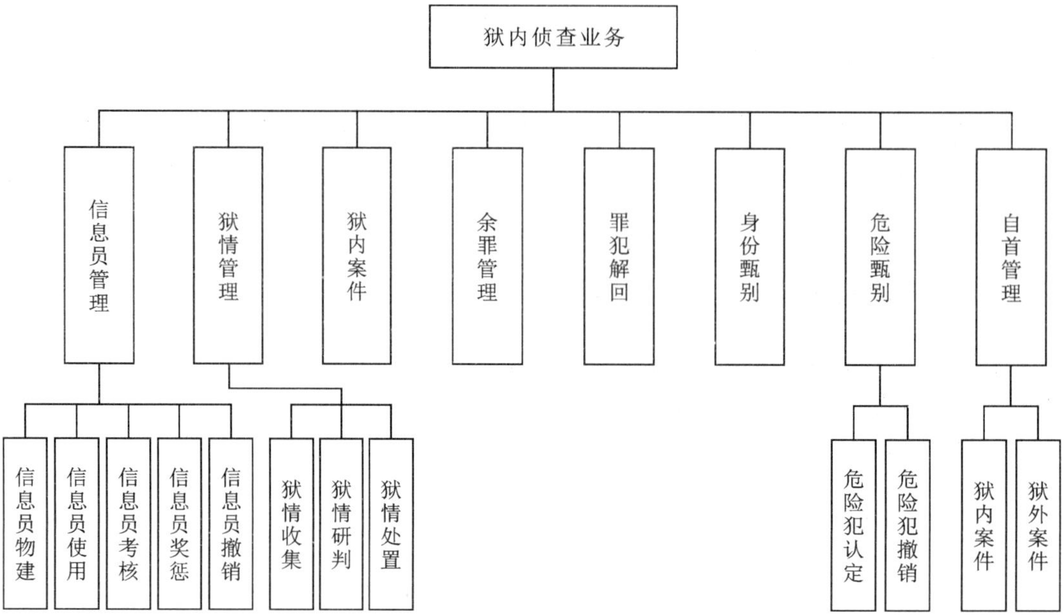

图 6-19　狱内侦查业务架构

（二）相关术语和定义

1. 狱内侦查

狱内侦查是指监狱为侦破罪犯在监狱内犯罪的案件，或从有利于罪犯改造出发进行的收集狱情、犯情等，而采取的一系列侦查活动。

2. 狱内案件

狱内案件是指罪犯在押服刑期间单独或伙同他人在狱内实施的犯罪案件，包括既遂、未遂、中止和预备案件。

3. 信息员

信息员是指按照监狱民警的布置，从事监控重要目标和收集狱情信息的在押犯人。

4. 犯罪嫌疑人

犯罪嫌疑人是指在押服刑期间涉嫌狱内案件，被认定有犯罪行为，但尚未被人民法院提起公诉的罪犯。

5. 余罪

余罪是指人民法院对罪犯判决之前已经发生，但判决宣告时没有发现的罪行。

6. 解回

解回是指办案单位在侦办由刑侦部门管辖的刑事案件的过程中，发现正在监狱服刑的罪犯涉嫌犯罪，需要追究其刑事责任，将该罪犯从监狱押送公安机关所在地侦查，并在侦查终结后将罪犯送回原监狱执行刑罚的行为。

7. 自首

自首是指正在监狱服刑的罪犯，如实供述司法机关还未掌握的本人其他罪行。

二、信息员管理

信息员管理由狱内侦查部门或监狱民警在符合信息员使用条件的在押犯中物色人选并经狱内侦查部门及监狱领导审批建立。

狱内侦查部门民警及监狱领导均应物色信息员。信息员管理包含信息员物建、信息员使用、信息员考核、信息员奖惩和信息员撤销。

三、狱情管理

监狱应定期召开狱情分析会，对收集到的信息进行分析、研判并采取相应措施予以处置。

四、狱内案件

监狱发生狱内又犯罪案件，由行为发生监狱负责立案侦查，侦查终结后，需追究刑事责任的，经监狱领导审批后由监狱提出起诉意见，将案卷材料和证据移送人民检察院审查起诉。侦查阶段根据犯罪嫌疑人的刑期及状态，狱内案件分为以下几种情形：犯罪嫌疑人监狱在押、犯罪嫌疑人刑期届满、犯罪嫌疑人刑满释放或假释期间。

五、余罪管理

监狱发现在押罪犯判决时未发现的罪行，由监狱进行核查。需要追究刑事责任的，应当先受理，并将案件线索及时移送人民检察院处理。

六、罪犯解回

公安机关、人民检察院、人民法院因办理案件需要解回正在监狱服刑的罪犯，经省（区、市）监狱管理局审批，由罪犯所在监狱审核办案人员的证件及正式公函，具体说明解回罪犯的个人基本情况、解回理由、离监时间期限及羁押地点。执行押解罪犯工作实行“谁押解、谁负责”的原则。解回罪犯分为以下几种情形：正常解回，解回期限延长，解回期间罪犯死亡、逃脱、伤残等，解回罪犯被执行死刑。

七、身份甄别

监狱通过各种方式对罪犯真实身份进行甄别。

八、危险甄别

危险甄别包含危险犯认定与危险犯撤销。由监区民警提出意见，分别报监狱教育改造、狱政管理等部门合议并给出意见，报监狱领导审批。

九、自首管理

罪犯在服刑期间的自首分为以下两种情况：狱内案件；狱外案件。

模块六　狱政管理业务规范

一、狱政管理业务架构

（一）业务架构

狱政管理业务包括入监管理、罪犯转押、计分考核、分级处遇、奖励、处罚、会见通信、警戒具使用、（特定）岗位罪犯管理、老病残罪犯管理、互监包夹管理、离监就医管理、离监探亲管理、罪犯死亡处理、重点罪犯管理、重要罪犯管理、清监收缴和刑满释放，如图 6-20 所示。

（二）术语和定义

1. 分级处遇

分级处遇是指监狱将罪犯划分为不同的级别，并施以不同的待遇的管理方式。

2. 互监包夹

互监包夹是指监狱为侦破罪犯在监狱内犯罪的案件，或从有利于罪犯改造出发进行的收集狱情、犯情等，而采取的一系列侦查活动。

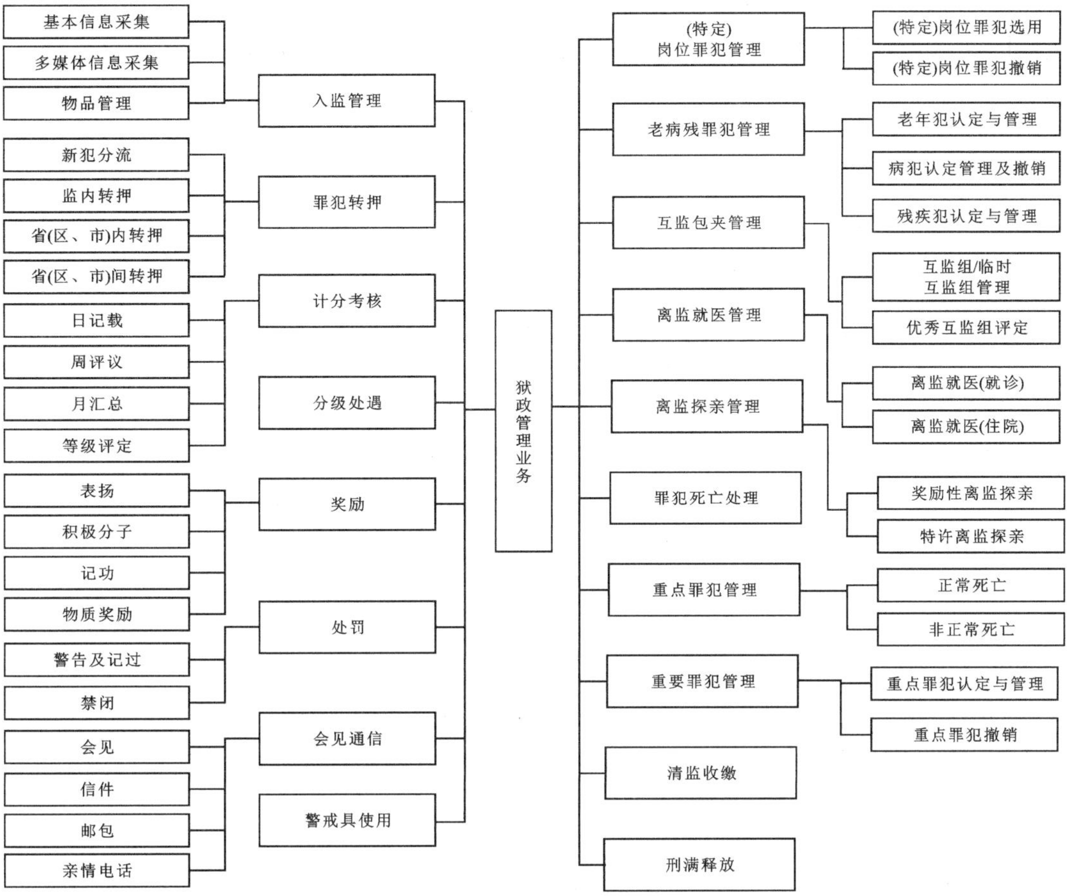

图 6-20　狱政管理业务架构

3. 清监收缴

清监收缴是指监狱不定期对在押罪犯、各监室、放风场所存放的物品进行全面清理，对相关设施进行全面检查，收缴存在安全隐患的物品。清查罪犯在押服刑期间单独或伙同他人在狱内实施的犯罪案件，包括既遂、未遂、中止和预备案件。

二、入监管理

（一）概述

入监管理是监狱对罪犯实施狱政管理的起始阶段，主要包括入监教育、心理测试、初步改造方案的拟定、基本信息采集和物品管理等内容。罪犯收监条件和程序如下：

（1）监狱应审查人民法院的刑事判决书是否已发生法律效力，人民检察院的起诉书副本、人民法院的判决书、执行通知书、结案登记表是否齐备，记载是否有误；

（2）监狱应当对交付执行刑罚的罪犯进行身体健康检查；

（3）监狱应当对罪犯人身和携带的物品进行严格检查，禁止罪犯将可能妨碍监狱安全或者罪犯人身安全的物品带入监狱；

（4）监狱应对收监的罪犯进行基本信息采集，填写《罪犯入监登记表》并建立罪犯档案；

（5）监狱应在罪犯入监后五日内将《罪犯入监通知书》寄发罪犯家属。

（二）基本信息采集

罪犯基本信息采集包括但不限于罪犯自然信息、证件信息、其他称呼、捕前简历、家庭社会关系、同案犯、亲属犯、对立犯、既往处罚信息、罪犯当前状态、损害社会信息、参加非法组织信息、重要罪犯、重点罪犯及刑罚执行信息等。

（三）多媒体信息采集

罪犯多媒体信息采集包括以下几种：

（1）图像，具体包括相片、掌纹、指纹、皮肤特殊标记或特殊特征、物品图像、脚印等；

（2）声音档案；

（3）影像档案；

（4）DNA 数据。

（四）物品管理

罪犯入监携带的个人生活必需物品、贵重物品及违禁物品，其中，生活必需品由罪犯自行保管经安全处理后应当允许带进监室，贵重物品由监狱暂时代为保管或征得罪犯同意后退回其家属，违禁物品一律予以没收。

三、罪犯转押

（一）新犯分流

监狱对完成入监教育、集训的罪犯根据各监区押犯数、押犯构成情况，结合罪犯年龄、犯罪性质、集训表现、体质、文化、特长等情况从入监监区往其他监区进行分押的过程。

新犯分流业务流程，如图 6-21 所示。

（二）监内转押

监狱根据分押、分管、分教的需要对罪犯的服刑监区进行调整。

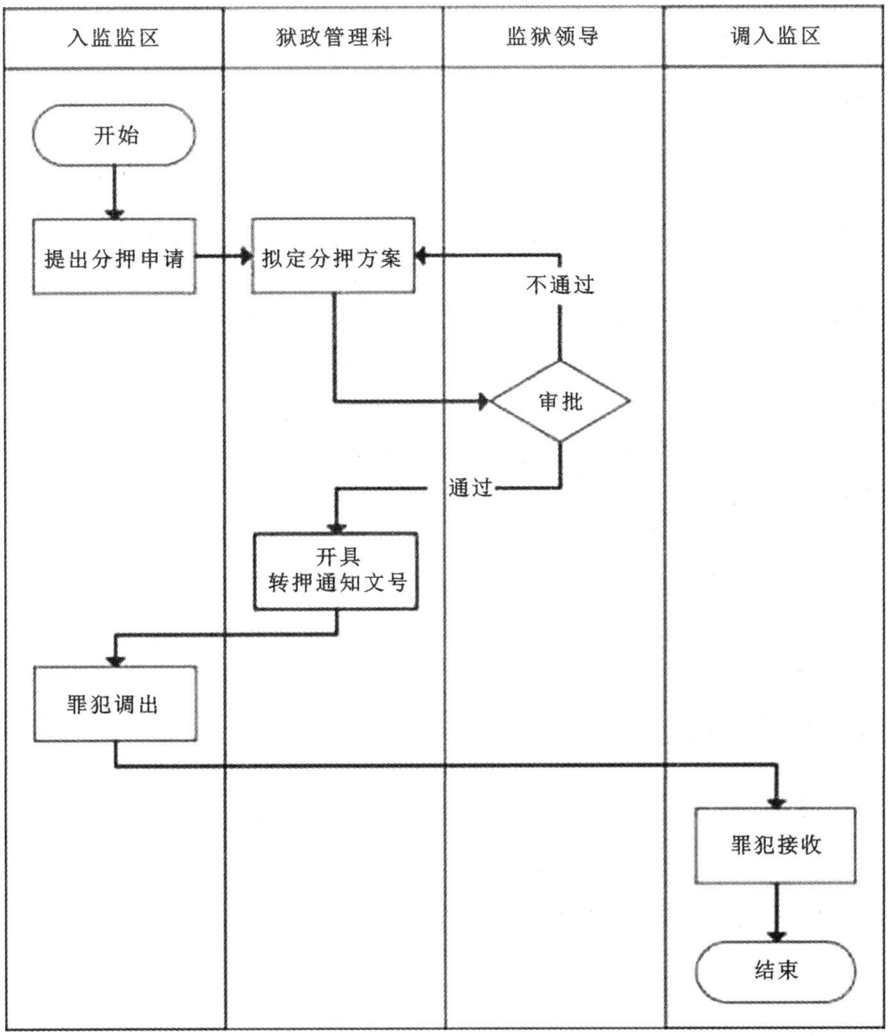

图 6-21　新犯分流业务流程

（三）省（区、市）内转押

省（区、市）监狱管理局根据工作需要将罪犯从省（区、市）内一个监狱调往另一个监狱。

（四）省（区、市）间转押

根据工作需要，将罪犯从省（区、市）内一个监狱调往省（区、市）外另一个监狱的过程。执行监狱需经调出省（区、市）监狱管理局研究发函经调入省（区、市）监狱管理局回复同意后组织实施转押罪犯。批量的罪犯转押需经司法部监狱管理局批复同意后方能实施。

四、计分考核

（一）概述

计分考核自罪犯入监之日起实施，日常计分满 600 分为一个考核周期，等级评定在一个考核周期结束次月进行。计分考核是监狱按照管理和改造要求，以日常计分为基础、等级评定为结果，评价罪犯日常表现的重要工作。日常计分实行“日记载、周评议、月汇总”。日常计分由基础分值、日常加扣分和专项加分三个部分组成。

罪犯对加分、扣分、每月得分和等级评定结果有异议的，可以自监区管教民警作出决定或者公示之日起 3 个工作日内向计分考核工作小组提出书面复查申请；罪犯对计分考核工作小组的复查意见有异议的，可以自收到复查意见之日起 3 个工作日内向计分考核工作组提出书面复核申请；计分考核工作组应当进行复核，于 5 个工作日内作出书面复核意见，并及时抄送人民检察院。计分考核工作组的复核意见为最终决定。

（二）日记载

监区管教民警、狱政管理科每日记载罪犯改造行为加分、扣分情况。

（三）周评议

计分考核工作小组每周评议罪犯改造表现和考核情况。

周评议业务流程，如图 6-22 所示。

（四）月汇总

计分考核工作小组每月汇总罪犯改造表现和考核情况报计分考核工作组审批。

月汇总业务流程，如图 6-23 所示。

（五）等级评定

等级评定是监狱在日常计分基础上对罪犯一个考核周期内改造表现的综合评价，分为积极、合格、不合格三个等级。等级评定结果由计分考核工作小组研究意见，报计分考核工作组审批。

五、分级处遇

监狱根据罪犯服刑时间和改造表现，按规定确定、调整罪犯的处遇等级。罪犯对新确定的管理等级有异议的，可在公布后 3 日内提出复议申请，监狱应在 5 个工作日内审议、答复。

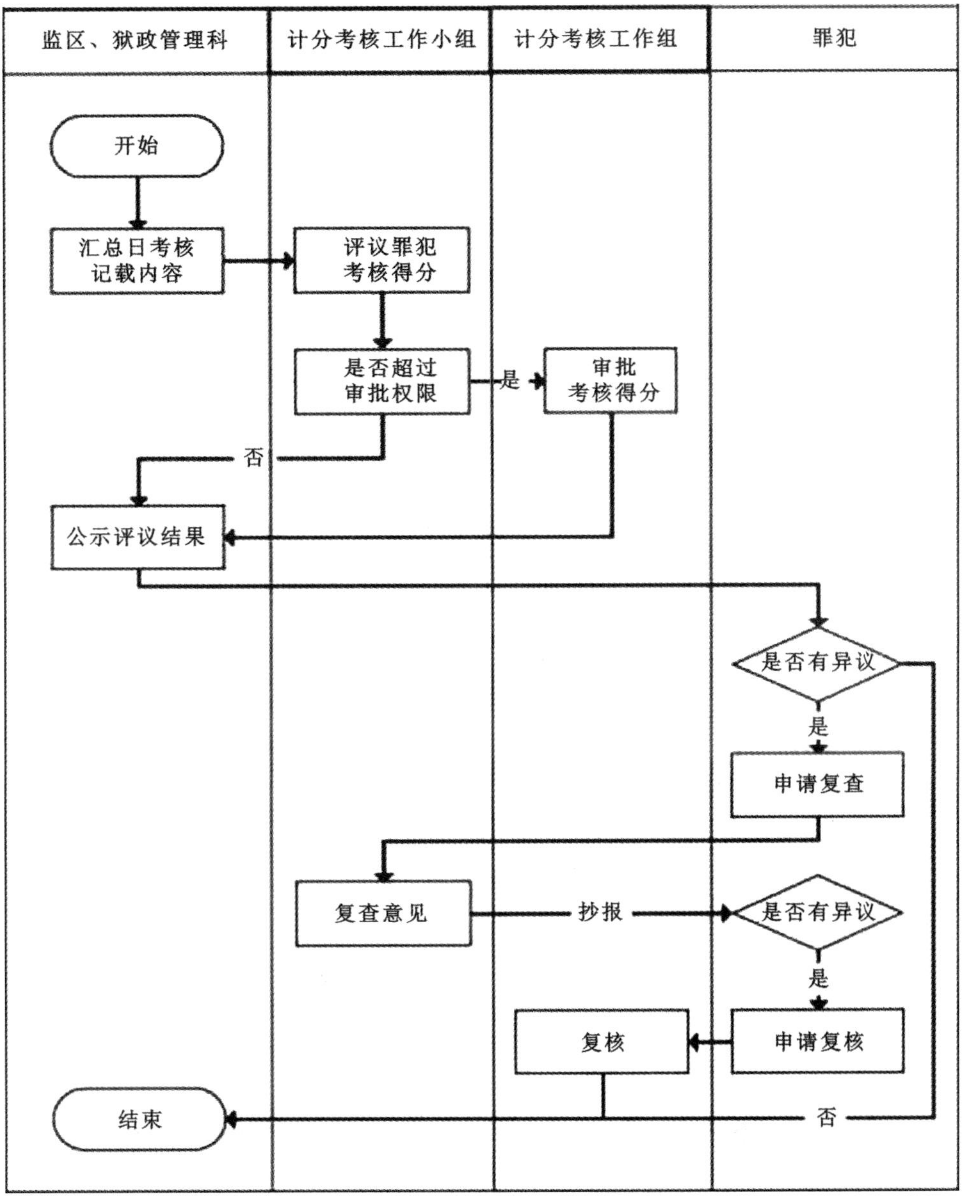

图 6-22　周评议业务流程

六、奖励

（一）概述

监狱决定给予罪犯表扬、物质奖励、记功奖励、不予奖励或者取消考核积分和奖励的，应当及时在监区内公示，公示时间不得少于 3 个工作日，同时应当及时将审批决定抄送人民检察院。

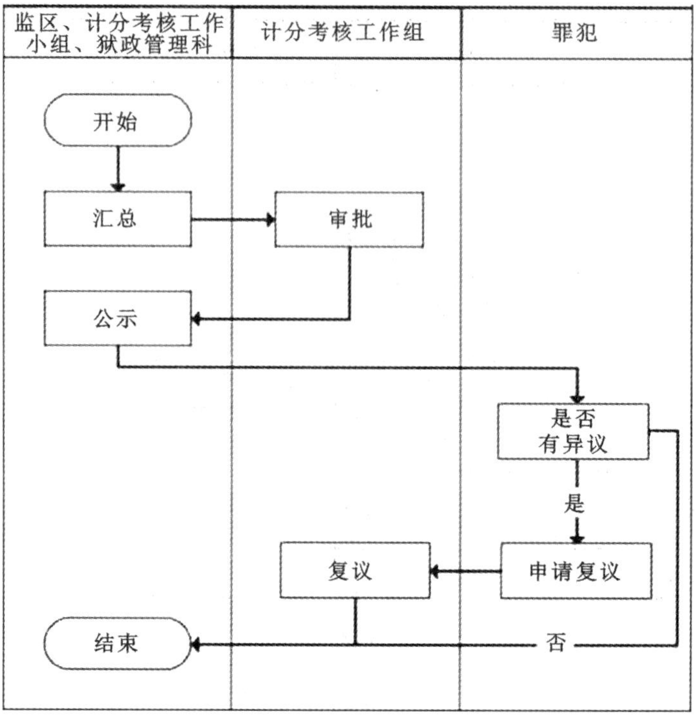

图 6-23　月汇总业务流程

一个考核周期结束，计分考核工作小组应当根据计分考核结果，按照以下原则报计分考核工作组审批：

（1）被评为积极等级的，给予表扬，可以同时给予物质奖励；

（2）被评为合格且每月考核分均不低于基础分的，给予表扬；

（3）被评为合格等级但有任何一个月考核分低于基础分的，给予物质奖励；

（4）被评为不合格等级的，不予奖励并应当给予批评教育。

（二）表扬

表扬业务流程，如图 6-24 所示。

（三）评选积极分子

1. 评选积极分子业务流程

评选积极分子业务流程，同表扬业务流程。

2. 评选积极分子业务流程描述

表 6-19 对评选积极分子业务流程进行了说明，并规定了业务流程角色、系统和平台及前置条件、开始时间、结束时间、异常情况、后置条件、业务环节。

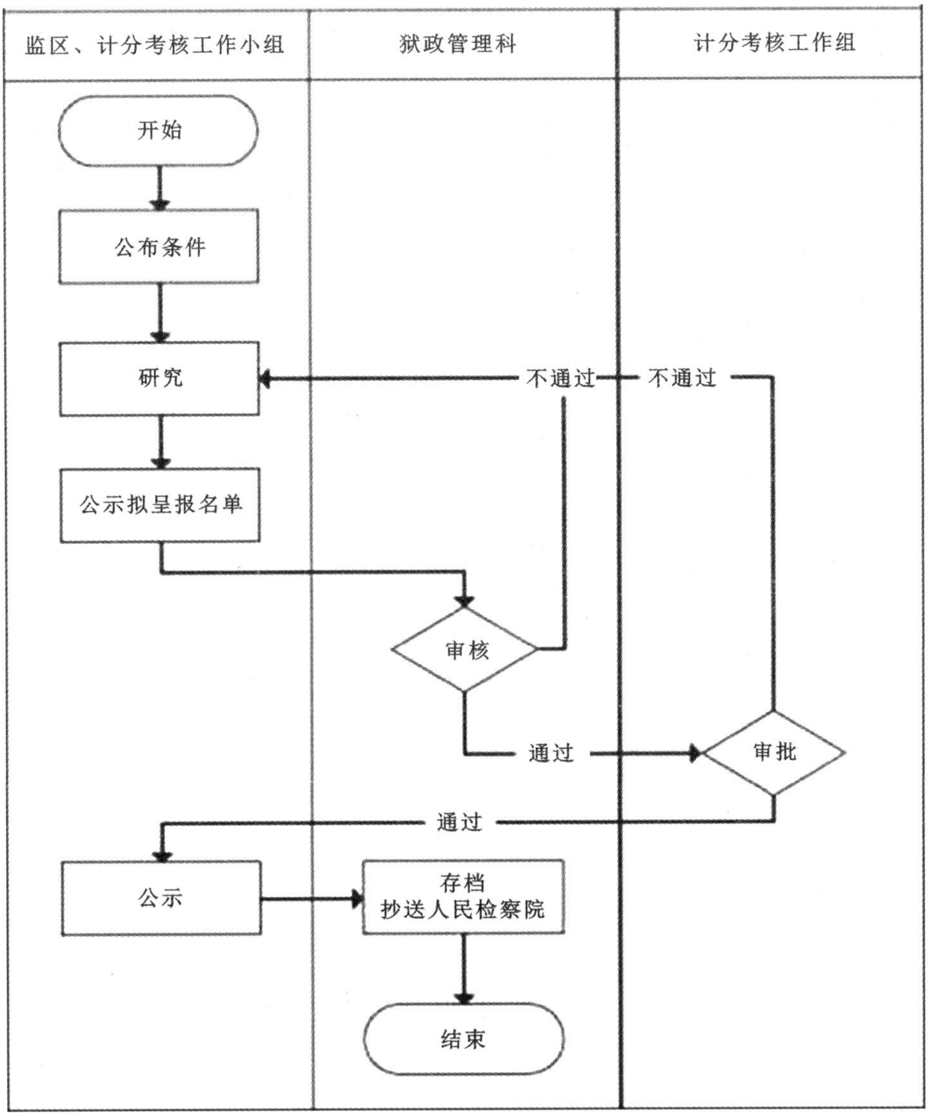

图 6-24　表扬业务流程

表 6-19　评选积极分子业务流程描述

描述	监区、计分考核工作小组根据罪犯改造表现筛选出符合条件的罪犯并公示，经狱政管理处审核，计分考核工作组审批，给予对应罪犯表扬
角色、系统和平台	监区、计分考核工作小组、狱政管理科、计分考核工作组，狱政管理业务系统
前置条件	月评定完成
开始时间	无
结束时间	无

续表

异常情况	无			
后置条件	无			
业务环节	业务环节名称	角色、系统和平台	交互文档/数据	要求
	公布条件	狱政管理科、监区、计分考核工作小组，狱政管理业务系统		
	监区研究	监区、计分考核工作小组，狱政管理业务系统	《罪犯监狱改造积极分子审批表》	
	公示拟呈报名单	监区、计分考核工作小组，狱政管理业务系统	《罪犯监狱改造积极分子审批表》	
	审核	狱政管理科，狱政管理业务系统	《罪犯监狱改造积极分子审批表》	
	审批	计分考核工作组，狱政管理业务系统	《罪犯监狱改造积极分子审批表》	
	业务环节名称	角色、系统和平台	交互文档/数据	要求
	公示	监区、计分考核工作小组，狱政管理业务系统	《罪犯监狱改造积极分子审批表》	
	存档	狱政管理科，狱政管理业务系统	《罪犯监狱改造积极分子审批表》《罪犯行政奖励汇总表》	抄送人民检察院

（四）记功

记功业务流程，如图 6-25 所示。

（五）物质奖励

物质奖励业务流程，如图 6-26 所示。

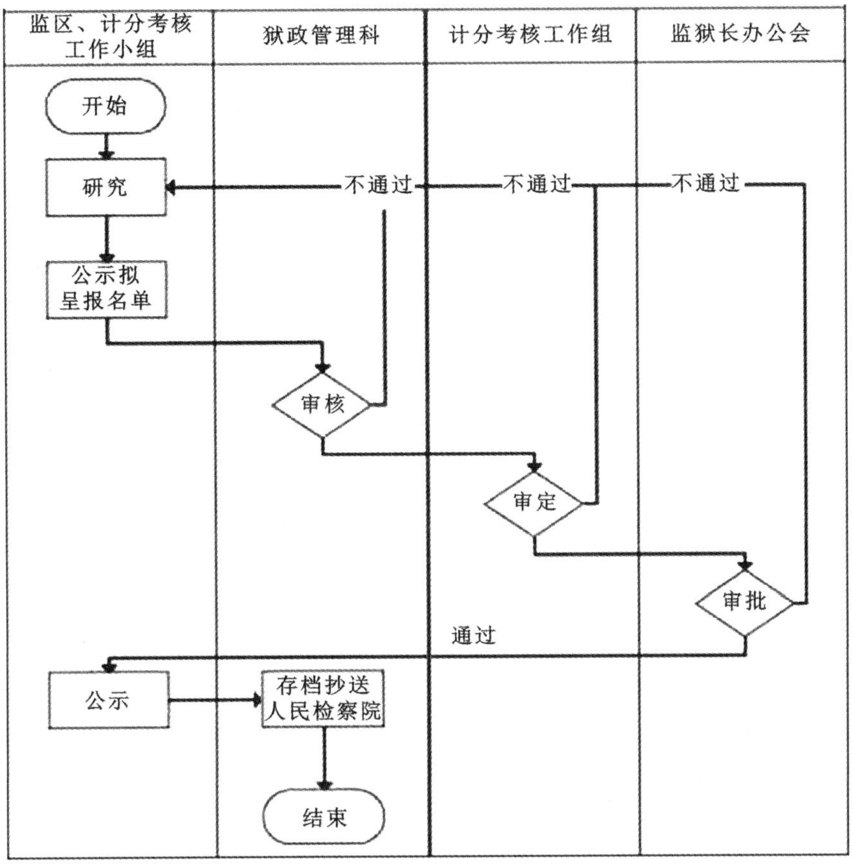

图 6-25　记功业务流程

七、处罚

（一）概述

罪犯有下列破坏监管秩序情形之一的，监狱可以给予警告、记过或者禁闭：

（1）聚众哄闹监狱，扰乱正常秩序的；

（2）辱骂或者殴打人民警察的；

（3）欺压其他罪犯的；

（4）偷窃、赌博、打架斗殴、寻衅滋事的；

（5）有劳动能力拒不参加劳动或者消极怠工，经教育不改的；

（6）以自伤、自残手段逃避劳动的；

（7）在生产劳动中故意违反操作规程，或者有意损坏生产工具的；

（8）有违反监规纪律的其他行为的。

依照上述规定对罪犯实行禁闭的期限为七天至十五天。

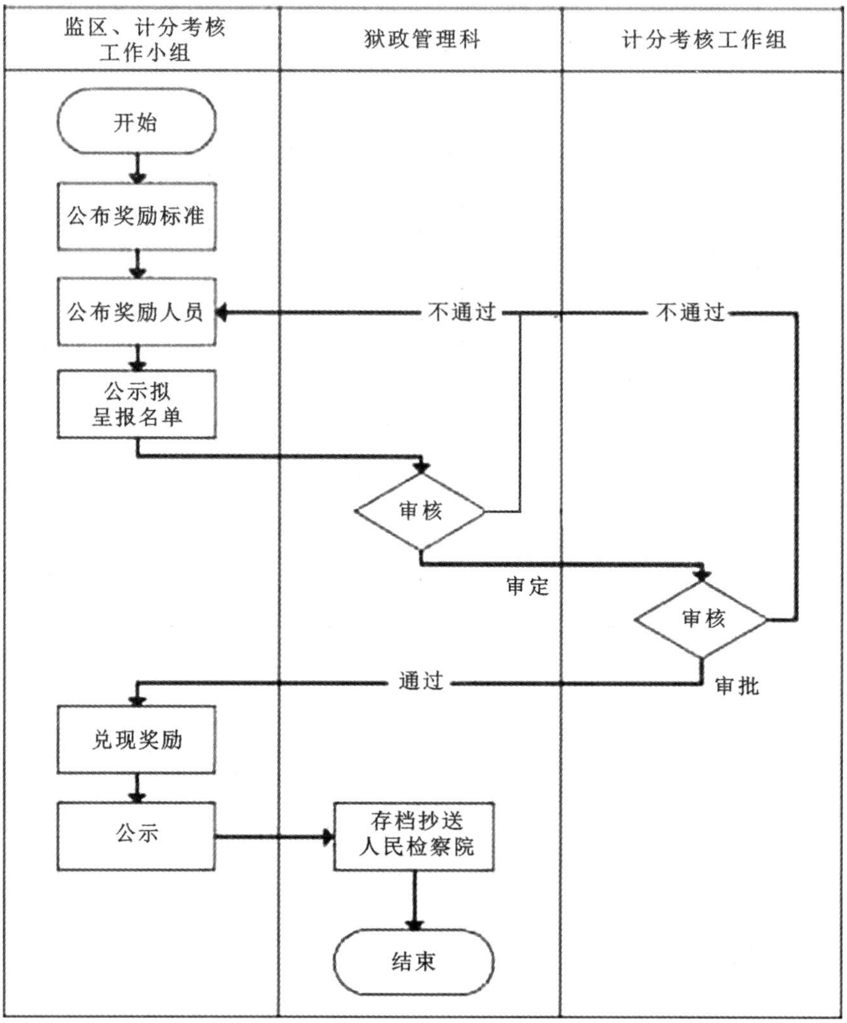

图 6-26　物质奖励业务流程

（二）警告及记过

警告及记过业务流程，如图 6-27 所示。

（三）禁闭

1. 禁闭业务流程

禁闭业务流程，如图 6-28 所示。

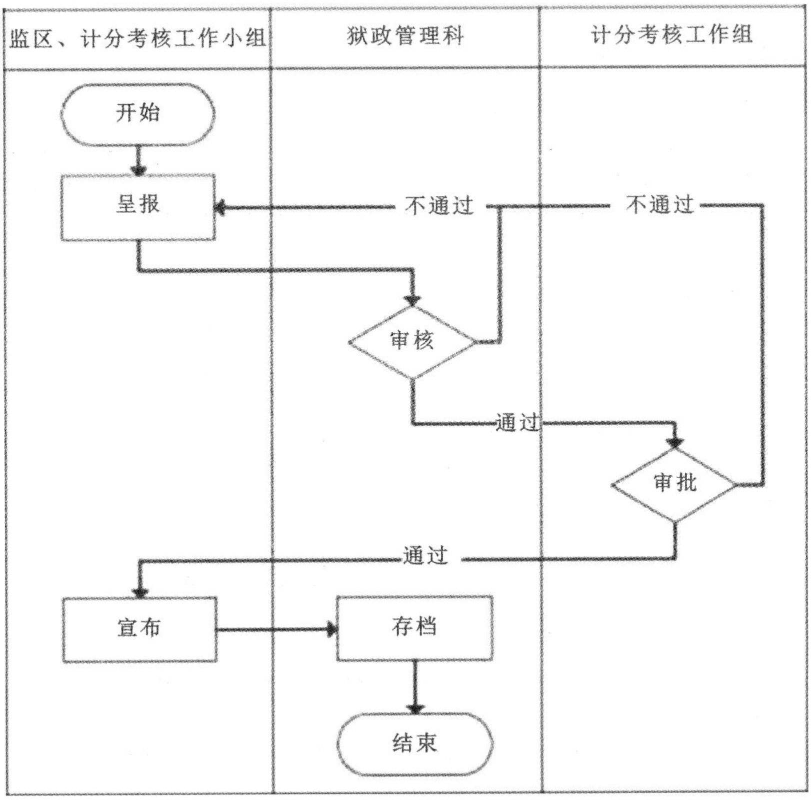

图 6-27　警告及记过业务流程

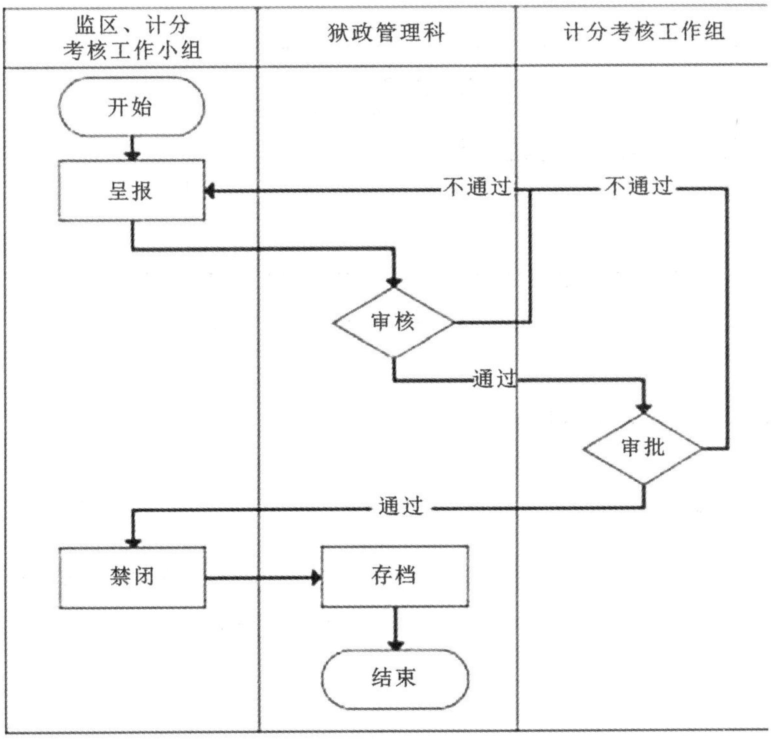

图 6-28　禁闭业务流程

2. 解除禁闭业务流程

解除禁闭业务流程，如图 6-29 所示。

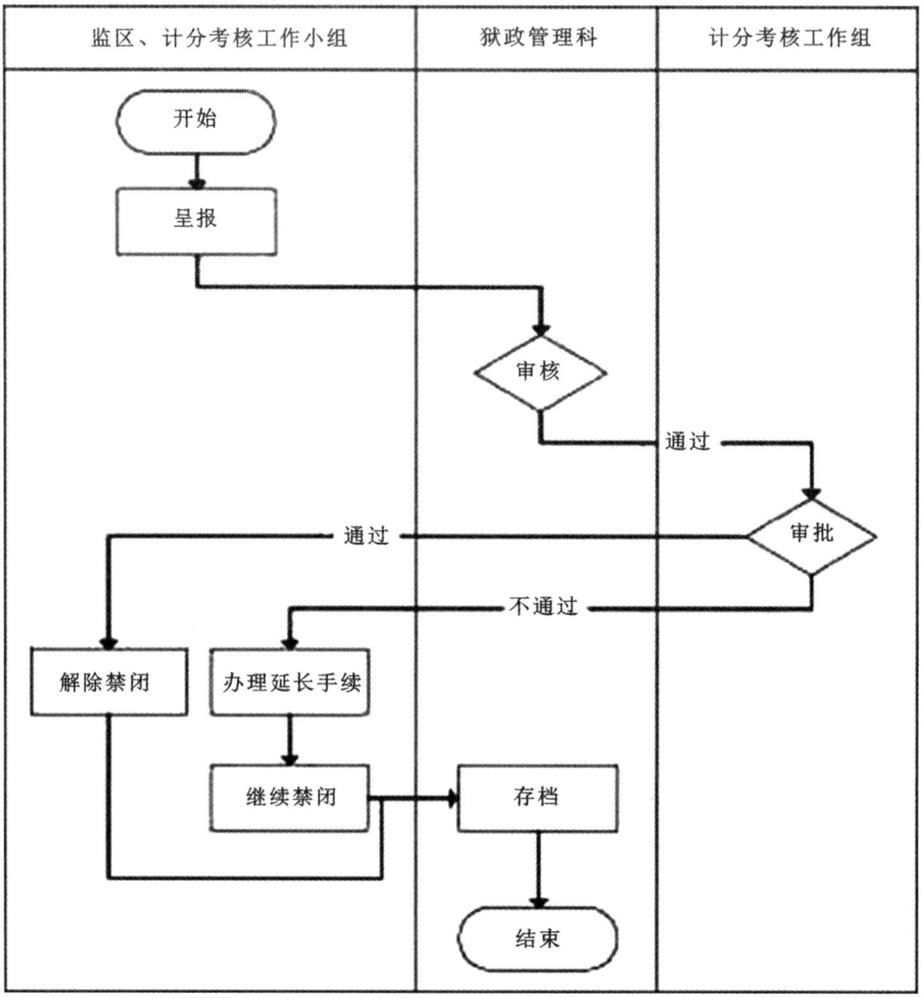

图 6-29　解除禁闭业务流程

八、会见与通信

（一）概述

会见是指罪犯与会见人会面交谈。会见方式包括隔透明装置电话会见、面对面会见、视频会见等。所谓通信，是指罪犯收寄信件、通话等。

（二）会见

1. 罪犯亲属、监护人会见

监狱应当自收监之日起五个工作日内通知罪犯亲属、监护人会见，通知应当包括会见人范围、会见时间安排、会见办理流程、所需相关证件等内容。罪犯亲属、监护人，可以向监狱提出会见申请。

罪犯亲属、监护人会见业务流程，如图 6-30 所示。

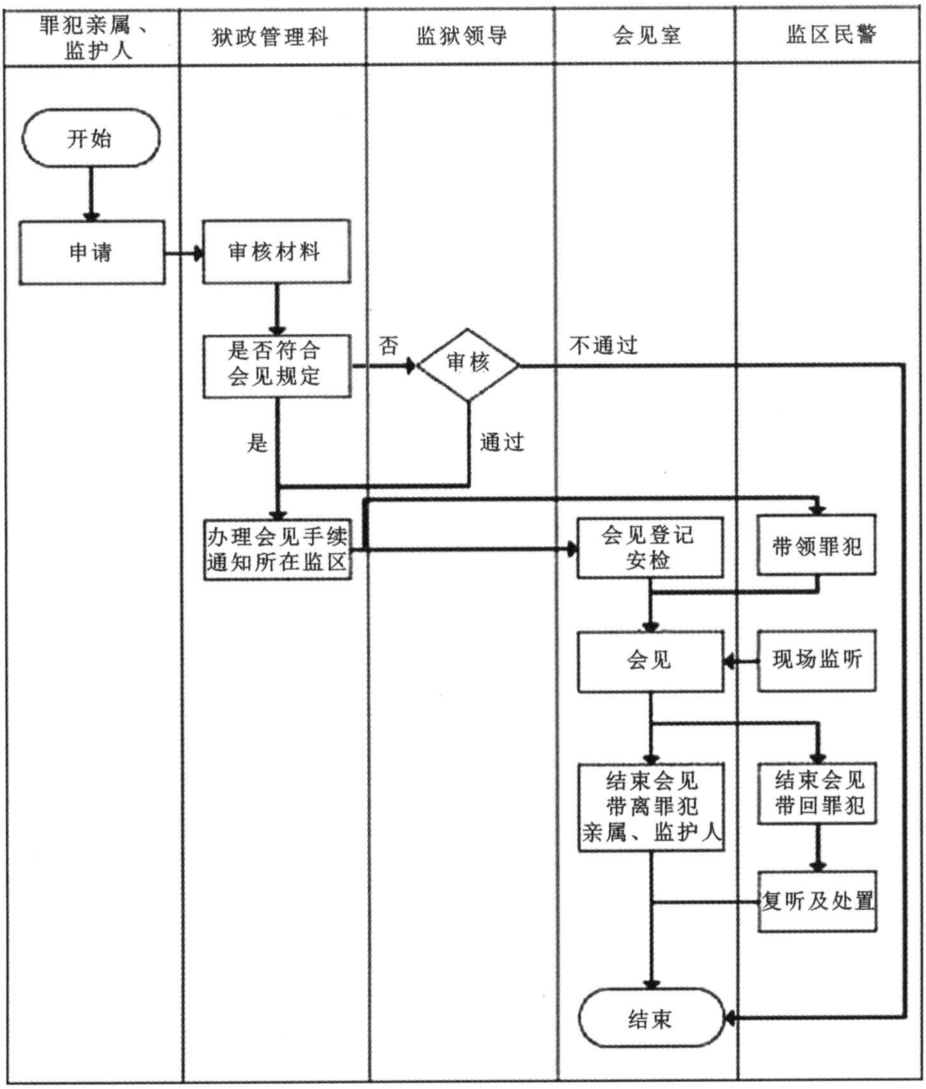

图 6-30 罪犯亲属、监护人会见业务流程

2. 律师会见

监狱应当公开律师会见预约方式，为律师会见提供便利。律师会见在押罪犯，应当在监狱内进行。监狱应当合理安排律师会见场所，方便律师会见、阅卷等事务。

律师会见业务流程，如图 6-31 所示。

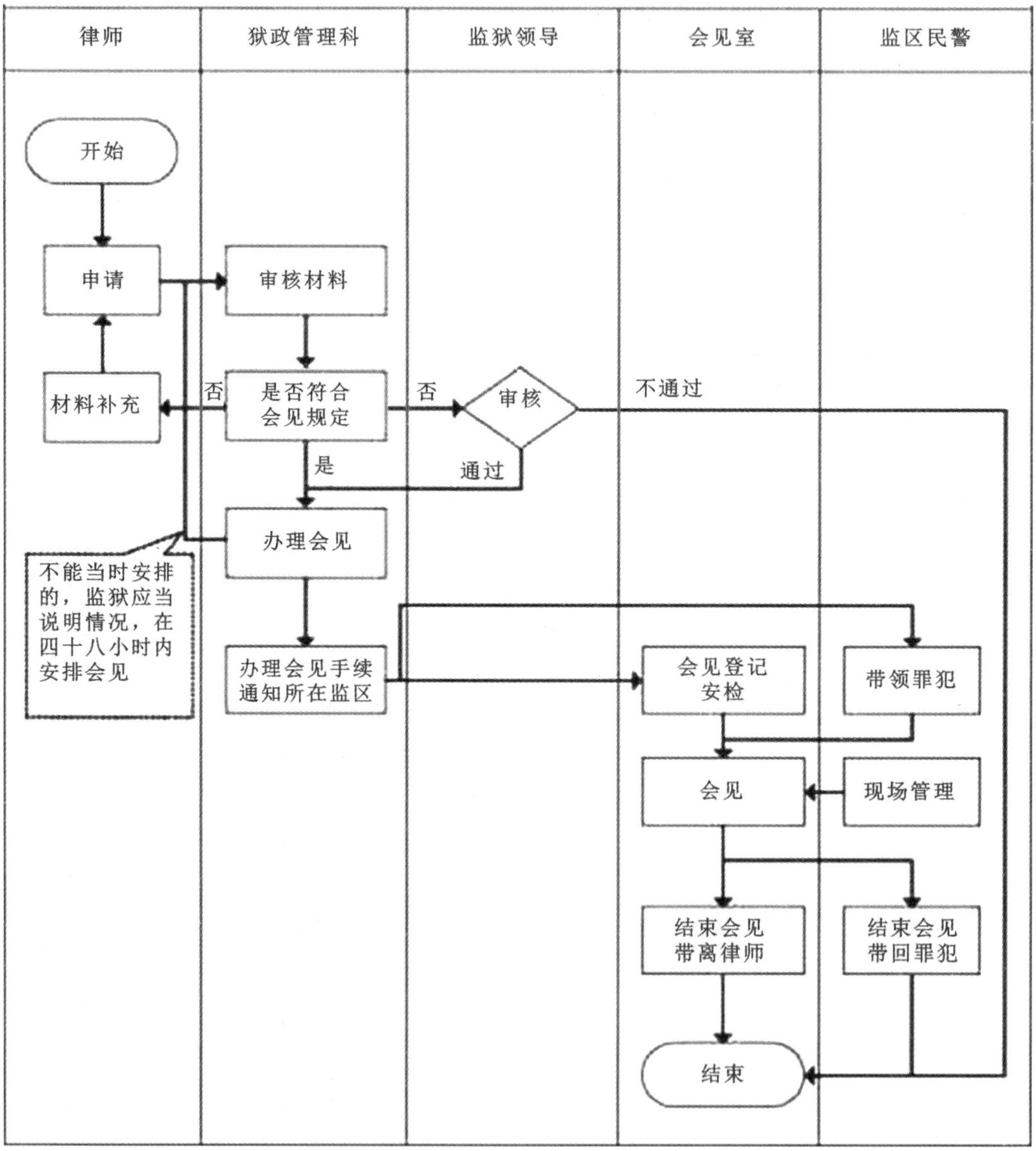

图 6-31　律师会见业务流程

3. 外籍犯会见

外国籍罪犯（简称“外籍犯”）经批准可以与所属国驻华使领馆外交、领事官员及亲属或者监护人会见、通信。在监狱内服刑的无国籍罪犯，比照外国籍罪犯执行。

外籍犯会见业务流程，如图 6-32 所示。

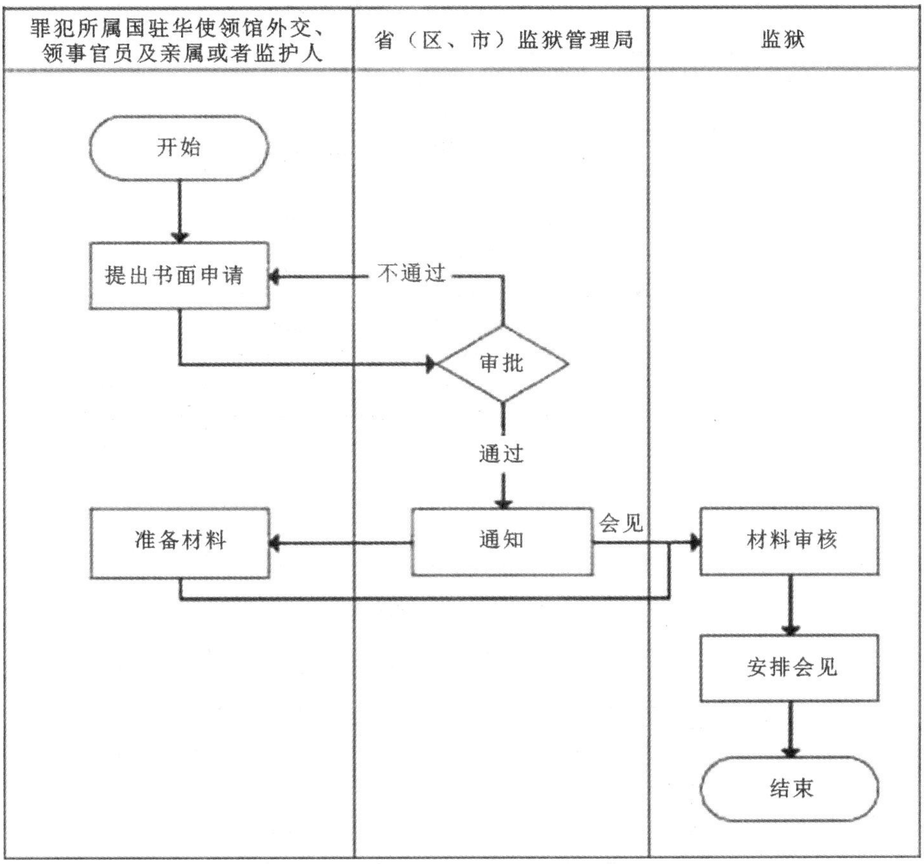

图 6-32 外籍犯会见业务流程

（三）信件

1. 罪犯收信

罪犯收信业务流程，如图 6-33 所示。

2. 罪犯寄信

监狱对罪犯拟邮寄的信件经检查后寄出，对收到的信件应当及时登记，经检查后转交给罪犯。罪犯写给监狱的上级机关和司法机关的信件，不受检查。

罪犯寄信业务流程，如图 6-34 所示。

（四）邮包

1. 罪犯收邮包

罪犯收邮包业务流程，如图 6-35 所示。

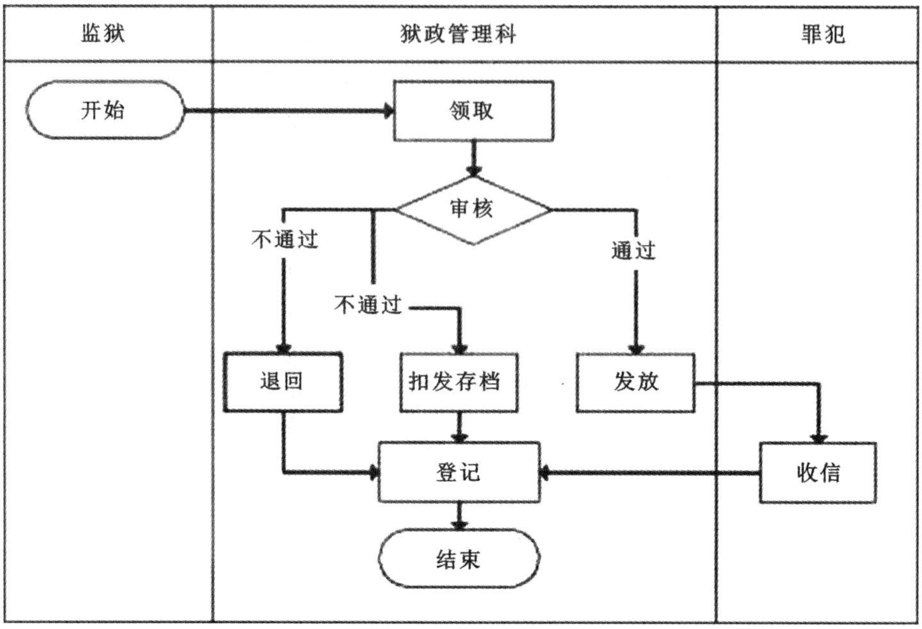

图 6-33　罪犯收信业务流程

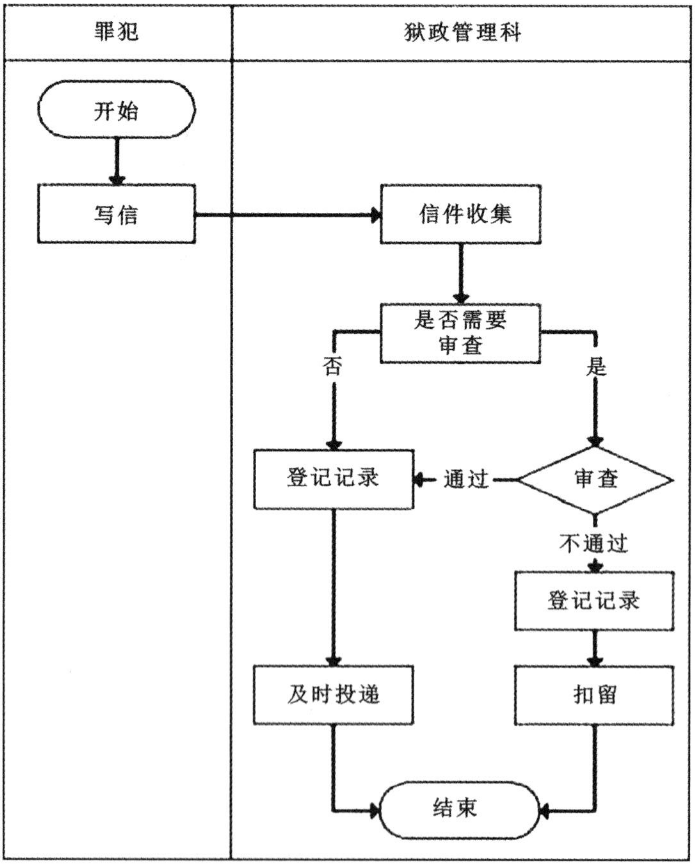

图 6-34　罪犯寄信业务流程

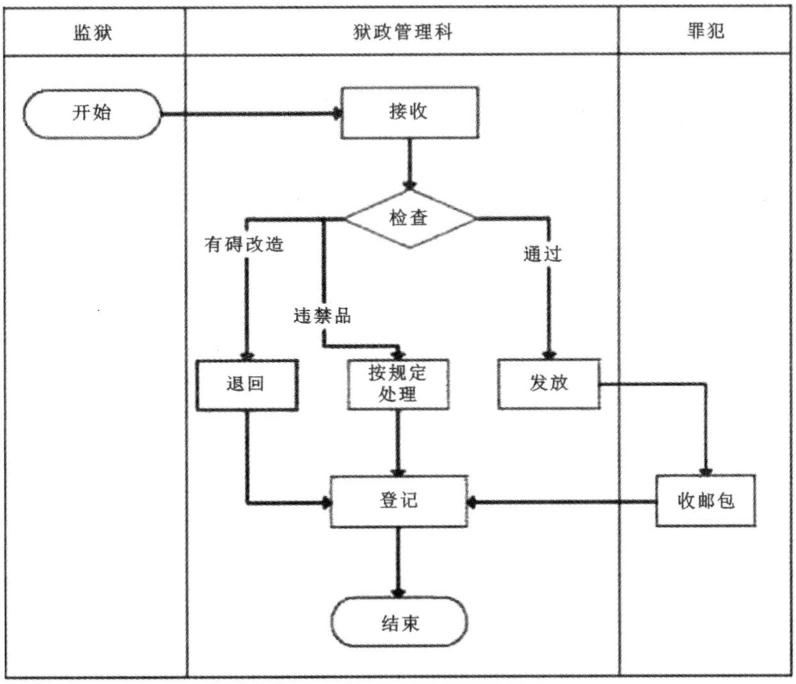

图 6-35 罪犯收邮包业务流程

2. 罪犯寄邮包

罪犯寄邮包业务流程，如图 6-36 所示。

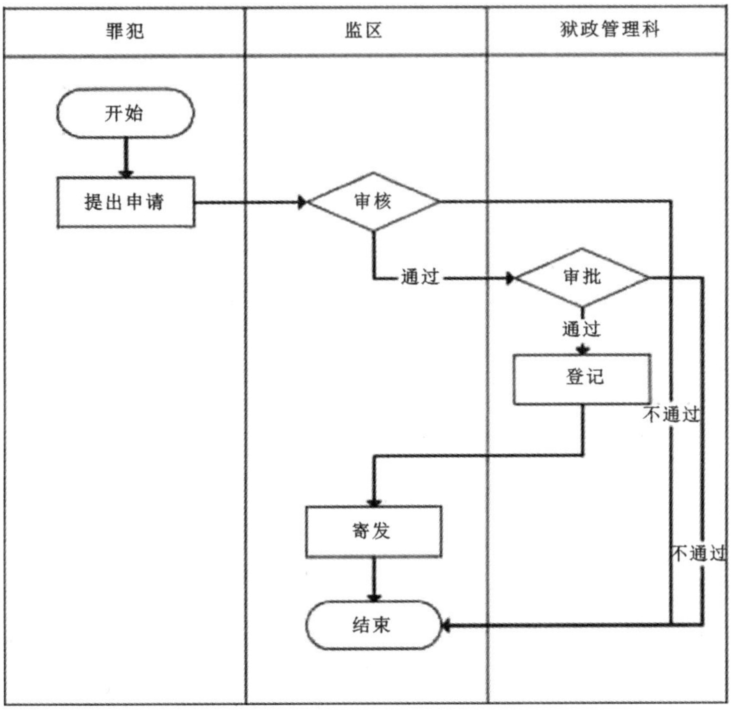

图 6-36 罪犯寄邮包业务流程

（五）亲情电话

罪犯通话应当使用监狱指定的通话设施，通话号码限于已在监狱登记备案的亲属、监护人的电话号码。亲情电话仅限于国内通话，允许打出，禁止打入。负责管理的民警应当做到亲自登记、亲自拨号、亲自监听。通话前，民警须验明受话对象身份，发现其与登记身份不符的，应当终止通话。经主管民警审核、监区审批登记后上报监狱审定开通。通话对象或号码发生变更的，应当及时办理变更手续。

亲情电话业务流程，如图 6-37 所示。

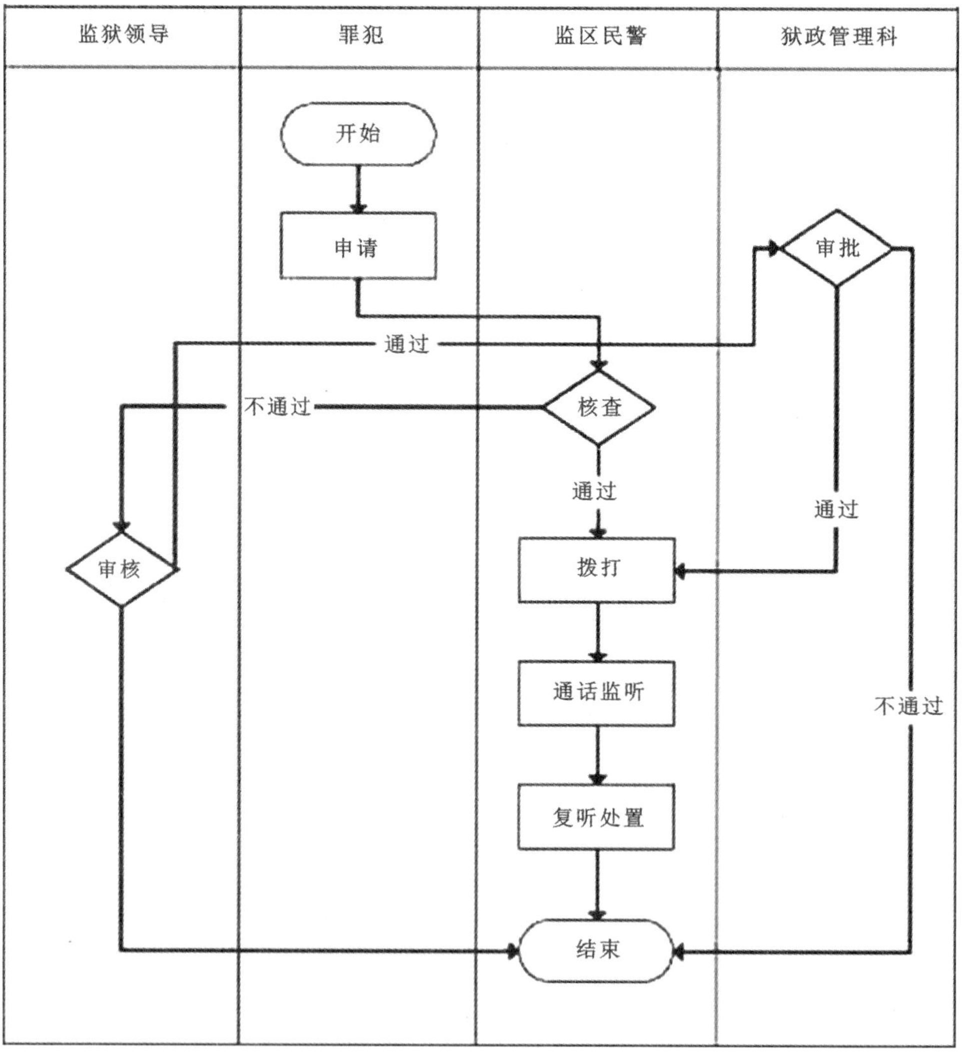

图 6-37　亲情电话业务流程

九、警戒具使用

（一）概述

警戒具是指监狱人民警察按照规定装备的警棍、手铐、脚链、警绳等警用器械，主要用于制止和防范罪犯危险行为的发生。监狱遇有下列情形之一的，可以使用警戒具：

（1）罪犯有脱逃行为的；

（2）犯有使用暴力行为的；

（3）罪犯正在押解途中的；

（4）罪犯有其他危险行为需要采取防范措施的。

前款所列情形消失后，应当停止使用警戒具。

（二）警戒具使用业务流程

警戒具使用业务流程，如图 6-38 所示。

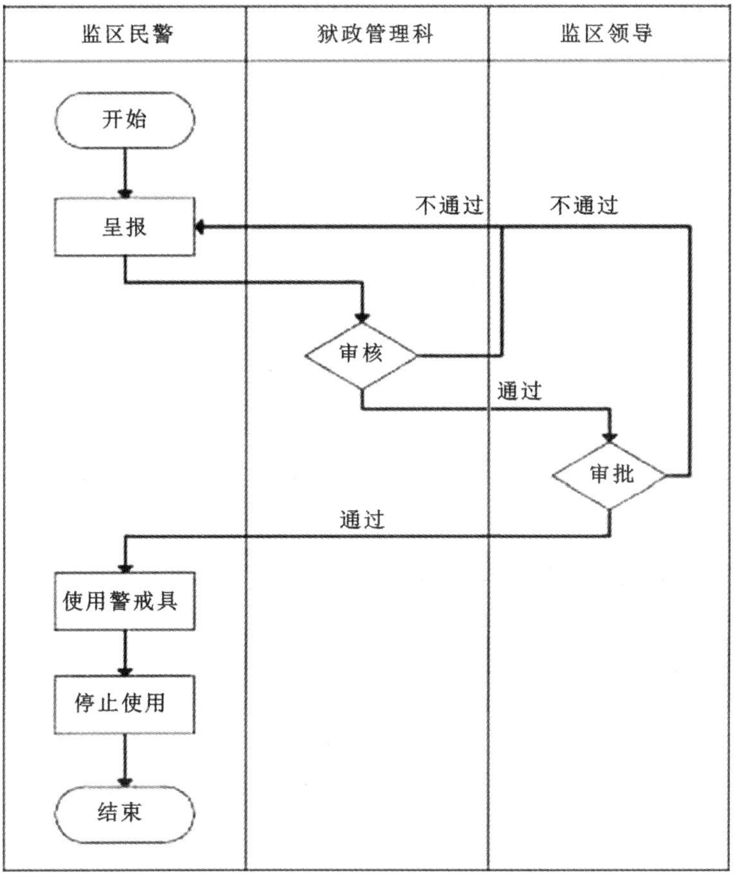

图 6-38 警戒具使用业务流程

（三）警戒具使用业务流程描述

表 6-20 对警戒具使用业务流程进行了说明，并规定了业务流程角色、系统和平台及前置条件、开始时间、结束时间、异常情况、后置条件、业务环节。

表 6-20　警戒具使用业务流程描述

<table>
<tr><td colspan="2">描述</td><td colspan="3">监区对违规罪犯报批警戒具使用，经过狱政管理科及监狱领导审批后对罪犯使用警戒具并登记</td></tr>
<tr><td colspan="2">角色、系统和平台</td><td colspan="3">监区、狱政管理科、监狱领导、狱政管理业务系统</td></tr>
<tr><td colspan="2">前置条件</td><td colspan="3">无</td></tr>
<tr><td colspan="2">开始时间</td><td colspan="3">无</td></tr>
<tr><td colspan="2">结束时间</td><td colspan="3">无</td></tr>
<tr><td colspan="2">异常情况</td><td colspan="3">无</td></tr>
<tr><td colspan="2">后置条件</td><td colspan="3">无</td></tr>
<tr><td rowspan="6">业务环节</td><td>业务环节名称</td><td>角色、系统和平台</td><td>交互文档/数据</td><td>要求</td></tr>
<tr><td>呈报</td><td>监区、狱政管理业务系统</td><td>《罪犯警戒具使用审批表》</td><td></td></tr>
<tr><td>审核</td><td>狱政管理科、狱政管理业务系统</td><td>《罪犯警戒具使用审批表》</td><td></td></tr>
<tr><td>审批</td><td>监狱领导、狱政管理业务系统</td><td>《罪犯警戒具使用审批表》《使用警戒具登记簿》</td><td></td></tr>
<tr><td>使用警戒具</td><td>监区</td><td></td><td></td></tr>
<tr><td>停止使用</td><td>监区、狱政管理业务系统</td><td></td><td></td></tr>
</table>

十、（特定）岗位罪犯管理

（一）概述

（特定）岗位罪犯是监区根据改造需要，按照一定的条件和审批手续选用的，从事特定岗位工种或从事相对分散劳作的罪犯。

（二）（特定）岗位管理

（特定）岗位管理业务流程，如图 6-39 所示。

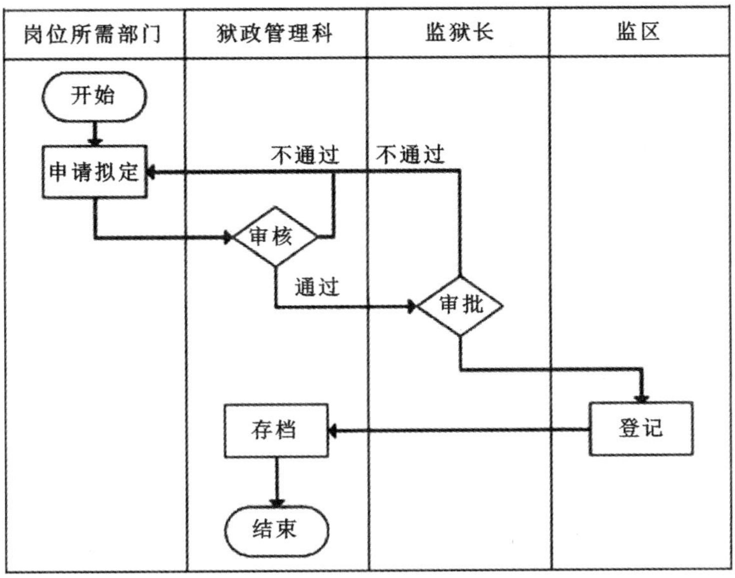

图 6-39　（特定）岗位管理业务流程

（三）（特定）岗位罪犯选用

（特定）岗位罪犯选用业务流程，如图 6-40 所示。

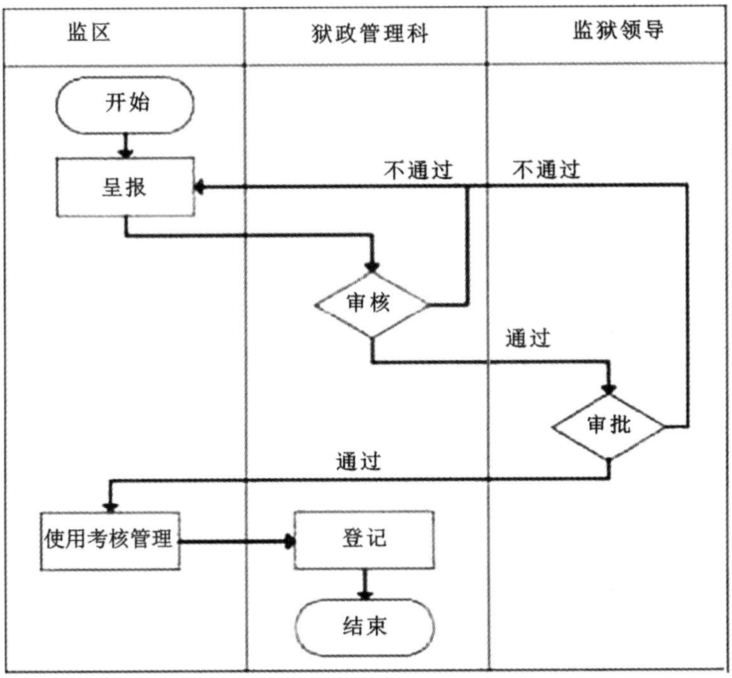

图 6-40　（特定）岗位罪犯选用业务流程

（四）（特定）岗位罪犯撤销

（特定）岗位罪犯撤销业务流程，如图 6-41 所示。

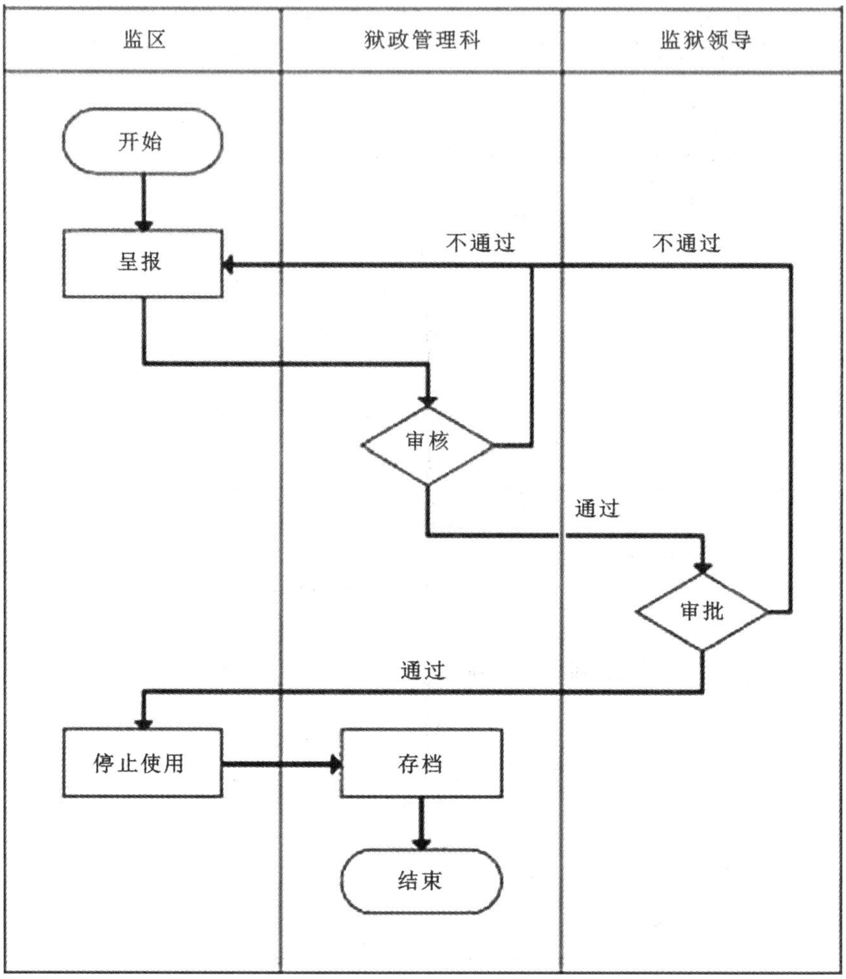

图 6-41　（特定）岗位罪犯撤销业务流程

十一、老病残罪犯管理

（一）概述

监狱应当对老病残罪犯实行集中管理、单独考核。老病残罪犯包括：

（1）老年犯，是指年龄为 60 周岁及以上的男性在押罪犯和年龄为 55 周岁及以上的女性在押罪犯；

（2）病犯，是指患有严重疾病，久治不愈，影响正常生活、学习、劳动的在押罪犯；

（3）残疾犯，是指因身体有肢体（器官）残缺、功能不全或丧失等情形，影响正常生活、学习、劳动的在押罪犯。

（二）老年犯认定与管理

老年犯认定与管理业务流程，如图 6-42 所示。

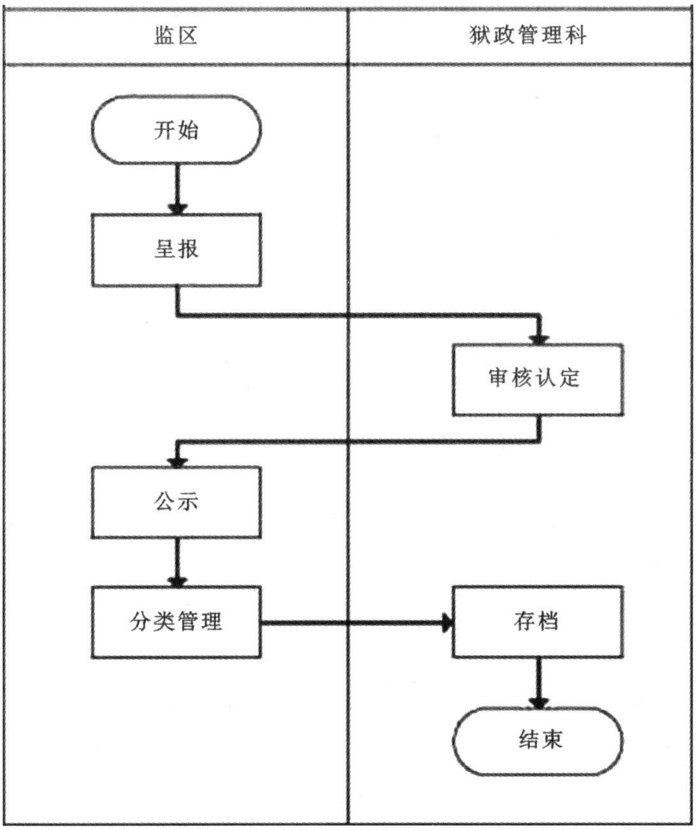

图 6-42　老年犯认定与管理业务流程

（三）病犯认定管理及撤销

病犯认定管理及撤销业务流程，如图 6-43 所示。

（四）残疾犯认定与管理

残疾犯认定与管理业务流程，如图 6-44 所示。

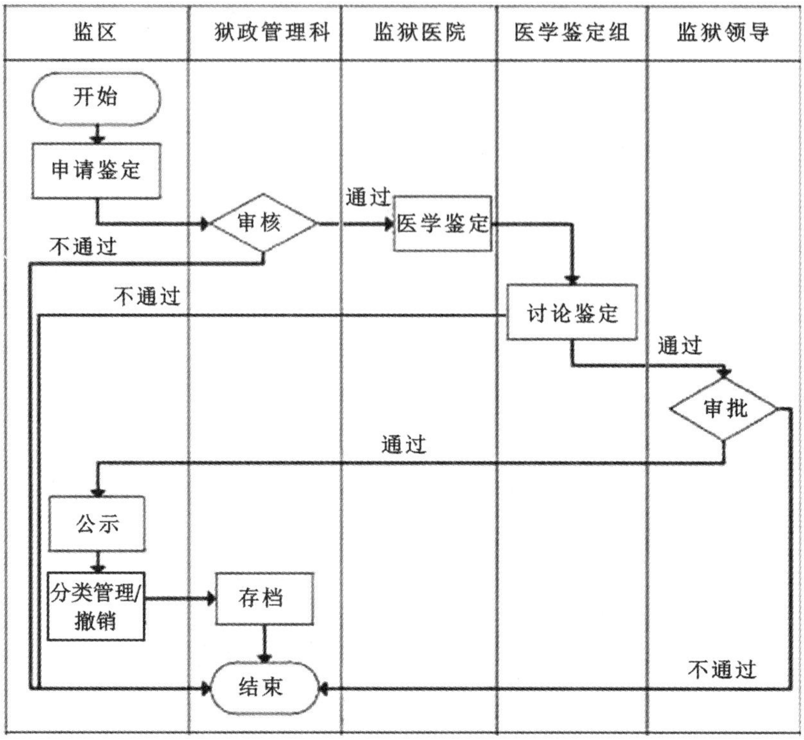

图 6-43　病犯认定管理及撤销业务流程

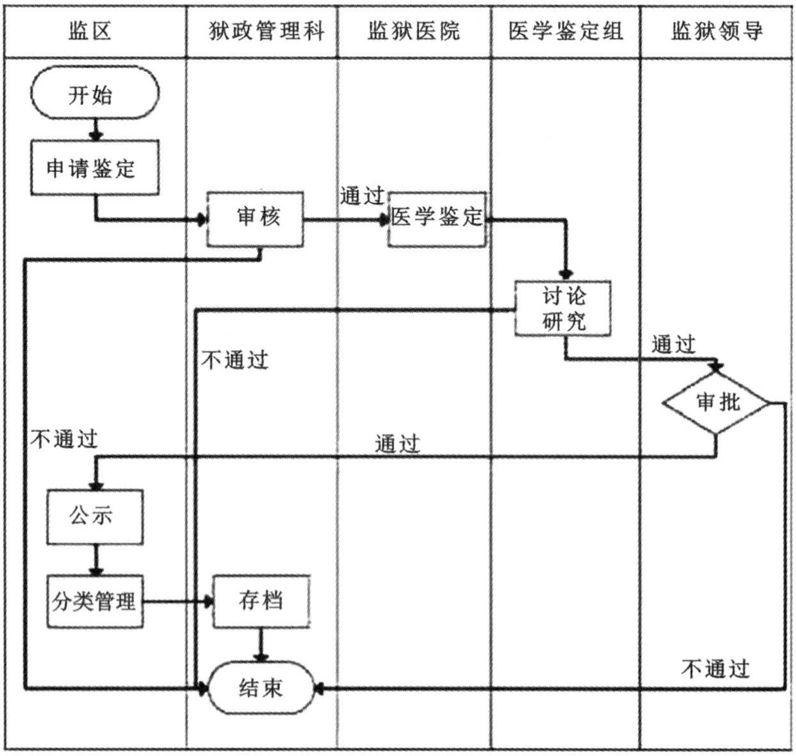

图 6-44　残疾犯认定与管理业务流程

十二、互监包夹管理

（一）概述

监狱根据罪犯犯罪类型、刑期、改造表现、劳动岗位、生产流程、监舍铺位等情况将 3 名罪犯编成一个小组，小组成员之间在生活、劳动、学习上相互监督、相互帮助、相互学习。

监狱应当严格落实罪犯互监包夹措施，做到 24 小时不失控；互监组成员不得脱离小组擅自行动；当互监组成员出现违纪等行为时，其他成员应立即制止，并向监狱人民警察报告。

（二）互监组/临时互监组管理

互监组/临时互监组管理业务流程，如图 6-45 所示。

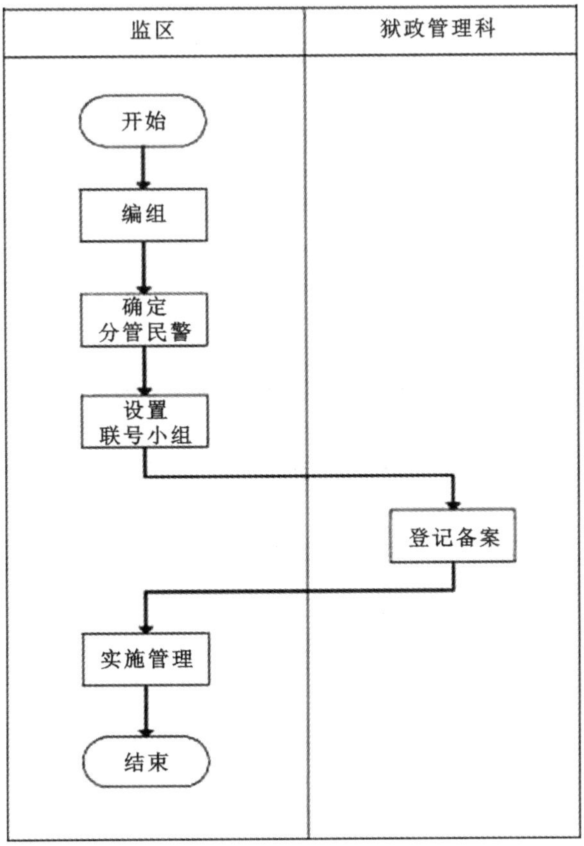

图 6-45 互监组/临时互监组管理业务流程

（三）优秀互监组评定

优秀互监组评定业务流程，如图 6-46 所示。

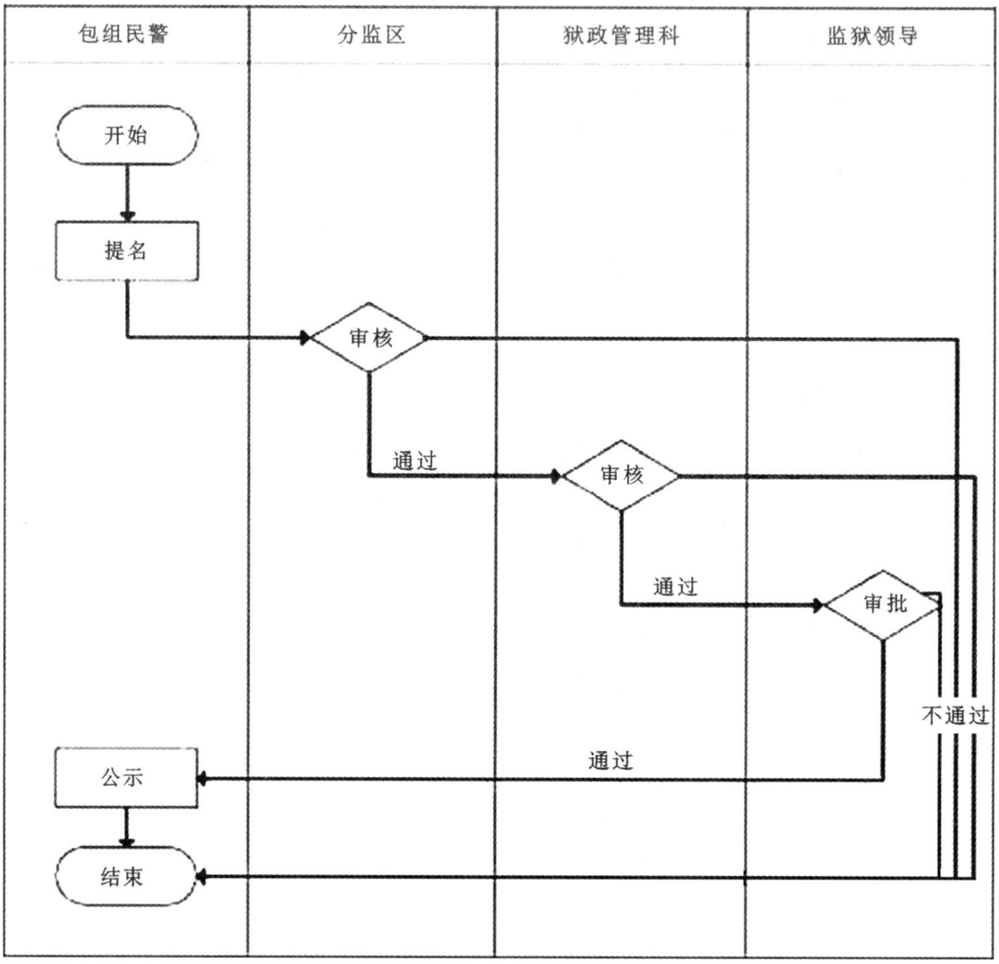

图 6-46　优秀互监组评定业务流程

十三、离监就医管理

（一）离监就医（就诊）

离监就医（就诊）业务流程，如图 6-47 所示。

（二）离监就医（住院）

离监就医（住院）业务流程，如图 6-48 所示。

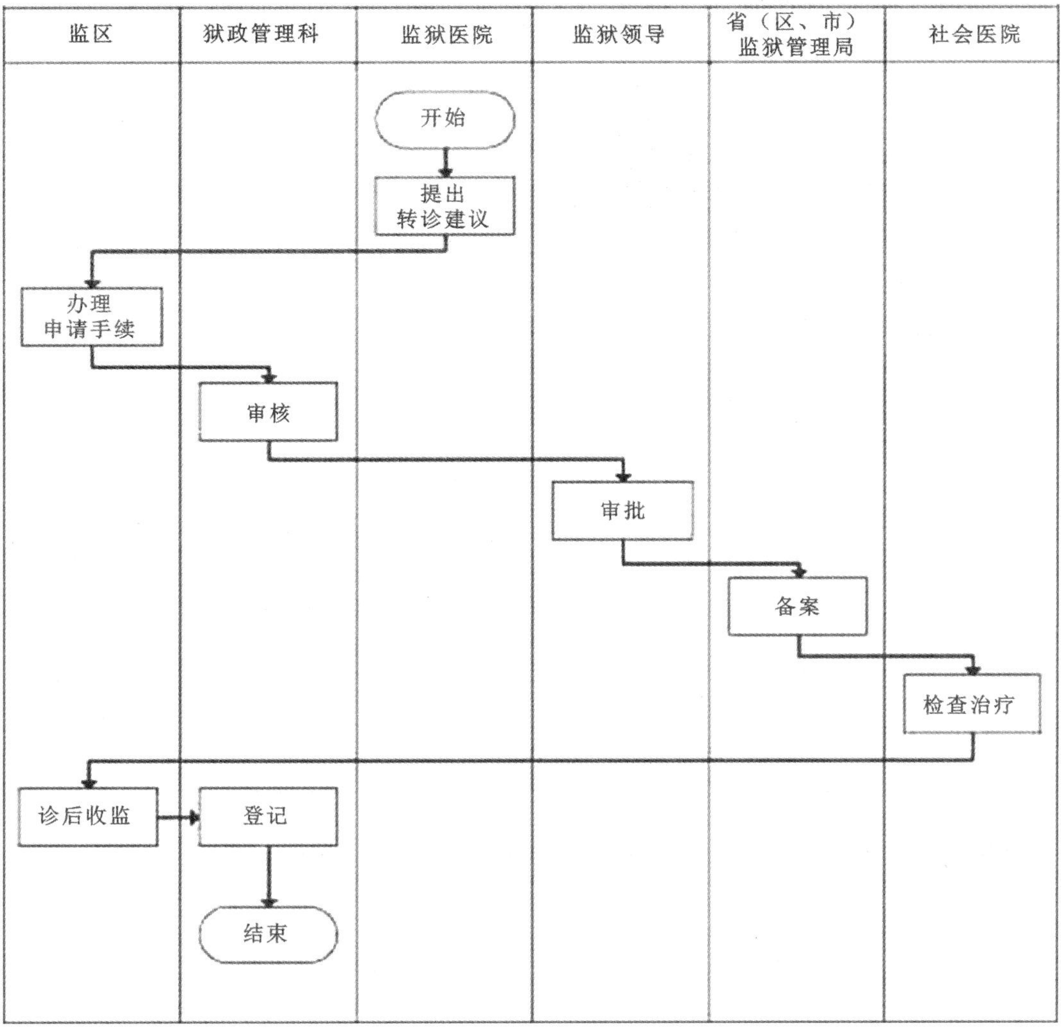

图 6-47　离监就医（就诊）业务流程

十四、离监探亲管理

（一）概述

监狱准予符合一定条件的罪犯暂时离开监狱探望亲属，离监探亲的对象限于罪犯直系亲属、监护人或配偶。离监探亲包括以下两种情形：

（1）奖励性离监探亲；

（2）特许离监探亲。

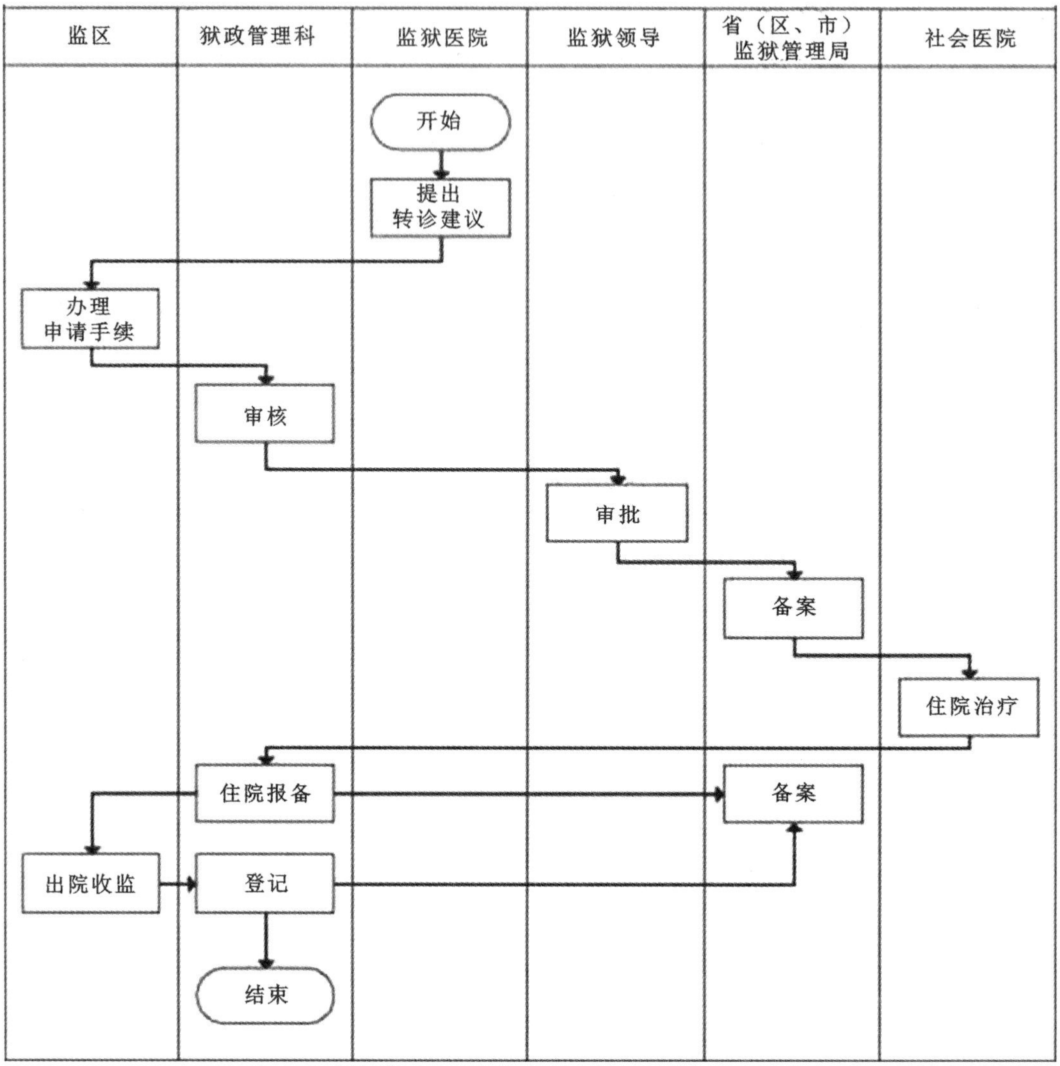

图 6-48　离监就医（住院）业务流程

（二）奖励性离监探亲

监狱对具有《中华人民共和国监狱法》第五十七条规定的情形之一，同时具备下列条件的罪犯，可以批准其离监探亲：原判有期徒刑以及原判死刑缓期二年执行、无期徒刑减为有期徒刑，执行有期徒刑二分之一以上；宽管级处遇；服刑期间一贯表现好，离监后不致再危害社会；探亲对象的常住地在监狱所在的省（区、市）行政区域范围内。

符合条件的罪犯每年只准离监探亲一次，时间为 3 至 7 天（不含路途时间）。

奖励性离监探亲业务流程，如图 6-49 所示。

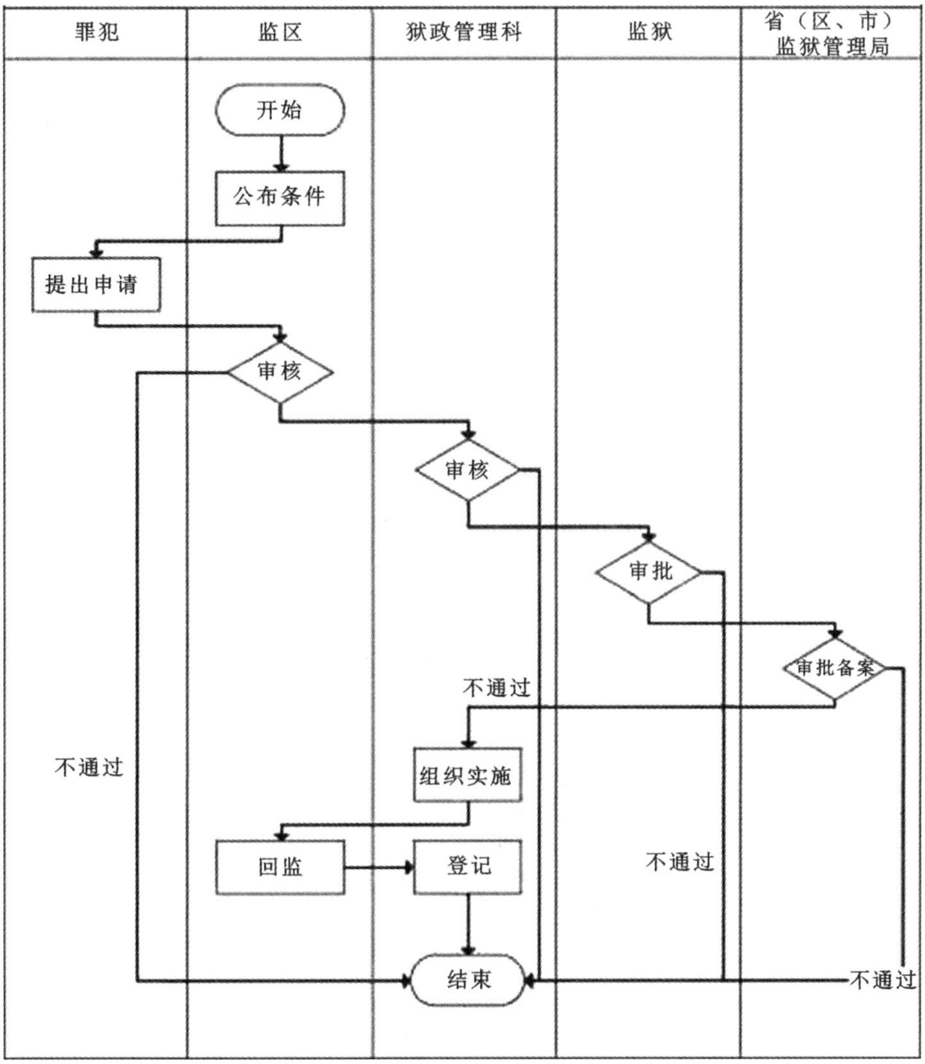

图 6-49 奖励性离监探亲业务流程

（三）特许离监探亲

监狱对于同时具有下列情形的罪犯，可以特许其离监回家看望或处理：剩余刑期10年以下，改造表现较好的；配偶、直系亲属或监护人病危、死亡，或家中发生重大变故、确需本人回去处理的；有县级以上医院出具的病危或死亡证明，及当地村（居）民委员会和派出所签署的意见；特许离监的去处在监狱所在的省（区、市）行政区域范围内。

罪犯特许离监的时间为1天。对特许离监的罪犯，监狱必须派干警押解并予以严密监管，当晚不能返回监狱的，必须羁押于当地监狱或看守所。

特许离监探亲业务流程，如图6-50所示。

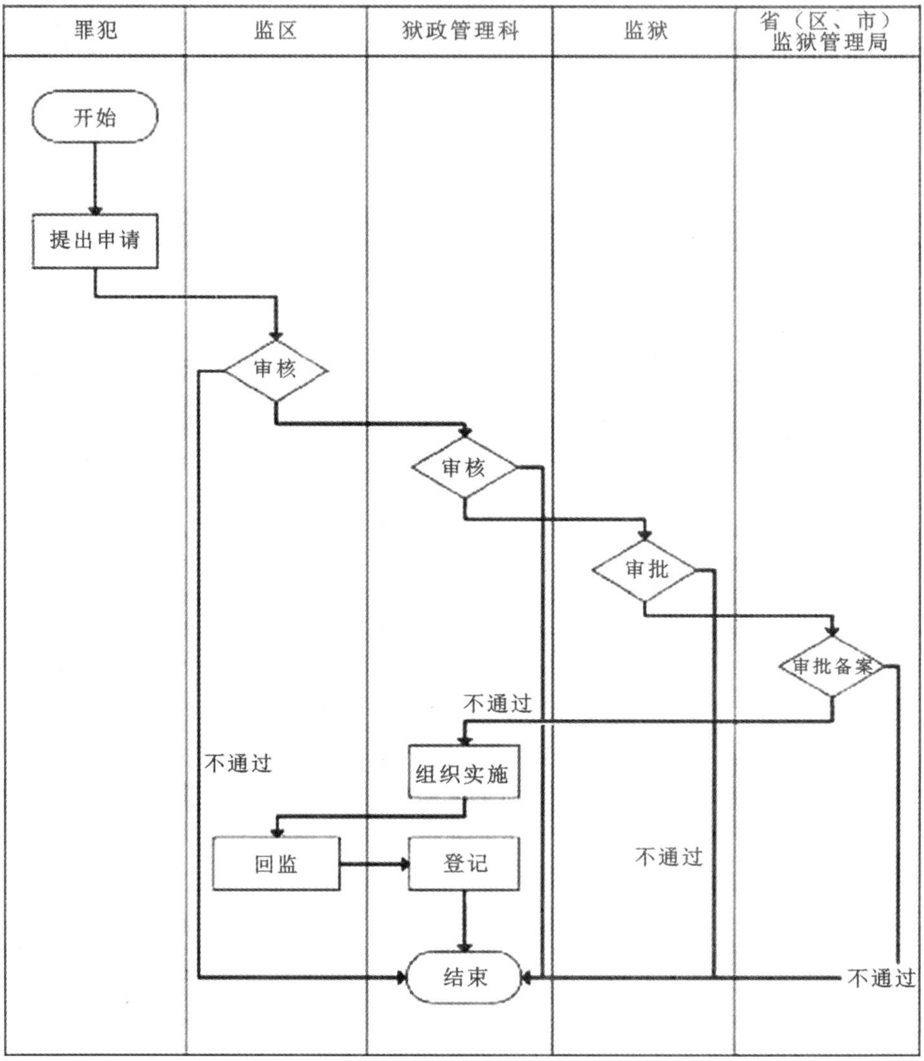

图 6-50　特许离监探亲业务流程

十五、罪犯死亡处理

（一）概述

罪犯死亡后，监狱应当立即通知死亡罪犯的近亲属，报告所属监狱管理机关，通报承担检察职责的人民检察院和原审人民法院。

死亡的罪犯无近亲属或者无法通知其近亲属的，监狱应当通知死亡罪犯户籍所在地或者居住地的村（居）民委员会或者公安派出所。

罪犯死亡后，监狱、人民检察院应当按照有关规定分别层报司法部、最高人民检察院。

罪犯死亡分为：
(1) 正常死亡；
(2) 非正常死亡。

（二）正常死亡

罪犯正常死亡是指罪犯因人体衰老或者疾病等原因导致的自然死亡。由监狱作出医疗鉴定，人民检察院对监狱的医疗鉴定有异议的，可以重新对死亡原因作出鉴定。罪犯家属有异议的，可以向人民检察院提出。

正常死亡业务流程，如图 6-51 所示。

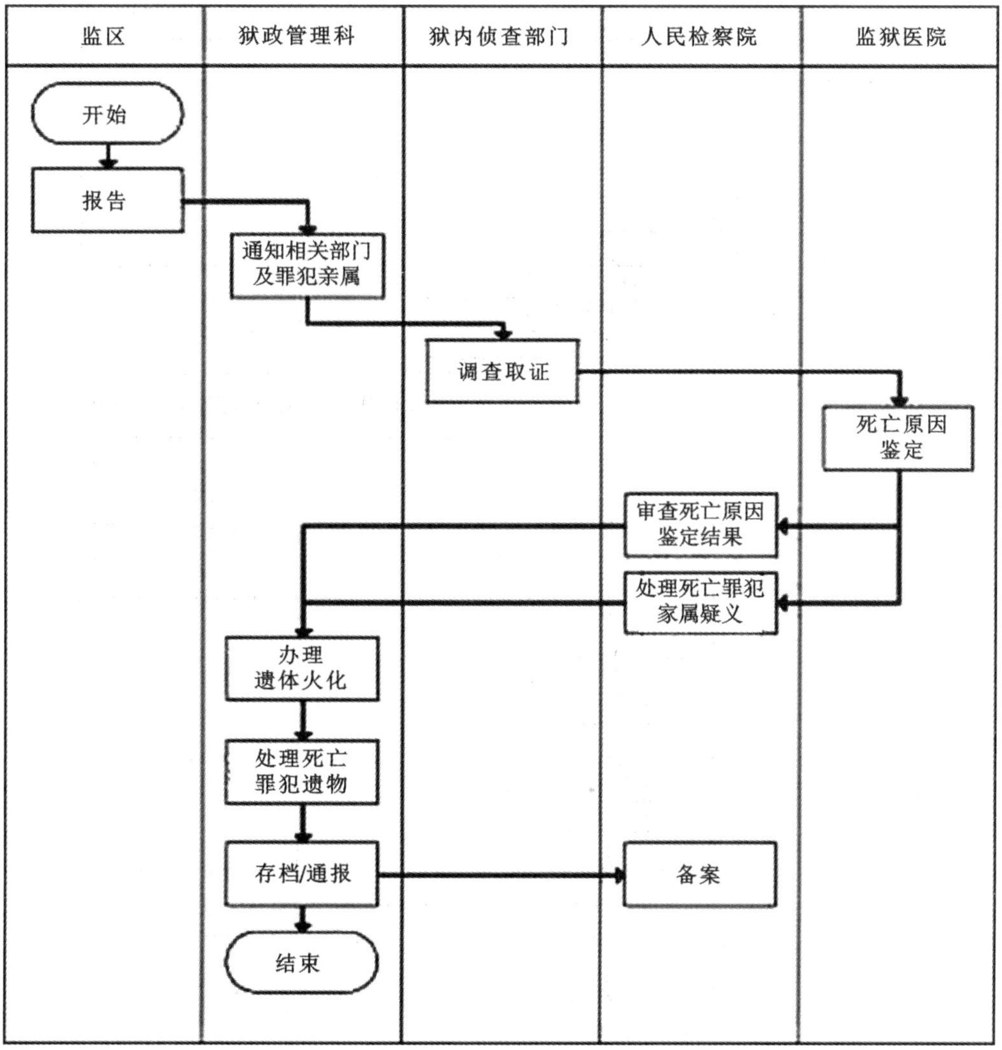

图 6-51　正常死亡业务流程

（三）非正常死亡

罪犯非正常死亡是指罪犯自杀死亡，或者由于自然灾害、意外事故、他杀、体罚虐待、击毙以及其他外部原因作用于人体造成的死亡。非正常死亡由人民检察院组织对罪犯死亡原因作出鉴定。

1. 非正常死亡业务流程

非正常死亡业务流程，如图 6-52 所示。

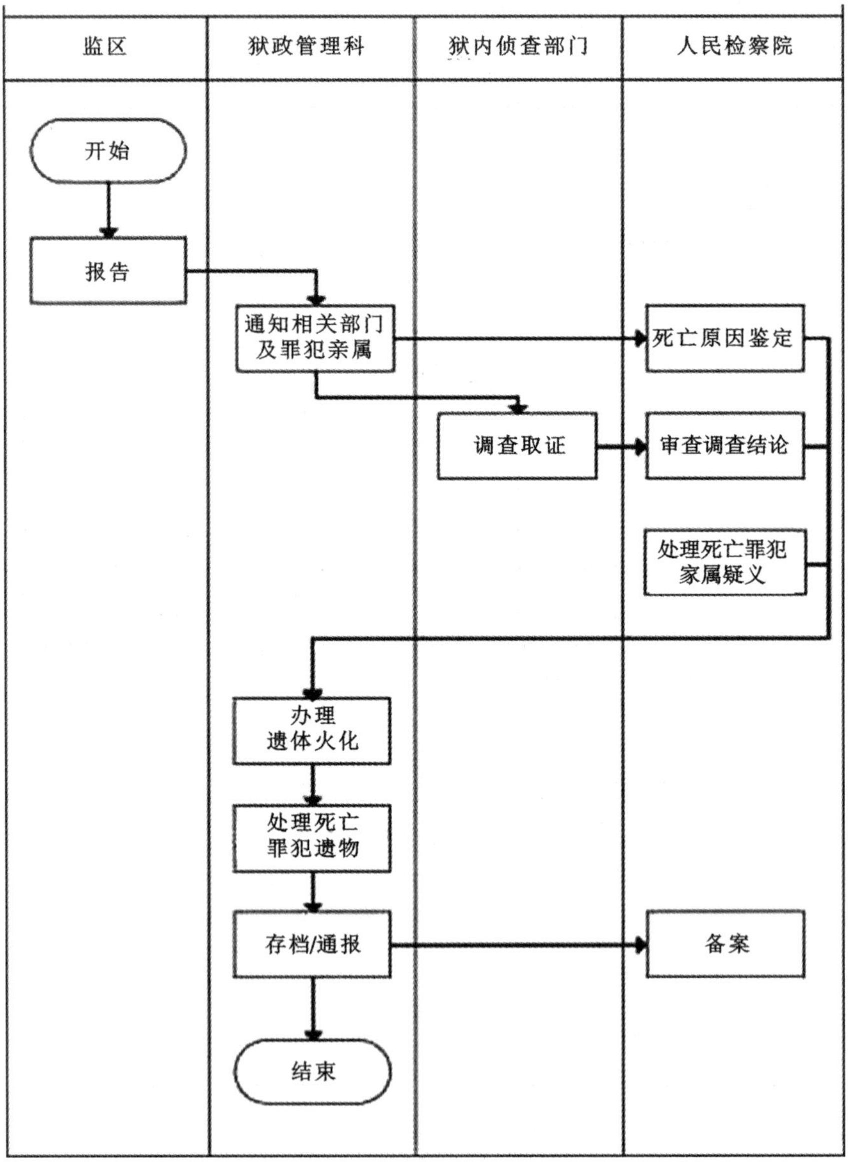

图 6-52　非正常死亡业务流程

2. 非正常死亡业务流程描述

表 6-21 对非正常死亡业务流程进行了说明，并规定了业务流程角色、系统和平台及前置条件、开始时间、结束时间、异常情况、后置条件、业务环节。

表 6-21　非正常死亡业务流程描述

描述	罪犯在服刑期间非正常死亡的，监狱应通知相关部门及罪犯家属，做好调查取证，由人民检察院组织对罪犯死亡原因鉴定，审查监狱调查结论，处理死亡罪犯家属异议，通知监狱办理遗体火化并处理死亡罪犯遗物后再报人民检察院备案			
角色、系统和平台	监区、狱政管理科、狱内侦查部门、监狱医院、人民检察院，狱政管理业务系统			
前置条件	无			
开始时间	无			
结束时间	无			
异常情况	无			
后置条件	无			
业务环节	业务环节名称	角色、系统和平台	交互文档/数据	要求
	报告	监区		
	通知相关部门及罪犯家属	狱政管理科	书面通知	
	调查取证	狱内侦查部门	勘查记录	
	死因鉴定	人民检察院	解剖通知书 死因鉴定	
	核查、处理家属异议	人民检察院	死亡鉴定	
	遗体火化	狱政管理科		
	处理遗物	狱政管理科	罪犯私人物品	
	存档 通报	狱政管理科 人民检察院 狱政管理业务系统	罪犯死亡登记簿	

十六、重点罪犯管理

（一）概述

监狱应加强重点罪犯管理力度，对具有危及监狱安全，现实危险或危险倾向的罪犯，经审批后认定为顽固犯、危险犯、重点罪犯并建立专档。

（二）重点罪犯认定与管理

重点罪犯认定与管理业务流程，如图 6-53 所示。

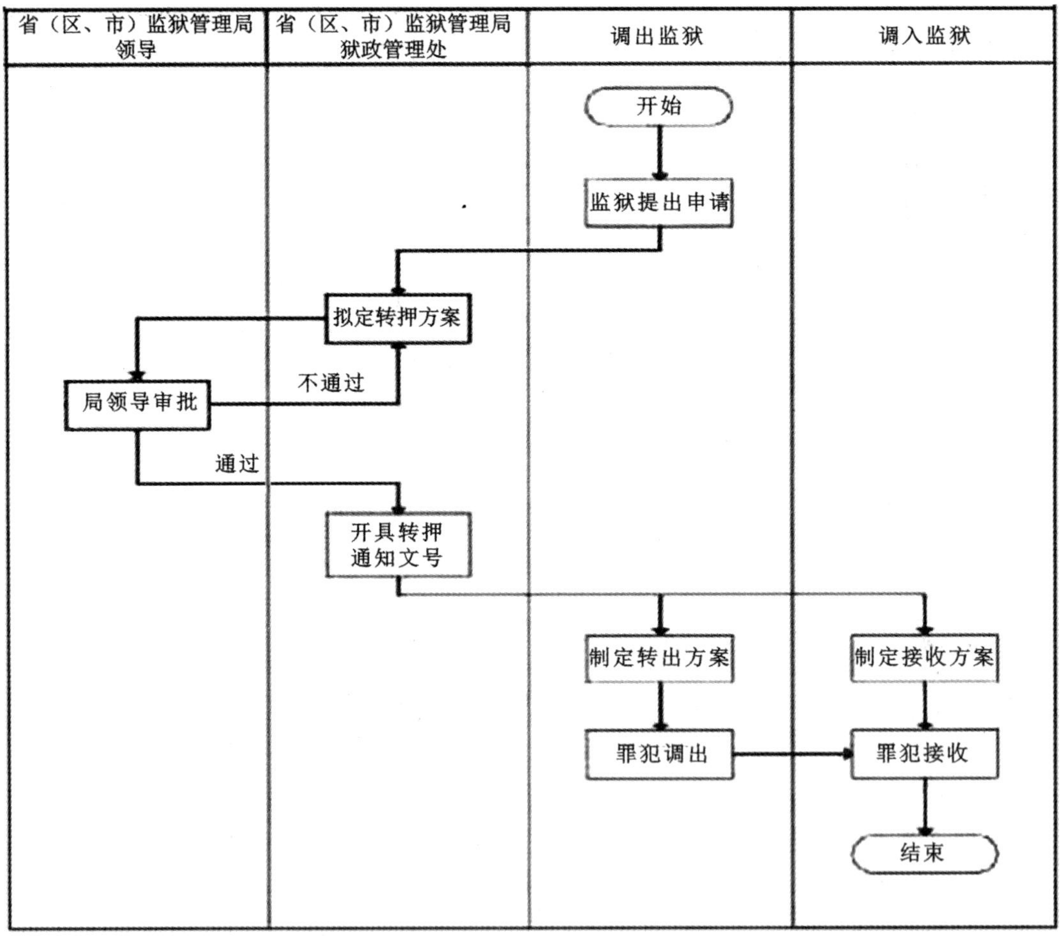

图 6-53　重点罪犯认定与管理业务流程

（三）重点罪犯撤销

重点罪犯撤销业务流程，如图 6-54 所示。

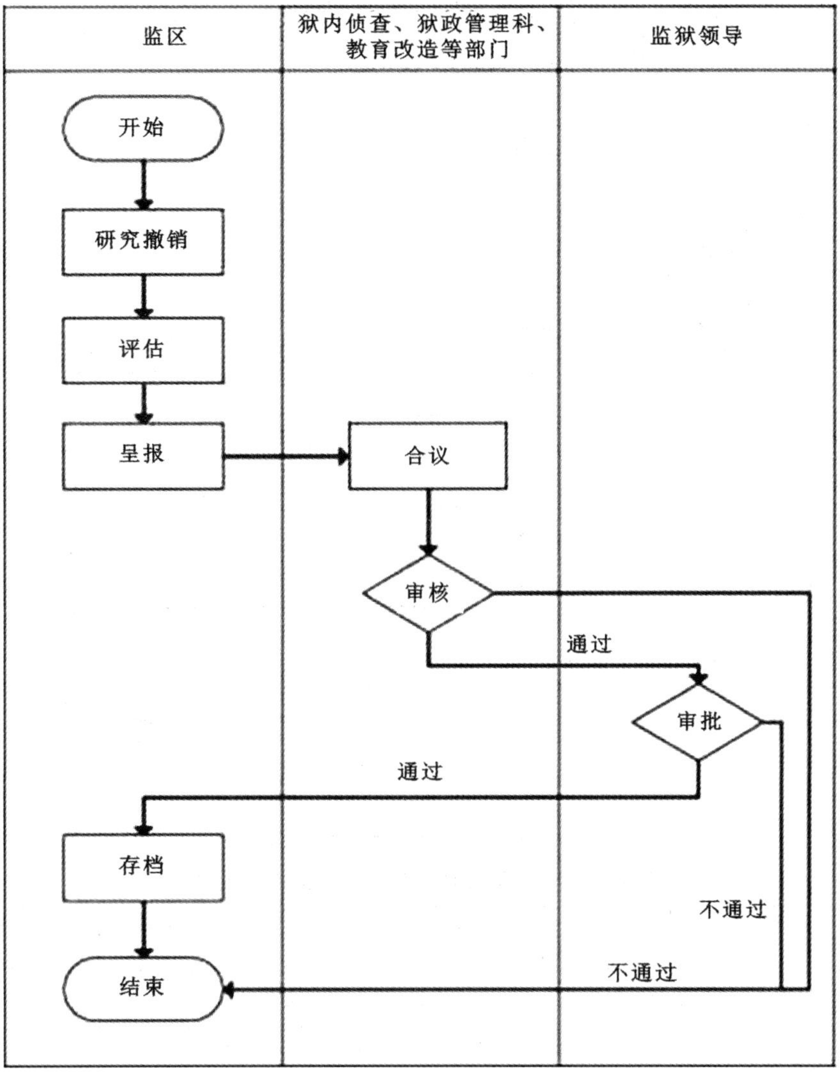

图 6-54 重点罪犯撤销业务流程

十七、重要罪犯管理

（一）重要罪犯认定与管理业务流程

重要罪犯认定与管理业务流程，如图 6-55 所示。

（二）重要罪犯认定与管理业务流程描述

表 6-22 对重要罪犯认定管理业务流程进行了说明，并规定了业务流程角色、系统和平台及前置条件、开始时间、结束时间、异常情况、后置条件、业务环节。

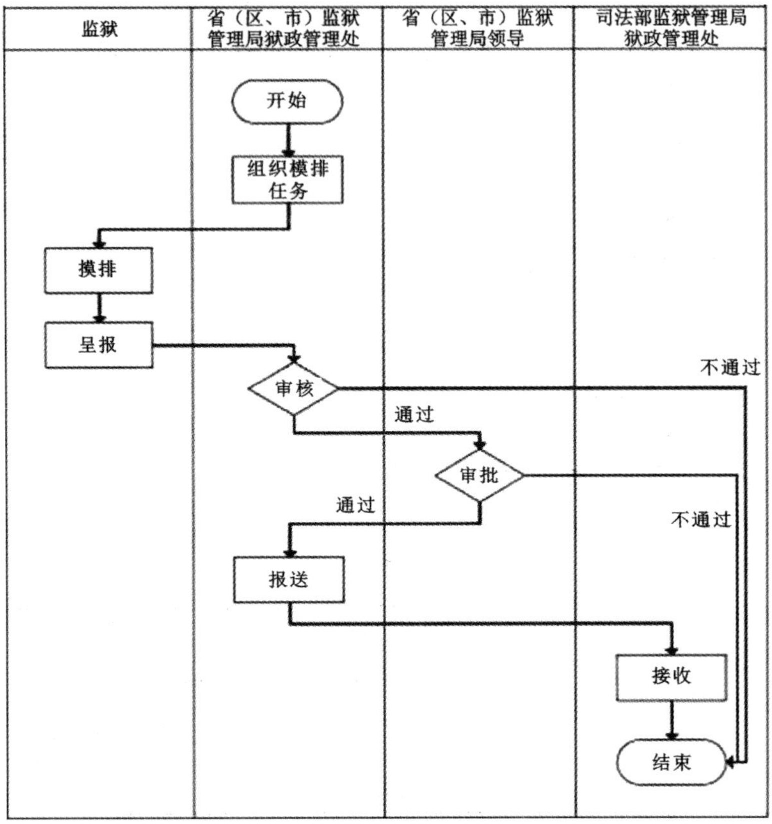

图 6-55　重要罪犯认定与管理业务流程

表 6-22　重要罪犯认定与管理业务流程描述

描述	重点罪犯的认定由省（区、市）监狱管理局狱政管理处组织摸排，监狱进行实施并呈报省（区、市）监狱管理局狱政管理处审核，局领导审批，并报送司法部监狱管理局狱政管理处备案			
角色、系统和平台	监狱、省（区、市）监狱管理局狱政管理处、省（区、市）监狱管理局领导、司法部监狱管理局狱政管理处，狱政管理业务系统			
前置条件	无			
开始时间	无			
结束时间	无			
异常情况	无			
后置条件	无			
业务环节	业务环节名称	角色、系统和平台	交互文档/数据	要求
	组织摸排	省（区、市）监狱管理局狱政管理处		
	摸排	监狱		
	呈报	监狱	重要罪犯认定审批表	

续表

业务环节	审核	省（区、市）监狱管理局狱政管理处	重要罪犯认定审批表	
	审核	省（区、市）监狱管理局狱领导	重要罪犯认定审批表	
	报送	省（区、市）监狱管理局狱政管理处	重要罪犯认定审批表	
	接收	司法部监狱管理局狱政管理处	重要罪犯认定审批表	

十八、清监收缴

（一）概述

监狱应不定期对在押罪犯、各监室、放风场所存放的物品进行全面清理，对相关设施进行全面检查。重点检查在押罪犯身上和监室是否藏有危险物品、违禁物品，收缴存在安全隐患的物品。

（二）清监收缴业务流程描述

表 6-23 对清监收缴业务流程进行了说明，并规定了业务流程角色、系统和平台及前置条件、开始时间、结束时间、异常情况、后置条件以及业务环节。

表 6-23　清监收缴业务流程描述

描述		监狱对清查出的各类违禁物品，应逐件登记造册，确认物品所属人，交狱政管理科统一处理		
角色、系统和平台		监区、监区民警、罪犯、狱政管理科，狱政管理业务系统		
前置条件		无		
开始时间		无		
结束时间		无		
异常情况		无		
后置条件		无		
业务环节	业务环节名称	角色、系统和平台	交互文档/数据	要求
	组织实施	监区		
	违禁物品登记造册	监区民警，狱政管理业务系统	违禁物品登记簿	
	签字物主	罪犯	违禁物品登记簿	
	处理	狱政管理科，狱政管理业务系统		

十九、刑满释放

（一）概述

罪犯服刑期满，监狱应当按期释放，并发给释放证明书。

（二）刑满释放业务流程

刑满释放业务流程，如图 6-56 所示。

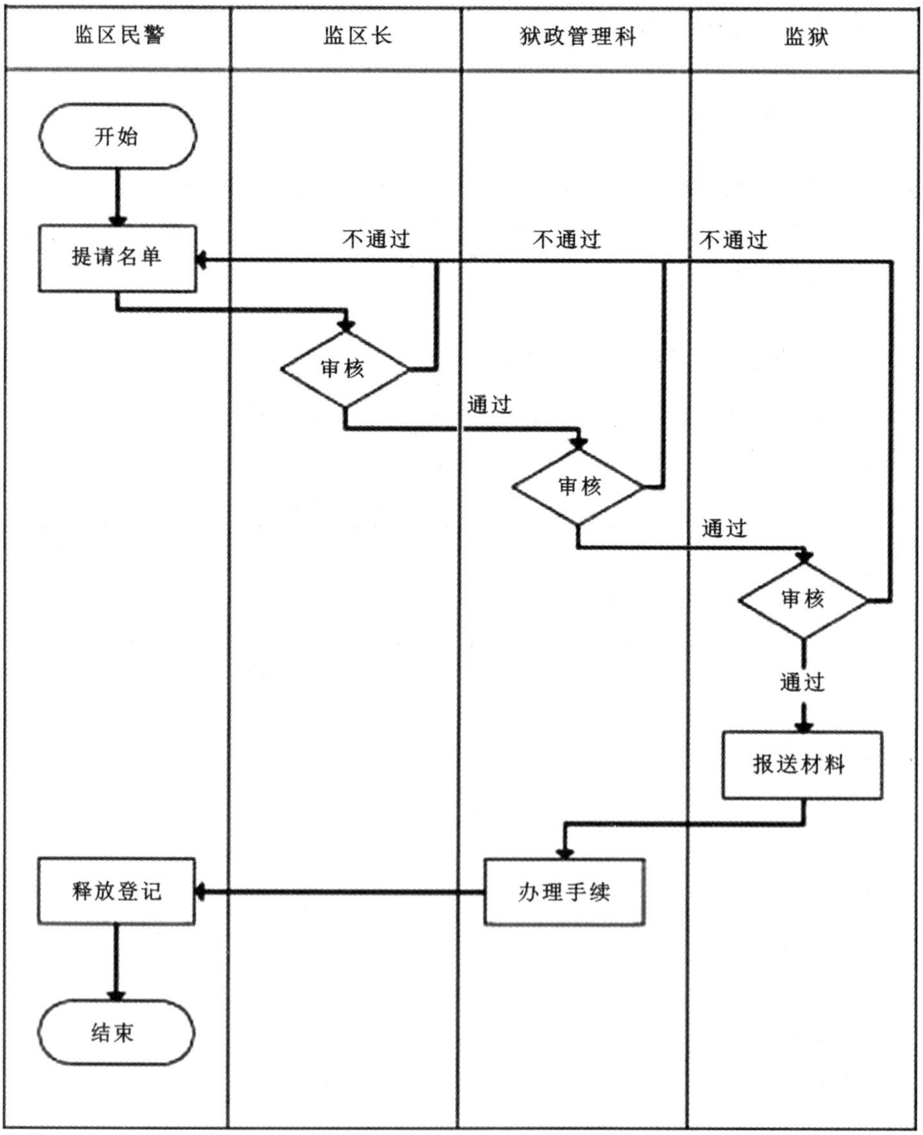

图 6-56　刑满释放业务流程

模块七 综合治理协同业务规范

监狱综合治理协同工作应当始终坚持以维护监管场所持续安全稳定及“预防和减少重新违法犯罪，切实维护社会和谐稳定”为根本目标，统筹利用好社会资源和社会力量，帮助罪犯提高回归社会适应性，使其在刑满释放后能顺利融入社会，成为守法公民。

一、综合治理协同业务架构

（一）业务架构

综合治理协同业务包括社会帮教协同，社会管理协同和安置帮教协同，如图 6-57 所示。

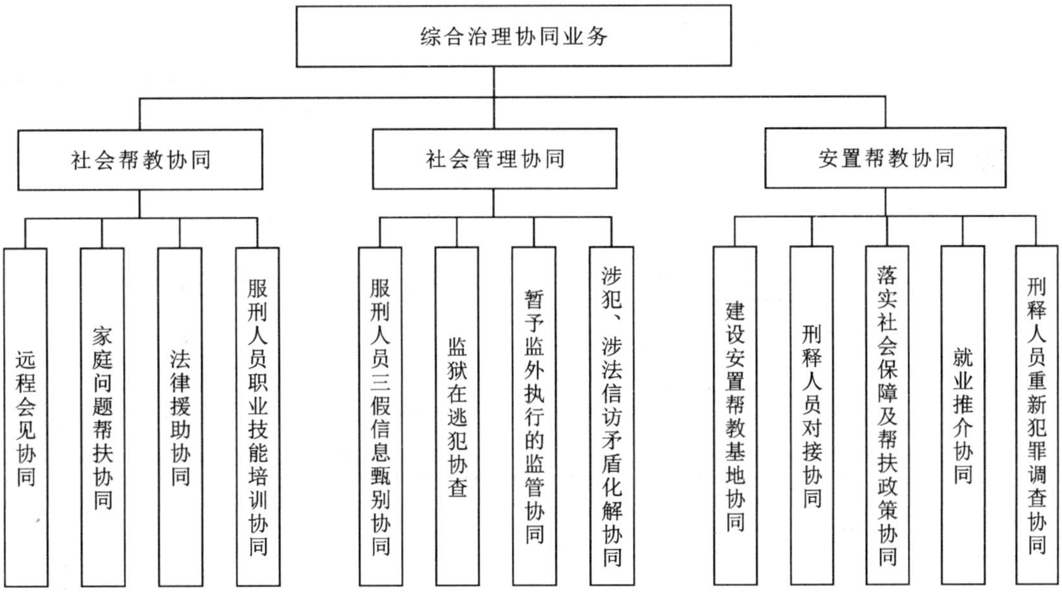

图 6-57 综合治理协同业务架构

（二）术语和定义

1. 安置帮教

安置帮教是指依靠各有关部门和社会力量对刑满释放、解除社区矫正人员进行的一种非强制性的引导、扶助、教育和管理活动。

2. 信访

信访是指公民、法人或者其他组织采用网络、书信、传真、电话、短信、走访等形式，向国家机关反映情况，提出建议、意见或者投诉请求，依法由有关国家机关处理的活动。

二、社会帮教协同

（一）概述

监狱应运用社会资源，逐步建立起多层次、全方位的社会帮教体系，营造社会化的改造环境，实现改造力量、改造手段、改造内容的社会化和监狱工作后勤保障的社会化，实现监狱工作与社会大环境的良性互动。社会帮教协同包括远程会见协同、家庭问题帮扶协同、法律援助协同、服刑人员职业技能培训协同。

（二）远程会见协同

远程会见协同业务流程，如图 6-58 所示。

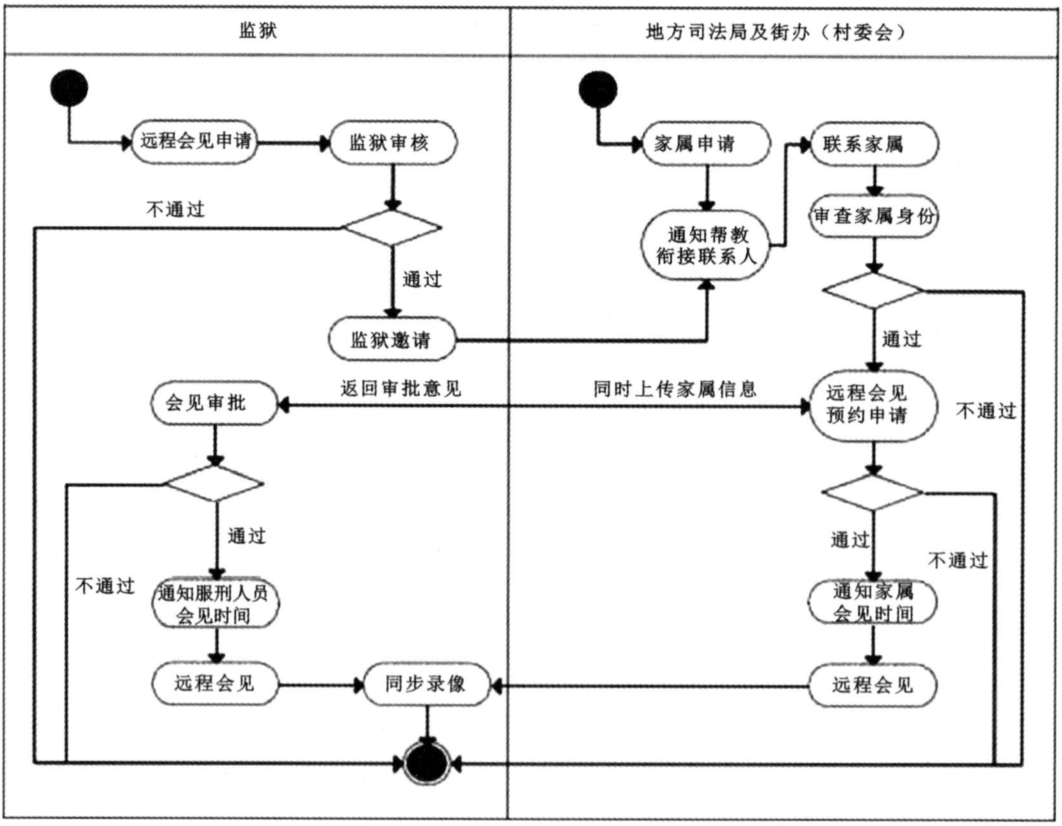

图 6-58　远程会见协同业务流程

（三）家庭问题帮扶协同

家庭问题帮扶协同业务流程，如图 6-59 所示。

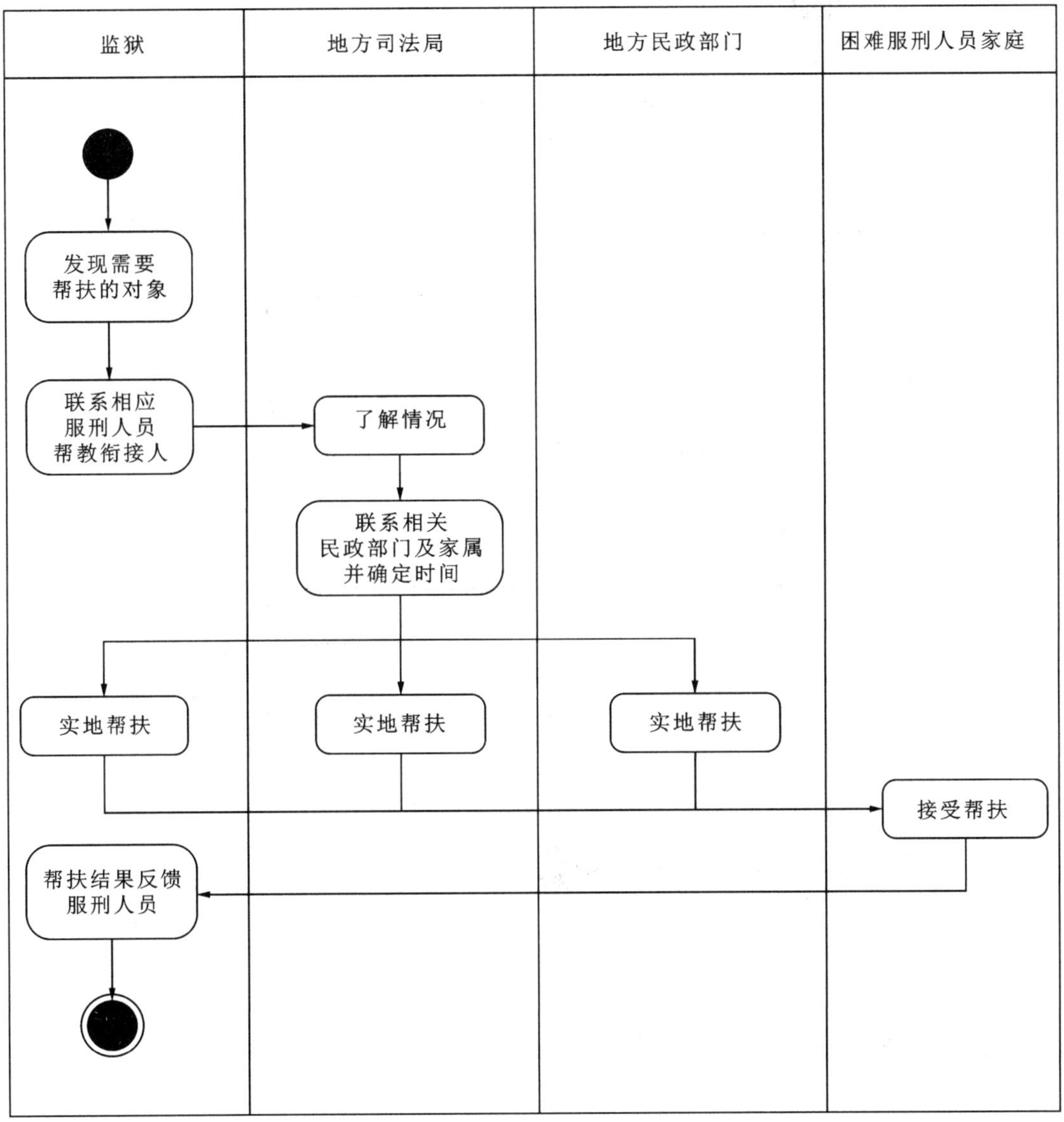

图 6-59 家庭问题帮扶协同业务流程

（四）法律援助协同

法律援助协同业务流程，如图 6-60 所示。

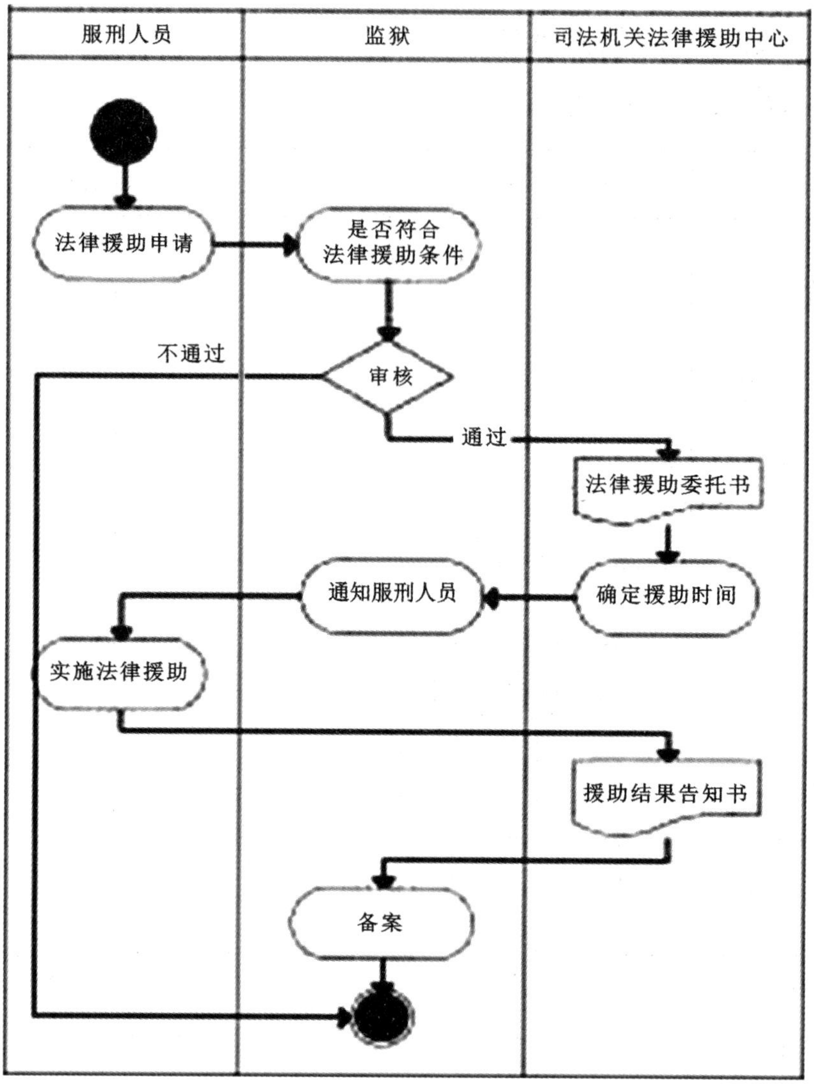

图 6-60　法律援助协同业务流程

（五）服刑人员职业技能培训协同

1. 服刑人员职业技能培训协同业务流程。

服刑人员职业技能培训协同业务流程，如图 6-61 所示。

2. 服刑人员职业技能培训协同业务流程描述

表 6-24 对服刑人员职业技能培训业务流程进行了说明，并规定了业务流程角色、系统和平台及前置条件、开始时间、结束时间、异常情况、后置条件、业务环节。

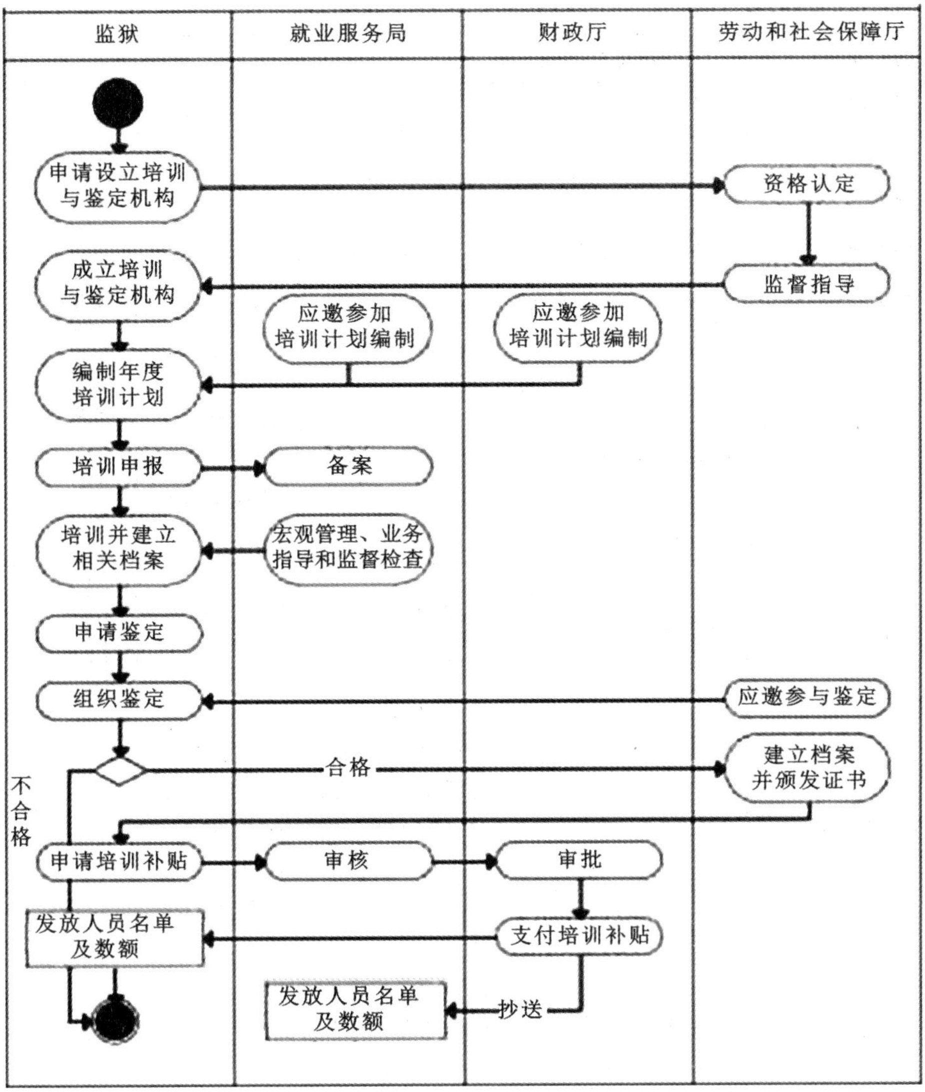

图 6-61　服刑人员职业技能培训协同业务流程

表 6-24　服刑人员职业技能培训协同业务流程描述

描述	监狱在年初统计调查本年度内服刑人员刑释人数、择业意向、培训专业需求等情况，制定年度培训总体计划和阶段性培训计划，并及时报送监狱所在市（县），共同制定年度培训实施方案。培训实施中，监狱在当地人力资源和社会保障部门的指导与协助下，具体组织开展课堂教学、实际操作、考核鉴定、证书办理与发放等工作，并接受省厅、局及当地人力资源和社会保障部门的监督与考核
角色、系统和平台	人力资源和社会保障部门、财政部门、监狱、劳动就业服务局及相关具有资质的培训机构等

续表

<table>
<tr><td colspan="2">前置条件</td><td colspan="3">本年度即将刑满释放的服刑人员</td></tr>
<tr><td colspan="2">开始时间</td><td colspan="3">无</td></tr>
<tr><td colspan="2">结束时间</td><td colspan="3">无</td></tr>
<tr><td colspan="2">异常情况</td><td colspan="3">无</td></tr>
<tr><td colspan="2">后置条件</td><td colspan="3">在经考核鉴定获得技能证书的基础上获得培训补贴</td></tr>
<tr><td rowspan="6">业务环节</td><td>业务环节名称</td><td>角色、系统和平台</td><td>交互文档/数据</td><td>衡量指标/备注</td></tr>
<tr><td>成立培训与鉴定机构</td><td>监狱、省人力资源和社会保障厅</td><td>成立培训与鉴定机构书面申请书
培训与鉴定机构资格认定材料及审定意见
省人力资源和社会保障厅监督指导意见</td><td></td></tr>
<tr><td>编制培训计划</td><td>监狱、就业服务局、财政厅</td><td>罪犯年度及阶段性培训计划</td><td></td></tr>
<tr><td>组织培训</td><td>监狱</td><td>按照年度及阶段性培训计划，做好课时安排，学员花名册、考勤表、考试成绩登记表、获得证书和补贴情况登记表，年度内刑满释放证明材料复印件，季度、年度报表，年度培训总结</td><td></td></tr>
<tr><td>考核颁证</td><td>监狱、省人力资源和社会保障厅</td><td>考核及鉴定材料
培训合格证</td><td></td></tr>
<tr><td>培训补贴发放</td><td>地方人力资源和社会保障、财政部门及培训机构</td><td>培训补贴发放情况统计表</td><td></td></tr>
</table>

三、社会管理协同

（一）概述

监狱应当加强与政法机关、卫健、民政等部门协调配合，共同做好罪犯身份甄别、案件办理、刑释衔接等工作。社会管理协同包括服刑人员三假信息甄别协同、监狱在逃犯协查、暂予监外执行的监管协同及涉犯、涉法信访矛盾化解协同。

（二）服刑人员三假信息甄别协同

1. 服刑人员三假信息甄别协同业务流程描述

服刑人员三假信息甄别协同业务流程，如图 6-62 所示。

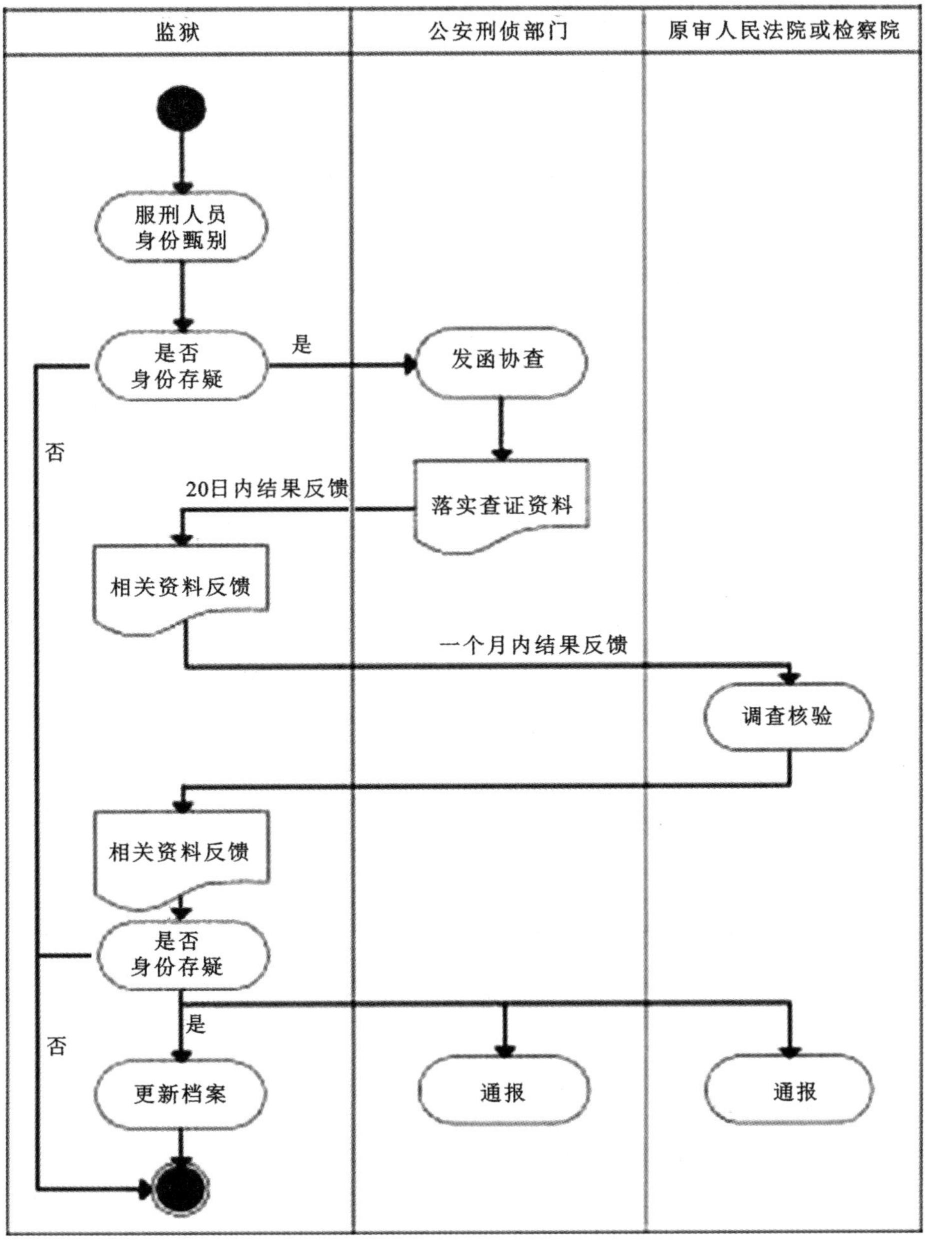

图 6-62　服刑人员三假信息甄别协同业务流程

2. 服刑人员三假信息甄别业务流程描述

表 6-25 对服刑人员三假信息甄别业务流程进行了说明，并规定了业务流程角色、系统和平台及前置条件、开始时间、结束时间、异常情况、后置条件、业务环节。

表 6-25　服刑人员三假信息甄别业务流程描述

描述	三假罪犯协查业务，应以公安部门为主，地方司法局应当积极配合。 公安机关向监狱提出三假罪犯协查申请，监狱应当积极配合，在 30 日内完成查证工作（提审、提取指纹或 DNA），并及时将查证情况反馈至公安机关。 监狱向公安机关提出三假罪犯协查申请，公安机关应当在 30 日内完成查证工作，并及时将查证情况反馈至有关监狱			
角色、系统和平台	监狱、公安机关			
前置条件	对疑似三假人员进行包夹监控			
开始时间	发出三假罪犯协查申请			
结束时间	查证结束			
异常情况	无法查证真实情况			
后置条件	做好罪犯的包夹工作，如确系三假人员或有余罪、漏罪，应予隔离			
业务流程	业务名称	角色、系统和平台	交互文档/数据	备注
监狱提出三假罪犯协查业务环节	三假罪犯协查申请	监狱	（1）三假罪犯协查函。 （2）需查实罪犯基本信息	
	查证	公安机关	（1）应当在 30 日内完成查证工作。 （2）及时将查证情况反馈至有关监狱	

（三）监狱在逃犯协查

监狱在逃犯协查业务流程，如图 6-63 所示。

（四）暂予监外执行的监管协同

1. 暂予监外执行的（假释）监管协同

暂予监外执行的（假释）监管协同业务流程，如图 6-64 所示。

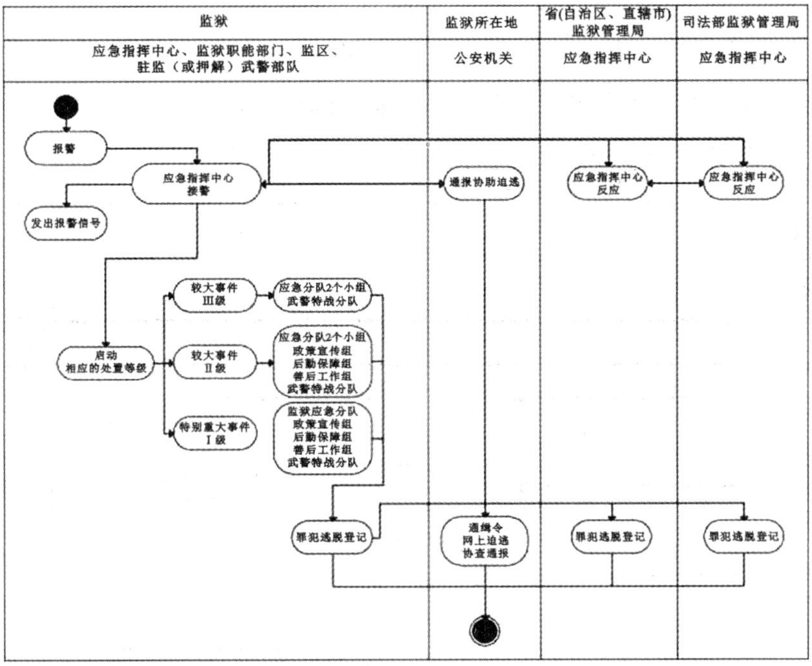

图 6-63　监狱在逃犯协查业务流程

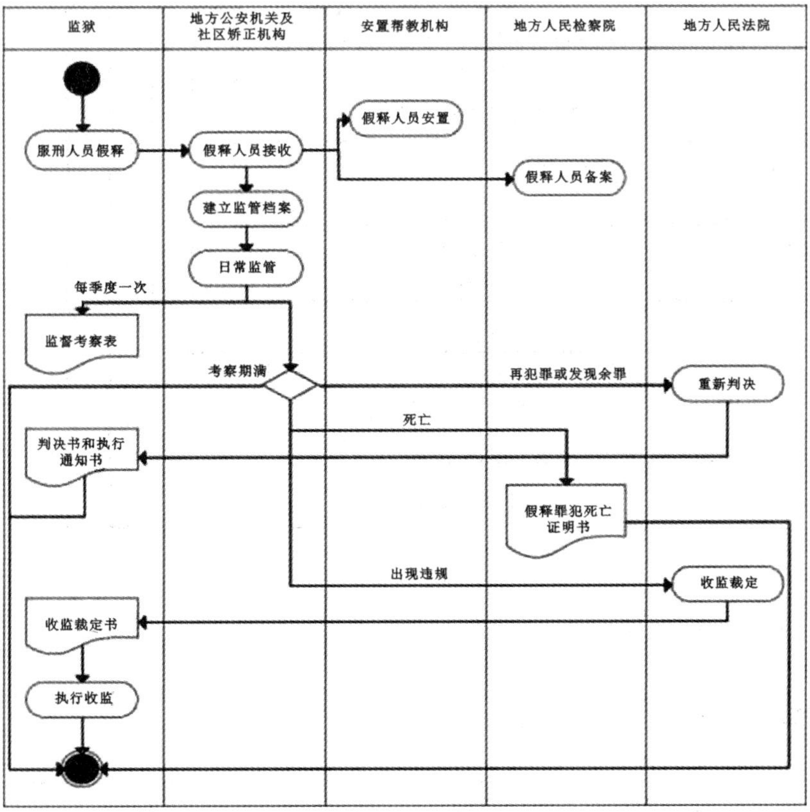

图 6-64　暂予监外执行的（假释）监管协同业务流程

2. 暂予监外执行的（保外就医）监管协同

暂予监外执行的（保外就医）监管协同业务流程，如图 6-65 所示。

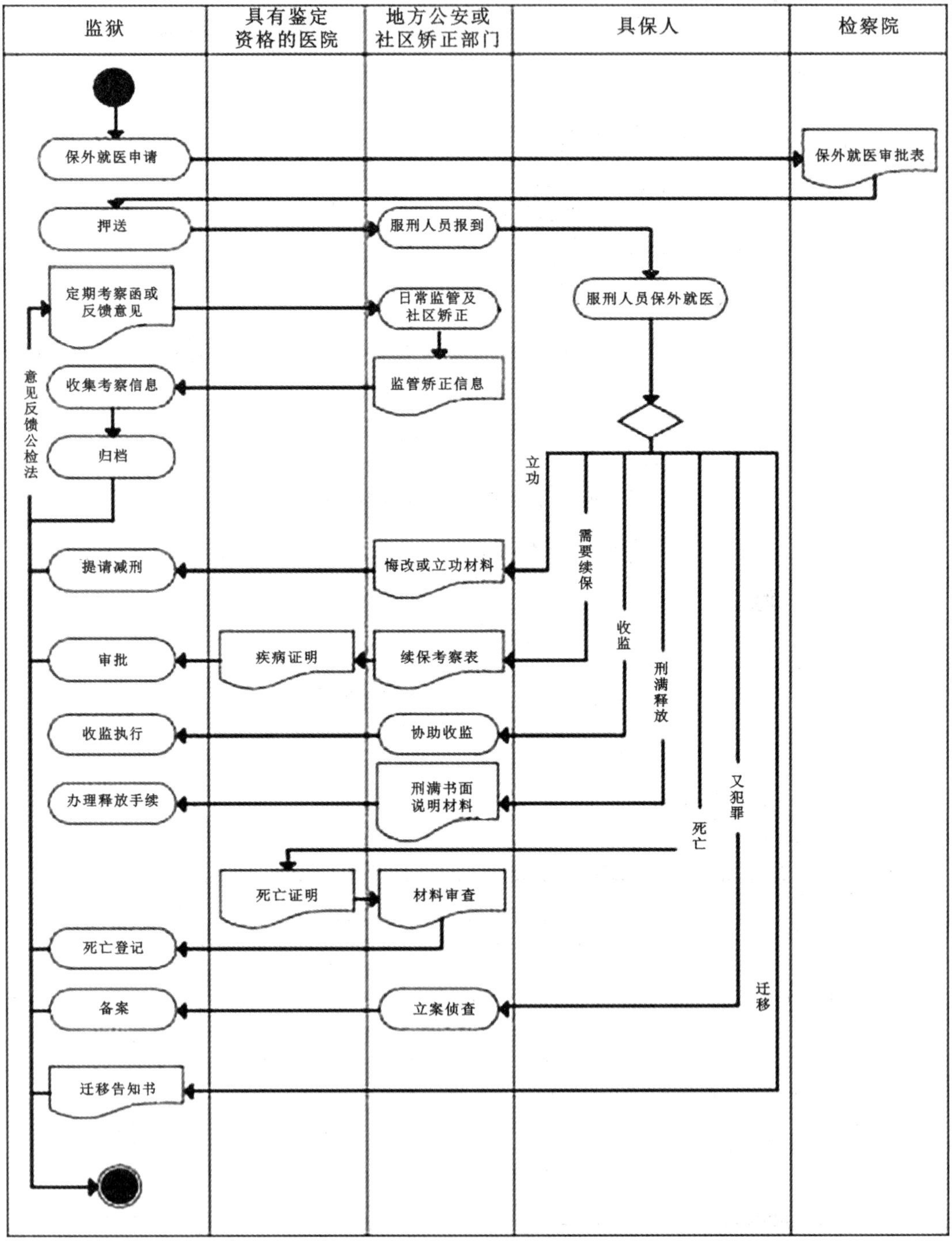

图 6-65　暂予监外执行的（保外就医）监管协同业务流程

（五）涉犯、涉法信访矛盾化解协同

涉犯、涉法信访矛盾化解协同业务流程，如图 6-66 所示。

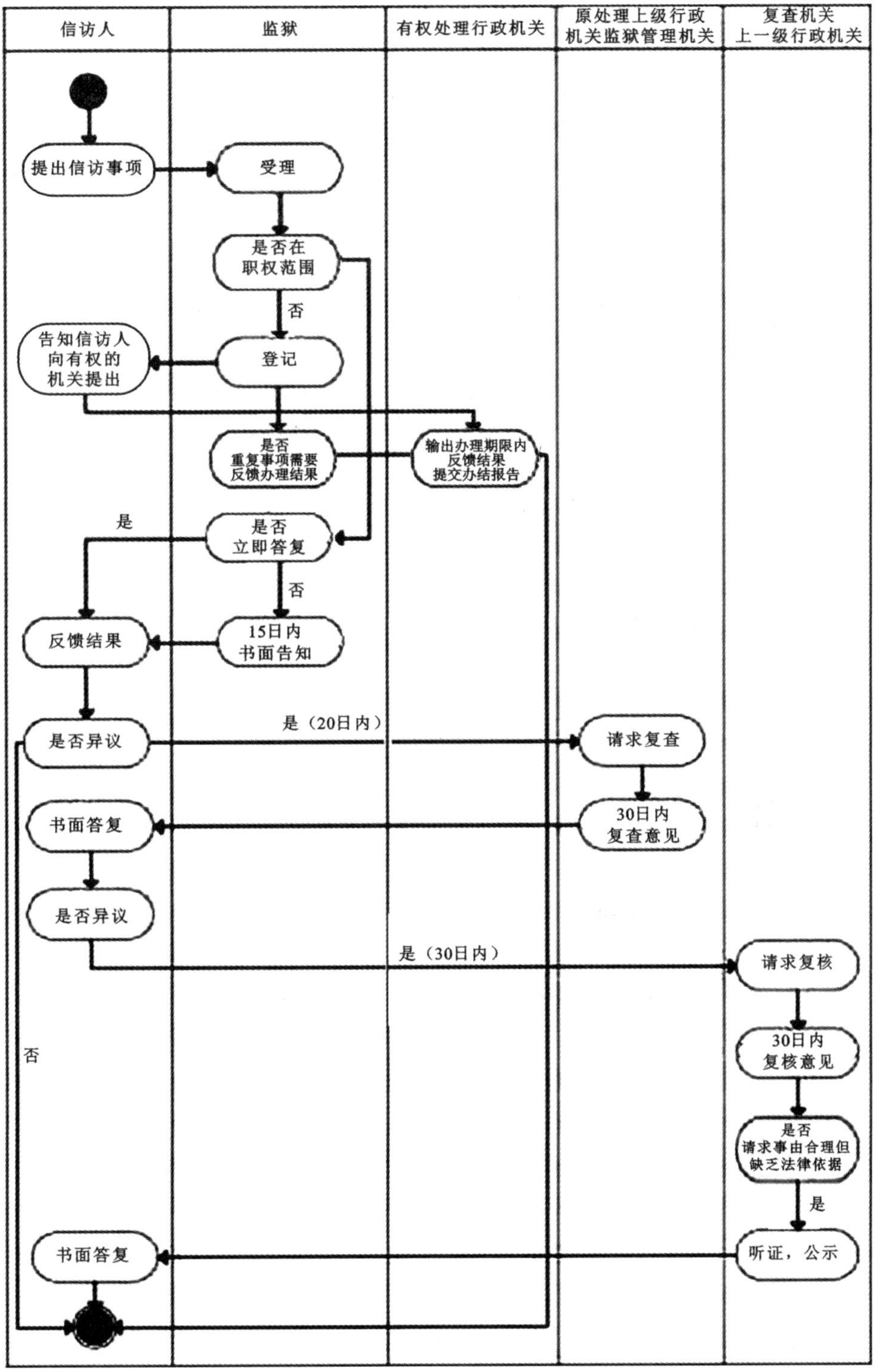

图 6-66　涉犯、涉法信访矛盾化解协同业务流程

四、安置帮教协同

（一）概述

安置帮教协同是指依靠各有关部门和社会力量对刑满释放人员进行的一种非强制性的引导、扶助、教育、管理活动。

监狱、地方司法局、企业明确帮教基地建立时间、建立形式、工作职责等内容。监狱向地方司法局、企业提供刑释解矫人员基本情况、健康状况、出监评估、教育培训、技术特长、择业意向等信息，并根据企业的用工信息和需求情况，有针对性地开展职业技能培训，使刑释解矫人员掌握必要的生产劳动技能；企业定期向监狱提供用工信息，针对性地进行用工专业培训和指导，对接监狱开展刑释人员的接纳安置工作；配合有关部门开展各种形式的宣传教育活动和政策落实工作。监狱与各级司法局积极培植安置帮教基地，定期召开安置帮教基地共建协商联席会议，处理帮教和安置过程中出现的情况或问题。

安置帮教协同包括建设安置帮教基地协同、刑释人员对接协同、落实社会保障及帮扶政策协同、就业推介协同、刑释人员重新犯罪调查协同。

（二）建设安置帮教基地协同

建设安置帮教基地协同业务流程，如图 6-67 所示。

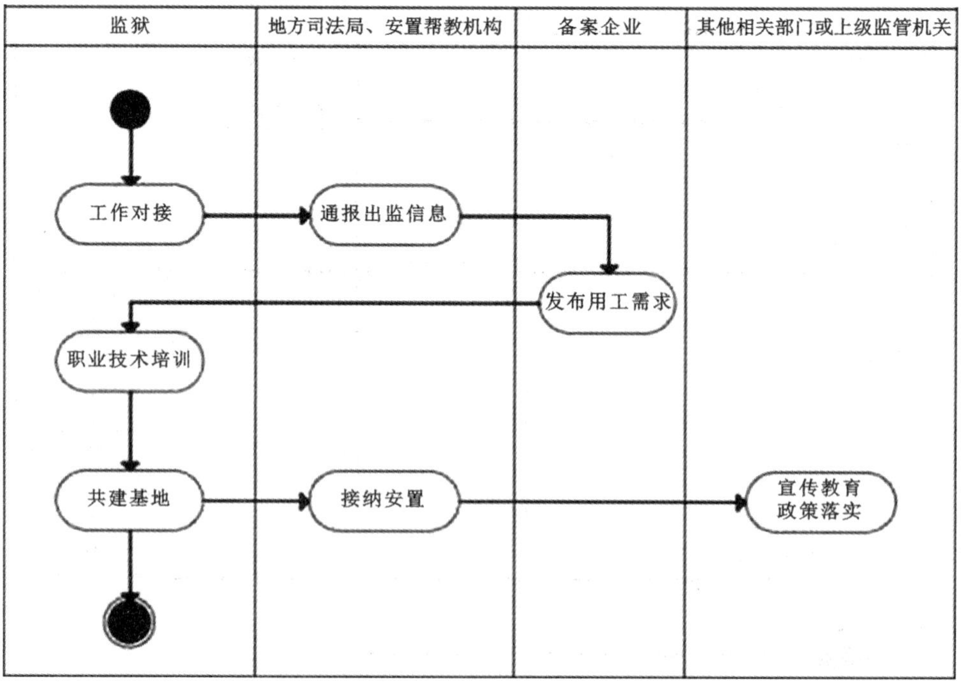

图 6-67　建设安置帮教基地协同业务流程

（三）刑释人员对接协同

刑释人员对接协同业务流程，如图 6-68 所示。

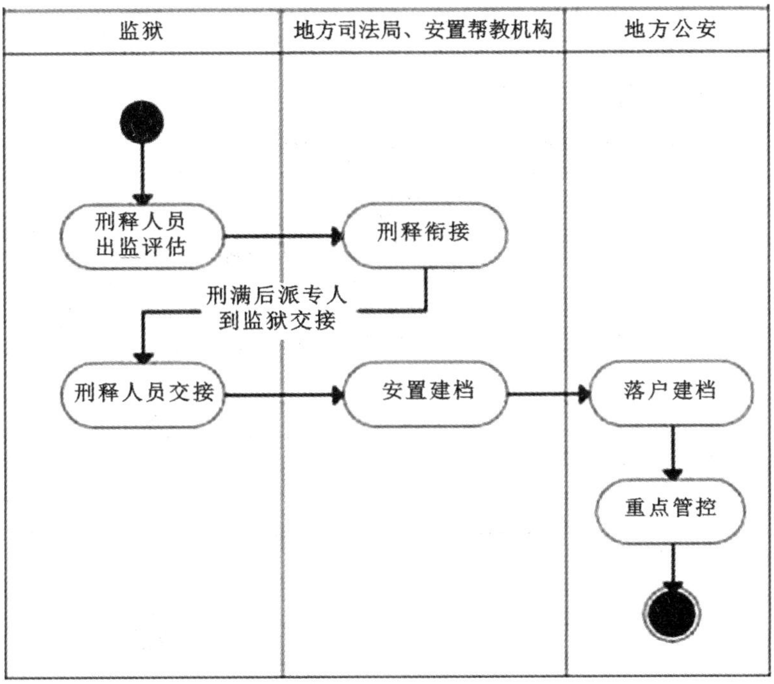

图 6-68 刑释人员对接协同业务流程

（四）落实社会保障及帮扶政策协同

落实社会保障及帮扶政策协同业务流程，如图 6-69 所示。

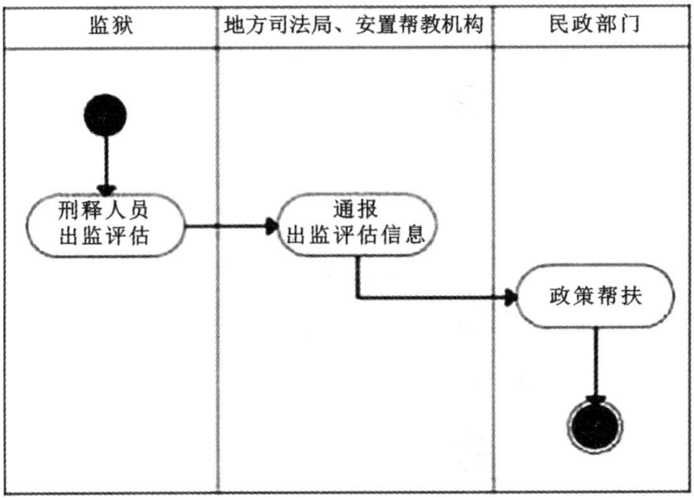

图 6-69 落实社会保障及帮扶政策协同业务流程

（五）就业推介协同

就业推介协同业务流程，如图 6-70 所示。

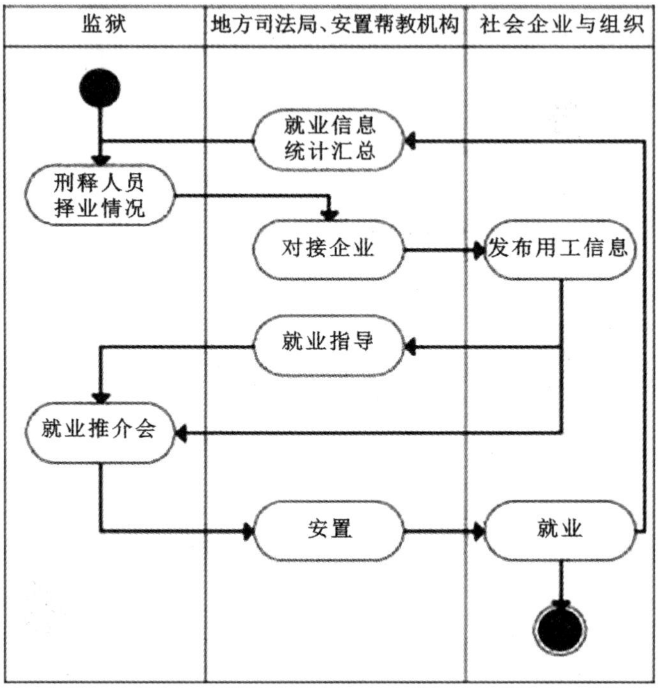

图 6-70　就业推介协同业务流程

（六）刑释人员重新犯罪调查协同

刑释人员重新犯罪调查协同业务流程，如图 6-71 所示。

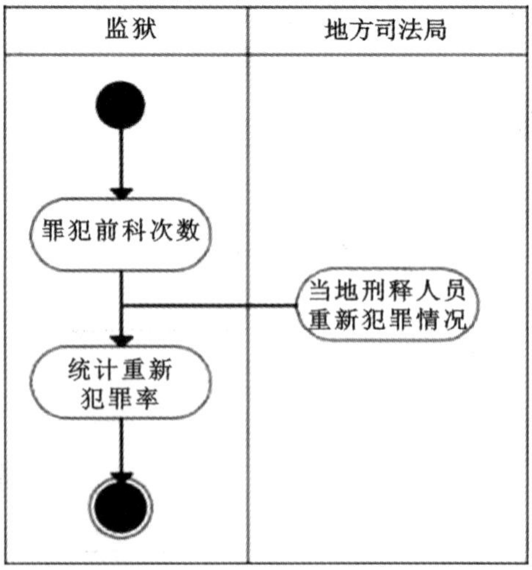

图 6-71　刑释人员重新犯罪调查协同业务流程

任务七

行政管理业务平台建设标准

模块一　狱务公开业务规范

自2001年10月司法部决定在全国监狱系统推行狱务公开以来，各地公开监狱执法的依据、过程和结果，自觉接受社会监督，使人民群众切实感受到了监狱严格规范、公正文明的执法形象。党的十八大及十八届三中、四中全会对完善司法公开、推进狱务公开提出明确要求，将推进狱务公开列入深化司法体制改革的重要任务。进一步深化狱务公开内容，创新公开方式方法，建立完善工作制度，依托现代信息手段确保各项公开措施得到落实，切实推动执法的内容、方式、制度、服务公开，以公开促公正。

一、狱务公开

狱务公开是指监狱将执法工作的主要依据、程序、结果，依法向社会公开。

（一）狱务公开类别

1. 主动公开

依照刑法和刑事诉讼法的规定，被判处死刑缓期两年执行、无期徒刑、有期徒刑的罪犯，在监狱内执行刑罚的相关事件在法规允许的范围内公开。

2. 依申请公开

对涉及罪犯个人服刑情况的有关信息，依据罪犯及罪犯近亲属的申请，依法予以公开。

（二）狱务公开管理

1. 机构

（1）监狱及上级管理机关要分别成立狱务公开领导小组，确定专人负责狱务公开，确保信息公开工作统一领导、综合协调。

（2）监狱应留存可供追溯的相关记录，包括公开信息的来源、内容、公开对象和公开时间等。

2. 考评

监狱及上级管理机关要建立健全狱务公开工作的考评机制，把狱务公开落实情况纳入考核指标体系。

3. 投诉

监狱应对狱务公开信息的内容、进度、状态等进行监控，收集相关建议和意见，处置公开过程中的问题，回应相关方的咨询和投诉，包括以下方式。

（1）设立举报电话：监狱及监狱管理机关要设立并公布监督举报电话，设专人值班接听登记，及时处理。

（2）设置监狱长信箱：监狱要在监区和会见室设置监狱长信箱，接受罪犯及其亲属的投诉、举报，由专人负责开启处理。

（3）建立监狱长接待日：监狱要建立监狱长接待日制度，并向社会公布，定期接待来访者，及时处理投诉或反映的问题。

（4）进行不记名问卷调查：要定期或不定期地向罪犯及其亲属、监护人进行不记名问卷抽样调查，了解监狱执法情况，收集意见和建议，及时发现和解决问题。

（5）聘请执法监督员：监狱管理机关和监狱可以在党政机关、社会团体、知名人士和监狱机关离退休人员中聘请执法监督员，请他们检查和监督监狱机关的执法情况，听取意见和建议。

（三）狱务公开要求

1. 依法公开

监狱要严格依照有关法律法规和规章规定的内容和程序，向社会公众、罪犯及其近亲属公开相关执法信息。不得公开涉及国家秘密、工作秘密和个人隐私的信息，以及可能妨害正常执法活动或者影响社会稳定的执法信息。

2. 及时准确

凡是依法应当公开的执法事项和信息，监狱都应当在法定期限内采用方便、快捷的方式及时公开，在内容上确保客观、真实、准确。

3. 强化监督

加强内部监督，依法接受检察机关监督，自觉接受人大、政协及社会公众监督，确保狱务公开工作持续健康开展。

（四）狱务公开业务分类

1. 业务分类原则

狱务公开的对象，主要是面向正在监狱服刑的罪犯及其亲属和社会公众。狱务公开的侧重点主要是在执行刑罚的过程中，罪犯及其亲属和社会公众最为关注的热点和焦点，也是监狱机关执法工作的重点。

2. 面向对象

狱务公开业务面向对象可分为：
（1）社会公众；
（2）罪犯近亲属；
（3）罪犯。

3. 公开方式

狱务公开业务的公开方式可分为：
（1）主动公开；
（2）依申请公开。

（五）狱务公开内容

1. 对社会公众公开的信息

向社会公众公开的信息包括监狱的基本情况、刑罚执行、狱政管理、教育劳动改造、生活卫生等信息。具体内容如下：
（1）监狱的性质、任务和职责权限；
（2）监狱人民警察的权利、义务和纪律要求；
（3）对监狱机关和监狱人民警察执法、管理工作进行举报、投诉的方式和途径；
（4）罪犯收监、释放的法定条件和程序；
（5）罪犯的基本权利和义务；
（6）罪犯申诉、控告、检举的方式和途径；
（7）罪犯减刑、假释的法定条件、程序和结果，监狱向人民法院提请罪犯减刑、假释的建议书；
（8）罪犯暂予监外执行的法定条件、程序和结果，罪犯暂予监外执行决定书；

（9）罪犯狱内又犯罪的处理程序和结果；
（10）罪犯服刑期间应当遵守的行为规范；
（11）对罪犯服刑改造表现进行考评的条件和程序；
（12）罪犯分级处遇的条件和程序；
（13）罪犯获得表扬、记功或物质奖励等奖励的条件和程序；
（14）罪犯受到警告、记过或者禁闭等处罚的条件和程序；
（15）罪犯立功和重大立功的条件和程序；
（16）罪犯通信、会见的条件和程序；
（17）罪犯离监探亲、特许离监的条件和程序；
（18）罪犯思想、文化、职业技术教育有关情况；
（19）罪犯劳动项目、岗位技能培训、劳动时间、劳动保护和劳动报酬有关情况；
（20）罪犯伙食、被服实物量标准，食品安全、疾病预防控制有关情况；
（21）监狱执法管理重大事件的处置及调查情况；
（22）监狱工作相关法律、法规和规章；
（23）法律、法规、规章和其他规范性文件规定的应当向社会公开的内容。

2. 对罪犯近亲属公开的信息

除向社会公众公开的内容外，监狱还应当依法向罪犯近亲属公开有关罪犯的个人服刑信息。具体内容包括：
（1）监狱的名称、地址及联系方式；
（2）对监狱提请罪犯减刑、假释、暂予监外执行建议有异议的处理方式；
（3）监狱对罪犯实行分级处遇、考评、奖惩的结果，以及对结果有异议的处理方式；
（4）罪犯立功或重大立功的结果，以及对结果有异议的处理方式；
（5）监狱批准罪犯通信会见、离监探亲、特许离监的结果；
（6）罪犯参加文化、职业技术教育、社会自学考试、考核的结果；
（7）罪犯从事的劳动项目、岗位和劳动报酬以及劳动技能、劳动绩效和劳动素养的评估等情况；
（8）罪犯食品、日用品消费及个人钱款账户收支等情况；
（9）罪犯身体健康状况、体检结果以及疾病诊治等情况；
（10）监狱认为需要向罪犯近亲属公开的其他信息。

3. 对罪犯公开的信息

除向社会公众和罪犯近亲属公开的内容外，监狱还应当以监区或分监区为单位，向罪犯全面公开监狱执行刑罚和管理过程中的法律依据、程序、结果，以及对结果不服或者有异议的处理方式。

（六）狱务公开发布方式

1. 对社会公众公开

（1）通过新闻发布会、报刊、电视、广播等公开社会关注热点信息；

（2）通过服务热线解答社会公众对监狱执法管理工作提出的疑问；

（3）通过网站、微博、微信公众平台等新兴媒体，向社会公众发布公开信息、解答社会公众对监狱执法管理工作提出的疑问；

（4）通过《狱务公开手册》、监狱开放日、领导接待日、执法情况通报会等主动向社会介绍监狱执法管理及保障罪犯合法权益的情况。

2. 对罪犯近亲属公开

（1）通过手机短信，互联网应用程序等向罪犯近亲属及时发布罪犯服刑改造的相关信息；

（2）通过在会见场所设置电子显示屏、狱务公开信息查询终端，为罪犯近亲属提供信息查询服务。

3. 对罪犯公开

（1）通过入监教育、发放罪犯服刑指导或罪犯权利义务告知书等方式，告知罪犯所享有的权利和应履行的义务；

（2）通过狱务公开专栏、监狱报刊、狱内广播、闭路电视、电子显示屏、罪犯教育网等，在罪犯学习、生活、劳动区域及时公布狱务公开的相关信息；

（3）通过在狱内设置狱务公开信息查询终端，实现罪犯对计分考评、分级处遇、行政奖惩、刑罚变更执行等服刑信息的自助查询。

二、狱务公开业务流程

1. 主动公开

（1）监狱管理部门对拟主动公开的信息进行保密性、准确性、一致性审查。由上级管理机关或保密工作部门确定是否属于保密范围、是否按照规定需要审批、是否涉及有关部门；

（2）经审查和协调确认后的狱务信息，采取适当的方式进行公开或发布；

（3）主动公开业务流程，如图 7-1 所示。

2. 依申请公开

（1）社会公众、罪犯近亲属、罪犯可以根据自己的特殊需要，向监狱或其上级管理机关申请公开；

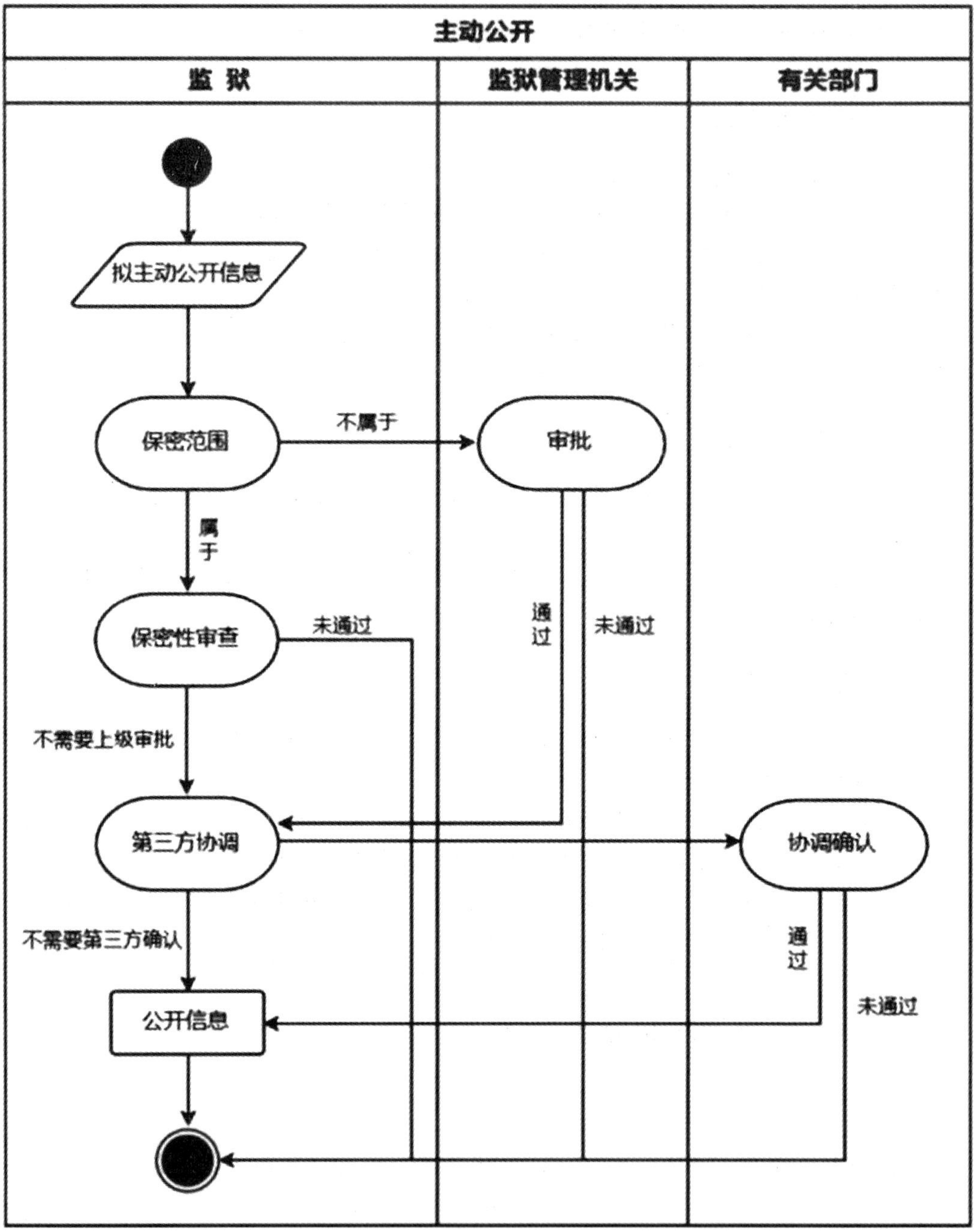

图 7-1 主动公开业务流程

（2）收到申请后，进行初审（必要时进行材料补正），对拟公开信息进行保密性、准确性审查，征求相关方意见（申请内容涉及有关部门的）等工作后，选择适当的渠道进行答复或公开；

（3）依申请公开后应取得信息送达回执，并向答复对象提供信息反馈渠道；

（4）依申请公开业务流程，如图 7-2 所示。

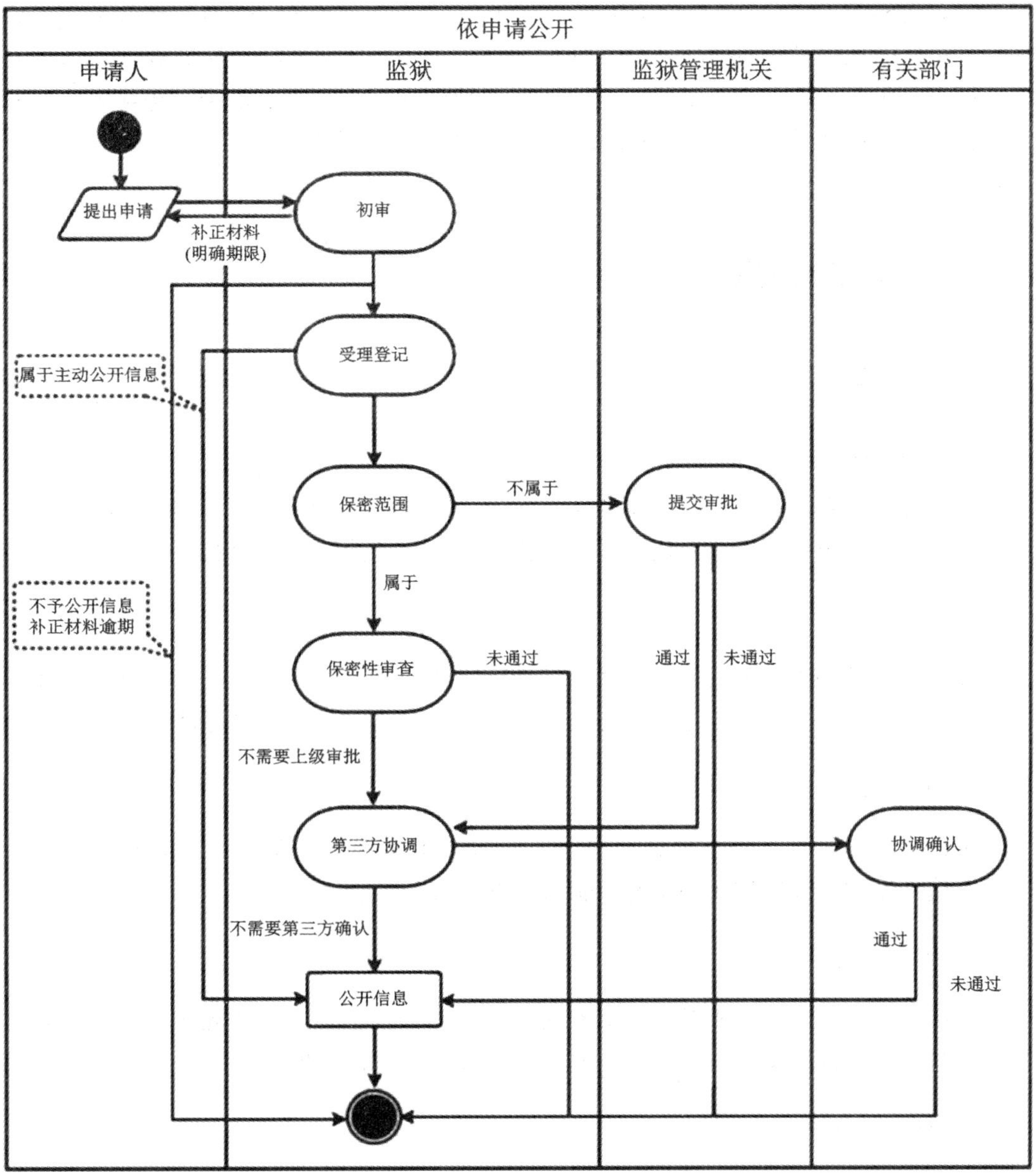

图 7-2　依申请公开业务流程

模块二　门户网站业务与技术规范

为打造更加及时、准确、有效的监狱信息发布、互动交流和公共服务平台，按照“坚持问题导向、加强顶层设计、推动资源整合、注重开放协同”的原则，以服务驱动和技术支撑为主线，围绕“互联网＋政务服务”业务支撑体系、基础平台体系、关键保障技术、评价考核体系等方面，提出了优化政务服务供给的信息化解决路径和操作方法，为构建统一、规范、多级联动的“互联网+政务服务”技术和服务体系提供保障。强化监狱门户网站信息公开第一平台作用，从内容更新、传播能力、布局设计、网络安全等方面优化顶层设计，将监狱（局）网站打造成更加全面的信息公开平台、更加权威的政策发布解读和舆论引导平台、更加及时的回应关切和便民服务平台。

一、建设原则

（一）总体原则

1. 分级分类

根据经济社会发展水平和公众需求，科学划定网站类别，分类指导，规范建设。统筹考虑各级各类政府网站功能定位，突出特色，明确建设模式和发展方向。

2. 问题导向

针对群众反映强烈的更新不及时、信息不准确、资源不共享、互动不回应、服务不实用等问题，完善体制机制，深化分工协作，加强政府网站内容建设。

3. 利企便民

围绕单位、群众需求，推进政务公开，优化政务服务，提升用户体验，提供可用、实用、易用的互联网政务信息数据服务和便民服务。

4. 开放创新

坚持开放融合、创新驱动，充分利用大数据、云计算、人工智能等技术，探索构建可灵活扩展的网站架构，创新服务模式，打造智慧型政府网站。

5. 集约节约

加强统筹规划和顶层设计，优化技术、资金、人员等要素配置，避免重复建设，以集中共享的资源库为基础、安全可控的云平台为依托，打造协同联动、规范高效的政府网站集群。

（二）程序设计

1. 开放性

开发时充分考虑功能的可扩展性与维护的方便性，操作平台类型、应用服务器、编程语言和数据库等要遵循通用性、开放性原则，以减少后续功能增加、修改的难度，减少系统二次开发、维护的难度。

2. 先进性

系统设计应具有一定的前瞻性，应用先进的计算机网络信息技术，在一定时期内能够确保网站适应网络软、硬件技术发展的要求，为功能的扩充和技术的发展预留必要空间。系统应具有较好的升级、扩展和向上兼容的能力。

3. 安全性

包括系统安全（应充分考虑系统及数据资源的容灾、备份、恢复的要求，考虑防主页篡改、访问控制等因素）和信息安全（应建立相应信息审核模块，信息发布应经网站管理员或授权审核者审核后发布）。在系统设计和软件开发过程中，必须全面考虑各种情况，规划出合理的网站安全解决方案。结合内外网物理隔离的网络分布现状，把监狱门户网站系统业务细分为互联网（后文统称“外网”）狱务公开业务和广域专网/局域网（后文统称“内网”）综合办公业务两部分。

外网主要是作为 Internet 浏览和对外信息发布的平台通过广域网的线路与 Internet 服务提供商相连。

内网承担了司法行政信息网主要业务和办公数据、IP 语音和视频会议的网络，系统内部、省（区、市）、监狱多级机关互联。

4. 规范性

监狱门户网站应符合政府司法行政机关网站建设的整体要求，为系统的扩展升级、与其他系统的互联提供良好的基础。整个支撑平台系统均采用开放式结构，采用 XML、SOAP、WebService、LDAP 等当前受到普遍支持的开放标准，保证平台与其他业务系统和数据库等的相互数据交互并进行应用级的互操作和互联性。

5. 统一性

包括统一登录接口，统一身份认证和安全管理，统一资源调配等。在统一信息平台上，对内可以实现各部门间协同办公，对外可以提供“一站式”服务，简化办事流程，提高办事效率。

6. 可集成性

网站必须要整合现有内外网应用系统和数据库，将信息从各个分散的系统中提取出来，进行分类、整理、加工，通过门户网站予以展示。

7. 整体性

软件的各模块在功能规范、数据采集、语言描述和内外接口上应保持一致。

8. 可管理性

系统应易于管理维护，学用操作简单，便于配置；易于实现对网站内容、运行安全性、访问流量、系统性能等方面的监控，并可进行远程管理和故障诊断；系统应具有良好的模块化结构，相对独立，高内聚，低耦合，各个部分应有明确完整的定义。

9. 可伸缩性

系统应能够随着容量的变化，通过层次扩充，保证合理的响应时间和吞吐量。

（三）页面设计

（1）网站色调、格局要符合政务型网站庄重严肃的要求；

（2）富有创意，以恰当、鲜活的设计充分表达网站的内涵特质；

（3）风格统一，子栏目具有一定特色，整体色调体现司法系统大方、严肃、权威特点，色彩统一，有层次感；

（4）布局合理，页面简洁明晰，易于浏览。

二、外网业务需求

（一）信息发布

信息公开保密审查程序和信息公开发布程序相结合，规定业务处室在起草文件时提出在“门户网公开”“党政网、门户网公开”“依申请公开”或“不公开”的意见，同时在审批单上必须注明“此件在内网公开”“此件在内网、外网公开”“此件依申请公开”等字样，然后按照“谁公开，谁审核，谁负责”的原则进行审核发布。不仅确保信息安全，而且省却重复审核的程序，有效提升政府信息公开审核效率。

1. 信息发布基本要求

信息发布形式分为主动公开和依申请公开。信息发布内容包括：

（1）领导信息、机构职能、机构组成；

（2）工作动态、活动信息；

（3）政策文件；

（4）部门预（决）算资金信息；

（5）公示公告；

（6）统计数据；

（7）便民服务、领导信箱、监督举报；

（8）其他应公开信息。

2. 信息发布（主动公开）业务

信息发布（主动公开）业务流程，如图 7-3 所示。

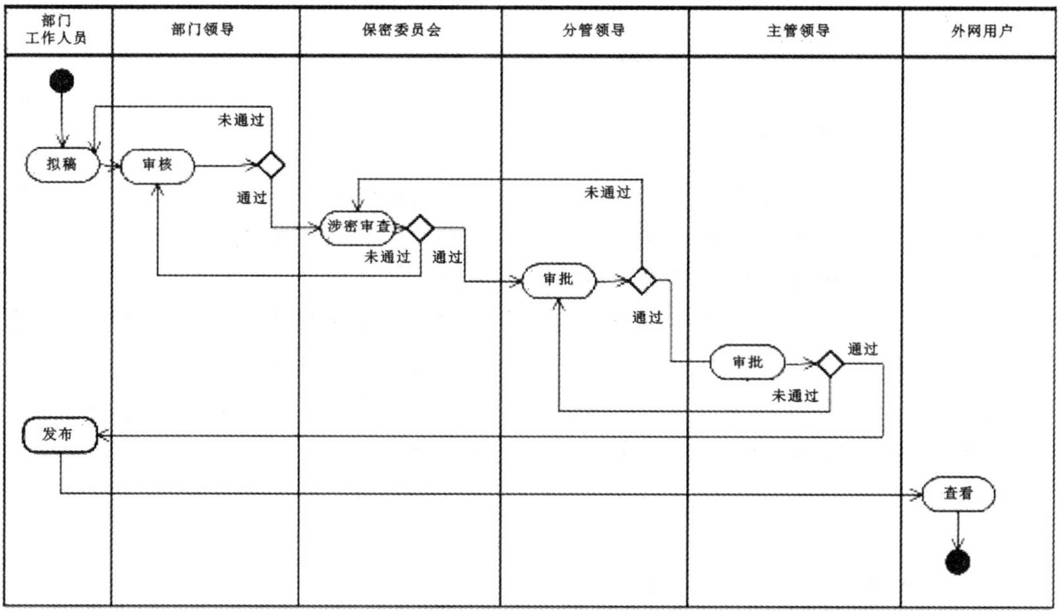

图 7-3　信息发布（主动公开）业务流程

3. 信息发布（依申请公开）业务

信息发布（依申请公开）业务流程，如图 7-4 所示。

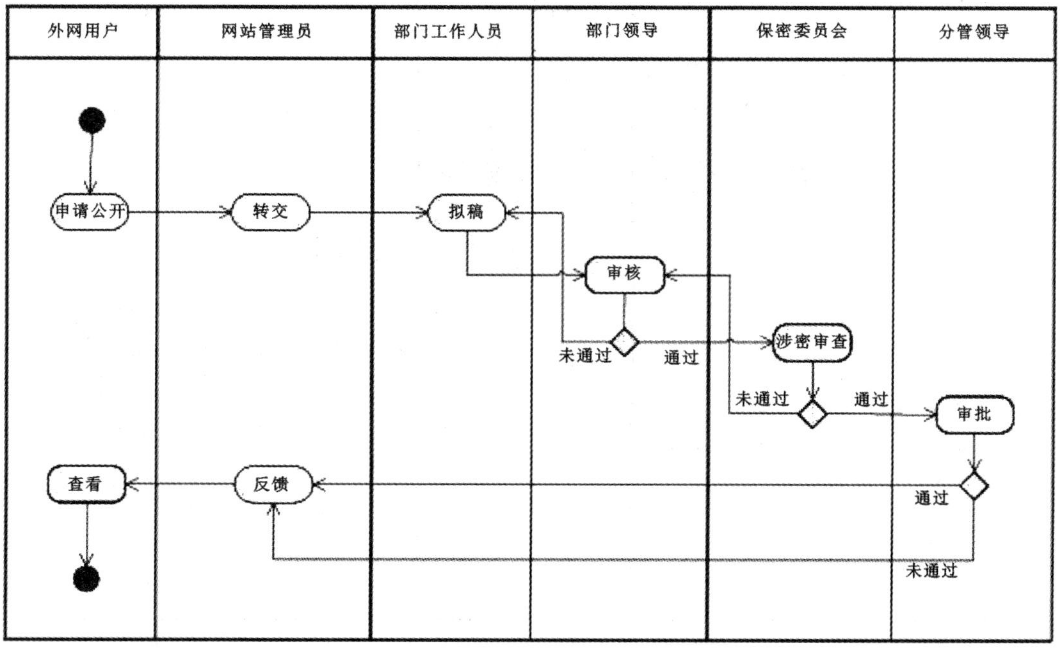

图 7-4　信息发布（依申请公开）业务流程

（二）在线服务

1. 在线服务基本要求

政务服务事项办理是指申请人通过线上的方式向政务服务实施机构提出政务服务事项办理申请，政务服务实施机构依法通过实地核查、检验、检测、评审、鉴定等审查方式，对递交的申请作出决定并告知申请人的过程。

政务服务实施机构通过在互联网政务服务门户公开政务服务事项办事指南，为申请人提供一站式办事服务。申请人通过互联网政务服务门户递交事项申请，政务服务实施机构通过政务服务管理平台统一受理，经由业务办理系统对申请事项进行审查并依法作出决定，最后将决定汇总至政务服务管理平台统一告知申请人。

2. 在线服务业务流程

在线服务业务流程，如图 7-5 所示。

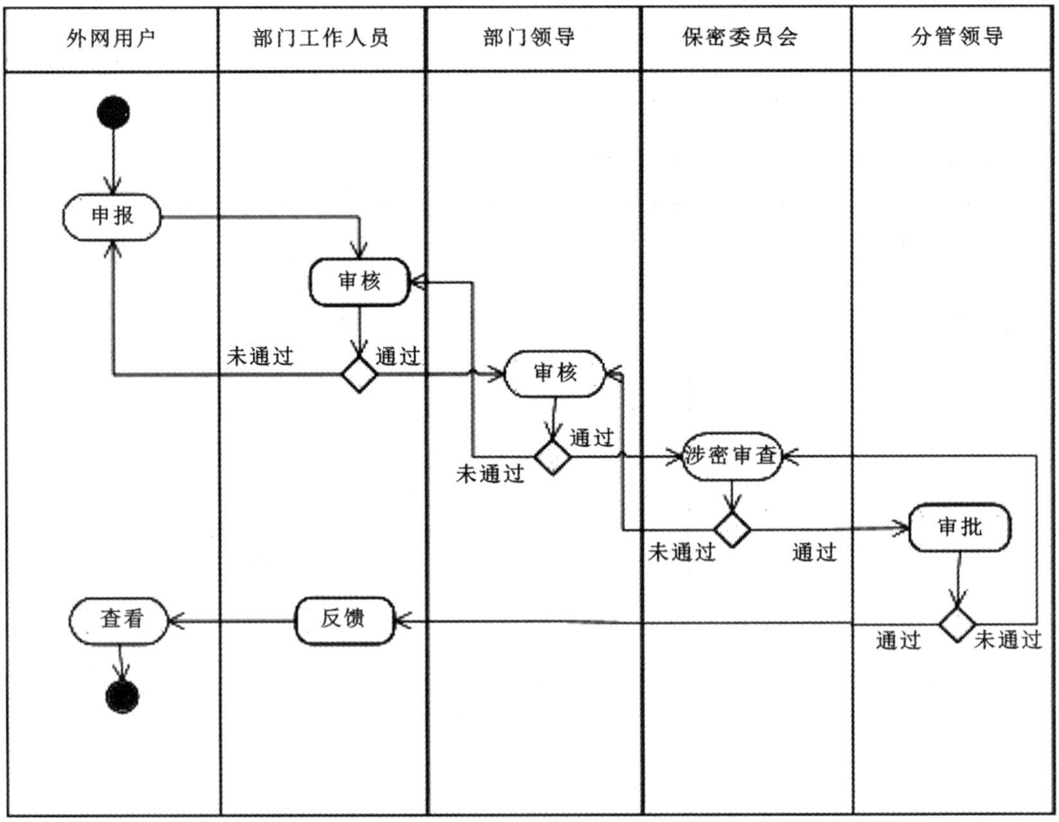

图 7-5　在线服务业务流程

（三）互动交流

1. 互动交流基本要求

公众参与平台是监狱（局）与各级政府机关、内部员工、社会公众交流互动的平台，同时也是倾听民声、服务用户的平台。公众参与平台提供基于音视频以及图文等全方位的交互互动模式。

2. 互动交流业务流程

互动交流业务流程，如图 7-6 所示。

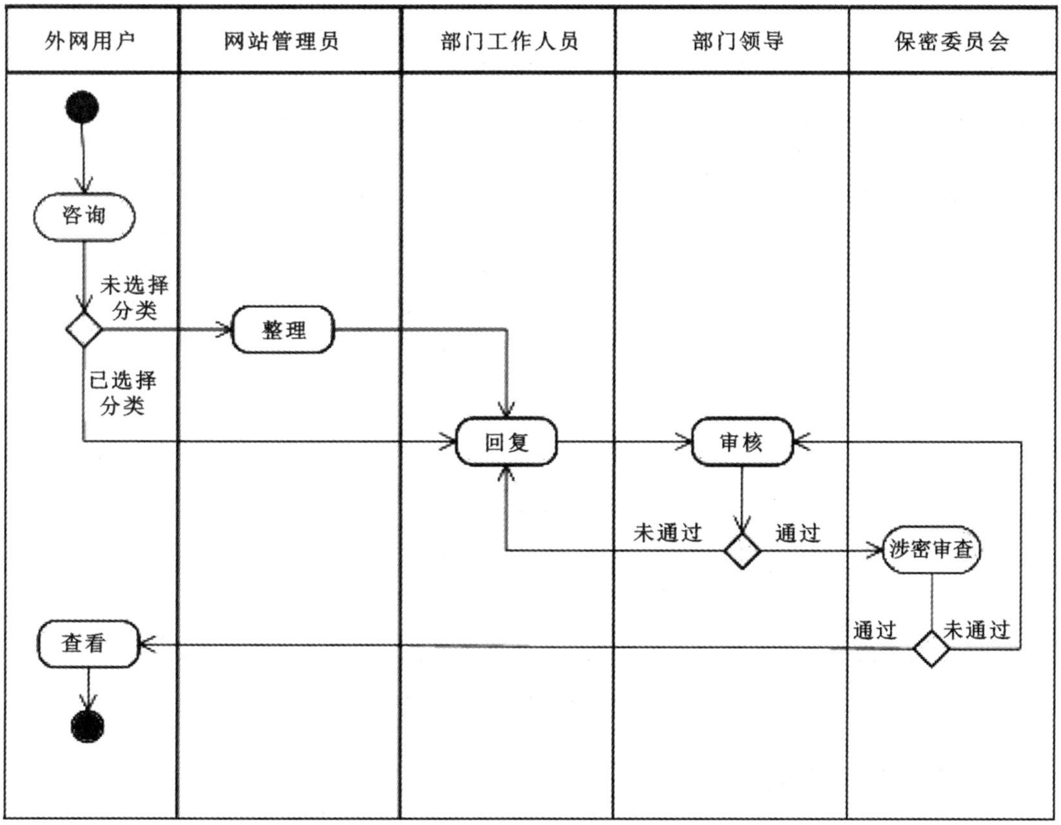

图 7-6　互动交流业务流程

（四）领导信箱

1. 领导信箱基本要求

领导信箱包括以下内容：

（1）对政府政策、决策、重大举措及重大事件方面的意见、建议和咨询；

（2）对行政执行方面的意见和建议；

（3）对行政机关、具有或提供管理公共事务组织及其工作人员，社会团体或者其他单位、事业单位中由国家行政机关任命、派出的人员在工作活动中职务行为的举报或投诉；

（4）对重大灾害、事故、治安等公共安全事件的反映；

（5）已经或者应当依法通过诉讼、仲裁、行政复议等法定途径解决的不予受理；

（6）已经终结的信访事项不予受理；

（7）已经受理或正在办理的信访事项，信访人在规定的办理期限内仍然以同一事实和理由提出投诉请求的不予受理；

（8）提供的有关要素不准确或不详尽，反映的内容不具体，造成无法进一步了解核实的不予受理。

2. 领导信箱业务流程

领导信箱业务流程，如图 7-7 所示。

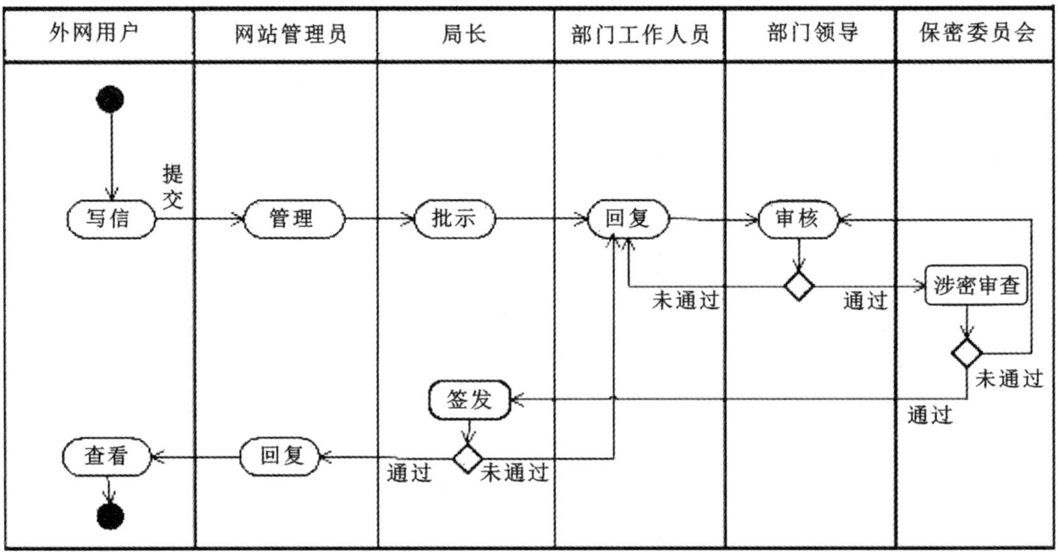

图 7-7　领导信箱业务流程

（五）业务咨询

1. 业务咨询基本要求

政务服务人员有义务准确、可靠地答复申请人的疑问。列出岗位职责和权限、途径、工作程序及回复时限，可提供窗口咨询、电话咨询、网上咨询、信函咨询等方式，应列出咨询时间和回复时间。

2. 业务咨询业务流程

业务咨询业务流程，如图 7-8 所示。

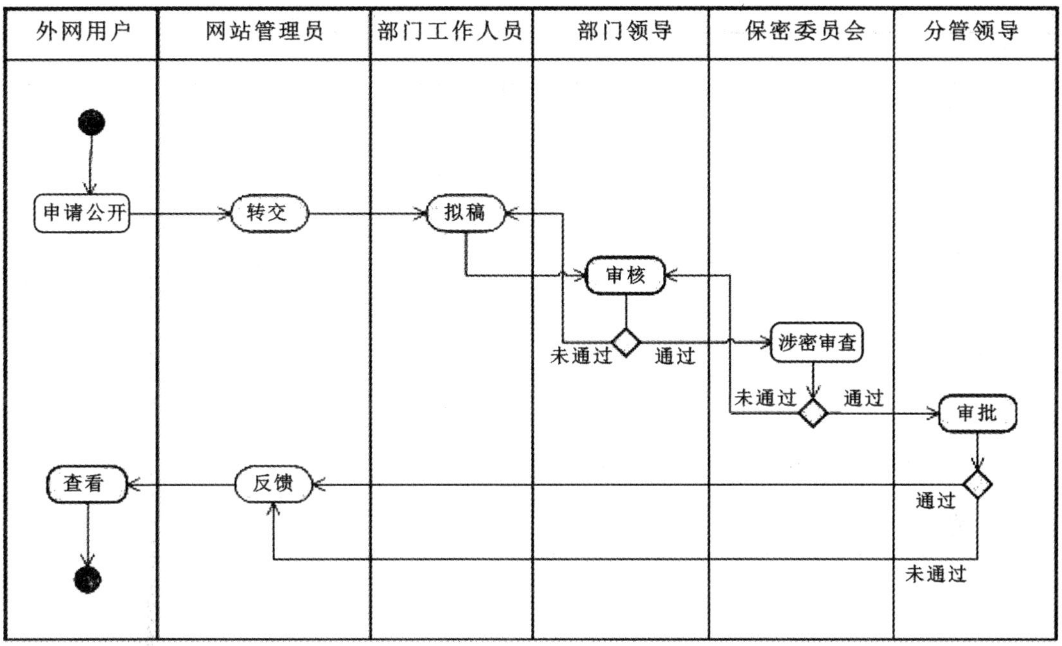

图 7-8　业务咨询业务流程

（六）业务投诉

1. 业务投诉基本要求

用户投诉需用户实名登录，选择部门、事项类别、是否愿意公开，填写投诉内容并提交，由政务服务管理机构通过政务服务管理平台接收投诉并作出处理，也可派发至被投诉的部门和人员由其作出解释，反馈给用户。如选择公开，可公示在互联网政务服务门户，为保护投诉人隐私，公开公示时实名投诉用户的个人信息应被隐藏。投诉需在合理时限内予以答复，答复的时间纳入电子监察并作为绩效考核的指标项。

2. 业务投诉业务流程

业务投诉业务流程，如图 7-9 所示。

（七）违纪举报

1. 违纪举报基本要求

违纪举报包括以下几种方式：

（1）来访；

（2）来信；

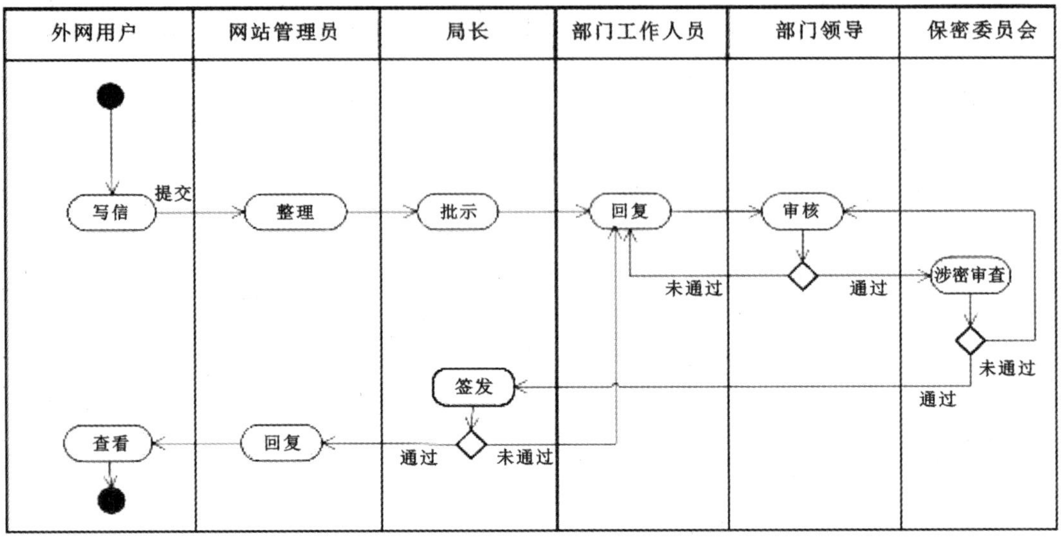

图 7-9　业务投诉业务流程

（3）来电；

（4）其他方式；

（5）系统内部人员可登录综合业务平台通过发送邮件进行举报。

2. 违纪举报业务流程

违纪举报业务流程，如图 7-10 所示。

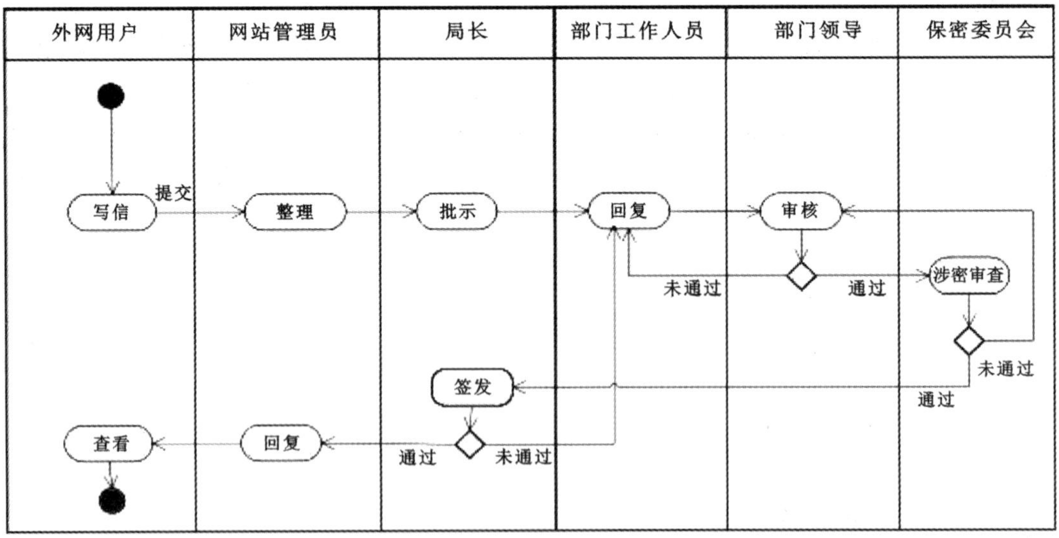

图 7-10　违纪举报业务流程

（八）服务质量

1. 服务质量基本要求

强化网站功能建设，不断推动公开、办事、互动一体均衡发展，按时完成省级部门网站集约化平台功能建设及迁移工作，不断提升网站发布信息、回应关切、办事服务的能力和水平，为群众提供流畅的网上服务体验。

2. 服务质量业务流程

服务质量业务流程，如图 7-11 所示。

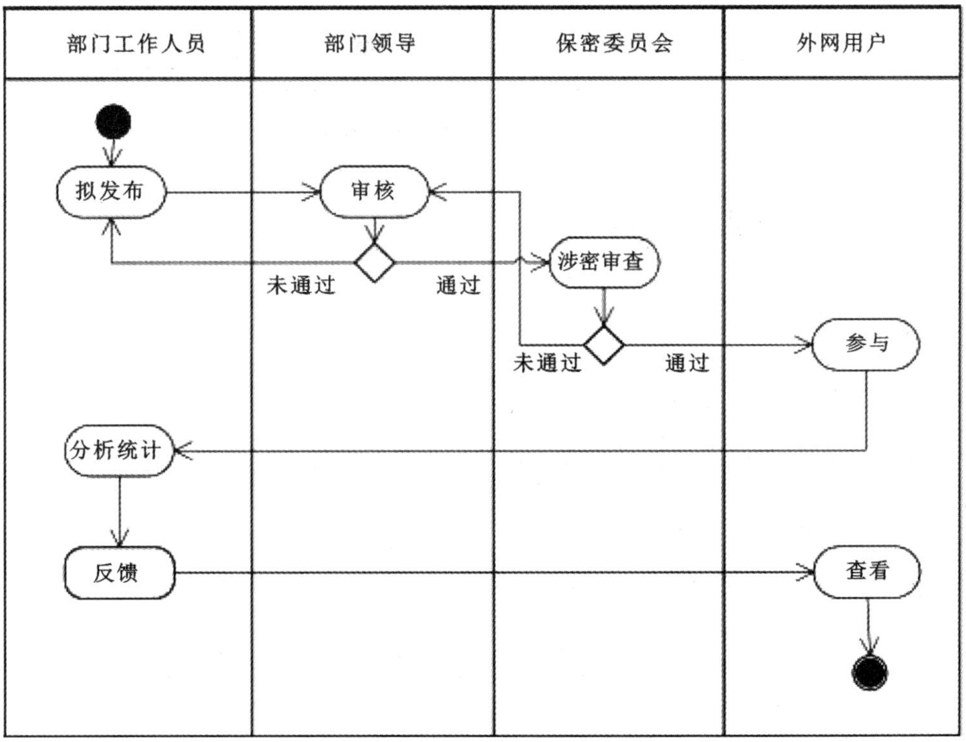

图 7-11 服务质量业务流程

（九）插件应用

1. 插件应用基本要求

插件应用是监狱局电子政务平台基于内外网门户平台相关应用和功能的补充和完善，该应用包括公告、友情链接、信息采播、信息评论、视频点播、文件下载、通信录等。

2. 插件应用业务流程

插件应用业务流程，如图 7-12 所示。

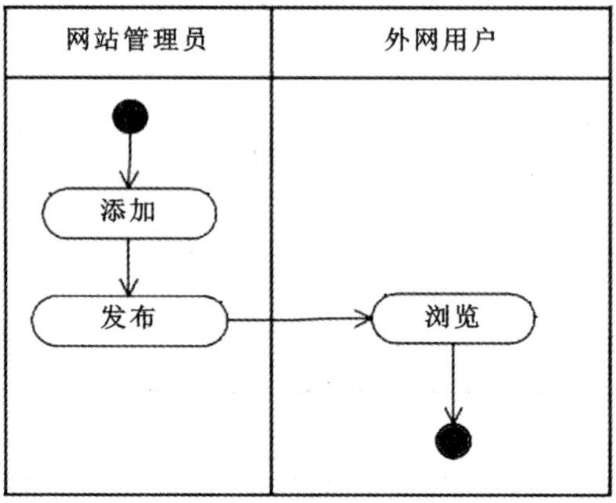

图 7-12 插件应用业务流程

三、内网业务需求

（一）信息发布

1. 信息发布基本要求

以图文形式向警察职工展示监狱（局）及监狱新近发生的新闻信息等。

2. 信息发布业务流程

信息发布业务流程，如图 7-13 所示。

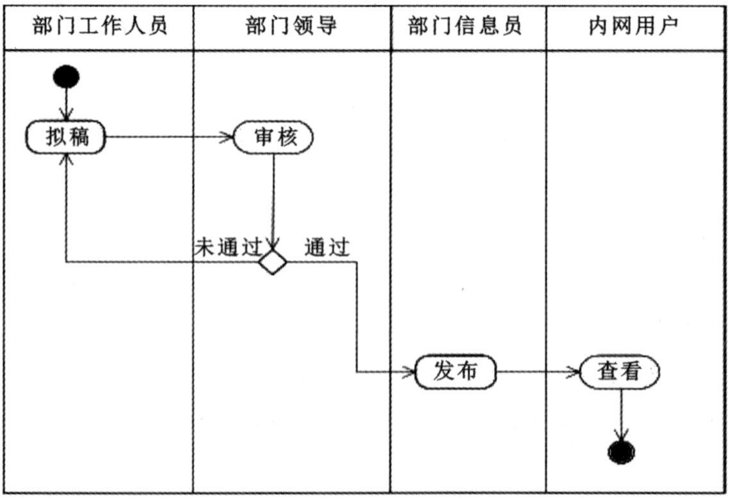

图 7-13 信息发布业务流程

（二）电子邮件

电子邮件业务流程，如图 7-14 所示。

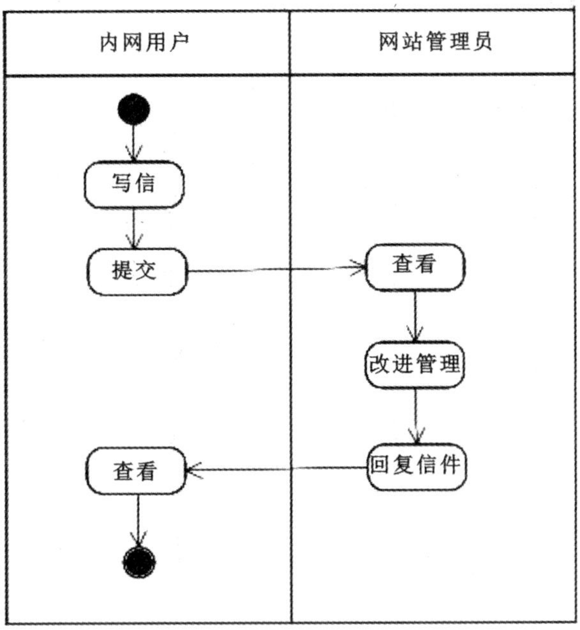

图 7-14 电子邮件业务流程

（三）签报管理

1. 签报管理基本要求

签报处理流程主要包括起草签报、挂签报字号、部门领导审批、其他部门会签、领导审批、经办部门办理、签报归档等工作程序。

2. 签报管理业务流程

签报管理业务流程，如图 7-15 所示。

（四）公文管理

1. 公文管理基本要求

通过严格的公文、信息的过程控制和过程记录来达到公文处理的不可抵赖和可追溯性，确保公文和信息的完整性和准确性。

2. 公文管理业务流程

公文管理业务流程，如图 7-16 所示。

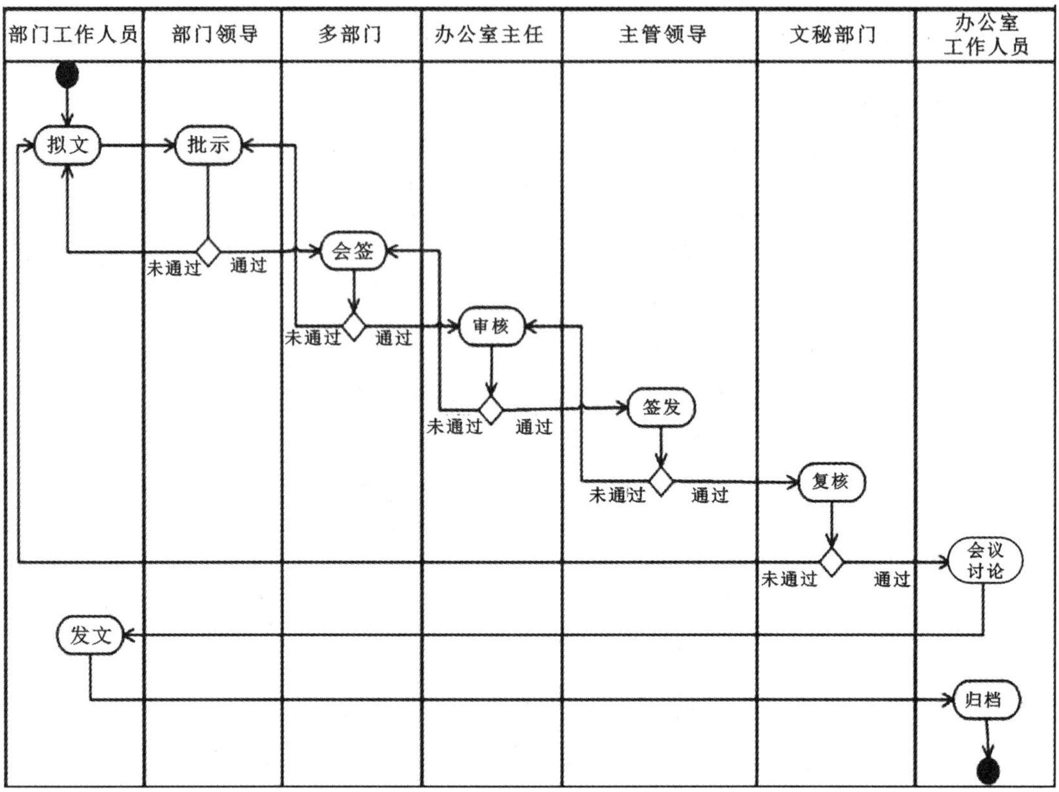

图 7-15　签报管理业务流程

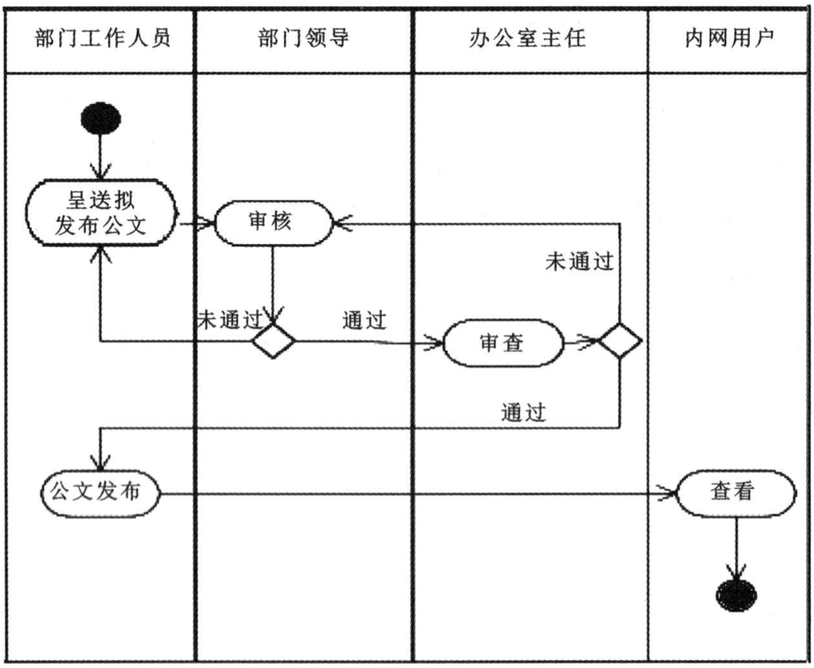

图 7-16　公文管理业务流程

（五）档案管理

1. 档案管理基本要求

数据保存与归档应具备防篡改、历史数据备查备用、电子文书归档等功能，促进网上办事、审批办理和档案管理的无缝衔接。

2. 档案管理业务流程

档案管理业务流程，如图 7-17 所示。

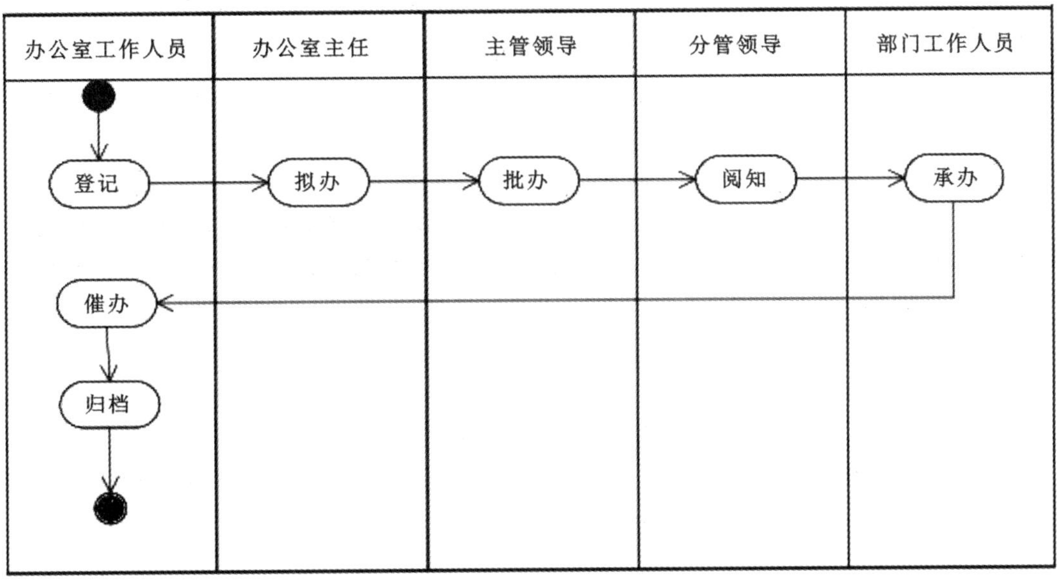

图 7-17　档案管理业务流程

（六）用户管理

用户管理基本要求如下。

整个内网系统严格遵循安全性原则，通过数据库安全性、系统数据安全性、应用服务器安全性、传输安全性保证，同时提供身份认证来保证客户安全，以保证系统的整体安全性。具有严格的安全管理措施，具有简明有效的安全机制。采用最先进的全级认证权限体系，实现对数据应用的全方位安全保证。对用户采用角色管理和逐级授权机制，控制用户的操作环境和操作范围与类型。同时系统提供完善的机制和功能，以保障数据的存储安全、传输安全和使用安全。系统设计充分参照中国电子政务信息安全标准体系，全系统采用统一身份认证机制，应采用数字证书的用户身份验证机制和 PKI 安全加密来确保信息具有较高的安全性和保密性。采用国家已经授权经营的 CA（Certificate Authority，证书颁发机构）认证机构签发的数字证书服务系统及应用技术。

网站管理员能够维护本系统或本单位所有用户的相关信息。

系统中每个功能点都对应一个权限，支持网站管理员根据角色情况对权限进行分级分组，能通过登录加密技术实现角色认定，并对业务系统进行功能分配和数据推送，根据不同操作权限，实现与各业务系统的权属吻合。

（七）业务协同

业务协同基本要求如下。

（1）建成覆盖全国的，整体联动、部门协同、省级统筹、一网办理的“互联网+政务服务”技术体系，实现政务服务的标准化、精准化、便捷化、平台化、协同化，政务服务流程显著优化，服务形式更加多元，服务渠道更为畅通，群众办事满意度显著提升。业务协同包含：监狱体系协同；其他部门协同。

（2）加强与地方司法行政机关的互帮互建，建立健全刑罚执行对接机制、刑释安置衔接机制、教育矫正互动机制、矛盾调处联动机制、队伍共建机制，实现监狱与地方司法行政机关共同建设与发展。加强与武警、公安、司法行政等部门的协作协同，构建完善融入地方的监狱防暴恐等应急管理体系，建立区域联防联动、群防群治的立体化协作机制，提高平安监狱建设社会化水平。实现刑罚执行各环节无缝衔接的刑罚执行网上协同办公平台。

（八）批量导入/出

批量导入/出基本要求是，内网系统应具备清单统计报表功能，支持电子表格文件导出功能，提供事项横向部门比对分析，提供同一事项实施清单在不同地区、不同层级的比对分析，支持权限内的数据导入/出功能。

（九）监督考核

监督考核基本要求是，利用电子监察平台加强政府内部监督督查，积极运用第三方评估等方式组织开展政务服务评价，注重评价考核结果运用，以评价考核为手段促进各地区、各部门不断提升网上政务服务水平。

（十）全站检索

1. 全站检索基本要求

系统支持内网用户以标题、关键字、内容等方式模糊搜索所需文章信息。

2. 全站检索业务流程

全站检索业务流程，如图 7-18 所示。

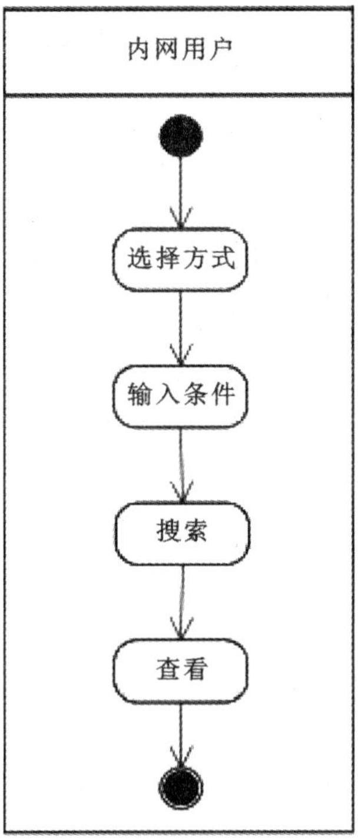

图 7-18 全站检索业务流程

模块三 警务人事与督察业务规范

警务督察业务系统应在省级监狱局、戒毒局部署，对监狱、戒毒警察的信息档案、职务级别变动、警衔变动、岗位流动、奖励表彰和惩戒、教育培训进修、专业技术、绩效考核、薪酬福利、伤残死亡、出国、离退休等业务，对从事监狱、戒毒工作人员的信息档案、劳动合同、岗位变动、专业技术、培训进修、奖惩、人员调动、薪酬福利、退休（离职）等业务，对监狱、戒毒机构（单位）的信息档案、编制、职能、群团组织、领导班子、奖惩等业务，进行统一管理。

一、警察绩效考核管理系统

系统融入可定义的考核体系，为领导评估警察各方面能力提供依据，为管理部门提供便捷的管理平台，同时为警察提供激励机制，从而使监管及执法工作更加科学有效，最终实现监管及执法工作的信息化管理。

警察绩效考核管理系统包含警察日常奖扣分、部门日常奖扣分、绩效测评、公务员考核等级、测评角色设置、考勤考核设置、考核汇总、考核规则库，具体功能架构如图 7-19 所示。

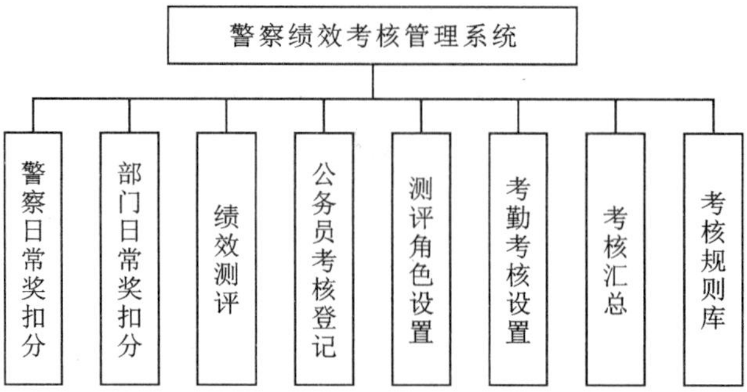

图 7-19 警察绩效考核管理系统功能架构

（一）警察日常奖扣分

1. 警察奖扣分建议单

戒毒所职能部门或戒毒所领导根据不同的奖扣分制度和内容提供警察奖扣分建议单登记。警察奖扣分建议单登记提交后，不直接生效，自动生成奖扣分通知单代办，实现警察奖扣分建议单的新增、修改、删除、查询、审批功能。

2. 警察奖扣分通知单

部门根据不同的奖扣分制度和内容提供警察奖扣分通知单登记，由部门领导审核，实现警察奖扣分通知单的新增、修改、删除、查询、审批功能。

3. 警察奖扣分复议

警察奖扣分复议主要针对各人员对奖扣分结果有异议时，可通过程序提出异议内容，相关考核人员可对异议内容进行审核和回复。实现警察奖扣分复议业务的新增、修改、删除、查询、审核功能。

（二）部门日常奖扣分

1. 部门奖扣分建议单

戒毒所职能部门或戒毒所领导根据不同的奖扣分制度和内容提供奖扣分建议单登记。奖扣分建议单登记提交后，不直接生效，自动生成奖扣分通知单代办，实现部门奖扣分建议单的新增、修改、删除、查询、审批功能。

2. 部门奖扣分通知单

部门根据不同的奖扣分制度和内容提供奖扣分通知单登记，由政治处提出意见、戒毒所领导审批。实现部门奖扣分通知单的新增、修改、删除、查询、审批功能。

3. 部门奖扣分复议

部门奖扣分复议主要针对部门对奖扣分结果有异议时，可通过程序提出异议内容，相关考核人员可对异议内容进行审核和回复，实现部门奖扣分复议业务的新增、修改、删除、查询、审核功能。

（三）绩效测评

测评批次管理提供管理部门设置绩效测评对象、测评年度、测评周期（半年/年终）、参与测评人角色、测评权重等内容，设置成功后，可自动生成对应的部门绩效测评表、处级干部测评表、部门科级干部测评表，并自动推送至相应参与测评人账户中，实现全程网上投票测评。同时，系统根据测评情况，自动统计汇总测评进度。实现可查看测评对象的测评进度监控功能。

部门绩效测评提供对单位各部门、大队的测评。戒毒所领导和各部门、大队负责人参加，各部门、大队主要负责人根据考核内容对部门半年工作完成情况进行评议并当场进行测评打分，其中戒毒所领导评分权重占40%，各部门、大队主要负责人评分权重占60%。实现自动推送、在线测评功能。

科级干部测评提供对科级（含科级非领导职务）警察的测评。戒毒所领导和全体警察参加，对全体处级警察测评。按要素对被测评人员打分，每人测评得分为戒毒所领导测评得分占权重的30%，各部门、大队其他处级警察测评得分占权重的30%，各自单位科级以下警察测评得分占权重的40%。实现自动推送、在线测评功能。

普通警察绩效测评提供对部门科级以下警察的测评。部门主要负责人和部门全体科级以下警察参加。

部门主要负责人评议打分占权重的40%，其他科级以下警察打分占权重的60%。实现自动推送、在线测评功能。

测评排名统计提供对部门测评情况、科级干部测评情况、部门科级以下警察的排名统计。查询条件包括测评年度、测评周期。实现测评数据的查询及Excel导出、打印功能。

（四）公务员考核登记

登记警察本人每年的考核情况，实现公务员考核情况的新增、修改、删除功能。

（五）考核汇总

1. 警察日常考核月度汇总

系统根据月度的日常奖扣分、考勤考核规则自动汇总月度考核表，自动推送各部门月度考核情况。实现自动汇总、打印功能，默认按总分排序。

2. 警察日常考核年度汇总

系统根据年度的日常奖扣分、考勤考核规则自动汇总年度考核表。实现自动汇总、打印功能，默认按总分排序。

3. 警察绩效考核年度汇总

系统根据年度的绩效测评、日常奖扣分、考勤考核规则自动汇总年度考核表。实现加权总分可通过比例设置自动计算。实现自动汇总、打印功能，默认按总分排序。

4. 部门日常考核月度汇总

系统根据月度的日常奖扣分自动汇总月度考核表，基础分默认为 100 分。自动推送各部门月度考核情况。实现自动汇总、打印功能，默认按总分排序。

5. 部门日常考核年度汇总

系统根据年度的日常奖扣分自动汇总年度考核表。实现自动汇总、打印功能，默认按总分排序。

6. 部门绩效考核年度汇总

系统根据年度的绩效测评、日常奖扣分自动汇总年度考核表。实现加权总分可通过比例设置自动计算及自动汇总、打印功能，默认按总分排序。

（六）考核规则库

（1）考核细则设置用于考核细则设置规则录入；
（2）考核细则检索用于考核细则检索的导入；
（3）考核规则设置用于考核规则设置数据的录入；
（4）假期设置用于假期设置模块进行数据录入。

（七）系统设置

1. 测评角色设置

设置测评角色对应的人员，包括角色名称、角色人员明细。实现测评角色设置的新增、修改、删除功能。

2. 考勤考核设置

按部门考勤考核规则设置考勤类型系数、对应班次分值等。设置成功后，每月可按月度考核分，实现考勤考核设置的新增、修改、删除功能。

二、警察教育培训管理系统

教育培训管理主要建设高素质队伍的先导性、基础性、战略性工程，着力突破管理体制、运行机制、培训保障、内容师资等方面的困惑与难题，实现培训体制机制的新特色、培训核心要素的新整合、培训模式的新变革、培训分中心建设的新转型、能力提升平台建设的新拓展。

警察教育培训管理系统包含培训管理、课程课件、在线学习、在线考试和培训资料管理，具体功能架构如图 7-20 所示。

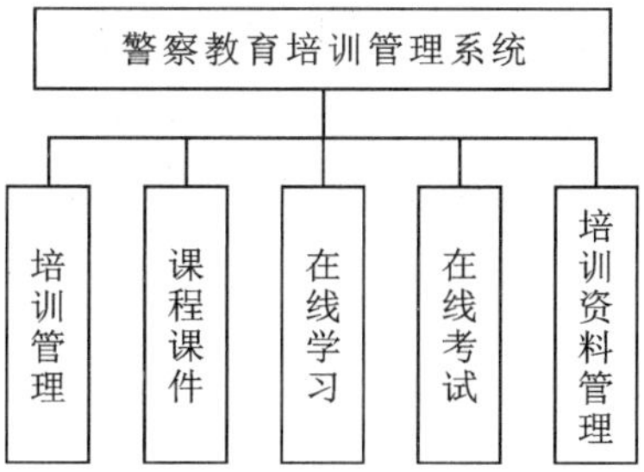

图 7-20　警察教育培训管理系统功能架构

（一）培训管理

培训管理主要实现培训计划的制订，同时可以对已有培训计划进行查询和基本信息的修改等功能。由各个部门提出培训需求，申报审核，对培训结果进行登记，通过对培训申报的内容进行选择，系统能自动加载培训申报的民警信息，并提供成绩和获得证书录入。

（二）课程课件

对需要开设的课程进行按需定制，对已定制课程进行课程基本信息查询。

课程内容包括课程名称、上课时间、上课方式、上课地点、任课教师、考核方式、考核日期、课件附件等。根据课程内容对相应的教学课件进行添加、删除、查询和编辑等。课件信息包括：课件名称、课件内容、所属课程、辅导教师、学习方式、课件附件等。

（三）在线学习

可以按照需求定制在线学习内容，视频学习内容需要提供在线播放功能，可查询在线学习状态，统计在线学习人数，对已有学习内容进行在线阅读和点播等。对某些岗位的民警进行专业技能培训，将培训后的结果录入系统进行管理，对具有某些专业特长的民警进行专业考核后的结果进行管理。

（四）在线考试

实现提供后台设置功能，可自定义设置民警考试、作业、竞赛题目，从而形成统一题库，实现手动制作试卷和系统自动生成试卷功能，提供自定义生成考试、作业和竞赛的在线考试批次。

提供模拟正式考试试卷的相关科目的题目，模拟考试的条件需与正式考试的条件一致，考完试需给出正确答案及是否合格等考试信息。模拟考试考生可重复模拟练习。

按教师或管理员角色的出题规则随机抽取相关科目的试题，考生需要在特定时间内或一定时间内答卷，正式考试不可重复考试，交卷之后成绩立即生效并不可修改。交卷之后系统需自动算出考试分数、是否合格等考试信息，并显示正确答案。

对民警在线考试的成绩进行查询统计功能。成绩统计的内容包括成绩查询、单科排名、单科成绩统计。

（五）培训资料管理

提供不同类别的电子书的上传、下载，汇总警察年度的分值、天数。

三、政工管理系统

政工管理系统是司法单位日常管理的重要组成部分。通过数字化管理，可以避免传统手工登记管理的不便及易错，对警务工作、党务工作等进行业务管理，促进业务工作的改进和完善。

政工管理系统主要包括警务工作管理、党务工作管理，具体功能架构如图 7-21 所示。

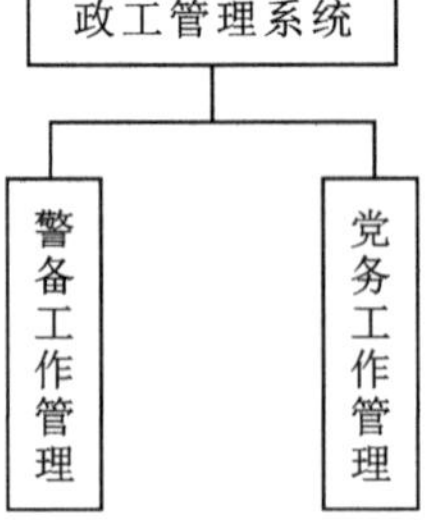

图 7-21　政工管理系统功能架构

（一）警务工作管理

1. 人民警察证管理

政治处对警察的人民警察证进行登记处理，管理登记状态包括首次办理、遗失、更新、补办、收回、暂时收回、收缴，实现业务的新增、修改、查询、删除、打印、上传附件等功能。当职务或警衔变动时，系统自动提醒变更登记。

2. 警察警衔管理

1）警衔设置

用于警衔晋升条件设置。实现警衔晋升的条件设置，根据不同职务晋升条件不同的进行设置。设置内容包括晋升前警衔、晋升警衔、晋升年限、职务要求、工龄要求。

2）首次授予警衔

用于警察首次授予警衔审批。实现数据的新增、修改、删除、打印、流程审批功能。业务数据应包括警察基本信息、个人简历、拟授警衔意见及相关审批内容等信息。

3）警衔晋升摸底

每月月初，根据设置的警衔晋升条件，自动筛选是否有符合晋升的名单，如果存在则提醒政治处，政治处在该模块摸底，筛选名单并确认。实现每月月初检索警衔晋升条件，如果存在，则提醒政治处。实现待办生成功能，摸底数据不允许修改，但是可以选择名单。名单确认后在警衔变动模块自动产生待办事项。

4）警衔变动

用于警衔按期晋升、微调、提前晋升、延期晋升、警衔降级或者警衔取消时的登记及审批。警衔晋升摸底确认的名单在该模块自动产生待办事项，变动警衔原因为按期晋升，也可新增数据。

5）警衔标志领取

警衔变动审批通过后，自动生成警衔标志领取名单列表，进行领取警衔登记，并实现统计功能。

3. 警衔培训管理

警衔培训管理提供警衔培训动态预警，将用户权限开放给司法警官警衔培训机构，系统根据警衔培训计划、班次、人数、类别自动预警需要进行培训的人员。经本单位政治部审核后，将培训计划发送给需参与培训的民警，民警确认后列入培训计划，将培训时间、地点、班次、考勤、课程、作业、成绩、考核内容和结果自动推送给参训民警。民警和政治部相关人员可查阅历次培训信息，可按年、班次、考核等次、单位、衔级、个人进行查询、统计，可视化展示并导出 Excel 报表。

4. 人民警察岗位练兵考核管理

主要包括岗位练兵、考核评比、考核公示等功能。

5. 警务保障管理

主要包括抚恤优待，意外保险，警用品、个人警务用品发放，以及警车、警车驾驶员等方面的管理。

（二）党务工作管理

1. 入党申请阶段

党支部在入党申请人递交入党申请书后5个工作日内找入党申请人谈话并填写《入党申请人谈话登记表》报政治处；本模块实现入党申请人谈话登记表登记，提供查询、新增、修改、删除、打印、上传附件等功能。

2. 入党积极分子阶段

在单位批准吸收入党积极分子5个工作日内找入党积极分子谈话并填写《入党积极分子谈话登记表》报政治处；确认入党积极分子后填写《入党积极分子审批表》（须指定2名正式党员作为其培养联系人）报政治处，并对新入党积极分子进行为期一年的考察管理。本模块实现入党积极分子卡片登记、入党积极分子谈话登记，并提供查询、新增、修改、删除、打印、上传附件等功能。

3. 发展对象阶段

在单位批准转发展对象5个工作日内找发展对象谈话并填写《发展对象谈话登记表》报政治处；各党支部填写《发展对象审批表》报政治处，并对发展对象进行为期一年的考察管理。本模块实现发展对象卡片登记、发展对象谈话登记，并提供查询、新增、修改、删除、打印、上传附件等功能。

4. 预备党员阶段

在批准接收预备党员5个工作日内找预备党员谈话并填写《预备党员谈话登记表》报政治处；各党支部填写《预备党员审批表》（须指定2名正式党员作为其入党介绍人）报政治处。本模块实现预备党员卡片登记、预备党员谈话登记、预备党员延期转正情况报告登记、取消预备党员资格情况报告登记，并提供查询、新增、修改、删除、打印、上传附件等功能。

5. 发展党员阶段

对党员基本信息进行简单的登记，实现党员基本信息的新增、修改、删除、打印、上传附件等功能。

6. 年度党员发展计划

党支部召开支委会、党员大会，酝酿、讨论本年度支部党员发展计划（含吸收入党积极分子计划、转发展对象计划、接收预备党员计划、转正式党员计划资格报告等），填写《党支部年度党员发展计划表》报政治处。本模块实现党支部年度党员发展计划登记，提供查询、新增、修改、删除、打印、上传附件等功能。

7. 党组织关系介绍信

实现党组织关系介绍信登记，提供查询、新增、修改、删除、打印、上传附件等功能。

8. 党费基数核定

政治处导入最新党员名单，由系统自动计算出每名党员的党费收缴金额，形成《党员交纳党费基数核定表》，并将《党员交纳党费基数核定表》和收缴时限公布给各党支部。本模块实现《党员交纳党费基数核定表》登记，提供查询、新增、修改、删除、打印、上传附件等功能。

9. 民主评议

各党支部根据评先方案（通知）要求，落实开展测评、推荐工作，由组织委员填写，由各支部书记签字，报政治处。本模块实现《党员民主评议表》登记，提供新增、修改、查询、删除、打印、上传附件等功能。

10. 基层党支部改选或换届选举

各党支部改选或换届选举工作结束后，填写《关于基层党支部改选或换届选举请示表》报政治处。实现业务数据的新增、修改、查询、删除、打印、上传附件等功能。

四、督察与监察管理系统

督察与监察管理系统是采用科学的信息化手段，为各级督察监察部门建立督察信息库、档案信息库、信访资料库、案件审理库，自定义信访和案件审理的流程，彻底解决督察与监察工作中存在的重复录入、重复统计、流转缓慢和无法跟踪等问题。可以准确、及时、客观地反映各级干警廉洁从政、执行党风廉政建设责任制以及因违纪违法被处分的情况。可以方便地进行数据查阅、统计和归档，有效提高各级督察监察机关的工作效率。

（一）在线警务督察

网上督察，利用远程视频、虚拟地图、定位系统、警务通系统联动，将执勤民警的执法执勤、窗口服务、内部管理等信息汇集到“司法云”数据中心。通过调阅、查看相关信息，实现对民警日常出警、值守、巡逻、重大活动、突发事件的到岗到位及警车使用管理等工作进行监督检查。

若有对司法行政人民警察执法工作不满意的，可通过 12348 公共法律服务热线、投诉信箱、实体平台、网站和面对面等方式进行投诉，收集意见建议，对信息进行分析、评估、研判，实现对民警日常工作情况的监督检查。

系统提供根据监狱、戒毒单位的视频监控系统产生的业务数据，提取司法行政人民警察执法行为的综合信息（含实时查看及回放功能）。

警察执法行为的调阅及分析，要求可以对警察日常值班过程中的值班记录、日常管理和重点执法行为进行分析，并能够自动生成符合司法部要求的民警执法执纪档案。

实现系统内基层监管场所视频监控与回放系统直连，省级司法厅督察总队可在操作应用系统上对监管场所的网上警务进行督察。

1. 民警值班管理系统

民警值班管理系统包含值班角色设置、班次设置、地点设置、假期设置、自动排班、手动排班、排班查询、排班统计等模块。

2. 民警考勤管理系统

民警考勤管理系统包含请假休假管理、考勤登记、考勤统计、考勤规则设置等模块。该系统与智能警务终端考勤管理模块关联。

（二）党风政风

相关部门针对党风廉政建设案件、违反八项规定问题、群众身边腐败问题和领导干部问责的具体情况进行登记管理。

（三）信访登记

信访信息是相关部门发现问题、解决问题的一个重要途径，因此对此类信息妥善管理有客观上的必要性。该模块实现对信访信息的登记管理，登记内容包含以下信息：举报来源、举报类型、核查状态、涉及对象、职级、工作部门、是否重复、是否匿名等。

（四）线索管理

1. 重要信访拟办单

相关部门针对重要信访进行拟办登记并审批，登记内容包含信访时间，反映人姓名及单位，被反映人姓名、单位及职务，反映内容等。

2. 信访举报案件审结

相关部门针对重要信访进行拟办登记并对审批通过的案件进行审结审批；登记内容包含被举报人姓名、职务及单位，举报人姓名，办结人姓名，承办日期，办结日期，问题性质，查处情况等。

3. 初步核实违纪线索呈批表

相关部门针对问题线索进行登记并初步核实，主要是了解反映的问题是否存在，为能否立案提供依据。初步核实前，初核组要制定初步核实工作方案，并经分管督察监察工作的领导审批。业务表单内容包含被核实人姓名、性别、出生日期、入党时间、参加工作时间、工作单位及职务，以及问题性质、发生时间、主要违纪线索等。

4. 初步核实情况报告

相关部门针对初步核实线索审批通过的核实终结，形成初步核实情况报告。业务表单内容包含被核实人姓名、出生日期、入党时间、工作单位及职务，以及问题线索来源、被反映人的自然情况、主要问题与初步核实结果、存在的疑点与处理建议等。

（五）立案管理

1. 立案报告表

对需要立案调查的问题线索，应写出立案呈批报。附问题线索来源材料和初步核实情况报告，按照案件管辖权限由纪委征求同级党委同意后决定，或由行政领导办公会决定。业务表单内容包含案件性质，案件来源，被调查人姓名、工作单位及职务，立案时间，违法违纪主要事实等内容。

2. 立案决定书

对批准立案调查的案件应作出立案决定书，向被调查人宣布，并通知同级政工部门（特殊情况，可暂不宣布、通知）。

3. 呈请立案批示表

通知同级政工部门同时将呈请立案批示表报上一级督察监察部门备案。业务表单内容包含被调查人姓名、年龄、入党时间、警衔、工作单位及职务，线索来源，初步核实认定的主要问题，呈报意见等。

4. 呈请停职检查审批表

调查组认为被调查人犯有严重错误，已不适合担任现任职务或妨碍案件调查的，可建议对被调查人采取停职检查措施。业务表单内容包含：被调查人姓名、政治面貌、问题性质、工作单位及职务，主要问题，调查组意见，呈批意见等。

5. 问题调查报告

调查取证结束后，经调查组集体讨论，对主要错误事实及性质作出准确概括，形成调查报告。业务表单内容包含被调查人姓名、政治面貌、出生日期、工作单位及职务，立案依据，被调查人的自然情况、主要错误事实及性质、调查后的问题及难以认定的问题，有关人员的责任，被调查人对错误的态度，处理建议等。

6. 暂予扣留封存物品登记表

调查中，可根据实际情况对涉案的物品暂予扣留和封存。业务表单内容包含物品名称、物品单位及数量、特征、备注等。

7. 案件移送审理审批表

调查终结后，对需追究党纪、政纪责任的案件，填写案件移送审理批示表，经分管督察监察工作的领导批准后，按照有关规定移送审理。业务表单内容包含案件名称，被调查人单位及职务，承办单位意见，领导批示等。

8. 违法违纪案件结案报告表

案件结案后，由承办人负责收集调查处理工作中形成的处理决定、批示、批复、请示、报告等文书材料和全部证据材料，归档立卷；并及时将处分决定或复议及复查或复审、复核决定书等有关材料，送组织、人事部门和有关部门予以执行，归入受处分人的人事档案。业务表单内容包含案件性质，案件来源，被调查人，工作单位及职务，处理结果，结案时间，违法违纪认定事实等。

（六）统计报表

实现党风政风、信访信息、线索信息等内容的统计分析、报表生成。

模块四　财务装备业务规范

一、系统概述

建立集中、实时、内控的财务管理系统，实现单位机关对各二级单位财务状况及日常情况的实时监控与集中管理，实现资金、费用的集中监控管理，并通过系统提供的关于政府工程进度、资金使用状况等指标的分析结果，对单位的资源进行有效的配置、管理、控制和优化，从而实现价值最大化；在此基础上实现系统的集中物资管理、集中资产的管理，优化内部资产、物流管理业务流程与财务系统在全系统范围内的集成应用。

二、设计方案

对单位现有账务管理系统功能；软件使用模块（总账、报表）、二级单位相关人员信息化程度等进行分析，实现统一化信息化管理平台，加强管控，进行有效监管，同时强化内部财务体制标准化管理，成为困扰单位的重要问题。

因此，对财务信息化的具体需求包括以下内容。

1. 建立全系统集中财务管理模式，及时了解各单位的账务数据

实现财务集中管理的基础是财务集中核算，只有全面建立系统范围内财务集中核算的事务操作流程和操作规范，建立系统以及下属直管单位自上而下的透明分析、管理和监控的财务基础信息网络，才能有效保证全系统财务信息的真实性、及时性、准确性和完整性。

2. 资产集中统一管理，有效监控资产数据，实时查询资产状况

迅速掌握系统内以及各二级单位资产出入库的数据、状态的管理，实现全面的统一资产核算政策，集中管理固定资产，掌握整体资产状况。

3. 加强系统的物资管理，增强对下属机关的动态监控能力

优化资源配置，实现办公物资、药品物资的互动和共享，提高上级机关决策水平，降低成本，提升上级机关的核心竞争力，为系统内整体发展目标提供有力的财务保障。

4. 集中建立项目进度监控平台，及时了解各单位项目进度状态

为新建、改建、扩建、维修等业务提供项目立项、项目计划预算体系、项目阶段控制、费用计划控制等全面的项目信息管理平台是非常重要的。

5. 增强决策信息的及时性、完整性、准确性，加强数据分析

基于系统编码规则、核算口径的统一，可对关键财务、业务的指标构建“管理驾驶舱”，结合预警平台实现自动预警控制，使决策由以前的“模糊决策、经验决策”，变为“清晰决策、数字决策”，便于领导及时了解内外部信息以作出正确决策。

三、功能设计

财务系统包含总账系统、内部对账、内部审计、财务报表、资产管理、财务分析和内控管理，具体功能架构如图 7-22 所示。

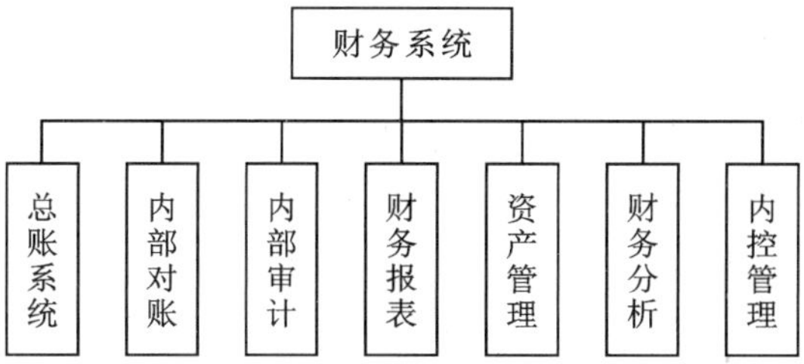

图 7-22 财务系统功能架构

（一）总账系统

总账系统应能进一步满足用户需求，适应网络经济的特点和现代化应用，提高对不同行业财务核算特点的适应性，加强对全系统财务管理模式的支持，为单位提供财务、业务电子化工具，增强信息的及时性、准确性、规范化，建立在线实时控制体系，帮助管理者控制财务风险、实现单位财务目标。

通过动态会计平台，总账与其他产品实时无缝集成，完全实现动态的财务业务一体化，保障财务数据与业务数据的同步性，解决业务数据的财务反映滞后问题，为单位的财务管理提供及时丰富的数据。

（二）内部对账

内部对账系统是财务管理软件的重要组成部分，为机构内各成员单位之间就内部交易数据进行的对账与凭证协同提供方便快捷的工具，并建立实时对账、协同和查询体系，提高全系统财务管理的效率，增强信息的及时性、准确性和规范性，帮助管理者控制财务风险，实现单位的财务管理目标。

1. 支持集中应用

软件应适应系统内各单位（部门）集中式管理的要求，为系统内部财务数据交易处理提供方便快捷的工具，便于系统内统一监控。

2. 体现系统内管理特点

根据设置的科目对应关系过滤对账双方的业务数据，可以由内部交易的一方在处理内部交易业务时为另一方生成协同凭证。

3. 支持多种对账、协同方式

系统提供自动对账、自动生成对方凭证、生成对方凭证后立即发送等功能；提供一对多、多对多等复杂业务的手工对账功能，以及一对多协同凭证在部分确认、部分拒绝状态下的处理方式；提供协同凭证自动生成、手动生成、从总账系统导入生成等灵活的生成办法。以省级管理机关为例，对账系统的应用流程如图 7-23 所示。

（三）内部审计

单位可以实时查询二级单位会计核算情况、各种明细账、总账账表数据，监督各二级单位核算的合法性、准确性，以便据此评价和判断其绩效、财务状况，一方面满足内部运营管理的监控要求，另一方面满足向相关管理部门解释财务管理流程的要求。

集成的信息系统，采用 B/S 结构，审计人员依据授权可以实时查询各个单位的财务信息，从时间、空间上减少审计人员的难题，彻底打破内部的各种限制，实现全系统“无边界”管理，加强内部监控和审计。

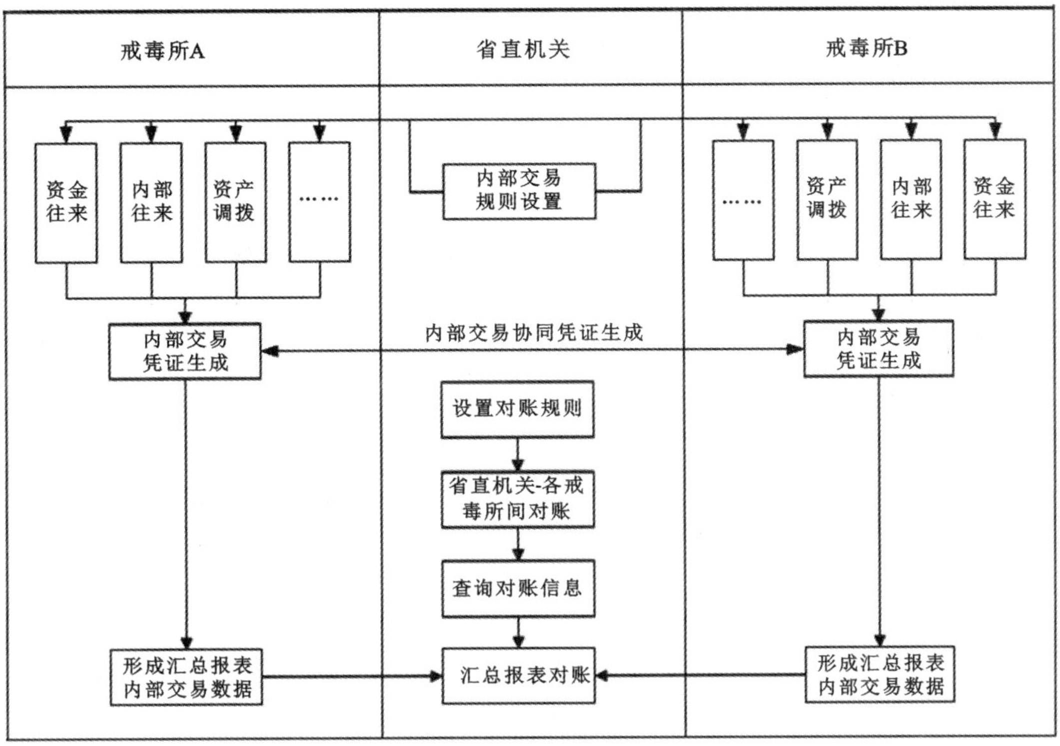

图 7-23　省级管理机关对账系统的应用流程

通过业务追踪与穿透查询，可以很好地实现对全系统所属单位管理者离任离岗审计及经济责任审计。

（四）财务报表

软件在全系统财务合并方面提供跨单位的合并查询与汇总报表两种方式。

1. 合并查询

系统预置各类账表，可根据多种查询条件进行组合查询，还可根据单位自身管理需要自定义账簿的格式，供单位的各类会计人员和管理人员进行统计查询分析。

在全系统应用中，对账表的查询统计，系统提供跨单位查询、多单位统计等功能，以实现全系统对下级机构的会计核算处理的过程和结果进行集中监控，同时便于从整体角度反映系统的财务状况和经营成果。可以按照多个单位的明细数据查询，也可以汇总查询。

2. 汇总报表

报表汇总体系应用流程如图 7-24 所示。

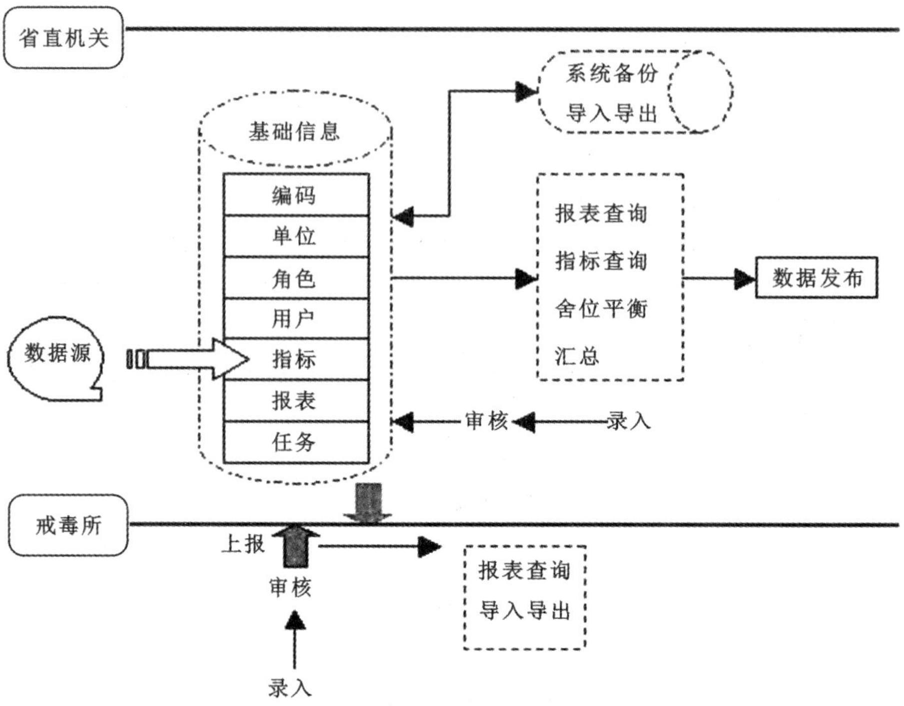

图 7-24　报表汇总体系应用流程

说明：

（1）在省级管理机关对适用报表的单位、人员、权限、指标、报表等基础信息进行定义和设置；

（2）根据省级管理机关的业务统计需求，利用定义的指标和报表构建业务统计需要的报表，并形成统计任务；

（3）根据业务统计任务的范围，将任务分派给下属的二级单位；

（4）各二级单位根据分派的报表统计任务，从账务系统或其他系统提取数值，并对报表进行审核；

（5）各二级单位将审核的报表上报给省级管理机关；

（6）省级管理机关根据业务需要对报表审核后，可以对数据进行统计分析和发布。

（五）资产管理

固定资产管理可以完成单位固定资产日常业务的核算和管理，全面反映固定资产的增加、减少及相关变动情况，提供固定资产评估、固定资产减值及折旧的计提与分摊，提供资产调拨、资产盘点的管理，帮助用户更有效、更全面地管理固定资产，对固定资产进行跟踪管理，对资产成本进行部门考核。在与全面预算管理、采购管理集成使用的情况下，提供资产预算、资产采购等业务的管理，从而形成一套完整的资产管理解决方案。

1. 基础管理

省级管理机关可以统一制定资产类别、折旧方法、增减方式、使用状况、卡片样式、资产变动原因等基础数据，并且可以控制是否允许各单位修改或增加其他数据。如果选择不允许，则表示省级管理机关要进行严格的资产管理。

2. 资产预算

在与全面预算管理集成使用的情况下，可以进行资产预算的编制与相应执行情况的分析。资产预算包括新增资产的预算、资产折旧的预算、资产维修费用的预算等内容。

3. 资产采购

在与采购管理集成使用的情况下，在新增资产预算的指导下，可以进行资产采购的申请、审批及采购的招标、资产的采购、入库等处理，并在应付系统完成资产的报账、付款业务。同时可以自动生成资产卡片，并登记到资产台账中。资产的请购审批通过审批流平台可以完成单位相应的审批流程。

4. 卡片项目自定义

可以对资产卡片定义出任意多项管理统计数据项，从不同的角度对资产进行管理和跟踪。卡片或标签应可自动打印，并附带二维码、资产名称、所属单位、所属部门、所属人员、购置日期等基本信息。

5. 资产部门

一种固定资产有两个部门属性字段，一个是使用部门，另一个是所属部门。资产的使用部门允许同时有多个。资产折旧费用可以归入所属部门，也可以归入使用部门。当归入使用部门时，可以按照一个比率在多部门之间分摊折旧费用。此外，重要资产可以跟踪到相应的责任人。资产在部门和责任人之间的转移，能够全部记录下来。

6. 资产增减处理

资产增加和减少的方式可以自定义，并可以针对不同的资产增加和减少的方式，在动态会计平台定义不同的入账科目，进行不同的会计描述。支持资产的成批增加和减少。支持资产的部分报废功能，并记录资产减少过程中的各种清理费用和清理收入。

7. 资产变动

包括资产原值变动、累计折旧变动、使用年限变动、使用状况变动、折旧方法变动、资产类别调整、租赁产权转移、工作总量调整、净残值率调整、资产组合拆分等多种变动内容。提供单个变动和成批变动的功能。资产的这些变动可以根据单位需要，配置变动申请与审批的流程。提供变动的追溯调整功能，可以自动计算出变动所引起的折旧差异，并进行相应的账务处理。

8. 资产调拨

资产调拨分为部门间调拨和单位间调拨。部门间调拨，即变更资产的使用部门或者所属部门。单位间调拨，则同时生成调出单位的资产减少和调入单位的资产增加，并且可以保持资产在省级管理机关内的统一编号，便于省级管理机关对资产的统一管理，省级管理机关可以查询到某个资产在省级管理机关内的变动情况。

9. 资产折旧

同一个固定资产可根据不同的税务政策进行折旧核算，并可提供详尽的对比报表，帮助单位选择较好的固定资产财务和税务策略。此外，折旧计提的期间允许自由设置，不限制个数。

10. 资产维修

在固定资产系统提出资产维修的申请，经过相应的审批流程，在报账中心进行维修费用的报账，并且同时登记到相应的资产台账中。

11. 资产盘点

提供定期对资产进行盘点的功能，根据每次盘点记录在固定资产管理系统中进行确认登记，系统生成盘点报表反映盘盈、盘亏情况，并进行相应的财务处理。

12. 自动生成凭证

通过动态会计平台，可以对资产增加、资产减少、资产变动、资产评估、资产减值准备、资产计提折旧等业务自动生成凭证到总账系统，并提供定期与总账对账的功能。

13. 特殊资产管理

低值易耗品作为一类特殊的固定资产，可以在固定资产系统中进行领用的管理和摊销。经营租赁的固定资产可以在固定资产中作为一类资产进行登记和管理，并登记相关的租赁费用，但不提取折旧。

14. 统计分析

基于集中管理模式，所有的资产台账和相关的资产统计分析，全部提供多单位汇总的功能，可以实时准确地反映全省管理机关资产状况。在严格的功能权限与数据权限控制下，可以保证省级管理机关的这种统计分析只有相应授权的人员才能执行。

15. 信息查询

1）资产隶属查询

一般个人用户可通过手机或警务通等常用移动设备扫描资产卡片或资产标签二维码，查询该资产的基本信息及所属部门、人员。

2）资产流通查询

资产管理部门用户可通过手机或警务通等常用移动设备扫描资产卡片或资产标签二维码，查询该资产的历任使用部门、所属部门和人员，以及资产管理所需的更多详细信息。

3）资产维护查询

资产维护管理用户可通过手机或警务通等常用移动设备扫描资产卡片或资产标签二维码，查询该资产历次维护和维修记录及注意事项，便于对设备进行维护。

（六）财务分析

财务分析以财务报告及其相关资料为主要依据，对省直机关等财务数据相关指标进行分析，可以将财务数据转换成有用的信息，帮助上级单位衡量下级机构财务潜力及改进工作。

根据管理需求变化与业务分析需要，用户可灵活定制报表与门户，使机构成员第一时间可以看到自己关注的内容，实现财务所有数据（报表）的共享展现，实现简单、安全的查询及分析。

财务分析示意图，如图 7-25 所示。

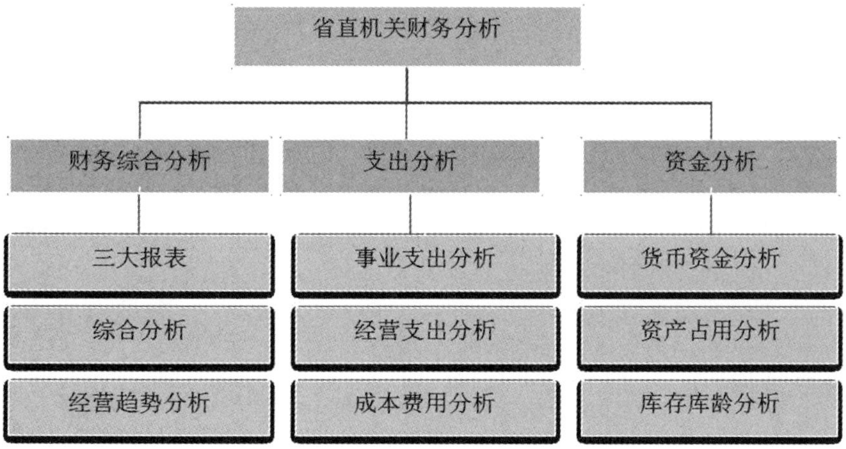

图 7-25 财务分析示意图

1. 分析方式

就两个或多个有关的可比数据进行对比，揭示差异和矛盾。

（1）趋势分析：与本单位历史比，即不同时期（2～5 年）指标相比。

（2）预算差异分析：与计划预算比，即实际执行结果与计划指标相比。

2. 比较内容

（1）比较会计要素的总量。总量是指报表项目的总金额，例如总资产、净资产、净利润等。

（2）比较结构百分比。把收支分析表、资产负债表、现金流量表转换成结构百分比报表。

（3）比较财务比率。财务比率是各会计要素之间的数量关系，反映它们的内在联系。财务比率是相对数，排除规模的影响，具有较好的可比性，是较重要的比较内容。财务比率的计算相对简单，而对它加以说明和解释却相当复杂和困难。

针对省级管理机关业务异常情况，提供预警功能，为管理层快速发现问题提供帮助，比如为省直机关创建不同的财务指标分析报表及有关管理报表。

（七）内控管理

1. 预算业务

预算管理体系从单位全员参与预算编制，预算内部分解下达，到预算指标全程控制经费收支，再到年终由核算结果自动出具决算报表，实现预算、执行、核算、决算的闭环管理。实现单位各项经费（人员、运行、项目）预算编制、逐级上报审批、指标分解、用款计划编制与审批、预算控制与跟踪的全过程管理，并实时生成各类预算执行分析表和决算报表，做到预算执行的有依有据，合理管控单位采购、日常经费、专项经费支出，防止经费超支和浪费，提高资金的使用效率与质量。

2. 收支业务

单位资金收支贯穿财务管理的整个过程。在对资金收支的管控中，审批管理是其中的管控核心。系统通过资金收支管控体系，在不改变资金使用权、预算执行责任主体的情况下，在预算指标的控制下，对用款申请、费用报销、合同管理等业务过程中各个环节建立严格的分级审批机制，将业务控制点提到业务发生之前，实现事前控制，把各种支出控制在各种规章制度要求的范围内，避免超预算、不合规、不合法事件的发生，大大降低财务风险。

3. 资产管理

通过建立资产预算、动态资产管理、物资管理等子平台，实现财产物资全过程动态管理。实现资产物资的采购、配置、折旧、登记、变动等全生命周期管理，将预算管理与资产物资管理相结合，规范管理流程、提高物资的储备效率和利用率，减少浪费和重复投资。与财政部门资产管理、资产清查等系统对接，更加顺畅地完成资产管理、上报等工作。

4. 政府采购

以采购计划为源头，将业务部门、财务部门、采购部门和供应商有机联系在一起，实现包括采购计划—采购执行—采购支付在内的采购业务管理，达到规范采购管理、加强采购流程监督、简化支付管理程序的管理目标，并与预算管理、资产物资管理及财务核算紧密衔接。

5. 项目管理

针对专项项目从申请到资金拨付、核算的全过程管理，可实现跨年的滚动管理。包括评估、立项、批复、采购、执行、验收、决算、审计等内容，实现资金管理紧密围绕项目管理，资金管理的依据是项目，资金管理受项目管理制约。项目管理系统为建立准确、有效和可行的专项项目绩效评价指标体系提供了可能。

6. 合同管理

将合同进行细化分类，可对预算执行过程中涉及的各种合同进行集中管理。系统围绕合同录入、合同处理、合同收付款管理、统计分析等相关模块的业务流程管理，针对不同的角色，根据业务情况进行管理控制，为单位员工与领导、主管部门与下级单位、单位与分支机构、各业务部门之间构建协同业务工作平台。

通过对资金收入的实时统计，可以即时得到资金报表情况并能够全面掌控资金，合理控制业务风险、全面提升企事业单位的盈利及管控能力，提高合同统计管理效率，实现标准化规范管理。

任务八

安全与运维支撑体系建设标准

模块一　信息安全规范

安全防护体系是“智慧法治”得以安全、稳定、合规、高效、持续支撑司法行政智能应用、便捷服务的基础保障。要结合安全技术、运维技术、等保知识与司法行政业务需求来进行整体设计和规划。通过对“智慧法治”信息化体系的安全加固和运维能力提升，可以实现司法行政线上线下服务保障的透明化，有利于司法行政决策者、管理者、执行者和服务对象在业务往来中对保障环节的无感化，从保障环节支撑司法行政服务满意度的提升。

一、网络安全域划分

网络安全是数据中心安全最重要的一道防线。为确保服务的安全可靠，“司法云”数据中心设计采用模块式划分区域。网络安全域划分如图 8-1 所示。

(1) 敏感区域如电子政务外网区域、互联网区域，在接入时均以硬件防火墙隔离，并严格实施身份认证、审核及日志记录，以确保数据安全；

(2) 互联网接入端连接 IPS（入侵防御系统）、防火墙、上网行为管理系统，进行边缘防护；

(3) 核心网络旁挂内部防火墙，确保“司法云”内部网络安全，同时通过旁挂 IDS（入侵检测系统）确保数据中心各网络区域安全。

（一）司法行政机构政务外网接入区安全设计

在司法行政机构政务外网接入区边界串联部署防火墙、入侵防御、病毒过滤等安全产品，提供专业的抗拒绝服务攻击、访问控制、入侵防范、恶意代码防范等网络安全功能。

（二）互联网接入区安全设计

在互联网接入区边界串联部署抗 DDOS、负载均衡、防火墙、入侵防御、病毒过滤、上网行为管理等安全产品，提供专业的抗拒绝服务攻击、访问控制、入侵防范、恶意代码防范等网络安全功能。

（三）安全管理区安全设计

该区域主要部署特定安全产品的管理服务器及通用的安全服务平台，如堡垒机、防病毒服务器、入侵检测、日志审计、数据库审计等。需要在区域边界部署防火墙产品，提供网络访问控制。

（四）数据中心区安全设计

在司法行政机构数据中心串联部署防火墙，提供专业的抗拒绝服务攻击、访问控制、入侵防御、恶意代码防范等网络安全功能。均采用热备部署方式。部署备份一体机，提供各类数据与应用的备份恢复，并且提供业务灾难接管功能。

（五）政务外网与互联网数据交换安全设计

在司法行政机构互联网区与政务外网区之间的数据交换，采用防火墙、入侵防御、病毒过滤、堡垒机等安全产品，提供专业的抗拒绝服务攻击、访问控制、入侵防御、恶意代码防范等网络安全功能。实现数据交换并检测数据的可靠性、完整性、安全性。

二、基础安全能力

（一）安全边界抗 DDOS 攻击方案设计

在“司法云”网络边界安全设计上，应严格遵循等级保护的安全规范和标准的要求，需采用一致的边界安全隔离方式。这种边界安全的一致性主要体现在以下五个方面：

（1）各逻辑区域之间采用相同的安全隔离策略；

（2）各逻辑区域之间采用防火墙设备；

（3）各逻辑区域之间的对应防火墙设备采用相同的安全规则配置；

（4）私有云的各二层透传区域，通过 STP 根节点的调整，避免产生环路的隐患；

（5）通过数据中心对应逻辑区域防火墙设备的一致性和安全规则配置的一致性，确保“司法云”数据中心内部各逻辑区域的一致性。

防火墙作为重要的边界防护设备，按照高可用和纵深防御的原则：

（1）对所有区域防火墙进行冗余部署；

（2）在外联区域部署防火墙进行边界防护；

（3）在核心交换区部署安全模块进行分层防护；

（4）部署虚拟防火墙进行分域保护。

系统部署如表 8-1 所示。

表 8-1　系统部署（一）

安全类型	部署方式
抗 DDOS 攻击	部署于网络边界（互联网）

在网络边界部署抗 DDOS 攻击设备，从纷杂的网络背景流量中精准地识别出各种已知和未知的拒绝服务攻击流量，并能够实时过滤和清洗。

解决的等保问题如表 8-2 所示。

表 8-2　解决的等保问题（二）

解决方案名称	控制类	控制点	指标名称	措施名称
抗 DDOS 方案	网络安全	结构安全	应提供通信线路、关键网络设备的硬件，保证系统的可用性	负载均衡系统采购与部署

方案效果如下。

司法行政机构信息系统在网络边界部署抗 DDOS 攻击设备，能够检测与防御流量型 DDOS 攻击（如 UDPFlood、TCP-SYNFlood 等）、应用型 DDOS 攻击（如 DNSFlood、慢速连接耗尽等）、DOS 攻击（如 Land、Teardrop、Smurf 等）、非法协议攻击（如 IP 流、TCP 无标记、无确认 FIN、圣诞树等）四大类拒绝服务攻击。DDOS 产品还具有流量牵引和回注、数据包过滤、攻击报文取证等功能，支持热备和集群，提供详尽的攻击事件记录、各种统计报表，并以可视化方式动态展示，实现实时的全网威胁监控。

（二）负载均衡方案设计

系统部署如表 8-3 所示。

表 8-3　系统部署（二）

安全类型	部署方式
负载均衡	部署于网络边界（互联网）

网络边界部署负载均衡，整合多运营商链路，实现流量智能分配，帮助用户充分利用带宽资源；解决互联网出口链路单点故障，如果链路中断，流量就自动切换至正常链路，保障用户网络访问过程不中断；提供运营商内部快速访问路径，避免跨运营商访问带来的网络延迟，提升用户网络访问速度和访问质量。

解决的等保问题如表 8-4 所示。

表 8-4　解决的等保问题（二）

解决方案名称	控制类	控制点	指标名称	措施名称
负载均衡方案	网络安全	结构安全	应提供通信线路、关键网络设备的硬件，保证系统的可用性	负载均衡系统采购与部署

方案效果如下。

内网用户访问互联网资源时，TopApp 接收到用户的访问流量，通过预先设定的链路负载均衡策略，将用户访问流量分配到不同的互联网链路上，实现链路出站负载均衡，提升互联网链路带宽利用率。

链路出站负载均衡实现在多条链路上分担内网用户访问外网服务器的流量，一旦其中任何一条链路发生问题时，其他健康的链路将承载所有网络访问。当发生问题的链路恢复正常后，网络服务自动恢复。

在 TopApp 中的每一域名都对应多个 ISP 运营商的 IP 地址，并且都配置了 IP 地址调度算法。TopApp 收到外网用户的 DNS 请求之后，根据请求的源地址，调用用户配置的调度算法，选择合适的运营商的 IP 提供服务。通过这种调度算法，可以避免单一 ISP 链路流量过载，实现入站方向的负载均衡。

（三） VPN 安全接入

对于外部进入"司法云"的管理访问或安全访问，通过安全认证网关设备，启用虚拟专用网络（VPN）技术访问"司法云"上的敏感信息。VPN 要求包括：

（1）提供灵活的 VPN 网络组建方式，支持 IPsecVPN 和 SSLVPN，保证系统的兼容性；

（2）支持多种认证方式，支持用户名＋口令、证书、USB＋证书＋口令三因素等认证方式；

（3）支持隧道传输保障技术，可以穿越网络和防火墙；

（4）支持网络层以上的 B/S 和 C/S 应用；

（5）能够为用户分配专用网络上的地址并确保地址的安全性；

（6）对通过互联网传递的数据必须经过加密，确保网络其他未授权的用户无法读取该信息；

（7）提供审计功能；

（8）视频会议系统通过 IPsecVPN 设备为远端用户提供 VPN 通道，实现视频业务系统的通信保密。通信完整性和应用系统关系密切，视频会议系统的服务器端和业主间的通信采用 VPN 通信加密和数字证书技术，实现通信保密和抗抵赖能力。

（四） IDS

入侵检测系统（IDS）是对防火墙有益的补充，入侵检测系统被认为是防火墙之后的第二道安全闸门，对网络进行检测，提供对内部攻击、外部攻击和误操作的实时监控，以及动态保护，大大提高了网络的安全性。

入侵检测系统主要有以下特点。

（1）事前警告：入侵检测系统能够在入侵攻击对网络系统造成危害前，及时检测到入侵攻击的发生，并进行报警。

（2）事中防护：入侵攻击发生时，入侵检测系统可以通过与防火墙联动、TCP Killer 等方式进行报警及动态防护。

（3）事后取证：被入侵攻击后，入侵检测系统可以提供详细的攻击信息，便于取证分析。

入侵检测系统的功能和优点主要体现在以下几个方面：

（1）能在网络中实现基于内容的检测，能够在对看似合法访问的信息中发现攻击信息（比如隐藏在 URL 中的攻击行为），并作出相应的处理；

（2）能够对网络的入侵行为进行详细完整的记录，为以后的调查取证提供保障；

（3）对发现的入侵行为有多种灵活的处理方式，比如中断非法连接、发出电子邮件或传呼警告等；

（4）能够检测来自外部的攻击，还能够检测来自内部的相互攻击。

“司法云”入侵检测系统对镜像互联网和电子政务外网的业务交换机接口流量进行分析。

系统部署如表 8-5 所示。

表 8-5　系统部署（三）

安全类型	部署方式
入侵检测	内网旁路部署

入侵检测系统位于有敏感数据需要保护的网络上，通过实时侦听网络数据流，寻找网络违规行为和未授权的网络访问。当发现网络违规行为和未授权的网络访问时，网络监控系统能够根据系统安全策略作出反应，包括实时报警、事件登录，或执行用户自定义的安全策略等。

在内网核心交换机旁路部署入侵检测系统，监视以下攻击行为：端口扫描、强力攻击、木马后门攻击、拒绝服务攻击、缓冲区溢出攻击、IP 碎片攻击和网络蠕虫攻击等。当检测到攻击行为时，记录攻击源 IP、攻击类型、攻击目的、攻击时间，在发生严重入侵事件时提供报警。

（五） IPS

入侵防御系统（IPS），主要用于检测对“司法云”应用主机存在的攻击迹象，通过应急响应机制，将攻击影响减少到最低程度。入侵防御系统通过实时侦听网络数据流，寻找网络违规行为和未授权的网络访问。当发现网络违规行为和未授权的网络访问时，网络监控系统能够根据系统安全策略作出反应，包括实时报警、事件登录或执行用户自定义的安全策略（比如与防火墙建立联动）等。

系统部署如表 8-6 所示。

表 8-6 系统部署（四）

安全类型	部署方式
入侵防御	部署于网络边界（互联网、政务外网）

入侵防御系统部署在网络中，提供主动、实时的防护，具备对 2 到 7 层网络的线速、深度检测能力，同时配合以精心研究、及时更新的攻击特征库，既可有效检测并实时阻断隐藏在海量网络中的病毒及攻击与滥用行为，也可对分布在网络中的各种流量进行有效管理，从而实现网络架构防护、网络性能防护和核心应用防护。

解决的等保问题如表 8-7 所示。

表 8-7 解决的等保问题（三）

解决方案名称	控制类	控制点	指标名称	措施名称
入侵检测、防御方案	网络和通信安全	入侵防范	应在关键网络节点处检测、防止或限制从内部发起的网络攻击行为	入侵检测、防御部署

方案效果：通过在网络边界部署入侵防御系统来实现对网络攻击的防范；为安全管理中心提供重要的安全事件数据，为整体的安全态势分析及安全事件的事后取证和定位提供重要依据。

针对业务服务器区域边界，入侵防御系统将执行以下安全策略。

1. 防范网络攻击事件

入侵防御系统采用细粒度检测技术、协议分析技术、误用检测技术、协议异常检测技术，可有效防止各种攻击和欺骗。针对端口扫描、木马后门、缓冲区溢出、IP 碎片攻击等，入侵防御系统可在网络边界处进行监控和阻断。

2. 防范拒绝服务攻击

入侵防御系统在防火墙进行边界防范的基础上，工作在网络的关键环节，能够应付各种 SNA 类型和应用层的强力攻击行为，包括消耗目的端的各种资源如网络带宽、系统性能等攻击，主要防范的攻击类型有 TCPFlood，UDPFlood，SYNFlood，PingAbuse 等；

3. 审计、查询策略

入侵防御系统能够完整记录多种应用协议（如 HTTP、FTP、SMTP 等）的内容。记录内容包括攻击源 IP、攻击类型、攻击目标、攻击时间等信息，并按照相应的协议格式进行回放，清楚再现入侵者的攻击过程，重现内部网络资源滥用时泄露的保密信息内容，同时对重要安全事件提供多种报警机制。

4. 网络检测策略

在检测过程中，入侵防御系统综合运用多种检测手段，在各个部分使用合适的检测方式，采取基于特征和行为的检测，对数据包的特征进行分析，有效发现网络中异常的访问行为和数据包。

5. 监控管理策略

入侵防御系统提供人性化的控制台，提供初次安装探测器向导、探测器高级配置向导、报表定制向导等，易于用户使用。一站式管理结构，简化了配置流程。提供强大的日志报表功能，用户可定制查询和报表。

6. 异常报警策略

入侵防御系统通过报警类型的制定，明确哪类事件，通过什么样的方式进行报警，可以选择的报警方式包括声音、电子邮件、消息等。

7. 阻断策略

入侵防御系统串联在保护区域的边界上，系统在检测到攻击行为后，能够主动进行阻断，将攻击来源阻断在安全区域之外，有效保障各类业务应用的正常开展，这里包括数据采集业务和信息发布业务。

通过在网站发布服务器区域边界部署防火墙、入侵防御系统、防病毒网关系统来实现对网络攻击的防范，既可有效检测并实时阻断隐藏在海量网络中的病毒及攻击与滥用行为，也可对分布在网络中的各种流量进行有效管理，从而实现网络架构防护、网络性能防护和核心应用防护。

（六）防火墙方案

系统部署如表 8-8 所示。

表 8-8　系统部署（五）

安全类型	部署方式
防火墙	部署于网络边界（互联网、政务外网）、业务服务区边界

在网络边界及业务服务区边界部署下一代防火墙系统，实现逻辑隔离安全防护能力，同时提升安全性。通过防护区基于数据包的源地址、目的地址、通信协议、端口、流量、用户、通信时间等信息，执行严格的访问控制。

解决的等保问题如表 8-9 所示。

表 8-9 解决的等保问题（四）

解决方案名称	控制类	控制点	指标名称	措施名称
防火墙边界防护方案	网络安全	访问控制	应能根据会话状态信息为数据流提供明确的允许/拒绝访问的能力，控制粒度为端口级；应对进出网络的信息内容进行过滤，实现对应用层HTTP、FTP、TELNET、SMTP、POP3 等协议命令级的控制	防火墙采购与部署

方案效果如下。

通过在网络各个节点执行隔离和访问控制措施，可大大提升网络环境的安全性，有效防范非法访问。采用防火墙实现基于数据包的源地址、目的地址、通信协议、端口、流量、用户、通信时间等信息，执行严格的访问控制。

功能及策略如下。

1. 安全域隔离

防火墙部署接入交换机之后，提供多个端口，分别连接在 DMZ 区和内部局域网核心交换机上。

2. 访问控制策略

防火墙工作在不同安全区域之间，对各个安全区域之间流转的数据进行深度分析，依据数据包的源地址、目的地址、通信协议、端口，进行判断，确定是否存在非法或违规的操作，并进行阻断，从而有效保障网络环境安全。

3. 会话监控策略

在防火墙配置会话监控策略，当会话处于非活跃一定时间或会话结束后，防火墙自动将会话丢弃，访问来源必须重新建立会话才能继续访问资源。

4. 网络防攻击控制策略

防范 ARP 欺骗、冲击波等。

（七）防病毒网关方案设计

系统部署如表 8-10 所示。

表 8-10 系统部署（六）

安全类型	部署方式
防病毒网关	部署于网络边界（互联网、电子政务外网）

网络边界串联部署病毒过滤网关产品，将病毒阻断于用户内部网络之外，网关处主动有效拦截病毒、木马、间谍软件等恶意软件，在病毒未进入内部网络造成损失之前进行阻断拦截，有效避免病毒给用户带来的损失和影响。

解决的等保问题如表 8-11 所示。

表 8-11　解决的等保问题（五）

解决方案名称	控制类	控制点	指标名称	措施名称
病毒过滤网关	网络安全	恶意代码防范	应在网络边界处对恶意代码进行检测和清除；应维护恶意代码库的升级和检测系统的更新	病毒过滤网关采购与部署

方案效果如下。

与主机、服务器防病毒软件不同，防病毒网关运行在区域边界上，分析进入网络的来自互联网和内部网络的数据包，对其中的恶意代码进行查杀，防止病毒在网络中传播。

有些病毒在网络中传播（比如蠕虫病毒），在没有感染到主机时，对网络已经造成危害，而病毒过滤模块针对这些病毒产生的扫描数据包，在边界处就过滤了这些无用的数据包，从而为网络创造一个安全的环境。

防病毒网关与部署在网站服务器上的防病毒软件相配合，从而形成覆盖全面、分层防护的多级病毒过滤系统，防病毒网关执行以下安全策略。

1. 病毒过滤策略

防病毒网关对 SMTP、HTTP 和 FTP 等应用协议进行病毒扫描和过滤，通过恶意代码特征过滤，对病毒、木马、蠕虫及移动代码进行过滤、清除和隔离，有效防止可能的病毒威胁，将病毒阻断在敏感数据处理区域之外。

2. 恶意代码防护策略

防病毒网关支持对数据内容进行检查，可以采用关键字过滤，URL 过滤等方式来阻止非法数据进入敏感数据处理区域，同时支持对 Java 等小程序进行过滤，防止可能的恶意代码进入敏感数据处理区。此外，防火墙也支持对移动代码如 VBScript、JAVAscript、ActiveX、Applet 的过滤，能够防范利用上述代码编写的恶意脚本。

3. 蠕虫防范策略

防病毒网关可以实时检测到日益泛滥的蠕虫攻击，并对其进行实时阻断，从而有效防止信息网络因遭受蠕虫攻击而陷于瘫痪。

4. 病毒库升级策略

防病毒网关支持自动和手动两种升级方式，在自动方式下，系统可自动到互联网上的厂家网站搜索最新的病毒库和病毒引擎，进行及时升级。

5. 日志策略

防病毒网关提供完整的病毒日志、访问日志和系统日志等记录，这些记录能够被部署在三级计算环境中的日志审计系统所收集。

（八）网闸方案设计

系统部署如表 8-12 所示。

表 8-12　系统部署（七）

安全类型	部署方式
网闸	部署于互联网内部网络与电子政务外网内部网络之间

在互联网内部网络与电子政务外网内部网络之间部署网闸，对信息流进行协议剥离、落地还原、内容过滤、病毒查杀处理，并结合访问控制、入侵防御、安全审计等安全防护机制，有效阻挡黑客入侵及恶意代码和病毒渗透，防止内部机密信息泄露，实现网间安全隔离和数据摆渡。

解决的等保问题如表 8-13 所示。

表 8-13　解决的等保问题（六）

解决方案名称	控制类	控制点	指标名称	措施名称
负载均衡方案	网络安全	结构安全/边界防护	应避免将重要网络区域部署在网络边界处且没有边界防护措施。 应保证跨越边界的访问和数据流通过防护设备提供受控接口进行通信	负载均衡系统采购与部署

方案效果：网闸采用热备的方式部署于互联网内部网络与电子政务外网内部网络的边界连接处，将整个网络有效地进行安全域隔离，具备所需要的安全控制、防病毒、抗拒绝服务攻击功能。

网闸的主要功能如下。

1. 安全 Web 浏览功能

网闸的 Web 浏览有两种工作状态：业主端保护状态和服务端保护状态。业主端保护状态的主要目的是保护内网用户不受到外网 Web 站点上有害内容的侵扰，本工作状态对应于受控通道的代理工作模式；服务端保护状态的主要目的是保护内网 Web 服务器不受外来访问的恶意攻击，本工作状态对应于受控通道的转发工作模式。除了基本配置之外，网闸的该业务功能加入了多种安全策略供管理员配置，具体包括：

（1）支持 Http 和 Https 协议；

（2）支持访问控制对象，如源地址、目标地址、源端口、目的端口、域名、URL、访问方式、时间等；

（3）支持脚本过滤，如Javascript、Applet、Activex等；

（4）支持基于用户名、口令的认证机制；

（5）支持关键字过滤（采用自主研发的下推自动机的高效过滤算法）；

（6）支持网页获取方式和提交方式控制。

2. 安全邮件收发功能

网闸在处理邮件相关协议时，可将其看作一个安全的邮件信息交换平台，用户可以使用常见的邮件业主端工具（如Outlook和Foxmail）来设置在互联网上的公共邮箱，以便实现邮件信息交换。网闸的业务功能的处理中加入了多种保护邮件的策略设置，具体包括：

（1）支持POP3和SMTP协议；

（2）支持邮件的主题及内容过滤，可以有效防止内部机密信息泄露；

（3）支持邮件大小控制，可限制带有大附件的邮件；

（4）支持邮件附件类型控制；

（5）支持邮件中可执行脚本过滤；

（6）支持发送地址、收件地址过滤；

（7）限制垃圾邮件，保护用户不受垃圾邮件的干扰；

（8）支持IP、MAC等地址过滤；

（9）支持邮件病毒查杀功能。

3. FTP文件交换功能

网闸提供的FTP协议通道主要保护内网FTP服务器不受攻击。除受控通道的基本安全支持外，FTP协议还可对使用FTP通道传输的内容进行过滤，包括病毒等恶意代码的查杀。

（1）支持主动模式和被动模式；

（2）支持FTP命令过滤；

（3）支持文件类型、文件大小控制；

（4）支持文件内容过滤；

（5）支持病毒查杀；

（6）支持IP地址、MAC等地址过滤。

4. 数据库访问功能

网闸的数据库访问功能，在内外网隔离的环境下，可实现内外网之间的数据库访问。

（1）支持常见数据库的访问，如Oracle、SqlServer、MySql等；

（2）支持 Sql 语句控制；
（3）支持 IP 地址、MAC 等地址过滤；
（4）支持操作时间限制，设定特定时间访问数据库操作。

5. 文件同步功能

网闸的文件同步功能实现两个网络间的文件实时交换功能，可跨平台部署。

基于专用业主端提供安全的文件同步功能，占用系统资源少，文件交换效率高，不会频繁进行磁盘扫描。

（1）支持 Windows 平台和 Linux 平台；
（2）同步传输方向可控；
（3）支持实时扫描传输；
（4）支持一对多或多对一传输；
（5）支持目录内子目录同步，至多支持 32 级目录；
（6）支持中文文件名或目录同步；
（7）支持文件类型控制；
（8）支持文件大小过滤；
（9）支持文件内容过滤；
（10）支持病毒查杀。

6. 数据库同步功能

网闸的数据库同步功能，通过灵活的同步机制，保证不同安全等级网络中的数据库中数据的实时同步更新，具体包括：

（1）支持各种同构或异构的关系数据库之间的数据交换，如 Oracle、Sybase、SQLServer、DB2 等，另外，还支持数据库到文件、文件到数据库、文件到文件的数据交换；

（2）支持异构数据结构以及代码语义的转换规则定义，并实现源数据到目标数据之间的实时数据交换，支持数据整合业务；

（3）支持数据一对一、一对多、多对多的单向或双向交换和同步，支持实时交换或定时同步的策略定义；

（4）支持数据库记录以增量方式、全表复制方式、标识方式同步；

（5）支持二进制普通文件、图片、文本文件等大字段同步；

（6）采用 XML 技术，具有可配置性，可以通过标准定义、规则定义、通道定义和路由定义进行个性化的数据交换策略定义。

（九）上网行为及流量控制

系统部署如表 8-14 所示。

表 8-14　系统部署（八）

安全类型	部署方式
上网行为管理	部署于网络边界（互联网）

在网络边界部署上网行为管理，具有防止非法信息传播、敏感信息泄露，实时监控、日志追溯，网络资源管理，以及用户管理、报表统计分析功能。

通过透明部署后，能够实时显示整体网络应用情况，并能够根据网络应用实施多层次应用的带宽管理，其中包括带宽限制、带宽预留、带宽保证等机制，是新一代上网行为管理系统。集成多链路负载均衡、运营商 ISP 选路、智能 DNS、基于应用/用户的路由技术、智能流控、多种身份认证、上网行为管理、内容审计、IPsecVPN、防火墙等功能。

系统具有良好的网络适应性并满足公共场所无线上网审计等相关要求。

（十）主机防病毒方案

系统部署如表 8-15 所示。

表 8-15　系统部署（九）

安全类型	部署方式
主机防病毒系统	安装在终端、服务器上，提供病毒防护服务

防病毒系统分管理端和业主端。管理端部署在服务器上，支持全中文界面，采用纯 B/S 架构，无须安装业主端软件。管理员只需通过浏览器登录控制中心，即可对服务器端进行管理。

业主端采用轻量级安装，同时支持虚拟主机以及终端部署；业主端资源占用应小于 50MB，有效节省终端资源使用率。

解决的等保问题如表 8-16 所示。

表 8-16　解决的等保问题（七）

解决方案名称	控制类	控制点	指标名称	措施名称
防病毒方案	网络安全	恶意代码防范	应在网络边界处对恶意代码进行检测和清除	防病毒系统采购与部署
			应维护恶意代码库的升级和检测系统的更新	防病毒系统安全配置

方案效果：部署防病毒系统后，可以给最终用户带来的安全防护效果如表 8-17 所示。

表 8-17 安全防护效果

安全功能	具体防护效果
病毒查杀	支持对终端设备/虚拟主机内部文件进行全盘扫描、快速扫描，自定义扫描三种扫描能力，并具备空闲查杀、异步查杀、断点查杀、后台查杀等功能
	支持扫描和清除各种广告软件、恶意插件、隐蔽软件、黑客工具、风险程序等
	支持 Office/IE/LotusNotes 等嵌入杀毒；支持用户添加嵌入杀毒的应用程序；支持 MSNMessenger、AOLMessenger、FlashGet、NetAnts、NetVampire、WinZip、WellGet、WinRAR 等工具的嵌入式杀毒功能
	支持病毒自动隔离功能，对于暂时无法清除的被感染文件或者可疑文件，防病毒软件的业主端能自动将其隔离到本地隔离区
	支持未知病毒、恶意代码的防范能力，支持基于行为的检测和防护技术；针对未知恶意威胁具有行为评分能力，智能识别病毒、恶意代码，无须提示用户进行操作判断
	支持注册表病毒、内存或服务类病毒的查杀，提高终端安全防护等级，对已经运行的病毒进程可以执行关闭
	支持病毒查杀时目录排出功能
安全检测	支持 U 盘扫描检查功能，防止病毒通过 U 盘在终端传播，有效保护终端不受病毒侵扰
	支持对网页进行病毒、木马检测及防护，对可能产生威胁的网页进行提示或屏蔽
	支持业主端对外攻击检测，防止用户终端感染病毒后的对外攻击行为，避免用户的利益受到损害
实时监控	能够实时监控和清除来自各种途径的病毒、木马、恶意程序
邮件监控	支持对终端内文件、邮件、网页进行实时监控，防止病毒运行
	支持基于 SMTP、POP3 协议的邮件监控，包括 Outlook、OutlookExpress、Foxmail、DreamMail 等邮件业主端的病毒防（杀）
威胁情报	支持可疑文件上报功能，如果用户觉得某个文件比较可疑，可将此文件上报给病毒管控中心进行检查、分析和处理，并报全网共享
防护资产类型	业主端 Agent 支持虚拟主机、终端 PC、物理服务器等多种资产；管理端支持传统服务器以及虚拟部署模式；实现杀毒策略统一下达

三、灾备中心设计

（一）灾备概述

数据灾备全称为数据灾难备份，是指为防止出现操作失误或系统故障导致数据丢失，而将全系统或部分数据集合，从应用主机的硬盘或阵列复制到其他存储介质的过程。灾备系统建设要求较高、人员值守和专业技能要求较高，司法行政系统的灾备一般采用购买云灾备服务的方式进行。

云灾备将灾备看作是一种服务，由业主付费使用灾备服务提供商提供的灾备服务。采用这种方式，业主可以利用服务提供商的优势技术资源、丰富的灾备项目经验和成熟的运维管理流程，快速实现用户的灾备目标，降低业主的运维成本和工作强度，同时降低灾备系统的总体拥有成本。

灾备分为同城灾备和异地灾备。

同城灾备主要用于本地数据生产系统的硬件出现故障时能够迅速迁移到灾备主机上继续提供服务，同城灾备可采用本地高可用一个中心设计或双活架构双中心设计。

异地灾备主要用于本地数据生产系统的设备、场地环境发生人为破坏和自然灾害等重大灾难时防止数据和应用丢失。异地灾备一般要求两地相距 100 千米以上。

灾备除需要进行设备和数据备份外，还涉及链路灾备。链路灾备一般选用至少两个不同的链路服务提供商提供链路服务，对核心网络设备采用双机互备方式。

目前云灾备服务主要有数据级灾备和应用级灾备。

1. 数据级灾备

数据级灾备的关注点在于数据，即灾难发生后，灾备服务平台依靠基于网络的数据复制工具，实现生产中心和灾备中心之间的异步/同步数据传输，可以确保业主原有的业务数据不遭破坏。

2. 应用级灾备

在数据级灾备的基础上构建应用级灾备系统，其具备应用系统接管能力，即在异地灾备中心再构建一套支撑系统、备用网络系统等部分。当生产环境发生故障时，灾备中心可以接管应用继续运行，减少系统宕机时间，保证业务连续性。

信息系统安全会有可能遭到危机和损毁。云灾备服务统筹规划面向司法行政机构提供不同等级的同城或异地云灾备服务，避免像在美国 911 事件中，将数据灾备系统设置在双子星大楼本地的企业数据毁于一旦。

云灾备服务独有的高性能、高可靠性、高扩展性、易维护性、低责任风险以及高性价比的服务特色，为司法行政系统数据信息系统“保驾护航”。

（二）总体架构

总体架构如图 8-1 所示。

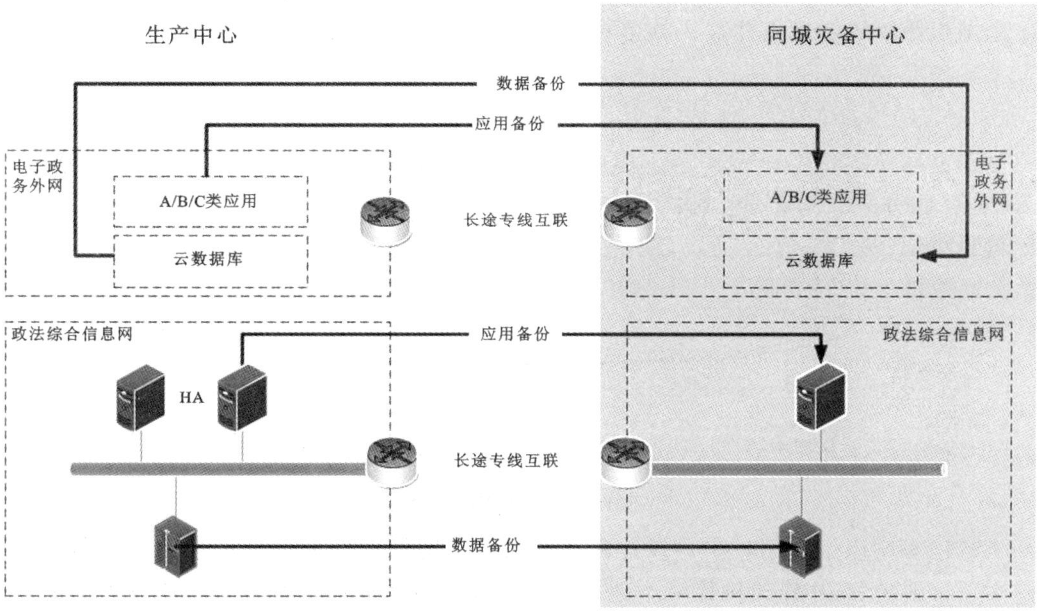

图 8-1 总体架构

考虑到云计算平台的特性，生产中心云平台本地物理、应用上采用高可用架构。为保证业务连续性、经济性、建设有效的一体化备份容灾平台，设计采用数据级别的灾备。通过异步或 CDP 备份，确保 A/B/C 类应用接近 RPO 的目标。

1. 应用层和数据层设计

依照国家信息安全技术标准 GB /T 20988—2007 中的相关表述，信息系统根据其灾难恢复需求等级，最低应达到的灾难恢复等级及对应的备用数据处理系统表述如表 8-18 所示。

表 8-18 灾难恢复等级及对应的备用数据处理系统表述

灾备模式	恢复优先级	灾难恢复等级	规范中有关备用数据处理系统的表述
同城灾备模式	A 类	5 级	配备灾难恢复所需的全部数据处理设备，并处于就绪或运行状态
	B 类	4 级	配备灾难恢复所需的全部数据处理设备，并处于就绪或运行状态
	C 类	3 级	配备灾难恢复所需的部分数据处理设备

按照恢复优先级，将应用系统划分为 A 类、B 类和 C 类。在生产中心各应用系统架构采用负载均衡方式的本地高可用保护。

对于应用层和数据层，通过云计算的虚拟化备份技术，将数据复制到灾备中心的备份系统。在灾备都部署相同的物理设备，通过备份系统恢复到物理设备上。

当生产中心灾难重建后，恢复到生产中心（见图 8-2）。

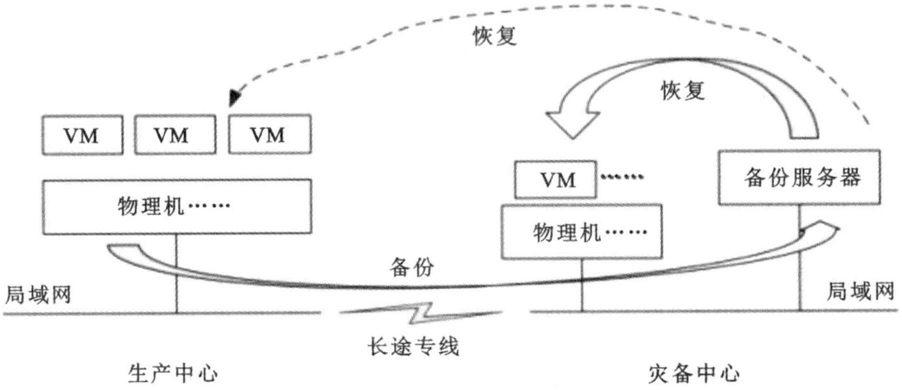

图 8-2　恢复到生产中心

政法专网由于应用较少，设计政法专网的应用的数据都存放在本地服务器上，通过 HA、硬盘 Raid 等架构保障本地高可用。在灾备中心部署相同的应用数据，通过数据库层同步技术实现各类应用数据实时同步（见图 8-3）。

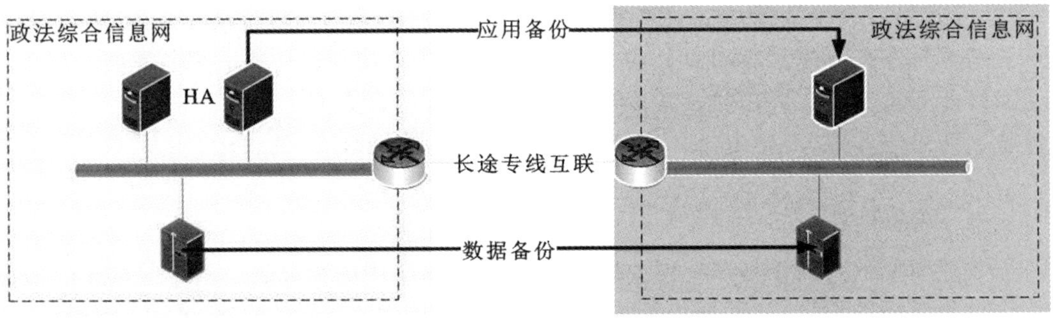

图 8-3　各类应用数据实时同步

2. 同城备份中心配置建议

恢复优先级为 A 类的应用系统要求，通过“双中心互备运行”，实现灾备中心部署相同的应用数据。通过数据库层同步技术，实现各类应用数据实时同步备份系统恢复以 1∶1 的方式进行部署，不考虑性能缩减。

恢复优先级为 B 类的应用系统不需支持“双中心互备运行”要求。建议数据处理能力采用与生产中心不同时降级的模式，即高可用降级，不降低处理能力。具体建议如下：对于双机集群，建议采用单机方式，不降低主机处理能力；对于多机集群，建议采用单机方式，不降低主机处理能力。

恢复优先级为C类的应用系统支持实现整体切换，建议数据处理能力采用与生产中心同时降级的模式，即高可用和处理能力同时降级的方式。具体建议如下：对于双机集群，建议采用单机方式并降低主机处理能力；对于多机集群，建议采用单机方式并降低主机处理能力。

（三）灾备网络设计

2个中心部署相同的云计算网络架构，生产中心与同城备份中心采用2跟专线，通过IP网络进行数据同步复制。

通过上述三个层面部署，可实现生产中心应用级备份和灾备中心全部数据级备份，实现“双中心互备运行”的目标。

鉴于生产中心与同城备份中心之间的“双中心互备运行”方式，在生产中心与同城备份中心之间的数据备份，不仅需设计日常的数据备份功能，还需设计应用系统切换后的数据备份功能。图8-4为生产中心与同城备份中心的数据备份方案示意图。

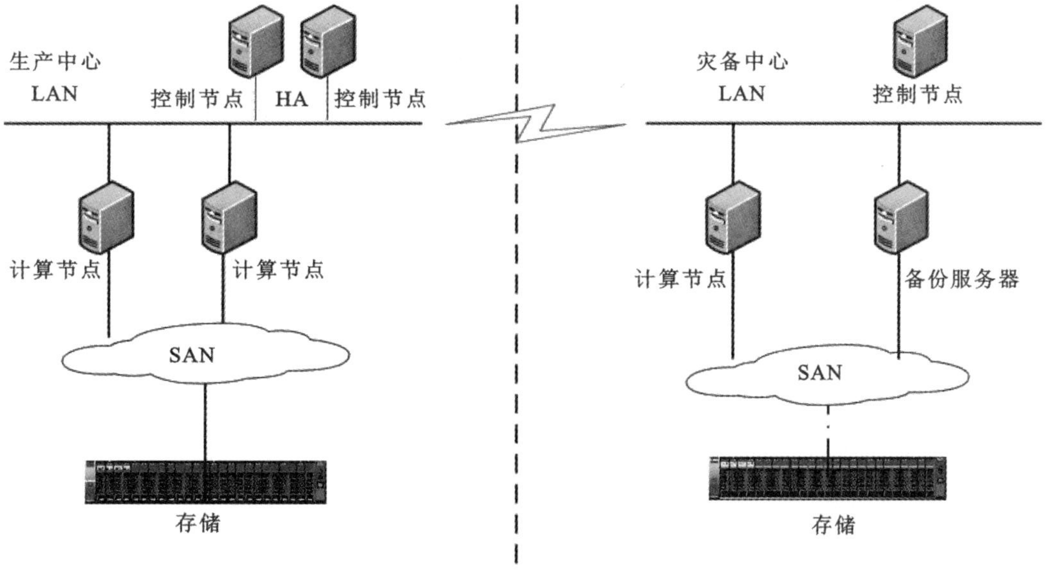

图8-4 生产中心与同城备份中心的数据备份方案示意图

从图8-4可以看出，在生产中心云平台的物理架构上，通过本地高可用可以保障数据可用性，任意一台设备发生故障不会影响云平台的虚拟机。

在整个备份架构中，数据备份是通过云平台的虚拟机整机备份，通过LAN方式或LAN-Free方式进行数据备份。考虑到大数据量传输，建议在备份软件选择上优先考虑采用重复数据消除技术。

模块二　监狱信息化运行维护规范

一、范围

本模块规定了监狱信息化运行维护体系的总体架构和主要内容、运行维护服务对象、运行维护服务流程、运行维护服务方法、运行维护技术平台、运行维护组织和队伍、运行维护经费、运行维护管理指标以及运行维护管理考核办法等。

本模块适用于监狱信息化的运行维护服务和运行维护管理工作。

二、术语和定义

1. 运行维护

运行维护是指采用信息技术手段及方法，为保障信息系统基础设施和信息应用系统等正常运行而实施的一系列检查、故障处理、修复等服务与管理活动。

运行维护通常包括运行维护服务和运行维护管理。

2. 运行维护服务对象

运行维护服务对象通常指机房环境、网络通信、硬件、软件、数据和应用等。

三、总体架构和主要内容

（一）总体架构

监狱信息化运行维护主要包括监狱信息化运行维护服务和监狱信息化运行维护管理。

监狱信息化运行维护服务是指采用信息技术手段和方法，依据需方提出的服务级别协议（SLA），对其所使用的信息系统基础设施和信息应用系统等提供综合服务。监狱信息化运行维护服务宜采用完全外包服务模式进行。

监狱信息化运行维护管理是指对运行维护服务过程涉及的组织、队伍、经费和服务质量等进行的决策和控制活动。

监狱信息化运行维护总体架构如图 8-5 所示。

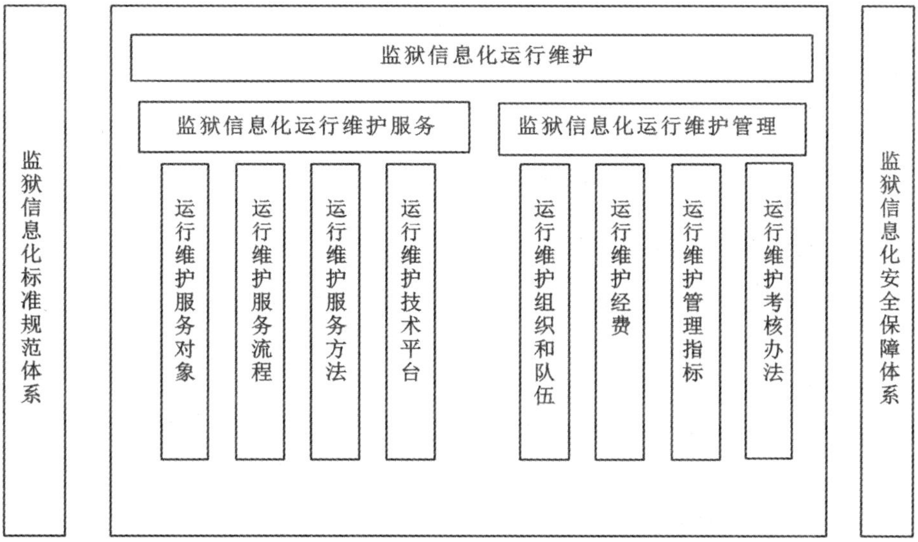

图 8-5 监狱信息化运行维护总体架构

（二）主要内容

1. 监狱信息化运行维护服务

监狱信息化运行维护服务主要包括运行维护服务对象、运行维护服务流程、运行维护服务方法和运行维护技术平台。

（1）运行维护服务对象，包括但不限于信息系统基础设施和信息应用系统。

（2）运行维护服务流程，包括但不限于服务台、事件管理、问题管理、配置管理、变更管理、发布管理、服务级别管理、能力管理、可用性管理、服务持续性管理、知识管理和供应商管理。

（3）运行维护服务方法，是对运行维护服务对象和其他服务内容进行运行维护的方法。包括但不限于信息系统基础设施运行维护服务方法、信息应用系统运行维护服务方法、文档管理服务方法、资产管理服务方法、综合管理服务方法和应急保障服务方法。

（4）运行维护技术平台，是通过技术手段和工具将运行维护服务流程和运行维护管理过程等固化，并开展主动性运行维护工作。包括但不限于智能监控、视频质量监测、管理与分析、大屏展示、云服务平台管理、机房动环监控和相关性能指标。

2. 监狱信息化运行维护管理

监狱信息化运行维护管理主要包括运行维护组织和队伍、运行维护经费、运行维护管理指标和运行维护考核办法。

（1）运行维护组织和队伍，包括部、省和监狱三级组织机构以及运行维护服务提供者、运行维护服务使用者和运行维护服务管理者三类角色。

（2）运行维护经费，主要包括年度硬件运行维护经费、年度软件运行维护经费、运行维护设计经费和运行维护监理费等，以持续保障监狱信息化运行维护服务的开展。

（3）运行维护管理指标，是监狱信息化运行维护管理所需的各项指标。

（4）运行维护考核办法，是保障监狱信息化运行维护所需的各项考核办法。

3. 监狱信息化标准规范体系

监狱信息化标准规范体系包括监狱信息化所需的各类标准和规范。

4. 监狱信息化安全保障体系

监狱信息化安全保障体系为监狱信息化提供各类安全技术保障。

四、运行维护服务对象

（一）信息系统基础设施

信息系统基础设施应包括以下内容。

（1）机房与机房基础设施，包括但不限于机房、电气系统、消防系统、空调系统、防雷接地系统、环境监控系统和综合布线系统。

（2）网络设施，包括但不限于加密网、政务外网、互联网、其他专网（政府部门专网/自建专网）的路由器、交换机等网络设备、传输设备和传输链路。

（3）计算与存储设施，包括但不限于 ARM 服务器、X86 服务器、磁盘阵列、磁带库、云服务平台（含司法公有云、私有云和政务云），5G 移动边缘计算设备（5G MEC 设备）等相关的计算设备和存储设备。

（4）物联网设施，包括但不限于电子手环、生命探测设备、入侵报警设备、智能锁具、物联网终端、物联网智能设备、生物特征识别设备、移动执法终端、目标跟踪系统、智能押解系统、无人机系统和配套设备设施。

（5）指挥中心设施，包括但不限于指挥中心大屏显示设备、通信设备、音频设备、视频设备、管控设备、执勤设备、报警设备、调度设备、操作终端以及安防集成平台、会议系统、视频点名系统和指挥调度系统。

（6）安防设施，包括但不限于视频监控系统、广播系统、监听对讲系统、报警系统、出入口控制系统、安检系统、电子巡查系统、门禁系统、电话系统及驻狱武警信息化执勤设施。

（7）桌面设施，包括但不限于台式计算终端、移动计算终端、输入输出设备和移动存储介质。

（8）应用支撑基础设施，包括但不限于操作系统、数据库和中间件。

（9）信息安全设施，包括但不限于防火墙、网闸、漏洞扫描设备、入侵检测设备、防病毒网关、加密卡、USB Key 和杀毒软件。

（10）信息资源与数据，包括但不限于罪犯信息库、警察职工信息库、监狱管理信息库。

（二）信息应用系统

信息应用系统是根据监狱业务和特点建设的各类应用软件，包括但不限于办公自动化系统、地理信息系统、业务管理系统、罪犯管理系统、警务管理系统、政法协同系统、指挥调度系统和行政后勤系统。

五、运行维护服务流程

（一）服务台

服务台是面向用户的、完成大部分支持工作的支持组。服务台的目的是响应和完成运行维护服务请求，及时跟踪服务请求的处理进展。服务台包括以下要求：

（1）建立服务台相关管理制度；

（2）设置专门的沟通渠道作为与需方的联络点，沟通渠道可以是热线电话、传真、网站和电子邮箱等；

（3）设置专人按照服务台相关管理制度的要求进行服务请求的处理工作，并留下记录；

（4）建立服务请求的接收、记录、跟踪和反馈等机制以及日常工作的监督和考核办法。

（二）事件管理

事件管理的目的是确保及时解决运行维护过程中发生的事件，尽快回复或响应服务请求。事件管理包括以下要求：

（1）应设置事件分类、分级和升级机制；

（2）应规范事件管理过程，并形成文件，建立事件管理的相关制度，包括但不限于事件处理的权限、报告机制和制定事件的处理程序；

（3）应对事件发生的原因进行分析，并采取措施避免事件的再次发生；

（4）应对可能发生的重大事件建立应急响应预案，应急响应预案应得到验证和演练，并根据验证和演练的结果对应急响应预案进行持续完善；

（5）可按照制度文件的要求进行事件管理，包括事件受理、分类、初步支持、调查、诊断、解决、进展监控、跟踪等，并留下记录；

（6）宜建立事件解决评估机制，包括事件解决率和事件平均解决时间等，并定期对事件管理情况进行总结与评估。

（三）问题管理

问题管理的目的是识别事件引起的原因并解决问题，预防同类事件的重复发生。问题管理包括以下要求：

（1）应规范问题管理过程，包括问题建立、分类、调查、诊断、解决、错误评估和关闭等，并形成文件，建立问题管理相关制度；

（2）应建立问题分类管理机制，包括问题影响的范围、重要程度和紧急程度，确定优先级，按照文件要求进行问题管理，并留下记录；

（3）可建立问题导入知识库机制，并定期对问题管理情况进行总结与评估；

（4）可建立问题解决评估机制，包括问题解决率和问题平均解决时间等，对发现的问题进行整改，以保证问题管理过程持续改进。

（四）配置管理

配置管理的目的是保证配置数据的可靠性和时效性，关联支持其他服务过程。配置管理包括以下要求：

（1）应规范配置管理过程，包括识别、记录、更新和审核等，并形成文件，建立配置管理相关制度；

（2）宜建立配置项审核机制，并定期对配置管理的情况，包括配置管理过程的完整性及配置数据的准确性、有效性、可用性和可追溯性，进行总结与评估；

（3）宜对发现的问题进行整改，以保持配置管理过程持续改进。

（五）变更管理

变更管理的目的是通过管理和控制变更过程，确保更有序实施变更。变更管理包括以下要求：

（1）应建立与变更管理过程一致的活动，包括请求、评估、审核、实施、确认和回顾等，规范变更管理过程，形成文件，建立变更管理相关制度；

（2）宜建立变更类型和范围的管理机制，并按照文件要求进行变更管理，留下记录，保持变更记录的完整性；

（3）宜对变更完成情况进行统计分析，包括未经批准变更数量占比、不同类型变更数量及占比、不成功变更数量和占比以及取消变更数量占比等，并定期对变更管理情况进行总结与评估；

（4）宜对发现的问题进行整改，以保证变更过程持续改进。

（六）发布管理

发布管理的目的是确保一个或多个变更的成功导入。发布管理包括以下要求：

（1）应建立与发布管理过程一致的活动，包括规划、设计、建设、配置和测试等，规范发布管理的过程，并形成文件，建立发布管理相关制度；

（2）应建立发布类型和范围的管理机制，并按照文件要求进行发布管理，留下记录；

（3）应制定完整的发布方案，包括发布计划、回退方案和发布记录等；

（4）宜对发布完成情况进行统计分析，包括发布成功率、发布及时率和是否更新配置管理数据库等，并定期对发布管理情况进行总结和评估；

（5）宜保证发布管理过程的完整性、发布记录的完整性和准确性，并对发现的问题进行整改，以保证发布管理过程持续改进。

（七）服务级别管理

服务级别管理的目的是对一个组织的服务质量的关键绩效指标进行监控和管理。服务级别管理包括以下要求：

（1）应建立服务目录，规范服务级别管理过程，形成文件，建立服务级别管理相关制度；

（2）可根据需方的考核评估要求，建立 SLA 考核评估机制，包括 SLA 完成情况和达成率等；

（3）宜在实施 SLA 评估后制定改进内容及改进措施。

（八）能力管理

能力管理的目的是，在运行维护服务中，为更好地执行所有的运行维护进度安排，对其进行度量、监控和调整。能力管理包括以下要求：

（1）应制定服务能力管理相关要求或制度；

（2）宜按照制度的要求对能力管理过程和实施结果进行监测、评审和记录；

（3）宜对未达成的指标进行调查分析，确定能力改进措施和改进计划。

（九）可用性管理

可用性管理是有关设计、实施、监控、评价和报告信息化运行维护服务的可用性以确保持续地满足业务的可用性需求的服务管理流程。可用性管理包括以下要求：

（1）可制订可用性管理计划，并根据可用性要求进行评估和可用性监控；

（2）可定期或不定期对可用性计划进行更新回顾，更新回顾的频率≥1 次/年。

（3）宜安排专人负责信息化运行维护的可用性管理、变更确认和风险评估等；

（4）宜每月对运行维护服务的内容进行可用性分析，形成可用性报告。

（十）服务持续性管理

服务持续性管理的目的是预防灾难发生，提高信息系统的恢复能力和容错能力，并在灾难发生后迅速恢复信息系统正常运作。服务持续性管理包括以下要求：

（1）可制订服务持续性管理计划、预防措施和恢复方案等；

（2）宜安排专人负责信息化运行维护的服务持续性管理、业务影响分析和风险评估等；

（3）宜在灾难发生后，提供有关灾难发生原因、影响以及如何成功应对的报告，所有观察到的问题都在改进计划中得到处理。

（十一）知识管理

知识管理的目的是对知识、知识创造过程和知识应用进行规划和管理。知识管理包括以下要求：

（1）应将常见问题的描述、分析和解决办法建立知识库，并制定相关管理策略和制度，采用“录入—审批—发布”的管理流程；

（2）应确保整个组织内的知识是可用的和可共享的，根据知识库管理策略和制度要求对知识进行管理，并留下记录；

（3）应根据知识的不同类型，对知识库进行分类记录和管理；

（4）知识库应具备知识的添加、更新、删除、查询、讨论和移动功能；

（5）应定期对知识管理情况进行总结和评估，对知识管理中发现的问题及时进行整改；

（6）知识库的建立、知识文件的添加、更新、删除、查询、讨论和移动均宜设定不同权限，以保证知识库应用的安全性。

（十二）供应商管理

供应商管理的目的是对供应商的选择、使用和控制等进行综合性管理。供应商管理应包括以下要求：

（1）建立供应商管理制度；

（2）根据供应商供应产品的类型（硬件、软件、网络和集成等）、前期供应项目名称及供应商的服务期限、服务范围和联系方式等建立供应商资源库；

（3）实时更新或定期更新供应商资源库，最长更新周期≤1 个月。

六、运行维护服务方法

（一）信息系统基础设施运行维护服务方法

1. 机房与机房基础设施运行维护服务方法

机房与机房基础设施的运行维护包括但不限于对机房、电气系统、消防系统、空调系统、防雷接地系统、环境监控系统和综合布线系统的运行维护。运行维护服务方法如下：

（1）应建立机房管理制度，对出入机房的人员采取审批和登记管理；

（2）应定期对机房基础设施进行日常巡检，掌握设备运行和机房环境情况，其中监狱核心机房基础设施巡检包括日常巡检应≥1次/天，非核心机房巡检包括日常巡检应≥1次/周；

（3）应定期（≥1次/月）对机房基础设施的运行情况进行综合检查分析，形成设备运行分析报告；

（4）应定期（≥1次/月）对机房基础设施进行清洁保养，如机房清洁除尘、设备清洁除尘、设备线缆整理、标识标签完整性与准确性检查等，完成保养检查日志记录；

（5）对UPS进行放电测试应≥1次/0.5年，保证UPS电池活性，及时检查UPS放电时间，对不满足放电时间要求的电池进行更换；

（6）应邀请有专业资质的检测机构对消防系统和防雷接地系统进行消防检测和防雷检测，≥1次/年，并出具检测报告；

（7）应及时响应用户提出的服务请求，并按照SLA约定的内容进行问题处理；

（8）宜利用运行维护技术平台实时监控机房基础设施运行状态和故障告警等情况；

（9）宜针对当前基础设施运行情况，给出优化建议并实施，提升运行性能。

2. 网络设施运行维护服务方法

网络设施运行维护包括但不限于对加密网、政务外网、互联网和其他专网（政府部门专网或自建专网）的路由器、交换机等网络设备、传输设备以及传输链路的运行状态的运行维护，确保系统正常、高效、稳定和可靠运行。运行维护服务方法如下：

（1）应定期对网络设施进行日常巡检，掌握设备状态和环境情况，其中核心网络设施（包括核心网络设备、核心传输设备和核心网络链路）的日常巡检应≥1次/天，非核心网络设施的日常巡检应≥1次/周；

（2）应对网络设施开展定期预防性检查，核心网络设施（包括核心网络设备、核心传输设备和核心网络链路）应≥1次/周开展预防性检查，非核心网络设施应≥1次/月开展预防性检查；

（3）网络设施的数据宜实时进行备份或可定期进行数据备份，定期备份周期应≤1个月，在网络设施配置发生变化后应立即进行数据备份，以减少网络设施设备故障带来的数据风险；

（4）应定期（≥1次/月）对网络设施进行清洁保养，如设备除尘、设备线缆整理、标识标签完整性与准确性检查等，完成保养检查日志记录；

（5）应进行网络适应性改进、预防性改进和增强性改进，改进内容包括但不限于路由策略调整、固件升级加固和软件版本升级优化，以提升网络设施的稳定性和可靠性；

（6）应及时响应用户提出的服务请求，并按照SLA约定的内容进行问题处理；

（7）宜利用运行维护技术平台实时监控网络设施的运行状态、网络流量和故障告警等情况；

（8）主备网络设备和链路的切换测试频率宜≥1 次/季度，以检查备用设备或链路的可用性。

3. 计算与存储设施运行维护服务方法

计算与存储设施运行维护包括但不限于 ARM 服务器、X86 服务器、磁盘阵列、磁带库、云服务平台（含司法公有云、私有云和政务云）和 5G MEC 设备等相关计算设备以及存储设备的运行维护。运行维护服务方法如下：

（1）应定期对计算与存储设施进行日常巡检，掌握设备状态和环境情况，其中核心业务应用的服务器、存储设备、云服务平台应≥1 次/天开展日常巡检，非核心业务计算与存储设施应≥1 次/周开展日常巡检；

（2）应定期（≥1 次/月）对计算与存储设施进行清洁保养，如设备除尘、设备线缆整理、标识标签完整性和准确性检查等，完成保养检查日志记录；

（3）应定期（1 次/周）对计算与存储设施进行杀毒，以确保设备设施的稳定性和可靠性；

（4）应进行计算与存储设施适应性改进、预防性改进和增强性改进，改进内容包括但不限于操作系统升级、漏洞补丁加固、固件升级加固和软件版本升级优化等，以提升计算与存储设施的稳定性和可靠性；

（5）应及时响应用户提出的服务请求，并按照 SLA 约定的内容进行问题处理；

（6）宜利用运行维护技术平台，实时监控计算与存储设施的运行状态和故障告警等情况。

4. 物联网设施运行维护服务方法

物联网设施运行维护包括但不限于电子手环、生命探测设备、入侵报警设备、智能锁具、物联网终端、物联网智能设备、生物特征识别设备、目标跟踪系统、智能押解系统、移动执法终端、无人机系统和配套设备设施的运行维护。运行维护服务方法如下：

（1）应每天对物联网设施进行日常巡检，检查物联网设施的运行状态和故障告警等情况；

（2）应定期对物联网设施的功能进行检查，以确保功能的有效性；

（3）应及时修复物联网设施的运行故障，不可影响监管安全；

（4）应定期对物联网设施进行保养，保养内容包括但不限于设备除尘、设备线缆整理、标识标签完整性和准确性检查，完成保养检查日志记录；

（5）应及时响应用户提出的服务请求，并按照 SLA 约定的内容进行问题处理。

5. 指挥中心设施运行维护服务方法

指挥中心设施运行维护包括但不限于指挥中心大屏显示设备、通信设备、音频设备、视频设备、管控设备、执勤设备、报警设备、调度设备、操作终端、安防集成平台、视频会议系统、视频点名系统和指挥调度系统的运行维护。运行维护服务方法如下：

（1）应建立指挥中心运行维护服务管理制度；

（2）应及时修复指挥中心设施的运行故障，不可影响监管安全；

（3）应定期对指挥中心设施进行保养，保养内容包括但不限于设备除尘、设备线缆整理、标识标签完整性和准确性检查，完成保养检查日志记录；

（4）应定期进行指挥中心设施适应性改进、预防性改进和增强性改进，改进内容包括但不限于操作系统升级、漏洞补丁加固、固件升级加固和软件版本升级优化，以提升指挥中心设施的稳定性、可靠性；

（5）应及时响应用户提出的服务请求，并按照 SLA 约定的内容进行问题处理；

（6）宜定期（1 次/周）进行指挥中心设施和相关系统的应急演练；

（7）宜 1 次/天对指挥中心设施进行日常巡检，检查指挥中心设施的运行状态、故障告警，并形成巡检记录；

（8）宜≥1 次/周进行视频会议系统的点名联调测试，确保设备设施稳定、高效和可靠运行；

（9）宜定期对安防集成平台、视频会议系统、视频点名系统和指挥调度系统的功能进行检查，以确保功能的有效性。

6. 安防设施运行维护服务方法

安防设施运行维护包括但不限于视频监控系统、广播系统、监听对讲系统、报警系统、出入口控制系统、安检系统、电子巡查系统、门禁系统和语音系统的运行维护。运行维护服务方法如下：

（1）应及时对安防系统进行适应性防护环境的调整，以满足监管使用的相关要求；

（2）应及时修复安防设施的运行故障，不可影响监管安全；

（3）应定期对安防设施的软硬件配置数据进行数据备份，数据更新后应实时进行数据备份，降低因设备故障而引发的数据丢失风险；

（4）对安防设施应定期进行保养维护，保养维护内容包括但不限于设备除尘、设备线缆整理、标识标签完整性和准确性检查，户外安防设备应≥1 次/季度进行定期设备除尘，室内安防设备应≥1 次/0.5 年进行定期除尘；

（5）应及时响应用户提出的服务请求，并按照 SLA 约定的内容进行问题处理；

（6）宜 1 次/天对安防设施进行日常巡检，检查安防设施的运行状态和故障告警，并形成巡检记录。

7. 桌面设施运行维护服务方法

桌面设施运行维护包括但不限于台式计算终端、移动计算终端、输入输出设备和移动存储介质的运行维护。运行维护服务方法如下：

（1）应建立桌面设施运行维护管理制度；

（2）应按 SLA 的约定及时修复硬件故障、软件故障和系统故障，并响应用户的服务响应需求；

（3）应及时检查台式计算机终端和移动计算终端的补丁，并进行补丁升级；

（4）应对操作系统的版本和病毒库版本进行及时更新，互联网计算机终端应实时更新，非互联网计算机终端应≥1次/周进行更新；

（5）应≥1次/年组织用户培训，提升用户使用水平；

（6）应不定期发布桌面和外围设备风险安全隐患报告；

（7）应及时响应用户提出的服务请求，并按照SLA约定的内容进行问题处理。

8. 应用支撑基础设施运行维护服务方法

应用支撑基础设施运行维护包括但不限于操作系统、数据库和中间件的运行维护。运行维护服务方法如下：

（1）应制定应用支撑基础设施运行维护的日常管理制度，建立管理规范和流程；

（2）应制定应用支撑基础设施日常巡检制度；

（3）对应用支撑基础设施的操作，均应事先制定详细操作流程，经过审核后存档，并在后期严格执行；

（4）应建立应急预案并定期进行演练；

（5）应≥1次/月对应用支撑基础设施进行运行状况分析，包括但不限于健康状况分析、性能情况分析等；

（6）应及时根据运行情况作出稳定性和性能方面的改进和调整；

（7）应及时检查应用支撑基础设施中的漏洞和补丁，并进行补丁升级；

（8）应配备具有相应能力的人员和必要的工具，并定期进行专业培训，以提高服务可用性；

（9）应定期对设施运行状态数据进行统计和趋势量化分析，对于异常趋势，作出预警及相关预案；

（10）宜对应用支撑基础设施早、晚各进行1次/天日常巡检，检查应用支撑基础设施的运行状态和故障告警等情况。

9. 信息安全设施运行维护服务方法

信息安全设施运行维护包括但不限于防火墙、网闸、漏洞扫描设备、入侵检测设备、防病毒网关、加密卡、USB Key和杀毒软件的运行维护。运行维护服务方法如下：

（1）应制定信息安全管理制度，构建满足信息安全运行维护服务的组织机制、岗位角色、人员职责和权限；

（2）应建立信息安全运行维护服务流程，明确操作规范和工作流程，支撑安全管理活动的实施；

（3）应定期对信息安全设施进行检查，检查内容包括但不限于信息安全设施的运行状态和故障告警；

（4）应定期分析信息安全资产的安全监控数据，定期形成安全分析报告，包括但不限于状态分析、影响分析和趋势分析；

(5) 应定期分析和总结频繁发生的安全事件和重大安全事件，明确安全事件等级、影响程度和响应优先级，制定信息安全事件报告程序；

(6) 应制定有效的应急预案，并定期开展演练；

(7) 应定期对信息安全设施进行适应性改进、预防性改进和增强性改进，改进内容包括但不限于配置优化、漏洞补丁加固、固件升级加固和软件版本升级优化，以提升信息安全设施的稳定性和可靠性；

(8) 应及时响应用户提出的服务请求，并按照SLA约定的内容进行问题处理；

(9) 宜≥1次/季度重新进行密码设置，密码具备复杂性。

10. 信息资源与数据运行维护服务方法

信息资源与数据运行维护包括罪犯信息库、警察职工信息库、罪犯信息库、警察职工信息库、监狱管理信息库、数据仓库和数据治理的运行维护。运行维护服务方法如下：

(1) 应制定信息资源与数据运行维护服务的日常管理制度，建立管理规范和流程；

(2) 应制定信息资源与数据运行维护服务的日常巡检制度；

(3) 对信息资源与数据的操作，均应事先制定详细操作流程，经过审核后存档，建议建立运行维护知识库，并在后期严格执行；

(4) 应做好信息资源与数据的本地和异地备份，进行合理的人员岗位设置和职责定义，保证专人专岗并设置人员备份；

(5) 应做好备份有效性检查，制定信息资源与数据的冗余制度，满足可用性的要求；

(6) 应对运行维护服务人员进行相关安全管理及安全要求培训，并定期对服务人员进行考核，以确保服务人员了解并遵守安全和保密相关规定；

(7) 应定期对信息资源与数据的运行状态进行统计和趋势量化分析，对异常趋势作出预警及相关预案；

(8) 宜建立信息资源与数据处理的应急预案并定期进行演练；

(9) 宜进行数据审计，数据更改历史可查。

（二）信息应用系统运行维护服务方法

信息应用系统运行维护服务方法如下：

(1) 应制定运行维护服务的日常管理制度；

(2) 应制定运行维护服务的日常巡检制度；

(3) 特殊时间段（如法定节假日或重大事件日等），应提升响应级别，提供必要的现场支持；

(4) 应≥1次/月对系统进行运行状况分析，包括但不限于健康状况分析和性能情况分析；

(5) 应及时根据系统运行情况做稳定性和性能方面的改进和调整；

(6) 应及时对系统进行更新和升级；

（7）宜建立运行维护服务的应急预案并定期进行演练；

（8）宜1次/天对系统进行日常巡检，检查系统的运行状态和故障告警等情况。

（三）文档管理服务

1. 基本要求

（1）运行维护服务提供者应形成明确的文档管理制度，并通过运行维护服务管理者的审核；

（2）运行维护服务提供者应建立文档的登记、查阅、流转和审批制度；

（3）文档管理应按照日常运行维护工作类、报告类、资产类和技术资料类，并以月为单位，按照时间的先后顺序进行归档；

（4）纸质文档应装订成册归档，电子文件应统一保存分类归档并有≥2个以上介质备份，防止数据丢失；

（5）文档管理涉及保密的内容应严格按照保密管理的相关要求执行；

（6）文档管理服务的文档包括但不限于例行报告、事件报告、故障总结报告、检查报告和应急预案，可根据运行维护服务对象的不同而确定不同的文档。

2. 文档管理服务的内容

1）例行报告

例行报告包括周报和月报等。例行报告内容应包括但不限于报告名称、报告周期、服务综述、服务内容、完成情况、运行维护对象的风险隐患分析、改善措施与建议以及下一步工作计划。

2）事件报告

事件报告是指事件发生后运行维护服务提供者向运行维护服务管理者提交的报告。安全事件和重大事件应在事件处置完成后≤3个工作日内提交事件报告。

事件报告的内容包括但不限于事件名称、事件描述（包括事件现象、受理时间、处理时间和当前状态等）、事件影响程度与范围、事件处置方法、事件原因分析和后续改善计划。

3）故障总结报告

故障总结报告是指故障处置完成后运行维护服务提供者向运行维护服务管理者提交的总结报告。重大故障应在故障处置完成后≤3个工作日内提交故障总结报告。

故障总结报告内容应包括但不限于报告名称、故障概述（包括故障现象、故障产生时间、故障发现时间、故障处置时间和当前状态等）、故障影响程度与范围、故障处置方法、故障原因分析、经验教训和后续工作安排等。

4）检查报告

检查报告是指运行维护服务提供者在完成各类运行维护检查工作后向运行维护服务管理者提交的检查报告。

检查报告内容应包括但不限于日常例行巡检报告、定期现场巡检报告、重大节假日巡检报告和临时性检查报告。各报告内容要求如下。

（1）日常例行巡检报告。应1次/月提供日常例行巡检报告，并附日常巡检记录表。内容应包括但不限于报告名称、月度例行巡检概述（包括巡检主要内容和整体情况）、巡检发现的问题、问题处理情况、遗留问题情况和风险、改善措施和建议以及下月计划等。

（2）定期现场巡检报告。应≥1次/0.5年提供定期现场巡检报告，并附定期现场巡检记录表。内容应包括但不限于报告名称、定期现场巡检整体情况、主要完成内容、巡检发现的问题、问题处理情况、遗留问题情况和风险、改善措施和建议以及下一步计划。

（3）重大节假日巡检报告。重大节假日巡检报告是指在重大节假日前运行维护服务提供者按运行维护服务管理者的要求完成巡检工作并提交的报告。内容应包括但不限于报告名称、整体情况概述、主要完成内容、巡检发现问题、问题处理情况、遗留问题情况和风险、改善措施和建议以及节假日保障计划等。

（4）临时性检查报告。临时性检查报告是指因运行维护服务管理者的临时性或突发性重要任务需求，对运行维护服务对象进行临时检查而形成的报告。内容应包括但不限于报告名称、检查情况概述、主要完成内容、检查发现问题情况、问题处置情况、遗留问题情况和风险、改善措施和建议以及下一步计划。

（四）资产管理服务要求

资产管理是指运行维护服务提供者对运行维护对象中的所有信息化资产进行管理。资产管理服务要求如下：

（1）应识别与信息系统相关的所有运行维护服务对象，建立资产台账，台账内容包括但不限于资产名称、资产品牌、资产型号、资产所在位置、资产来源、资产用途、资产供应商、资产责任人和联系方式；

（2）应为每项已识别的资产指定所属关系并根据资产的重要性进行分级管理；

（3）应建立资产管理相关制度，包括但不限于日常管理制度、资产变更制度和报废制度；

（4）资产管理宜通过运行维护技术平台进行无纸化管理；

（5）宜实时更新资产台账。

（五）综合管理服务

综合管理服务包括但不限于咨询与培训服务、技术支持服务以及综合系统服务。综合管理服务要求如下。

1. 咨询与培训服务

（1）运行维护服务提供者应为运行维护服务使用者和运行维护服务管理者提供7×24小时咨询服务；

(2) 运行维护服务提供者应根据 SLA 的规定为运行维护服务使用者和运行维护服务管理者提供培训服务，应≥1 次/年开展培训服务；

(3) 培训服务应由运行维护服务提供者组织，运行维护服务使用者和运行维护服务管理者共同参与；

(4) 运行维护服务提供者应提前编写培训服务方案，报送运行维护服务管理者，审核通过后方可开展培训服务工作；

(5) 培训服务完成后应进行培训考核，确保培训质量；

(6) 培训服务可采取远程培训或现场培训等方式进行。

2. 技术支持服务

(1) 运行维护服务提供者为运行维护服务使用者和运行维护服务管理者提供的技术支持服务应包括但不限于电话支持、远程支持和现场支持；

(2) 技术支持服务的内容应包括但不限于服务请求、故障处理、数据迁移、设备搬迁和升级优化；

(3) 技术支持服务的响应标准应根据运行维护服务使用者和运行维护服务管理者的实际需要，由运行维护服务使用者、运行维护服务管理者和运行维护服务提供者协商确定，并在 SLA 中进行明确约定。

3. 综合系统服务

综合系统服务主要指运行维护服务提供者为保障运行维护服务工作的正常开展，寻求专业的其他第三方提供的服务，如防雷检测服务、消防检测服务和其他专业评估服务等。

（六）应急保障服务

1. 应急响应过程

应急响应过程包括 4 个主要阶段：应急准备、监测与预警、应急处置和总结改进。如图 8-6 所示。

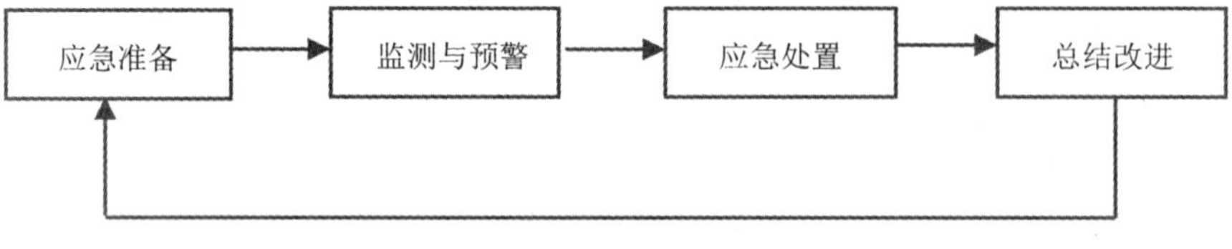

图 8-6 应急响应过程

2. 应急响应各阶段的工作内容

应急响应各阶段的工作内容如下。

(1) 应急准备阶段的工作，包括组建应急响应组织，确定应急响应制度，系统性识别运行维护服务对象及运行维护活动中可能出现的风险，定义应急事件级别，制定应急响应预案，开展培训和演练；

（2）监测与预警阶段的工作，包括进行日常监测，及时发现应急事件并有效预警，进行核实和评估，以规定的策略和程序启动预案，以及保持对应急事件的跟踪；

（3）应急处置阶段的工作，包括采取必要的应急调度手段，基于预案开展故障排查和诊断，对故障进行有效快速的处理和系统恢复，及时通报应急事件，提供持续性服务保障，进行结果评价，以及关闭事件；

（4）总结改进阶段的工作，包括对应急事件发生原因、处理过程和结果进行总结分析，持续改进应急工作，以及完善信息系统。

3. 应急准备

应急准备包括以下要求：

（1）应建立应急响应组织，应急响应组织应由相关利益方组成，包括运行维护服务使用者、运行维护服务管理者、运行维护服务提供者和其他机构专家团队；

（2）应明确应急响应组织相关利益方的角色和职责；

（3）应制定应急响应制度，并明确应急响应的目标、原则和范围等；

（4）应划分应急事件级别，并根据应急事件的级别制定应急预案；

（5）应急响应预案应经过相关利益方的评审，并由运行维护服务管理者发布；

（6）应结合业务领域突发事件级别和运行维护服务中的应急事件级别，制定总体预案，开展培训和演练；

（7）应定期（≥1 次/年）进行应急演练和培训，以确保相关人员熟悉处置的操作规范和操作流程；

（8）宜定期进行重要信息系统的风险评估，确保应急响应组织了解其在运行维护过程中的关键活动、所需资源、限制条件和信息系统面临的各种风险要素。

4. 监测与预警

监测与预警包括以下要求：

（1）应持续开展日常监测活动，实施有效预警，监测预警的范围应包括所有运行维护服务对象；

（2）应建立监测和预警的记录以及报告制度，并按照约定的形式和时间间隔上报现场负责人；

（3）发现应急事件时，应按照应急响应制度和应急响应过程进行报告，并保持持续跟踪，直到应急事件关闭。

5. 应急处置

应根据应急预案进行应急事件的处置。

6. 总结改进

总结改进包括以下要求：

（1）应定期对应急响应工作进行分析和回顾，总结经验教训，并采取适当的后续措施；

（2）应定期对应急响应制度和应急响应过程进行完善。

七、运行维护技术平台

（一）智能监控

1. 基本要求

运行维护技术平台应实现业务全栈跟踪、安防设施监控、信息应用系统监控、网络设施与信息安全设施监控、云服务平台监控、中间件监控以及操作系统和数据库监控。

2. 业务全栈跟踪

业务全栈跟踪包括以下要求：

（1）业务全栈实时跟踪应以可视化方式显示与之具有关联的中间件、数据库及承载应用的虚拟机和服务器；

（2）宜实现虚拟机或服务器的操作系统等对象之间的逻辑关系对应，并实时监控相关故障、性能指标和设备状态，为运行维护服务提供者提供监控手段。

3. 安防设施监控

应实现对门禁系统、报警系统、广播系统和视频监控系统等安防设施的状态监控。

4. 应用系统监控

宜实现应用系统关键指标的获取进程数和请求个数/分钟，超过设定的指标阈值应能预警。

5. 网络设施与信息安全设施监控

应实现交换机、路由器、防火墙等网络设施和信息安全设施的状态监控，获取设备告警信息。

6. 云服务平台监控

应能实时查看云服务平台的 CPU 使用情况、内部的数据传输情况、磁盘使用情况和系统日志。

7. 中间件监控

应实现 Apache、Flume、Redis、ActiveMQ、IIS、Flink 和 Kafka 等中间件的实时状态监控。

8. 操作系统和数据库监控

应实现操作系统和数据库的运行状态和性能数据的统一有效管理。支持主流数据库的监控管理。

（二）视频质量监测

应实现对信号丢失、图像模糊、亮度异常、图像偏色、噪声干扰、条纹干扰、画面冻结、黑白图像、视频抖动、对比度异常、视频剧变、视频遮挡、场景变更、图像过暗、信令时延、视频流时延和关键帧时延等视频质量问题的故障诊断，并主动发现视频异常、取流失败、解码失败和诊断失败等问题。

（三）管理与分析

1. 报修管理

报修管理包括以下要求：

（1）应提供流程化的报修功能，实现用户在线报修、报修进度跟踪和服务反馈等功能，流程定义与报修单内容可配置；

（2）应具备报修单状态查询功能，报修单状态可设定为草稿、提交、审批中、修复中、完成修复、回访和关闭等状态；

（3）报修流程可设定为申请、审批、派工和确认；

（4）宜使用手机等移动设备进行在线报修。

2. 工单管理

工单管理包括以下要求：

（1）应实现对服务/事件工单和问题工单的统一管理；

（2）工单应包括系统告警转工单、人工派工单和报修单转工单等不同类型；

（3）应实现工单状态信息统计、过滤、排序、导出和打印等；

（4）可实现工单提交、自定义查询、查阅、处理、导出和打印等功能；

（5）可实现工单模板配置，可通过图形化的流程设计实现用户自定义工单配置。

3. 资产管理

资产管理包括以下要求：

（1）应具备资产录入、变更、统计、位置关联和资产的健康度分析等功能；

（2）应实现以机房和机柜为源头，对服务器、交换机和防火墙等运行维护服务对象的关联关系登记；

（3）应能展示机柜、服务器、防火墙、交换机、存储、数据库、中间件、操作系统和应用系统之间的逻辑关系，方便资产统计和管理。

4. 拓扑管理

拓扑管理包括以下要求：

（1）应具备监控对象组网的逻辑拓扑图，并能展示监控对象组网的逻辑关系；

（2）逻辑拓扑图应能直观地区分监控对象正常、断链和异常等网络状态；

（3）逻辑拓扑图应能动态显示各种网络设备和关键线路的负载数据；

（4）可通过自动发现和手动绘制等方式构建逻辑拓扑图；

（5）逻辑拓扑图可支持网元/连接线状态查看、正常/异常状态区分以及增、删、改、撤、发布和复制等相关功能。

5. 告警管理

告警管理包括以下要求：

（1）应能够实时采集监控对象的告警信息，告警的严重级别及数据推送和通达方式可配置；

（2）应具备告警自动确认、告警清除和告警转工单等功能；

（3）可进行告警规则的设置，包括但不限于邮件转发告警、告警配置、过滤规则和级别重定义规则。

6. 巡检管理

巡检管理包括以下要求：

（1）应具备周期性智能巡检功能；

（2）应具有巡检模板，包括但不限于系统自动巡检模板和人工巡检模板；

（3）系统自动巡检完成后应能自动生成巡检报告，巡检报告应支持 Word 版本的查看、导出和打印；

（4）可对巡检任务进行增、删、改、查，并具备巡检对象设置、巡检指标设置和巡检方式设置等功能；

（5）宜具备巡检计划任务的定时调度执行、复制和启用/禁用等功能。

7. 知识及问题管理

知识及问题管理包括以下要求：

（1）应实现按知识库分类，可分为告警知识库、问答知识库、安全知识库和维修知识库等；

（2）所有知识库的分类都应支持查询、增加、编辑、删除和导出；

（3）可对问答知识库进行管理，应具备在线问答功能，能够对自己的答案进行编辑、关闭和删除，提问者可对问题回答进行星级评分。

8. 应急演练管理

应急演练管理包括以下要求：

（1）应能够对自然灾害、重特大事故、环境公害和人为破坏等突发事件进行应急管理和指挥，并制订救援计划；

（2）应具有应急预案库管理功能，支持应急预案的登记、修改、删除、查看、取消、打印、导出、上传和下载等功能；

（3）应支持应急演练计划登记、修改、删除、查看、取消、打印和导出等相关功能；

（4）应急演练登记内容包括但不限于演练标题、演练开始时间、结束时间、使用的应急预案（从已经登记的预案中选择）、专家支撑（从系统专家库选择）、演练目的、演练内容、演练参与人员、演练实施步骤、演练结果登记和演练总结等。

9. 报表管理

报表管理包括以下要求：

（1）应能自动生成报表，包括运行维护报表、资产设备报表、性能报表、告警报表和统计报表等，并能下载至本地保存；

（2）统计报表应包括工单统计、工单完成率统计、工单总数趋势统计、工单时间统计和事件工单统计等报表；

（3）统计报表可根据具体需求定制。

10. 专家信息库管理

专家信息库管理包括以下要求：

（1）应建立专家信息库，实现专家信息的录入、查询、修改、删除、统计和打印等功能；

（2）可对专家的水平、科研成果、专利获取、基金资助、论著发表和留学经历等信息进行添加和删除。

11. 运行维护分析与研判

1）运行维护分析

运行维护分析包括以下要求：

（1）应具备对监控数据、告警数据和重要事件数据进行系统分析评估的功能，提供包括基于区域、系统和监狱的健康评估；

（2）应具备基于设备类型、厂商、区域、系统和时间等多维度的告警分析功能；

（3）应具备基于服务器 CPU、内存和磁盘等性能利用率的分析功能；

（4）应具备基于设备类型、厂家、型号和质保期的资产分析功能。

2）运行维护研判

运行维护研判包括以下要求：

（1）应具备对服务器和网络设备的CPU、内存和磁盘等多类历史性能指标数据进行离线数据分析研判的功能；

（2）宜具备对硬盘预计可使用时间、应用崩溃和性能不足等情况进行研判的功能，并提供建议。

（四）大屏展示

大屏展示包括以下要求：

（1）应具备运行维护大屏展示功能，支持将监控到的设备通过自定义的方式展示到大屏幕上，并通过仪表盘和进度条等多种方式实现设备的可视化展示；

（2）应具备对运行维护服务对象的整体运行情况和故障情况等多种信息进行统一展示的功能。

（五）云服务平台管理

运行维护技术平台对云服务平台的管理包括以下要求：

（1）应具备对云服务平台可视化管理能力；

（2）应具备应用服务路径分析功能，实现虚拟机间的映射关系视图；

（3）应具备虚拟数据中心的储存分析能力，实现对数据中心、集群、主机、虚拟主机和虚拟磁盘的分析能力，包括但不限于每秒读写操作次数、读写延迟和使用率等关键指标；

（4）应具备流量分析功能，实现每个主机、虚拟交换机、网络端口、虚拟主机和应用的网络流量分析，并按照端口使用流量大小显示；

（5）应具备定制仪表板功能，呈现管理员关心的各项性能指标，并以颜色等级区分严重程度；

（6）可提供虚拟机到虚拟机之间的数据包捕获功能；

（7）应具备智能基线学习功能，可实现依据前1小时或前1天、前1周及特定一段时间作为基准学习的设置；

（8）可实现自定义的虚拟机组仪表监控，呈现如CPU利用率、CPU等待延迟、内存利用率、内存等待延迟、存储IOPS、读写延迟、网络延迟、重传、零窗口和应用响应时间等关键指标；

（9）宜实现通过时间窗口回溯到任意时间段内的性能指标展示，最小时间窗口支持到1分钟的数据变化情况；

（10）宜支持私有云或混合云的端到端大数据可视化分析，提供相关业务应用的一一对应关系，包括但不限于宿主机、虚拟机、存储、网络、服务路径和应用。

（六）机房动环监控

1. 供配电系统监测

供配电系统监测包括以下要求：

（1）应能实时监测配电柜内市电、UPS、空调的三相、单相输出电压、电流、频率、功率、功率因数、有功功率、无功功率、视在功率、有功电度和无功电度等数字化电力参数；

（2）应能实时监测配电柜的重要开关状态，供配电系统工作状态异常时自动报警。

2. UPS 电源监测

可对 UPS 电源的输入三相电压、输出三相电压电流、内部整流器、逆变器、电池、旁路和负载等各部件的运行状态进行实时监控，UPS 电源工作状态异常时，应能按照预设条件自动报警。

3. 蓄电池组监测

可对 UPS 蓄电池组进行实时监测，包括单体蓄电池的电压、表面温度、内阻、鼓包情况、组电压和充放电电流等参数，蓄电池组出现异常时，应能按照预设条件自动报警。

4. 精密配电柜监测

可实时监测精密配电柜进线电源的三相电压、三相电流、三相电能、各支路的电流、功率因数、有功功率和各支路的空开状态等参数，精密配电柜出现异常时，系统应能自动报警。

5. 直流/交流配电屏监测

可实时监测直流/交流配电屏输出电压、电流、各支路开关和熔断状态等参数，一旦发生故障或报警，应能通过系统发出对外报警。

6. 静态开关柜（STS）和动态开关柜（ATS）监测

可实时监测 STS、ATS 输入电源的三相电压、电流、功率因数、有功功率、无功功率、断路器、各空开和设备运行状态等参数，出现异常或故障时，系统应立即启动报警。

7. 精密空调监控

可对机房内精密空调的运行状态及参数进行实时监测，同时可对精密空调进行远程开关机控制操作。

8. 普通空调远程监控

可实时监控机房内普通空调运行状态，包括回风温度、送风温度、空调模式、开关机状态和来电自启动等，确保机房保持正常的温湿度范围，使数据中心服务器等设备在恒温恒湿的环境下稳定运行。

9. 温湿度监测

可实时监测机房温湿度状况，一旦温湿度异常，系统能自动报警。

10. 漏水监测

可对机房实时进行漏水监测，一旦机房发生漏水，系统能自动报警。

11. 防雷监测

可实时监测防雷器提供的干接点报警状态，一旦发生报警情况，系统能立即对外发出报警。

12. 消防监测

可实时监测机房内的烟雾状态，监测机房内火警情况，一旦发生报警，系统能自动报警。

（七）性能指标

运行维护管理技术平台系统应支持≥200 个用户并发，访问平均响应时间应≤3 秒，复杂查询和统计的平均响应时间应≤6 秒。

八、运行维护组织和队伍

（一）队伍与人员

队伍与人员包括运行维护服务提供者、运行维护服务使用者和运行维护服务管理者三类角色。

运行维护服务提供者主要是提供运行维护服务的单位或个人，职责如下：

（1）负责提供信息化运行维护服务；

（2）负责对运行维护服务对象进行管理。

运行维护服务使用者主要是所有使用运行维护服务的单位或个人，职责如下：

（1）按相关要求和规范，正确使用信息化设备设施，及时遵守运行维护管理者的相关通知及要求；

（2）及时按流程向运行维护服务提供者报修、请求响应，且应尽可能详尽地描述报修或请求响应的内容；

（3）对运行维护服务提供者进行客观、公正的评价；

（4）可向服务台和运行维护服务管理者进行投诉。

运行维护服务管理者主要包括部级、省级和监狱三级信息化部门，职责如下：

（1）负责管理、检查、监督运行维护服务提供者按 SLA 执行的情况；

（2）负责对运行维护服务提供者进行考核和评估，以改进运行维护服务质量；

（3）负责协调、处理运行维护使用者的投诉和其他意见；

（4）负责履行 SLA 约定的责任和义务。

（二）部级运行维护组织机构、职能、管理架构

1. 组织机构

部级运行维护组织机构为司法部监狱管理局信息化部门。

2. 职能

职能包括以下要求：

（1）起草和修订运行维护规范，并指导各省（区、市）监狱运行维护管理机构落实运行维护规范；

（2）外联各省（区、市）监狱运行维护管理机构做好运行维护管理工作；

（3）发布运行维护管理的相关信息和要求；

（4）从技术上、业务上指导各省（区、市）监狱运行维护管理机构开展相关工作；

（5）做好司法部监狱管理局信息化设备设施的运行维护管理工作，并对运行维护服务提供者进行考核。

3. 管理架构

管理架构如图 8-7 所示。

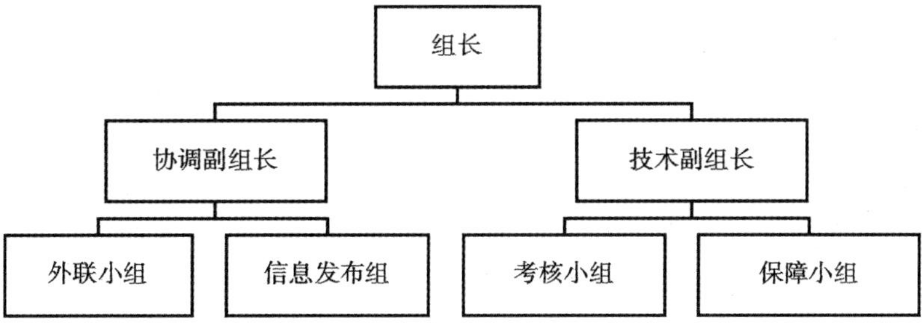

图 8-7 管理架构

包括以下要求：

（1）组长宜由信息化部门的最高领导担任；

（2）协调副组长应主要负责日常事宜的协调、沟通和联系；

（3）技术副组长应主要负责相关技术问题的沟通、讨论和评估；

（4）外联小组应主要负责日常运行维护事宜的具体联系和处理；
（5）信息发布组应主要负责发布运行维护管理的相关要求、制度和预警信息等；
（6）考核小组应主要负责按照合同约定对运行维护服务的相关内容进行考核；
（7）保障小组应主要负责为运行维护过程提供技术支撑或保障。

（三）省级运行维护组织机构、职能、管理架构

1. 组织机构

省级运行维护组织机构应为省（区、市）监狱管理局信息化部门。

2. 职能

职能包括以下要求：
（1）应按司法部监狱管理局信息化部门的相关要求落实运行维护管理工作；
（2）应指导和监督所管辖监狱做好运行维护管理工作；
（3）应发布运行维护管理的相关信息和要求；
（4）应从技术和业务上指导所管辖监狱的运行维护管理工作；
（5）应做好省（区、市）监狱管理局信息化设备设施的运行维护管理工作，并对运行维护服务提供者进行考核。

3. 管理架构

省级运行维护管理架构可参照部级运行维护管理架构，并结合本省（区、市）的情况制定符合本省（区、市）实际的管理架构。

（四）监狱运行维护组织机构、职能、管理架构

1. 组织机构

监狱运行维护组织机构应为监狱信息化部门。

2. 职能

职能包括以下要求：
（1）应按省级运行维护组织的相关要求落实本监狱的运行维护管理工作；
（2）应组织开展本监狱运行维护管理工作；
（3）应发布运行维护管理的相关信息和要求；
（4）应从技术和业务上指导运行维护服务提供者落实相关工作；
（5）应做好监狱信息化设备设施的运行维护管理工作，并对运行维护服务提供者进行考核。

3. 管理架构

监狱运行维护管理架构可参照部级运行维护管理架构和省级运行维护管理架构制定符合本监狱实际的运行维护管理架构。

九、运行维护经费

（一）基本要求

年度运行维护经费应包括年度硬件运行维护经费和年度软件运行维护经费，对复杂和核心的信息化系统运行维护还可包括运行维护设计经费和运行维护监理费。

（二）年度硬件运行维护经费

年度硬件运行维护经费包括维护保养服务费、设备维修/更新费、备品备件购置费和其他费用。

（1）维护保养服务费，指开展日常维护保养工作、承担维护保养责任和义务所需的费用。包括直接费（含直接服务费和措施费等）、间接费（含企业管理费和规费等）、利润以及税金等。

（2）设备维修/更新费，指设备出现故障或损坏需要原厂维修或更新的相关费用。

（3）备品备件购置费，指为保障信息化系统正常运行而需要购买设备备品备件的费用。

（4）其他费用，指（1）、（2）和（3）之外的其他费用，如系统或设备检测费及由于重大节假日/重大活动和特殊原因需运行保障而产生的费用等。

年度硬件运行维护经费应按信息化硬件资产超过质保期后运行的年限进行取费计算，计费额基准应为信息化硬件设备资产总金额。取费规则见表 8-19。

表 8-19　年度硬件运行维护经费取费规则

序号	费用名称	质保期后运行年限≤3 年费率	3 年费率＜质保期后运行年限≤5 年费率	质保期后运行年限＞5 年费率
1	维护保养服务费	6%	7%	8%
2	设备维修/更新费	2%	3%	4%
3	备品备件购置费	1%	2%	2%
4	其他费用	1%	1%	1%
5	总费率	10%	13%	15%

注：设备维修/更新费与备品备件购置费的费率可根据监狱的实际需要进行调整，但总费率应保持不变。

（三）年度软件运行维护经费

年度软件运行维护经费包括纠错性维护费、适应性维护费、完善性维护费和预防性维护费。

（1）纠错性维护费，指为了纠正软件中潜在的错误而产生的费用。

（2）适应性维护费，指当系统硬件环境和运行环境产生更新换代需求时，为了使软件适应新需求而修改软件产生的费用。

（3）完善性维护费，指在软件使用过程中，当用户有增加新功能或改变现有功能的需求时，为满足新需求而进行维护产生的费用。

（4）预防性维护费，指为提高未来的可修改性或可靠性而进行设计、编码和测试等活动产生的费用。

年度软件运行维护经费计费额基准应为信息化软件资产总金额。取费规则见表 8-20。

表 8-20　年度软件运行维护经费取费规则

序号	费用组成	费率	备注
1	纠错性维护费	5%	必选
2	适应性维护费	5%	必选
3	完善性维护费	≤5%	可选
4	预防性维护费		可选

（四）运行维护设计经费

运行维护设计经费计算方法采用差额定率累进法，应符合 GA/T 70—2014 的规定，计费额基准应为信息化软件资产和信息化硬件资产的总金额。取费规则见表 8-21。

表 8-21　运行维护设计经费取费规则

序号	计费额（万元）	费率（%）
1	≤10	2.25
2	10～50（含）	2.16
3	50～100（含）	2.10
4	100～200（含）	1.98
5	200～500（含）	1.85
6	500～1000（含）	1.68
7	≥1000	1.50

（五）运行维护监理费

运行维护监理费是指运行维护项目全过程引入第三方监理机构进行监督管理的费用。

运行维护监理费一般应按照服务工作所需工作日或投入的人力资源情况的方式进行计费。运行维护监理费不宜超过信息化软件资产和信息化硬件资产总金额的1%。监理与相关服务人员人工日费用取费规则见表8-22。

表8-22　监理与相关服务人员人工日费用取费规则

监理与相关服务人员职级	人工日费用（元）
高级专家	1000～2000
高级专业技术职称的监理与相关服务人员	800～1000
中级专业技术职称的监理与相关服务人员	600～800
初级及以下专业技术职称的监理与相关服务人员	300～600

十、运行维护管理指标

运行维护管理指标应根据各单位的需求进行定制和扩充。各类信息化运行维护管理的指标通常包括以下内容。

信息系统基础设施和应用系统的运行维护管理指标，包括：

（1）监控类服务，如异常报告及时率和异常漏报率等；

（2）日常维护类服务，如维护作业计划的及时完成率、故障隐患发现率、故障服务请求及时满足率和问题解决率等；

（3）维修保障类服务，如服务响应及时率、到达现场及时率、故障修复及时率和客户满意度等。

内容信息服务的运行维护管理指标，包括：

（1）检索成功率；

（2）响应及时率。

综合管理服务指标，包括：

（1）平均响应时间；

（2）问题解决比率等。

十一、运行维护管理考核办法

运行维护管理考核办法包括以下要求：

（1）运行维护管理考核办法应在SLA中予以具体约定，并按照SLA的相关约定进行考核；

(2) 运行维护管理考核应结合运行维护管理指标，把运行维护管理指标作为运行维护管理考核的重要数据支撑；

(3) 运行维护管理考核应由运行维护管理者进行组织，用户单位审计、财务和监察等相关部门应参与考核；

(4) 运行维护管理考核应包括运行维护管理例行考核和验收考核，运行维护管理例行考核应≥1 次/季度；

(5) 运行维护管理考核审查内容可包括运行维护团队基本情况审查、运行维护服务情况审查、运行维护资料文档情况审查和运行维护整改情况审查等方面，考核结果作为履约保证金退款、运行维护团队调整、合同续签和服务费用支付的重要依据。

任务九

智慧监狱项目建设与管理规范

模块一　成立信息化建设管理机构

信息化建设应遵循信息化建设规律，同时遵循专业人做专业事原则。因此，信息化建设首先应成立相应机构，配备信息化专业人才。一般在监狱成立科技信息化建设领导小组，全面负责项目建设的领导工作。科技信息化建设领导小组设置办公室具体负责信息化建设工作，成立了科技信息处（科）的单位一般代理行使科技信息化领导小组办公室日常工作。科技信息处（科）负责项目建设的具体工作，在项目建设的各个阶段各司其职、分工协作，共同推进项目建设。

科技信息处（科）的主要职责是：确定建设规划和目标，审查项目建设方案，按照上级机关和发改委、财政部门批准的建设方案领导组织实施；聘请有关专家组成专家咨询委员会，具体负责对项目建设的技术咨询与指导。

科技信息处（科）负责项目建设资金的预决算编报、用款申请，检查、指导资金的使用管理和决算审计。建设项目必须经党委审批。具体建设项目实施和用款必须经分管领导审批。

监狱各部门负责组织本部门项目建设方案确定的相关应用系统的业务需求、标准规范等方面的拟定。

一、科技信息化建设领导小组办公室

科技信息化建设领导小组办公室负责项目的统筹管理工作，主要职责包括：

（1）制定《监狱信息化建设项目年度任务书》；

（2）审定项目立项，编制实施计划；

（3）审核项目技术方案；

（4）组织项目的招投标工作；

（5）审核项目招投标文件、评标文件和商务合同；

（6）指导监狱信息化建设项目工作，跟踪、掌握项目建设进度，组织开展项目评估论证、验收和建档等工作；

（7）协调开展项目资金使用情况的审计、监督等工作。

项目实施机构是科技信息处（科），其职能包括：

（1）组织协调、指导管理、监督项目建设；

（2）履行项目的立项和开工建设程序；

（3）具体组织和协调项目实施工作，负责项目资金使用审批；

（4）组织编制信息化建设的应用规范和技术标准；

（5）组织开发与推广应用软件和管理软件；

（6）提供计算机技术服务；

（7）管理、维护网络、网站和信息化设备；

（8）组织计算机培训和考试；

（9）负责项目相关资料的建档工作。

信息化建设日常工作包括以下内容。

（1）文秘工作。负责拟定信息化建设的各类文件，制发、整理、归档各类会议纪要，制定、出台信息化建设管理办法和规章制度，制发监狱信息化建设通报，负责文字综合、文电流转、文件归档、会议记录、印章管理工作。

（2）会务组织。负责领导小组及信息化建设各类会议的筹备、组织、协调、联络等会务工作，领导出席会议、活动的计划筹备与组织开展工作。

（3）统筹协调。负责协调监狱信息化建设领导小组日常工作，对信息化建设过程中的业务需求等进行统筹协调，掌握监狱信息化建设进度情况并督导落实。

（4）对外联络。负责日常对外联络工作，协调联系宣传部门对监狱信息化建设工作进行宣传，扩大影响力，提高知名度。

（5）机要保密。负责领导小组办公室的机要、安全、保密工作。

信息化建设项目的全流程跟踪落实工作包括以下内容。

（1）方案拟审。审定信息化项目建设方案。

（2）进度管理。根据信息化建设方案，对项目建设内容范围和进度进行管理，制定项目建设目标、计划和进度表。

（3）质量监督。根据国家法律法规及省（区、市）质量技术监督局的相关规定，对工程项目建设进行严格的质量把关，聘请相关机构及专家对各项目建设质量进行检测检验，确保工程质量过硬、达标。

（4）监理管理。负责协调项目监理公司对信息化建设项目进行全流程监理，出具监理报告。

（5）竣工验收。根据国家相关法律法规及竣工验收标准，对工程建设项目进行验收，出具验收报告。

（6）项目有关文书的保管。承担信息化建设项目合同文书、招标文件、商务票据、项目监理审计等文档的归档管理工作。

信息化建设的技术保障工作包括以下内容。

（1）技术问题解决。负责协调信息化建设中的各种技术难题。

（2）技术方案审定。负责从技术层面审核信息化建设总体方案和实施计划。

（3）技术标准制定。负责从技术层面制定信息化项目的建设标准和使用规范。

（4）技术档案管理。负责信息化建设过程中技术文件的建档、归类和管理工作。

（5）技术应用推广。负责指导信息化建设与应用，定期组织开展信息化技能应用培训，发现典型，推广成功经验。

（6）技术培训指导。负责组织技术人才、专家能手对已建成项目的技能培训和指导。

（7）科技创新与应用。负责指导科技创新工作，收集各业务系统、服务系统、支撑系统、协同系统的数据资源和用户反馈信息，研究并提出流程重组、业务创新、管理创新、服务创新。负责各大系统的更新、优化与升级和新技术的推广应用。

科技信息处（科）是项目建成后的运行维护机构，全面负责“智慧法治”建设项目各分系统的运行、维护和组织管理。运行维护的具体职能主要分为以下四类。

（1）用户端管理：如 PC、打印机、病毒防御、网络、软件正版化等。

（2）系统级：硬件系统的日常维护、数据库管理、系统的备份和恢复、系统补丁的维护、系统性能的监控和调优、系统故障的分析和解决、数据库及应用系统用户和权限管理等。

（3）应用级：涉及系统中各个应用系统的功能支持，如基于业务需求的正常调整，组织结构、流程、规则的修改等；系统功能的增强，如新功能的启用、业务模块的扩展等。

（4）组织级：如培训和宣传、制度的制定和监督执行、系统使用的内审等。

二、监狱纪委

监狱纪委的主要职责包括以下内容。

（1）对项目立项、项目采购、合同管理、项目实施、项目验收、资金支付、成果管理和运行维护等进行职能监督。

（2）建立和完善预防腐败机制，及时发现、查处项目建设中的违法违纪问题。

信息化建设的监督检查工作包括以下内容。

（1）程序规范监督。按照标准化程序和规范对建设项目进行监督检查。按照相关法律法规对项目招投标、合同签订、建设施工、竣工验收、结算审计等文档台账进行检查。

（2）工作效率监督。负责对领导小组办公室成员履职尽责、办事效率、工作作风等进行监督检查。

（3）纪律作风监督。严格按照中央八项规定和相关准则、条例的有关规定，积极配合纪委、巡视组对项目建设中的廉洁、作风、纪律等问题进行监督检查。

（4）投诉信访受理。负责受理信息化建设期间的投诉举报、来信来访，配合相关部门督办落实。

三、监狱保密办

监狱保密办的主要职责包括以下内容。

（1）负责监督项目的保密管理工作。

（2）参与保密管理相关的项目招投标工作。

（3）参与保密管理相关的合同起草、项目评估论证和项目验收工作。

四、计划财务装备处

计划财务装备处的主要职责包括以下内容。

（1）编制项目经费预算，申请年度建设经费，制订政府采购计划。

（2）参与项目的招投标工作，并对项目招投标、资金使用情况、设备和服务采购进行监督。

（3）参与合同起草、项目评估论证和项目验收工作，负责资金支付前的审核工作，并按照有关规定办理资金支付手续。

（4）负责项目的资产管理，与项目造价（财务）审计单位一起开展审计工作。

信息化建设项目经费保障工作包括以下内容。

（1）立项报批。根据国家法律法规及省（区、市）发改委的相关规定，协调完成各建设项目立项审批的相关资料准备、手续办理、报批登记等工作。

（2）财政拨付管理。根据国家法律法规及财政部门的相关规定，完成对财政拨付专项资金的账户管理、决算支付等工作。

（3）招投标。根据国家法律法规及省（区、市）政府采购中心的相关规定，完成对信息化建设项目的招投标工作。

（4）审计结算。负责协调审计结算机构对各工程项目进行结算审计，出具结算报告。

五、监狱各处（科）室（单位）

监狱各处（科）室（单位）的主要职责包括以下内容。

（1）提出项目建设需求。

（2）参与项目实施，并对项目的开发、测试、运行提出意见。

（3）参与项目评估论证和项目验收工作。

六、法制处（科）

法制处（科）的主要职责包括以下内容。

（1）参与合同起草，负责合同文本的法律审核工作。

（2）提供法律咨询服务，协助处理法律纠纷。

信息化项目建设法律文件的审核工作以及法律咨询、权益保障工作包括以下内容。

（1）涉法文件审核。负责对信息化项目建设中涉及招标投标、合同签订、责任履行等文件合法性进行审核。

（2）涉法咨询受理。负责为领导小组作出决策提供法律咨询，受理信息化建设过程中各方利益代表的法律咨询。

（3）涉法纠纷化解。负责为信息化建设过程中各方利益诉求、矛盾焦点提供司法解释服务，及时化解各方矛盾纠纷。

（4）法人权益保障。负责从法律层面维护信息化项目建设过程中各方利益代表的合法权益，为各方提供正规化、专业化、职业化的法律服务保障。

七、后勤服务中心

后勤服务中心的主要职责包括以下内容。

（1）负责信息化建设项目的房屋调整工作。

（2）负责信息化建设项目的配电、配水、配暖等工作。

（3）负责信息化建设项目的办公家具配置等工作。

（4）负责信息化建设项目的资产管理工作。

（5）负责信息化建设项目的相关后勤保障服务工作。

模块二　项目建设与管理要求

一、合同

在信息化项目建设中，合同审核要求见表 9-1。

表 9-1　合同审核要求

检核项	内容
封面	项目名称，甲方、乙方全称，以及签订时间、地点等是否完整
合同构成部分	招投标、中标通知书、合同书、补充通知、会议纪要等合同构成是否完整，合同解释顺序是否与招标文件一致

续表

检核项	内容
质量验收标准依据	合同中是否有明确的质量验收标准
质量验收标准的一致性	合同中的质量验收标准与招标书、投标书的表述是否一致
合同工期	有无明确的计划开工日期、竣工日期及合同建设总工期
验收时间	有无明确的项目验收时间
合同价格和支付方式	合同价格形式是否明确，审计形式和支付方式约定是否与招投标文件一致
免费技术支持服务内容及时间	项目完工后收费技术支持方式、时间、内容
收费技术支持服务	项目完工后免费技术支持方式、时间、内容
损害赔偿	对工期、质量违约有相应的赔偿条款
保密约定	双方都不得向第三方泄露对方的业务和技术上的秘密。建议建设单位和承建单位单独签订一个保密协议，同时明确保密期限
软件合法性	软件的著作权和所属权是不同的，一般来说建设单位支付了所有的开发费用之后，软件所属权将转给建设单位，但软件的著作权仍然属于承建单位。如果要将软件著作权也移交给建设单位，在合同中应当写明这一条款
技术标准及工程依据	对合同中质量条款应具体注明规格、型号、适用标准等，避免合同订立后因为适用标准是采用国家、地方、行业还是其他标准等问题而产生纠纷
合同附件	合同附件，应保持与合同一致，不要相互之间产生矛盾，同时招投标文件也属于合同范畴，在签订合同条款时应详细审核承包单位投标文件中的承诺条款
签约资格	承建单位签约人的主体资格是否与投标文件一致
配合监理工作的条款	合同中有无监理配合条款
合同生效条件	有无合同生效条件
合同清单	合同中要明确列出所有设备、软件、材料、配件等产品的品牌、配置、指标、数量、单价以及工程费用。应将设备费用和工程费用分别计算，并在清单中单独描述
质量保证金	在合同中明确质量保证金的金额、期限
安全文明施工	如未列出安全文明施工措施费，应在合同中说明已包含在合同价格中
合同附件优先顺序	明确合同附件优先顺序
违约金	应明确定义违约的有效条件，违约金计算基数、计算比例以及免除条件
明确收款账户	明确收款方的账号名、开户银行、指定账号等

二、设计、监理、造价咨询管理

为了加强监狱信息化建设项目（以下简称“项目”）设计单位、监理单位和造价咨询单位的监督和管理，实现对项目的设计、工期、质量、安全、投资的有效控制，规范建设流程，明确责任，防范风险，需要对各建设服务单位提出工作要求。

对项目的设计单位、监理单位和造价咨询单位的设计行为、监理行为和造价核算提出要求，适用于监狱信息化建设项目的全过程，业主方和承建公司均应执行。

设计单位、监理单位和造价咨询单位应严格按照招标文件、投标文件和合同，配备必要的人员，组建项目专班，保质保量地完成合同约定的服务内容。

设计单位、监理单位和造价咨询单位应协助建设单位监督合同的执行，减少变更，严格按照相关文件控制投资概算。不得通过变更或者提高工程量谋取不正当利益。

各公司的项目负责人与主要人员应与投标及合同承诺一致，在服务期内，人员应保持相对稳定，以保证服务工作的正常进行。主要人员的更换，必须征得业主方书面同意。严格遵守相关法律法规，严禁转包或非法分包，严禁挂靠、借用资质等违法违规行为。

（一）建设单位主要职责

（1）确定项目责任人；

（2）组织相关部门和公司按进度完成建设任务；

（3）对项目推进情况进行督导；

（4）定期召开联席会议，决定项目建设实施过程中的重大事项；

（5）按照合同规定，加强对设计公司、监理公司和造价咨询公司的日常监督和管理，对不符合法律法规、影响项目建设健康发展的行为提出整改要求。

（二）设计单位主要职责

设计单位按照合同规定，做好信息化工程项目的方案编制、信息化建设咨询与指导及过程文档的管理等工作。

1. 编制项目初步设计

编制《监狱信息化建设项目初步设计方案和投资概算报告》。主要包括以下内容：项目概述、需求分析、建设方案、项目建设与运行管理。

在项目研究范围及论证内容不变的前提下，随时根据审批部门在项目报批过程中提出的要求进行合理修改和补充。

2. 详细设计

根据《监狱信息化建设项目初步设计方案和投资概算报告》和监狱的要求提交施

工图设计，主要包括以下内容：详细设计文档、施工图。施工图设计的规模和预算不能超过初步设计批复的各单项规模和概算，能据以安排材料、设备订货和非标准设备的制作，能据以进行施工和安装，能据以进行工程验收。

3. 招标咨询

根据设计的技术方案编写技术规范书，为工程招标提供技术服务。

4. 项目后评估

根据要求，开展项目评估，在工程项目竣工，运行一段时间后，再对项目的设计施工、运行状态、实际效果等全过程进行系统评价。

5. 标准编制和推广

根据要求，开展监狱信息化相关的标准编制工作。

6. 项目随工服务

为了更好支撑建设及保证工程质量和进度，在工程实施过程中，提供符合项目需求的随工项目团队，成员应主要包含以下专业：网络、软件工程、数据库、机房工程、服务器和存储、应急指挥、数据交换、数据模型、系统架构等。

7. 成立监狱信息化专家团队，定期组织信息化研讨会

建立监狱信息化专家库，组织信息化专家定期进行信息化讨论会，为监狱信息化建设出谋划策，确保监狱信息化建设科学先进。

8. 组织学习、调研监狱信息化相关先进经验

组织相关人员对信息化建设成熟、先进单位进行学习、调研，更好推动自身信息化建设。

9. 信息化推广工作

提供项目建设期内以及后续的项目推广期内的设计、项目管理、招投标、运行维护、业务改革、数据模型研究、业务流程再造、业务梳理、信息化质效指标制定等咨询服务设计方案。

（三）监理单位主要职责

监理单位应做好工程的监督管理和过程文档的管理等工作。

1. 质量控制

（1）审核承建单位制定的技术方案；
（2）审核承建单位制定的采购方案，协助建设单位验收采购货物；

（3）审核承建单位制定的测试方案，协助建设单位组织三方或第三方测试机构进行系统测试。

2. 进度控制

（1）审核承建单位的进度分解计划，确认分解计划可以保证总体计划目标的实现，监督检查项目进度执行情况；

（2）对项目实施进度实行实时跟踪，并要求承建单位对进度计划进行动态调整，以确保项目的阶段和总体进度目标的实现；

（3）当工期严重偏离计划时，应及时指出，并提出对策建议，同时督促承建单位尽快采取措施；

（4）采用先进的项目管理工具，控制项目施工进度。

3. 投资控制

（1）通过对项目实施方案的优化，确保投资控制在合理、性价比高的范围内；

（2）当发现资金使用严重偏离计划时，应及时指出，并提出对策建议，同时加强对承建单位的支付申请审核并协助建设单位对资金支付进行严格把控；

（3）对项目变更内容做详尽调查认证，并提出建议。

4. 安全控制

（1）负责监督项目建设过程中所涉及的政府数据和资料的安全保护，保证不被非授权使用，按照国家规定，协助建设单位对项目建设过程中涉及国家秘密的内容进行严格管理。

（2）负责项目建设施工过程中的安全控制，确保不出现安全事故。

5. 合同管理

（1）协助建设单位签订合同；

（2）跟踪检查合同的执行情况，确保承建单位按时履约；

（3）协助建设单位处理项目实施过程中出现的合同变更、违约、索赔、延期、分包、纠纷调解及仲裁等问题；

（4）根据合同约定，对承建单位提交的付款申请，提出付款建议。

6. 项目信息管理

（1）及时向建设单位提交反映项目动态和监理工作情况的项目文档；

（2）建立全面、准确反映项目各阶段工程状况的图表、图片、声像、文档，收集、管理项目各类文档和资料；

（3）督促、检查承建单位及时完成各阶段设备资料、工程技术资料的整理和归档工作；

（4）转发建设单位发出的一切指示、通知和业务联系单。

7. 文档管理

监理人应负责以下文档的编写：

(1) 项目建设监理日记、周报、月报及项目大事记；

(2) 项目协调会、技术研讨会等各类会议的纪要；

(3) 阶段性项目总结、阶段性项目监理总结、各类监理通知。

监理人应参与以下文档的管理：

(1) 项目实施期间各类技术文件；

(2) 合同执行过程中各类往来文件及存档；

(3) 整理、审核项目的竣工验收资料。

8. 组织协调

(1) 监督各方履行职责，协调各方的工作关系；

(2) 建立畅通的沟通平台和沟通渠道，采取有效措施使项目信息在有关各方之间保持顺畅流通，积极协调项目各方之间的关系，推动项目实施过程中问题的解决。

（四）造价咨询公司主要职责

造价咨询公司应做好项目的概算审核和过程文档的管理等工作。

1. 项目设计概算审核

对采购人提供的设计概算文件，按设计概算编审规程的要求进行审核，并就投资控制向采购人提供咨询，出具相应的咨询成果文件。

2. 预算审核

审查工程预算的工程量计算是否准确，预算单价套用是否恰当，各项取费标准是否符合现行规定，最终出具审核报告。

3. 现场跟踪造价咨询工作

项目施工过程中，参与隐蔽工程验收、工程量计量及工程进度款支付的复核工作。

参与工程变更及现场签证的计量、计价复核工作。

按需及时与业主一同到施工现场解决有关造价事宜。

完成项目全过程成本控制，主动、及时地发现并向招标业主汇报任何可能影响成本的事项，提出相关改善建议。

4. 施工阶段全过程造价控制

确定工程造价控制目标，制定工程造价控制办法，编制资金使用计划，审核工程计量支付并提供付款建议，审核工程变更费用，审核索赔与现场签证费用，进行成本分析与造价控制目标的动态调整，提供人工、材料设备、机械方面的价格信息咨询，审核已完工程的结算，提供工程造价的控制与管理方面的其他技术咨询服务等。针对上述服务内容出具相应的咨询成果文件。

5. 施工决算编制

根据采购人提供的项目建设技术、经济资料编制建设项目竣工决算，出具相应的咨询成果文件。

6. 结算阶段造价咨询工作

建设项目正式竣工验收后，对工程项目竣工结算的真实性、合规性进行造价咨询，主要完成以下工作。

（1）审核工程竣工结算。

（2）协助完成结算造价咨询工作。结算完成之后，协助业主方进行经济技术指标分析。包含以下内容：① 按合同规定的各阶段计量结算支付审核；② 工程施工过程中的设计变更和索赔等重大事项，以及隐蔽工程的审核；③ 工程结算最终计量支付的审核；④ 工程合同奖罚和材料价格的核定；⑤ 工程管理中存在的问题及其他咨询意见和建议。

监狱科技与信息化领导小组办公室要加强对设计、监理、造价审计的管理监督。监理公司在项目实施期间应实行日考勤、周例会、月小结制度；造价审计公司应及时参与隐蔽工程的验收、工程量计量等工作。建设单位要定期审查监理记录和造价审计记录，发现记录不完整、弄虚作假的，及时提出整改意见。

（五）工作纪律

项目参建单位应严格遵守国家有关法律法规，任何个人不得违规干预项目各环节的正常开展。

监理公司、造价咨询公司的办公地点要与施工单位现场办公拉开一定距离，以选在建设单位办公室附近为宜。建设单位应对监理公司、造价咨询公司严格管理，不按照合同履职的，应采取一定的惩罚措施。

参与项目的工作人员，应当恪尽职守、廉洁奉公、遵守纪律，与承建单位接洽、外出考察时应有两名以上工作人员在场，与承建单位或第三方机构存在利害关系的工作人员应当主动回避。

参与项目的工作人员，不得与承建单位私下接触，不准接受任何形式的贿赂、馈赠、礼品及其他财物，不得接受承建单位的宴请、娱乐、旅游、外出考察等不正当利益。不得故意刁难承建单位，现场验收不得拖延，工程资料应及时签认。

建设项目应自觉接受财政、发改、审计、纪检监察等部门监督检查，并受广大干部职工的监督。对违纪违规的问题，交纪检监察部门严格追责问责。

设计、监理、造价单位及项目参与人员均应严格遵守与建设单位签订的保密协议，对涉及项目的信息及内容做到不外传、不泄露。

三、验收管理

根据项目实施进度，由信息化建设领导小组办公室会同监狱纪委、监狱保密办、计划财务装备处和业务需求部门等相关人员组成监狱项目验收小组，组织项目的验收工作。验收小组下设专家小组，成员为三人以上单数。

合同约定须进行第三方软件测试的，测试报告作为终验文件之一，相关费用按照合同约定执行。

项目验收发生的劳务费，按照国家发布的关于专家评审费支付标准的相关文件规定执行。

项目档案是在信息化建设过程中具有保存价值的文档、声像等资料，分为工程立项、工程管理、工程标准、工程施工、工程培训、工程验收六大类，由项目管理（监理）单位协助信息化建设领导小组办公室建档归类管理。

项目造价（财务）审计单位根据年度审计计划对往年竣工项目进行审计。

项目实行质量保证制度。项目设计（咨询）、项目承建、项目管理（监理）、项目造价（财务）审计、项目评测等相关单位按合同要求对项目工程质量承担相应责任。项目承建单位的质量保障期自验收合格之日起，不得少于三年。

监狱科技与信息化领导小组办公室（以下简称“科信办”）根据相关规定，组织对监狱信息化建设项目的组织验收和管理工作。

项目承建单位在项目测试、初验、试运行通过后，向建设单位、监理单位提出项目竣工验收申请。

1. 验收依据

（1）项目前期工作批复文件（立项、可行性论证、设计批复）；

（2）合同书及合同附件、有关技术说明文件；

（3）第三方评测机构的测试报告或涉密项目保密主管部门出具的验收合格证书；

（4）按照国家和本省（区、市）相关法律法规、国家标准、地方标准、行业标准进行验收。

2. 项目验收的前提条件

（1）建设项目应按照投标文件、项目合同等相关要求进行建设，并满足功能需求，试运行三个月以上；

（2）建设内容及配套设施经过测试，通过初步验收；

（3）完成系统部署试运行及相关培训工作，制定完善的售后服务方案，取得用户使用合格意见；

（4）系统测试通过第三方评测机构的测试报告，涉密项目需提供保密主管部门出具的验收合格证书；

(5) 项目过程资料、技术文档及竣工验收资料图纸齐全，签字盖章确认完毕，知识产权清晰，符合合同及相关政策法规要求；

(6) 其他招标文件、投标文件、合同书、合同补充文件及附属文件规定的验收条件。

3. 验收内容

验收内容及标准根据合同和招标文件要求制定。由承建单位、监理单位制定验收方案，报科信办审定执行。验收内容如下。

(1) 检查建设情况。主要检查建设内容、建设规模是否符合批准的建设方案、工作任务说明书、合同书等有关文件约定，项目建设中发生的重大变更是否获得项目批复机构批准。

(2) 检查施工情况。主要检查网络系统、应用系统、安全系统的施工质量，执行法律法规和标准情况，项目建设和管理是否符合有关法律法规和信息化建设相关标准。

(3) 检查档案资料情况。主要检查项目建设的批复文件及相关档案，系统设计、施工设计、软件开发、系统集成等技术资料，合同档案、各类标准、管理文件及过程控制文件等档案资料。

4. 项目审查内容

(1) 功能检查。对软件功能完整性、正确性进行审查和评价。

(2) 施工审查。对项目计划、采用标准、招标需求和需求方案及其执行情况进行审查和评价。

(3) 测试结果审查。对第三方评测单位出具的项目测试报告、监理单位出具的监理报告、第三方机构或保密部门出具的验收合格证书等进行审查。

(4) 技术文档检查。验收评审资料包括以下内容。

① 设计资料，主要包括招标书、投标书、有关合同、有关批复文件、系统设计说明书、系统功能说明书、系统结构图、项目详细实施方案。

② 项目竣工资料，主要包括项目开工报告、项目实施报告、项目质量测试报告、项目检查报告、项目预决算书、材料清单、项目实施质量与安全检查记录、项目竣工图纸、操作使用说明书、售后服务保证文件、培训文档及其他文件。

③ 软件开发文档，主要包括需求说明书、概要设计说明书、详细设计说明书、数据库设计说明书、测试计划、测试报告、程序维护手册、程序员开发手册、用户操作手册。

④ 项目管理文档，主要包括项目计划书、质量控制计划、配置管理计划、用户培训计划、质量总结报告、会议记录和开发进度月报。

5. 验收方法

(1) 登记：对项目中涉及的所有硬件、软件和应用程序登记造册，特别是硬件使用手册、软件使用手册、应用程序等技术文档。

（2）对照：对照检查项目各项建设内容的结果是否与合同条款及项目实施方案一致。

（3）操作：对项目系统硬件一一实际加电操作，验证是否与硬件提供的技术性能相一致；运行项目系统软件，检验其管理硬件及应用软件的实际能力是否与合同规定的一致；运行应用软件，实际操作，处理业务，检查是否与合同规定的一致，达到预期目的。

（4）测试：对能使用检测仪器进行检测的设备进行实际测试，检查是否和设备实施的规格、性能要求相一致。

6. 验收程序

验收程序包括建设项目的测试报告和验收方案报建设单位、监理单位审核通过后，按照初验、试运行、竣工验收三个阶段进行组织和管理。

1）初验

（1）项目完工后，承建单位根据合同、招标书、详细设计方案，检查、总结项目完成情况，提交完工申请报告。经自测试通过后，提交测试报告，向科信办、监理单位提出初验申请。

（2）科信办组织监理单位和承建单位组成初验小组，对项目各项工作进行全面检查。

（3）承建单位提供材料，主要包括初验申请书、完工报告、测试报告、项目总结报告，以及要求的验收评审资料。

2）试运行

（1）试运行期为 3 个月，试运行期间承建单位应做好试运行情况的记录。

（2）试运行期间所有设备的修改和软件变化都应在试运行结束后写入操作和维护手册。

（3）对建设单位进行培训，使建设单位用户掌握该项目的操作和维护方法。移交管理权限，制定完善的售后服务方案。

（4）试运行期通过后，承建单位应提供试运行报告，并经监理单位审核、建设单位确认，由用户出具使用报告。

3）竣工验收

（1）竣工申请：经项目测试和初验，全部系统经试运行三个月合格后，项目承建单位向项目建设单位、监理单位提出项目竣工验收申请。由项目承建单位、监理单位共同制定验收方案，并报科信办审定。

（2）验收方案经科信办审核通过后，组织验收可分为两个步骤，即验收小组验收和验收专家组评审，可同步进行。

7. 验收结论

验收结论分为验收合格、需要复议和验收不合格三种。符合信息化项目建设标准、系统运行安全可靠、任务按期保质完成、经费使用合理的，视为验收合格；由于提供材料不详难以判断，或目标任务完成不足80%而又难以确定其原因等，导致验收结论争议较大的，视为需要复议。

项目凡具有下列情况之一的，按验收不合格处理：

(1) 未达到项目验收方案或合同、招投标所要求的主要技术指标的；

(2) 所提供的过程、验收材料不齐全或不真实的；

(3) 项目的内容、目标或技术路线等已进行了较大调整，但未得到科信办认可的；

(4) 实施过程中出现重大问题，尚未解决和作出说明，或项目实施过程及结果等存在纠纷尚未解决的；

(5) 没有对系统或设备进行试运行，或者试运行不合格的；

(6) 项目经费使用情况经审计发现问题的；

(7) 违反法律法规的其他行为。

任务十

智慧监狱验收标准与要求

模块一　智慧监狱验收

一、基础设施

（一）基础网络

核心网络设备关键部件（如主控板、交换网板、电源等）采用冗余设计，支持VPN功能，满足MPLS-VPN部署要求。

省级监狱管理局至监狱广域网节点互联链路需具备冗余能力，网络链路带宽需具备平滑的升级能力。省级监狱管理局至监狱广域网链路传输带宽不低于100Mbps，正常情况下带宽峰值利用率不超过70%。

监狱核心交换机设备支持SDN、QoS等特性，支持IPv4/IPv6动态路由。

网络架构按功能配置进行区域划分，建设多个相对独立的功能区，包括核心交换区、联网区、数据中心区、安防设施区、安全运维管理区、普通用户区、特别用户区、外网办公区等。

数据中心区服务器采用云计算模式，网络采用虚拟化技术。

机房配备独立双路供电，满足一级负荷供电要求，分区配备UPS供电。

中心机房按C级以上标准建设。

（二）信息安全

非涉密信息系统信息安全符合等保三级规定。

涉密信息系统符合分级保护要求。

建立技术服务管理平台，实现对购买社会化专业技术服务进行全流程监管和服务内容知识库管理。

建立应急响应技术服务保障专家库，并定期进行应急响应演练。

建立全域信息安全动态监测、分析和预警机制。

配备备份系统，通过备份系统对信息系统的重要数据进行数据备份。

建立容灾备份。

（三）综合运维

建立监狱综合运维系统，实现对云服务平台、大数据平台、智慧安防、业务软件、基础设施和安全防范设施的全方位监测、运维保障；实现对所有接入设施设备和服务信息系统的运行状态和故障描述、修复日志，并形成运维分析和研判服务应用。

建立运维综合管理交互平台，实现用户在线报修、服务进程跟踪、检修反馈、数据化报表等功能。

二、安全防范体系建设

（一）视频监控

实现各罪犯监管区和监狱周边重点部位覆盖无盲区。

采用网络摄像机，分辨率应不低于 720P，网络高清摄像机覆盖率应不低于 80%。

视频监控系统内的 IP 网络服务器设备应支持 NTP 协议的网络统一校时服务。

实现向司法部、省级司法厅（局）等推送实时视频流。

视频监控存储时间应不少于 30 天；周界、大门、禁闭室、会见室、监区和劳动场所卡口等重点部位监控视频存储时间应不少于 90 天。

对接公安视频专网系统，实现监狱周边干道、重要交通枢纽、医疗机构等的视频监控接入指挥中心。

前端设备与信号直接接入的监控中心相应设备间端到端的信息延迟时间应不大于 2 秒。

前端设备与用户终端设备间端到端的信息延迟时间应不大于 4 秒。

本地录像时可支持的视频帧率应不低于 25 帧/秒。

（二）广播

实现全区广播、分区广播、定时广播、喊话广播等功能，实现分区管理、紧急强插、分区寻呼等管理功能。

在周界、大门、禁闭室、监舍、劳动场所等区域安装广播设备。

（三）监听对讲

实现分级管理，可分配呼叫优先等级，实现上级权限强插、切断等功能，并提供日志管理、查询、统计等功能。

在监舍小组、大厅、走廊、重点出入口等位置安装监听对讲分机，在指挥中心、分控中心安装监听对讲主机。

采用数字可视对讲系统，并实现监听、对讲、广播、报警、录音等功能，录音保存时间不少于 6 个月。

（四）报警

建设应急报警、入侵探测和周界防范高压电网。

实现与视频监控的联动和数据对接，并向安防智能集成平台和武警作战勤务室实时推送信息。

采用视频智能分析、相控阵雷达探测、红外报警和微振动传感器等技术中的一项或多项实现入侵探测，并实现分区段管理；周界防范高压电网实现分区段管理。

在岗楼、禁闭室、监舍、监狱大门、劳动场所等区域设置应急报警设备。

（五）出入口控制

实现多级管理权限功能，以及通道门开关状态实时显示、进出记录、数据统计等功能。

实现外来车辆、人员图像比对、自动拍摄、押证换证、应急开启关闭等功能。

实现与视频监控系统联动，通过与视频监控系统联动实现人车跟踪、定位。

实现对接公安车辆管理系统和人口信息系统，获取车辆和驾驶人的准确信息。

实现与报警的互联互通。

（六）安检

配备手持式金属探测器、X 射线安全检查设备、通过式金属探测门、车底成像设备和生命探测设备。

采用微震、雷达、超声波、红外等技术中的一项或多项实现生命探测。

外接声光报警，以便于识别。

（七）移动执法终端

移动执法终端设备应选择安全自主可控的产品，应通过国家相关认证和许可要求，满足工业和信息化部设备入网要求。

移动执法终端设备可通过 OTA 进行升级，ROM 版本应为专用版本，禁止升级或者刷机成普通消费版。

移动执法终端应用应满足但不限于移动安防、移动执法、指挥调度、一键报警等功能。

移动执法终端应具有执法模式和非执法模式，并能按需定制两种模式之间的切换策略。

移动执法终端在执法模式下应具有应用管控、权限管控和语音电话白名单功能。

三、物联感知平台建设

（一）物联网

物联网采集终端支持 TCP/IP（Transmission Control Protocol/Internet Protocol，传输控制协议/因特网协议）、RS485（Recommended Standard 485，推荐标准 485）、ZigBee（基于 IEEE802.15.4 标准的低功耗局域网协议）、蓝牙、射频、超宽带、NB-IoT（Narrowband Internet of Things，窄带物联网）等技术中的一项或者多项。

物联网设备的数据采集、传输和控制实时交互，所有信息自动归集至对应的系统和信息资源库。

建立以智能设备为核心的物联网感知服务体系，实时采集各终端动态信息并提供交互控制服务。如摄像头、入侵报警、电子手环、生命探测、智能门禁、报警传感、电子巡更和目标跟踪等终端。

（二）电子巡查

实现巡查线路规划、自动提醒、巡查异常提醒、漏巡晚巡报警、巡视记录统计分析等功能。

使用电子地图显示巡视轨迹。

（三）目标跟踪

结合 GIS 服务，实时显示跟踪目标的位置分布关系。

采用 BDS（BeiDou Navigation Satellite System，北斗卫星导航系统）、GPS（Global Positioning System，全球定位系统）、无线通信系统及生物识别、射频识别、条码和电子腕带等技术实现对目标的实时定位、跟踪。实现对外出罪犯的定位、追踪及轨迹显示、回放。

实现对监管区上空非授权无人机进行监测、跟踪、干扰和拦截。

（四）智能押解

智能锁具、戒具能主动发送信息至移动、固定式控制终端或智能押解平台。

移动、固定式控制终端具备状态监测以及向指挥中心集成的智能押解平台推送数据的能力。

智能押解平台能对押解全过程进行跟踪、状态显示，可远程集中控制。实现与视频监控的联动和数据对接，对开关锁具、戒具的操作进行实时视频监控。

（五）智能视频分析

在周界、大门、禁闭室等重点部位及监舍、劳动场所等重点区域配备智能视频分析摄像机或智能视频分析设备，实现入侵检测、罪犯行为检测、越界检测等报警联动功能。

在大门、禁闭室、监舍、劳动场所等重点区域通过人脸识别技术实现人员清点和轨迹跟踪等应用，并在禁闭室、监舍通过语音识别实现重点罪犯的情绪识别和关键词甄别。

四、指挥平台

（一）统一管理平台

由省级监狱管理局基于信息资源库，统一建设通用性、规范性、流程性的业务应用，并将所有业务应用集成在统一平台上，实现高度集成的全流程统一管理平台。

实现业务表单可视化配置，可支持平台化二次开发，以提高整体应用的可扩展性。

实现监狱业务管理与数字签名、电子签章、CA（Certificate Authority，证书颁发机构）认证、电子档案、执法过程证据文件等体系相融合，实现监狱管理业务全过程化应用，实现执法与管理业务全留痕。

实现监狱业务管理数据结构化，融入图像识别、语音识别技术，实现文字自动转化、语音搜索、语音人机交互等，以提高整体应用的实用性。

（二）指挥中心

指挥中心（一级）配备大屏幕显示墙、通信设备、混合扩音、空调新风、声光报警装置、门禁设施、操作台、操作终端等。

分控中心（二级）配备显示墙、通信设备、广播、声光报警装置、门禁设施、操作台、操作终端等。

指挥中心是监狱的核心，须集成安防智能集成平台、通信调度系统和指挥管理系统，通过三大系统的整合联动实现对监狱的指挥协调、通信调度、应急处突和决策支撑。

通过统一的通信平台和管理软件将指挥中心设备与安防智能集成平台的各子系统设备联网，实现指挥中心对各子系统的自动化管理与监控。

安防智能集成平台、通信调度系统和指挥管理系统当中的任一系统的故障不影响其他系统的正常运行。

指挥中心和分控中心，通过安防智能集成平台、通信调度系统、指挥管理和数据分析研判的整合、联动，发挥相应职能。

实现与司法部、司法厅、武警、公安、综治等单位的指挥中心信息互通。

上联省级监狱管理局指挥中心，形成指挥中心、分控中心的分级架构体系。

（三）安防智能集成平台

集成视频监控、广播、监听对讲、报警、出入口控制、安检、电子巡查、目标跟踪、智能押解等子系统。安防智能集成平台和各子系统应具备开放式 SDK（软件开发工具包）和 API（应用程序编程接口），便于第三方系统集成和调用。

安防智能集成平台能对各子系统的信息进行整合，实现数据融合，建立智能联动体系；各子系统联动信息根据管理职能实现分级分层推送。

安防智能集成平台能对各子系统的设施设备和运行状态进行智能监测和控制，对各子系统运行状况和报警信息数据等进行记录和显示。

安防智能集成平台的故障应不影响各子系统的运行，某一子系统的故障应不影响其他子系统的运行。

具备日志查询、统计和图表分析等功能。

（四）通信调度系统

满足监狱全区域的实时音视频通信需求。

通信调度系统的故障应不影响各子系统的运行，某一子系统的故障应不影响其他子系统的运行。

集成监听对讲、数字对讲、广播、集中通信、智能押解、视频点名等子系统。

保持与司法部、省（区、市）监狱管理局和省（区、市）内监狱之间的实时通信畅通。

（五）指挥管理系统

建设信息管理、指挥协调、视频督查、安全复核、证据固定和应急处突等功能应用。

实现与预案管理系统、地理信息系统、信息资源库等进行信息交换。

五、综合应用及智慧应用

（一）狱政管理

建立罪犯索情锁证和证据保全系统。

实现对在押重要罪犯的实时管控。

实现罪犯小组管理、点名等业务应用。

（二）刑罚执行

实现与公安、检察、法院之间关于罪犯收押、减刑假释监外执行的全程无纸化业务协同。

实现面向罪犯、罪犯家属和社会的狱务公开电子化和便民服务。

为来监办理业务的人员提供网上便民服务。

（三）狱内侦查

实现狱内案件相关业务与检察院、法院的协同。

实现罪犯危险性评估等业务应用。

通过信息技术实现证据留存电子化。

（四）教育改造

建立教育改造门户，实现综合教育管理。

实现心理危机预警和情绪预测等业务应用。

实现远程视频帮教、智能谈话和智能点评等业务应用。

建立教育改造案例库。

（五）生活卫生

通过引入公共资源实现疾病防控管理。

通过引入社会资源实现医疗服务的联网应用。

实现狱内在线购物。

实现罪犯账务的实时管控。

（六）劳动改造

实现劳动工具管理。

实现劳动绩效考核。

实现劳动项目管理。

实现劳动岗位管理和劳动现场管理等业务应用。

（七）警务管理

构建民警绩效考评系统。

构建人民警察网络学院、知识库、案例库、问卷调查等业务，形成民警教育体系。

构建值班备勤系统，并与门禁、考勤相融合，形成实时人员监控体系。

（八）行政后勤

建设监狱内网门户、公文管理、档案管理等业务模块。

公文管理应通过公文交换，具备全监狱与监狱管理局之间的交换和协同。

档案管理实现与公文管理的实时对接、归档。

实现固定资产从入账到报废的全流程、无纸化管理应用。

（九）信息资源库

省级监狱管理局建立包含罪犯信息、警察职工信息和监狱管理信息在内的信息资源库。监狱建设包含监狱范围内的罪犯信息、警察职工信息和监狱管理信息在内的监狱级数据资源库。

采用国产数据库系统或司法公有云及政务云提供的自主、开源的数据库系统。

数据资源库应包含执法管理平台项目数据采集方案（监狱部分）和数据编码说明（监狱部分）的所有数据项。

（十）数据治理

数据治理满足数据正确性、完整性、一致性、完备性、有效性、时效性和可获取性等特性。

建立完整的数据标准体系，包括数据质量度量标准体系和数据校验标准体系。

设置数据安全等级，自动发现敏感数据，并为其分级分类；规范数据访问权限，根据用户等级对敏感信息进行动态遮蔽，记录和控制数据的访问；特权用户的特殊操作应有严格的审查流程，记录、审计特权用户的访问记录，保证数据系统的安全。

（十一）数据仓库

省级监狱管理局统一建设基于信息资源库的数据仓库，为大数据应用和服务提供数据支撑。监狱建设基于自身数据资源库的数据仓库，为监狱级的数据分析研判提供数据支撑。

（十二）数据共享与交换

省级监狱管理局统一建设基于数据仓库的数据共享与交互服务，提供 API，构造统一的数据共享与交互，实现内部、外部数据共享和交互服务。监狱能通过数据共享与交互服务，获得公安、法院、检察院等的外部数据。

通过省级监狱管理局实现与司法部之间的业务数据实时同步。

（十三）数据分析研判

基于对罪犯个体信息的分析，实现对罪犯个体的精准把握，包括罪犯个体的改造难度评估和教育矫正方案推荐等。

基于对警察个体工作的全流程数据分析，实现对警察执法的精准评估，包括执法公正性评估和执法实效性评估等。

基于对罪犯特定群体或者全体的数据分析，实现趋势性评估分析，包括监管安全趋势分析和特定群体风险预警等。

基于对群体或者整体警务情况的分析判断，实现警察招录计划和警务调度分析等。

基于部分狱情和警情，实现预警服务和预案推送等。

基于数据仓库的数据集构建的其他数据分析模型，实现可视化分析。例如：

(1) 基于罪犯改造等职能构建主题库，一个主题库可包含多个数据集，可与 BI 进行绑定，实现基于主题的数据智能分析和数据挖掘应用；

(2) 建设监狱工作的知识库。

REFERENCE 参考资料

《全国司法行政信息化总体技术规范》(SF/T 0008—2017)
《全国司法行政系统指挥中心建设技术规范》(SF/T 0009—2017)
《全国司法行政视频会议系统建设管理规范》(SF/T 0010—2017)
《全国司法行政信息资源交换规范》(SF/T 0011—2017)
《全国司法行政系统网络平台技术规范》(SF/T 0012—2017)
《全国公共法律服务平台建设技术规范》(SF/T 0013—2017)
《全国监狱信息化应用技术规范》(SF/T 0014—2017)
《全国社区矫正管理信息系统技术规范》(SF/T 0015—2017)
《全国社区矫正人员定位系统技术规范》(SF/T 0016—2017)
《全国司法所管理信息系统技术规范》(SF/T 0017—2017)
《全国人民调解管理信息系统技术规范》(SF/T 0018—2017)
《全国安置帮教信息采集及数据交换技术规范》(SF/T 0019—2017)
《全国司法行政信访管理信息系统技术规范》(SF/T 0020—2017)
《全国司法行政戒毒信息化应用技术规范》(SF/T 0021—2017)
《全国律师综合管理信息系统技术规范》(SF/T 0022—2017)
《全国公证综合管理信息系统技术规范》(SF/T 0023—2017)
《全国法律援助管理信息系统技术规范》(SF/T 0024—2017)
《全国司法鉴定管理信息系统技术规范》(SF/T 0025—2017)
《全国人民监督员管理信息系统技术规范》(SF/T 0026—2017)
《监狱减刑假释信息化办案平台建设技术规范》(SF/T 0027—2017)
《智慧监狱技术规范》(SF/T 0028—2018)
《智慧戒毒 总体技术规范》(SF/T 0029—2019)
《智慧戒毒 安全防范系统技术规范》(SF/T 0030—2019)
《智慧戒毒 物联感知平台技术规范》(SF/T 0031—2019)
《智慧戒毒 所政管理信息系统技术规范》(SF/T 0039—2019)
《智慧戒毒 教育矫正信息系统技术规范》(SF/T 0040—2019)
《智慧戒毒 生活卫生信息系统技术规范》(SF/T 0041—2019)

《智慧戒毒 生产劳动信息系统技术规范》(SF/T 0042—2019)
《智慧戒毒 医疗管理信息系统技术规范》(SF/T 0043—2019)
《智慧戒毒 警务人事信息系统技术规范》(SF/T 0044—2019)
《智慧戒毒 规划保障信息系统技术规范》(SF/T 0045—2019)
《智慧戒毒 康复训练信息系统技术规范》(SF/T 0046—2019)
《智慧戒毒 心理矫治信息系统技术规范》(SF/T 0047—2019)
《智慧戒毒 诊断评估信息系统技术规范》(SF/T 0048—2019)
《司法行政移动执法系统技术规范》(SF/T 0049—2020)
《司法数据资源平台和司法共享服务平台技术规范》(SF/T 0050—2019)
《监管场所异常事件视频监智能分析系统技术规范》(SF/T 0051—2019)
《行政执法综合管理监督信息系统数据元和代码集》(SF/T 0052—2019)
《远程视频会见帮教平台技术规范》(SF/T 0053—2019)
《监狱罪犯基础数据元和代码集》(SF/T 0054—2019)
《监狱信息化运行维护规范》(SF/T 0088—2021)
《监狱信息化 目标跟踪与地理信息管理业务规范》(SF/T 0127—2021)
《罪犯信息库编码规范》(SF 03001—2012)
《全国监狱罪犯信息数据交换规范》(SF 03002—2012)
《监狱信息化 软件开发总体技术规范》(SF 03003—2012)
《监狱信息化 狱政管理业务规范》(SF 03004—2012)
《监狱信息化 应急预案管理业务规范》(SF 03005—2012)
《监狱信息化 应急指挥联动系统业务与技术规范》(SF 03006—2012)
《监狱信息化 目标跟踪与地理信息管理业务规范》(SF 03007—2012)
《监狱信息化 刑罚执行业务规范》(SF 03008—2012)
《监狱信息化 教育改造业务规范》(SF 03009—2012)
《监狱信息化 生活卫生业务规范》(SF 03010—2012)
《监狱信息化 劳动改造业务规范》(SF 03011—2012)
《监狱信息化 综合治理协同业务规范》(SF 03012—2012)
《监狱信息化 狱务公开业务规范》(SF 03013—2012)
《监狱信息化 门户网站业务与技术规范》(SF 03015—2012)
《监狱信息化 警察职工信息库数据规范》(SF 03016—2012)
《信息技术数据质量评价指标》(GB /T 36344—2018)

致谢

感谢以下司法行政机构提供了相关材料供本书参考：

司法部信息中心

北京市司法局

上海市司法局

天津市司法局

重庆市司法局

山东省司法厅

广东省司法厅（含广州市司法局、深圳市司法局）

江西省司法厅（含南昌市司法局、赣州市司法局、赣州监狱）

江苏省司法厅（含南京市司法局、苏州市司法局、苏州监狱）

湖南省司法厅（含长沙市司法局）

贵州省司法厅（含贵阳市司法局）

云南省司法厅（含昆明市司法局、云南省第一监狱、五华监狱、云南省第一戒毒所）

河北省司法厅（含河北省监狱管理局、戒毒局、石家庄市司法局）

内蒙古自治区司法厅（含自治区监狱局、自治区戒毒局、呼和浩特第二监狱）

西藏自治区司法厅（含监狱管理局、戒毒局、拉萨监狱、自治区监狱、曲水监狱、自治区未管所、堆龙戒毒所、昌都司法局、山南司法局、林芝司法局、当雄县司法局）

湖北省司法厅（含武汉市司法局、武昌区司法局、宜昌市司法局、襄阳市司法局、咸宁市司法局、潜江市司法局、仙桃市司法局、恩施土家族苗族自治州司法局、省监狱管理局、省戒毒管理局、省社区矫正局、襄阳监狱、襄北监狱、襄南监狱、汉江监狱、广华监狱、荆州监狱、孝感监狱、省未管所、省女子监狱、省狮子山戒毒所、省女子戒毒所、省未戒所、黄冈戒毒所）

感谢以下公司（按汉语拼音排序）参与司法行政系统信息化建设，并提供了相关建设方案供本书参考：

阿里巴巴网络技术有限公司
北京百度网讯科技有限公司
北京大视景科技有限公司
北京飞利信科技股份有限公司
北京航天世纪投资咨询有限公司
北京华宇信息技术有限公司
北京旷视科技有限公司
北京数字冰雹信息技术有限公司
北京天融信科技有限公司
北京小鱼易连科技有限公司
广州聚星源科技有限公司
杭州叙简科技股份有限公司
湖北省楚天云有限公司
湖北邮电规划设计有限公司
华为技术有限公司
华信咨询设计研究院有限公司
科大讯飞股份有限公司
浪潮集团有限公司
律品汇科技（北京）有限公司
南京擎天科技有限公司
上海百事通信息技术股份有限公司
深圳市腾讯计算机系统有限公司
武汉达梦数据库有限公司
武汉实为咨询监理有限公司
无锡中铠信息咨询服务有限公司
新华三技术有限公司
中国长城科技集团股份有限公司
中国船舶集团有限公司第七二二研究所